1 **Dominican Republic** Girl in festival costume with gold braid and bells
2 **Miami Beach, Florida** The Art Deco district at night
3 **Argentina** Gaucho on a cattle drive in Patagonia
4 **Mexico** Serpent head from the Pyramid of Quetzalcóatl in Teotihuacán
5 **Spain** Plaza Mayor, Madrid
6 **Texas** A string of red chile peppers, El Paso
7 **Chile** Central market in the town of Antofagasta
8 **Peru** Market in the town of Pisaq
9 **Puerto Rico** Colonial architecture in Old San Juan
10 **Costa Rica** Red macaw in the Jardín Zoológico, San José

(Back cover: **Peru** Teens in traditional costume)

Contributing Writers

Jeff Cole
Tucson, AZ
Mr. Cole developed activities for **Taller del escritor.**

Jabier Elorrieta
The University of Texas at Austin
Mr. Elorrieta wrote **Letra y sonido.**

Karin Fajardo
Englewood, CO
Ms. Fajardo wrote vocabulary activities and material for **También se puede decir.**

Catherine Gavin
New York City, NY
Ms. Gavin wrote material for **Geocultura** and **Cultura.**

Kathy Hoyt
Olympia, WA
Ms. Hoyt wrote additional material for the **Comunidad** feature.

Pablo Muirhead
Shorewood High School
Shorewood, WI
Mr. Muirhead wrote suggestions for the story sequence art.

Gloria Munguía
Austin, TX
Ms. Munguía wrote activities for **Integración.**

Marci Reed
Ms. Reed contributed to the selection of and wrote material for **Literatura y variedades.**

Rayanne Wright
Austin, TX
Ms. Wright contributed to the selection of and wrote material for **Leamos** and wrote the **Comunidad** features.

Reviewers

These educators reviewed one or more chapters of the Student Edition.

Elizabeth Baird
Independence High School
Independence, OH

Paula Camardella Twomey
Ithaca High School
Ithaca, NY

Johnnie Eng
Alamo Heights High School
San Antonio, TX

Patricia Gander
Berkeley High School
Moncks Corner, SC

Laura Grable
Riverhead Central School District
Riverhead, NY

Mani Hernández
Presentation High School
San Jose, CA

Yoscelina Hernández
Montwood High School
El Paso, TX

Jessica Shrader
Charlotte High School
Punta Gorda, FL

Sharlene Soto
D.C. Everest Jr. and Sr. High Schools
Wausau, WI

Nancy Walker de Llanas
George C. Marshall High School
Falls Church, VA

Thomasina I. White
Lead Academic Coach
World Language Education
Philadelphia, PA

Field Test Participants

We thank the teachers and students who participated in the field test of ¡Exprésate! Levels 1–6.

Heather Beaty
Mt. Vernon High School
Mt. Vernon, OH

Tom Burel
West Middle School
Rockford, IL

Anita Gibbs
Robert E. Lee High School
San Antonio, TX

Alicia Granto
Bennett High School
Buffalo, NY

Francois Jackson
Bryan Station Senior High School
Lexington, KY

Rebekah Lindsey
Campbell Middle School
Daytona Beach, FL

Yamilette Osuna
St. Vincent Ferrer High School
New York, NY

Mary Ann Seward
Central VP High School
St. Louis, MO

Sarah Taylor
Richland Middle School
Richmond, VA

Carmen Truax
Lincoln College Prep
Kansas City, MO

HOLT SPANISH 1

¡Exprésate!®

Nancy Humbach

Sylvia Madrigal Velasco

Ana Beatriz Chiquito

Stuart Smith

John McMinn

HOLT, RINEHART AND WINSTON
A Harcourt Education Company
Orlando • Austin • New York • San Diego • Toronto • London

Holt Teacher Advisory Panel

As members of the **Holt World Languages Teacher Advisory Panel,** the following teachers made a unique and invaluable contribution to the *¡Exprésate!* Spanish program. They generously shared their experience and expertise in a collaborative group setting and helped refine early materials into the program design represented in this book. We wish to thank them for the many hours of work they put into the development of this program and for the many ideas they shared.

¡Muchísimas gracias a todos!

Erick Ekker
Bob Miller Middle School
Henderson, NV

Dulce Goldenberg
Miami Senior High School
Miami, FL

Beckie Gurnish
Ellet High School
Akron, OH

Bill Heller
Perry High School
Perry, NY

MilyBett Llanos
Westwood High School
Austin, TX

Rosanna Perez
Communications Arts
High School
San Antonio, TX

Jo Schuler
Central Bucks High School East
Doylestown, PA

Leticia Schweigert
Science Academy
Mercedes, TX

Claudia Sloan
Lake Park High School
Roselle, IL

Judy Smock
Gilbert High School
Gilbert, AZ

Catriona Stavropoulos
West Springfield High School
Springfield, VA

Nina Wilson
Burnet Middle School
Austin, TX

Janet Wohlers
Weston Middle School
Weston, MA

Copyright © 2006 by Holt, Rinehart and Winston

COVER PHOTOGRAPHY CREDITS

FRONT COVER (from top left to bottom right): John Langford/HRW; ©Royalty-Free/CORBIS; © Kit Houghton/CORBIS; ©Royalty Free/CORBIS; Don Couch/HRW; Gary Russ/HRW; Gaston Oyarzun; © Mario Corvetto/Evergreen Photo Alliance; John Langford/HRW; ©Philip Coblentz, Brand X Pictures.

BACK COVER: Don Couch/HRW.
Acknowledgments appear on page R54, which is an extension of the copyright page.

Holt, ¡EXPRÉSATE! and the "Owl Design" are trademarks licensed to Holt, Rinehart and Winston, registered in the United States of America and/or other jurisdictions.

ExpresaVisión and GramaVisión are trademarks of Holt, Rinehart and Winston.

Printed in the United States of America

ISBN 0-03-067678-9

11   048   08

Authors

Nancy Humbach

Nancy Humbach is Associate Professor and Coordinator of Languages Ed[...] at Miami University, Oxford, Ohio. She has authored or co-authored over [...] textbooks in Spanish. A former Fulbright-Hays Scholar, she has lived and st[...] in Colombia and Mexico and has traveled and conducted research throughou[...] Spanish-speaking world. She is a recipient of many honors, including the Flore[...] Steiner Award for Leadership in the Foreign Language Profession and the Nelson [...] Brooks Award for the Teaching of Culture.

Sylvia Madrigal Velasco

Sylvia Madrigal Velasco was born in San Benito, Texas. The youngest of four siblings, she grew up in the Rio Grande Valley, between two cultures and languages. Her lifelong fascination with Spanish has led her to travel in many Spanish-speaking countries. She graduated from Yale University in 1979 and has worked for over 20 years as a textbook editor and author at various publishing companies. She has written bilingual materials, video scripts, workbooks, CD-ROMs, and readers.

Ana Beatriz Chiquito

Professor Ana Beatriz Chiquito is a native of Colombia. She teaches Spanish linguistics and Latin American culture at the University of Bergen, Norway, and conducts research and develops applications for language learning at the Center for Educational Computing Initiatives at the Massachusetts Institute of Technology. She has taught Spanish for more than thirty years and has authored numerous textbooks, CD-ROMs, videos, and on-line materials for college and high school students of Spanish.

Stuart Smith

Stuart Smith began her teaching career at the University of Texas at Austin from [...] where she received her degrees. She has been a professor of foreign languages a[...] Austin Community College, Austin, Texas, for over 20 years and has been wri[...] textbook and teaching materials for almost as long. She has given presentati[...] language teaching methodology at ACTFL, SWCOLT, and TCCTA.

John McMinn

John McMinn is Professor of Spanish and French at Austin Commu[...] where he has taught since 1986. After completing his M.A. in Rom[...] the University of Texas at Austin, he also taught Spanish and Fre[...] level and was a Senior Editor of World Languages at Holt, Rine[...] is co-author of both Spanish and French textbooks at the coll[...]

Contenido en breve

Table of Contents vi
El español, ¿por qué? xvi
En la clase de español xx
Nombres comunes xxi
Instrucciones xxii
Sugerencias para aprender el español ... xxiii

España
Geocultura xxiv
Capítulo 1 4
Integración Capítulo 1 36

Puerto Rico
Geocultura 38
Capítulo 2 42
Integración Capítulos 1–2 74

Texas
Geocultura 76
Capítulo 3 80
Integración Capítulos 1–3 112

Costa Rica
Geocultura 114
Capítulo 4 118
Integración Capítulos 1–4 150

Chile
Geocultura 152
Capítulo 5 156
Integración Capítulos 1–5 188

México
Geocultura 190
Capítulo 6 194
Integración Capítulos 1–6 226

Argentina
Geocultura 228
Capítulo 7 232
Integración Capítulos 1–7 264

Florida
Geocultura 266
Capítulo 8 270
Integración Capítulos 1–8 302

La República Dominicana
Geocultura 304
Capítulo 9 308
Integración Capítulos 1–9 340

Perú
Geocultura 342
Capítulo 10 346
Integración Capítulos 1–10 378

Literatura y variedades
España 382
Puerto Rico 384
Texas 386
Costa Rica 388
Chile 390
México 392
Argentina 394
Florida 396
La República Dominicana 398
Perú 400

Mapas
La Península Ibérica R2
México R3
Estados Unidos de América R4
América Central y las Antillas R5
América del Sur R6

Vocabulario adicional R7
Expresiones de ¡Exprésate! R12
Síntesis gramatical R16
Vocabulario español-inglés R24
Vocabulario inglés-español R42
Índice gramatical R50
Agradecimientos R54

Texas

Capítulo 3 ¿Qué te gusta hacer? 80

Vocabulario *en acción* 1 82
• Talking about what you and others like to do
• Talking about what you want to do
• Pastimes and sports

Gramática *en acción* 1 86
• Using **gustar** with infinitives
• Using pronouns after prepositions
• Using **querer** with infinitives

Cultura 92
• **Comparaciones**
• **Comunidad**

Vocabulario *en acción* 2 94
• Talking about everyday activities
• Saying where you go and how often
• Places and activities

Gramática *en acción* 2 98
• Using regular **-ar** verbs
• Using **ir** and **jugar**
• Using weather expressions

Novela 104
¿Quién será? Episodio 3

Leamos y escribamos 106
Los cuatro elementos (Leamos)
Horario de actividades (Escribamos)

Repaso 108

Integración Capítulos 1–3 112
Literatura y variedades
Obras de Carmen Lomas Garza (comentarios) 386

Geocultura

Mapas de Texas **76, R4**
Almanaque **76**
A conocer Texas **78**

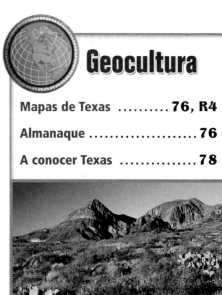

Video/DVD

En video

Geocultura **GeoVisión**
Vocabulario 1 y 2 **ExpresaVisión**
Gramática 1 y 2 **GramaVisión**
Cultura **VideoCultura**
VideoNovela **¿Quién será?**
Variedades

Visit Holt Online
go.hrw.com
KEYWORD: EXP1 CH3
Online Edition ⬍

Costa Rica

Capítulo 4 La vida escolar 118

Vocabulario *en acción* 1 120
• Saying what you have and what you need
• Talking about classes
• Naming school supplies and school subjects

Gramática *en acción* 1 124
• Using indefinite articles, **¿cuánto?**, **mucho**, and **poco**
• Using **tener** and **tener** idioms
• Using **venir** and **a la/las** with time

Cultura 130
• **Comparaciones**
• **Comunidad**

Vocabulario *en acción* 2 132
• Talking about plans
• Inviting others to do things
• Naming school events and places

Gramática *en acción* 2 136
• Using **ir a** with infinitives
• Regular **-er** and **-ir** verbs and tag questions
• Some **-er** and **-ir** verbs with irregular **yo** forms

Novela 142
¿Quién será? Episodio 4

Leamos y escríbamos 144
Pepito, el niño precoz (Leamos)
Un recorrido con nuevos estudiantes (Escribamos)

Repaso 146

Integración Capítulos 1–4 150
Literatura y variedades
La artesanía chorotega (entrevista) 388

Geocultura

Mapas de Costa Rica ... **114, R5**

Almanaque **114**

A conocer Costa Rica **116**

En video

Geocultura GeoVisión

Vocabulario 1 y 2 ExpresaVisión

Gramática 1 y 2 GramaVisión

Cultura VideoCultura

VideoNovela ¿Quién será?

Variedades

Visit Holt Online

go.hrw.com

KEYWORD: EXP1 CH4

Online Edition

Capítulo 5 En casa con la familia 156

Vocabulario en acción 1 158
- Describing people and family relationships
- Family members
- Physical characteristics

Gramática en acción 1 162
- Possessive adjectives
- Stem-changing verbs **o → ue**
- Stem-changing verbs **e → ie**

Cultura 168
- **Comparaciones**
- **Comunidad**

Vocabulario en acción 2 170
- Talking about where people live
- Talking about responsibilities
- Naming chores, parts of the house, and furniture

Gramática en acción 2 174
- Using **estar** with prepositions
- Negation with **nunca, tampoco, nadie,** and **nada**
- Using **tocar** and **parecer**

Novela 180
¿Quién será? Episodio 5

Leamos y escribamos 182
Casas y apartamentos (Leamos)
¿Qué les toca hacer? (Escribamos)

Repaso 184

| Integración Capítulos 1–5 .... 188 |
| Literatura y variedades |
| Las novelas de Isabel Allende (comentario y fragmento) .. 390 |

Geocultura

Mapas de Chile **152, R6**

Almanaque **152**

A conocer Chile **154**

En video

Geocultura **GeoVisión**

Vocabulario 1 y 2 **ExpresaVisión**

Gramática 1 y 2 **GramaVisión**

Cultura **VideoCultura**

VideoNovela **¿Quién será?**

Variedades

Visit Holt Online

go.hrw.com
KEYWORD: EXP1 CH5

Online Edition

México

Capítulo 6 ¡A comer! 194

Vocabulario en acción 1 196
• Commenting on food
• Making polite requests
• Naming foods and table settings

Gramática en acción 1 200
• Using **ser** and **estar**
• Using **pedir** and **servir**
• Using **preferir, poder,** and **probar**

Cultura 206
• **Comparaciones**
• **Comunidad**

Vocabulario en acción 2 208
• Talking about meals
• Offering help and giving instructions
• Naming more foods

Gramática en acción 2 212
• Using direct objects and direct object pronouns
• Affirmative informal commands
• Using affirmative informal commands with pronouns

Novela 218
¿Quién será? Episodio 6

Leamos y escribamos 220
La montaña del alimento (Leamos)
¿Cómo lo preparas? (Escribamos)

Repaso 222

Integración Capítulos 1–6 226
Literatura y variedades
La comida de dos continentes (artículo) 392

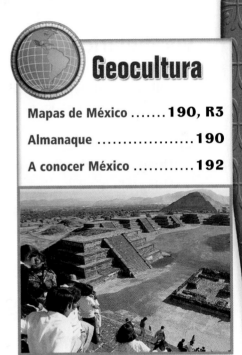

Geocultura

Mapas de México **190, R3**
Almanaque **190**
A conocer México **192**

Video/DVD

En video

Geocultura **GeoVisión**

Vocabulario 1 y 2 **ExpresaVisión**

Gramática 1 y 2 **GramaVisión**

Cultura **VideoCultura**

VideoNovela **¿Quién será?**

Variedades

Visit Holt Online

go.hrw.com
KEYWORD: EXP1 CH6

Online Edition

Argentina

Capítulo 7 Cuerpo sano, mente sana 232

Vocabulario *en acción* 1 234
• Talking about your daily routine
• Talking about staying fit and healthy
• Naming parts of the body

Gramática *en acción* 1 238
• Using verbs with reflexive pronouns
• Using infinitives
• Review of stem-changing verbs

Cultura 244
• **Comparaciones**
• **Comunidad**

Vocabulario *en acción* 2 246
• Talking about how you feel
• Giving advice
• Naming more parts of the body

Gramática *en acción* 2 250
• Using **estar, sentirse,** and **tener**
• Negative informal commands
• Using object pronouns and reflexive pronouns with commands

Novela 256
¿Quién será? Episodio 7

Leamos y escribamos 258
¡En buena salud! (Leamos)
El doctor te aconseja... (Escribamos)

Repaso 260

Integración Capítulos 1–7 264
Literatura y variedades
Juegos de palabras (adivinanzas) 394

Geocultura

Mapas de Argentina ...229, R6
Almanaque 228
A conocer Argentina 230

En video

Geocultura   **GeoVisión**
Vocabulario 1 y 2   **ExpresaVisión**
Gramática 1 y 2   **GramaVisión**
Cultura   **VideoCultura**
VideoNovela   **¿Quién será?**

Variedades

Visit Holt Online
go.hrw.com
KEYWORD: EXP1 CH7
Online Edition

Florida

Capítulo 8 Vamos de compras 270

Vocabulario *en acción* 1 272
- Identifying clothing
- Asking for and giving opinions
- Asking for and offering help in a store

Gramática *en acción* 1 276
- Using **costar** and numbers to 1 million
- Using demonstrative adjectives and comparisons with adjectives
- Using **quedar**

Cultura 282
- **Comparaciones**
- **Comunidad**

Vocabulario *en acción* 2 284
- Saying where you went and what you did
- Talking on the phone
- Naming stores and saying what you buy there

Gramática *en acción* 2 288
- The preterite of **-ar** verbs
- The preterite of **ir**
- Review of the preterite of **-ar** verbs with reflexive pronouns

Novela 294
¿Quién será? Episodio 8

Leamos y escribamos 296
Una moneda de ¡Ay! (Leamos)
A mí me parece perfecto... (Escribamos)

Repaso 298

Integración Capítulos 1–8 302

Literatura y variedades
El amor a la poesía (poemas) 396

Geocultura

Mapas de Florida **266, R4**

Almanaque **266**

A conocer Florida **268**

Video/DVD

En video

Geocultura	GeoVisión
Vocabulario 1 y 2	ExpresaVisión
Gramática 1 y 2	GramaVisión
Cultura	VideoCultura
VideoNovela	¿Quién será?

Variedades

Visit Holt Online
go.hrw.com
KEYWORD: EXP1 CH8
Online Edition

La República Dominicana

Capítulo 9 ¡Festejemos!.... 308

Vocabulario *en acción* 1 310
• Talking about your plans
• Talking about past holidays
• Naming holidays

Gramática *en acción* 1 314
• Preterite of **-er** and **-ir** verbs
• Review of the preterite
• Using **pensar que** and **pensar** with infinitives

Cultura 320
• **Comparaciones**
• **Comunidad**

Vocabulario *en acción* 2 322
• Talking about preparing for a party
• Greeting and introducing others
• Saying goodbye

Gramática *en acción* 2 326
• Using direct object pronouns
• Using **conocer** and the personal **a**
• Using present progressive

Novela 332
¿Quién será? Episodio 9

Leamos y escribamos 334
Las mañanitas and **Canción de cumpleaños** (Leamos)
¡Juy, qué desastre! (Escribamos)

Repaso 336

Integración Capítulos 1–9 340
Literatura y variedades
El regalo de cumpleaños (cuento) 398

Geocultura

Mapas de la República Dominicana **304, R5**

Almanaque **304**

A conocer la República Dominicana **306**

Video/DVD

En video

Geocultura **GeoVisión**

Vocabulario 1 y 2 **ExpresaVisión**

Gramática 1 y 2 **GramaVisión**

Cultura **VideoCultura**

VideoNovela **¿Quién será?**

Variedades

Visit Holt Online

go.hrw.com
KEYWORD: EXP1 CH9

Online Edition

Perú

Capítulo 10 ¡A viajar! 346

Vocabulario *en acción* 1 348
- Asking for information
- Reminding and reassuring
- Naming places in the airport

Gramática *en acción* 1 352
- Review of the preterite
- Preterite of spelling change verbs **-car, -gar, -zar**
- Preterite of **hacer**

Cultura 358
- **Comparaciones**
- **Comunidad**

Vocabulario *en acción* 2 360
- Talking about a trip
- Expressing hopes and wishes
- Naming places and things to do around town

Gramática *en acción* 2 364
- Informal commands: spelling-change and irregular verbs
- Review of direct object pronouns
- Review of verbs followed by infinitives

Novela 370
¿Quién será? Episodio 10

Leamos y escribamos 372
¡Bienvenidos a la ciudad de Lima! (Leamos)
Cartas del extranjero (Escribamos)

Repaso 374

Integración Capítulos 1–10 378
Literatura y variedades
Ollantaytambo (leyenda) 400

Geocultura

Mapas de Perú **342, R6**
Almanaque **342**
A conocer Perú **344**

Vídeo/DVD

En video

Geocultura **GeoVisión**
Vocabulario 1 y 2 **ExpresaVisión**
Gramática 1 y 2 **GramaVisión**
Cultura **VideoCultura**
VideoNovela **¿Quién será?**

Variedades

Visit Holt Online
go.hrw.com
KEYWORD: EXP1 CH10
Online Edition

El español, ¿por qué?
Why Study Spanish?

Por lo mundial *Because it's worldwide*

Spanish is the fourth most commonly spoken language in the world. You can visit any one of 21 countries in the world that speak Spanish and feel at home. Even in the United States, knowing Spanish can open doors to you.

So whether you're in Europe, North, Central, or South America, or even Africa, as a Spanish speaker you won't have to rely on someone else to watch television or read a newspaper. You'll learn things on your own. You'll truly be a citizen of the world.

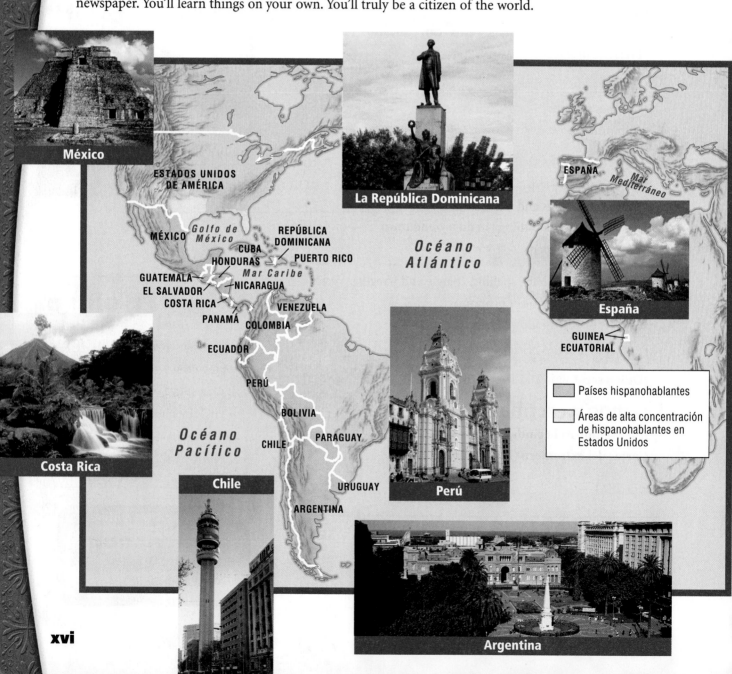

México

La República Dominicana

ESPAÑA

España

ESTADOS UNIDOS DE AMÉRICA

Golfo de México

MÉXICO

CUBA

REPÚBLICA DOMINICANA

PUERTO RICO

HONDURAS

Mar Caribe

GUATEMALA

EL SALVADOR

NICARAGUA

COSTA RICA

PANAMÁ

VENEZUELA

COLOMBIA

ECUADOR

PERÚ

BOLIVIA

PARAGUAY

CHILE

URUGUAY

ARGENTINA

Océano Atlántico

Océano Pacífico

Mar Mediterráneo

GUINEA ECUATORIAL

Costa Rica

Chile

Perú

Argentina

Países hispanohablantes

Áreas de alta concentración de hispanohablantes en Estados Unidos

Por lo bello *Because it's beautiful*

You'll be amazed to discover how rich the Spanish-speaking world is in works of music, literature, science, religion, and art. The novels of Miguel de Cervantes or Isabel Allende, the paintings of Fernando Botero or Frida Kahlo, the poetry of Gabriela Mistral or Pablo Neruda: all these treasures and many more await you as you explore the Spanish-speaking world.

Ceramic tiles form this mural by Dominican artist Said Musa.

This popular folk dance is often called the Mexican hat dance.

Traditional painted carts in Costa Rica are a part of **El Festival de las Carretas.**

The fountain of Cibeles, named after the goddess Cybele, is one of Madrid's best-known landmarks.

Por lo práctico *Because it's practical*

You're living in the country with the fifth-largest Hispanic population in the world, more than 33 million people. And whether they're originally from Mexico, Puerto Rico, or Cuba—or from any other part of Latin America or Spain—almost nine out of ten are Spanish speakers.

Businesses, government agencies, educational institutions, and other employers will be looking for more bilingual employees every year. Give yourself an edge in the job market with Spanish!

Bilingual doctors, nurses, and others in the field of medicine provide care for Spanish-speaking patients.

Patricia Janiot is a popular anchor at the Spanish language news department of CNN en Español.

Miami is an international center and a multicultural hub for Latin American trade.

¡Porque puedes! *Because you can do it!*

Applying your learning skills to a new language will be challenging at first. But you have the tools you need to do the job. And you're lucky to be living at a time when there are almost no limits to your opportunities to practice Spanish. You can interact with Spanish speakers not just in your community but all over the world, via pen pal organizations, the library, or a multitude of resources and online networks.

Bicyclists stop at a spot overlooking the historic city of Toledo, Spain.

En fin, porque sí *Finally, just because...*

The best reason of all to study Spanish is because you want to! You know better than anyone what motivated you to enroll for Spanish class. It might be one of the reasons given here, such as getting a job, learning about world issues, or enjoying works of art. Or it might be something more personal, like wanting to communicate with Spanish-speaking friends and family, or travel. So pat yourself on the back and **¡Exprésate!**

Young people in Segovia, Spain, enjoy a walk after classes.

En la clase de español
In Spanish class

Here are some phrases you'll probably hear in your classroom, along with some responses.

Phrases:

Tengo una pregunta.
I have a question . . .

¿Cómo se dice...?
How do you say . . .?

¿Cómo se escribe...?
How do you spell . . .?

No entiendo. ¿Puede repetir?
I don't understand. Could you repeat that?

Más despacio, por favor.
More slowly, please.

¿Sabes qué significa (quiere decir)...?
Do you know what . . . means?

Gracias.
Thank you.

Perdón.
I'm sorry.

Responses:

¿Sí? Dime.
Yes? What is it?

Se dice...
You say . . .

Se escribe...
It's spelled . . .

Claro que sí.
Yes, of course.

No, no sé.
No, I don't know.

Sí, significa (quiere decir)...
Yes, it means . . .

De nada.
You're welcome.

Está bien.
It's okay.

Here are some things your teacher might ask you to do.

Levanten la mano.
Raise your hand.

Escuchen.
Listen.

¡Su atención, por favor!
Attention, please.

Silencio, por favor.
Silence, please.

Abran sus libros en la página...
Open your books to page . . .

Cierren los libros.
Close your books.

Estamos en la página...
We're on page . . .

Miren la pizarra (la transparencia).
Look at the board (transparency).

Saquen una hoja de papel.
Take out a sheet of paper.

Pasen la tarea (los papeles) al frente.
Pass the homework (the papers) to the front.

Levántense, por favor.
Stand up, please.

Siéntense, por favor.
Sit down, please.

Repitan después de mí.
Repeat after me.

Nombres comunes
Common Names

Here are some common names from Spanish-speaking countries.

Nombres de muchachas

Ana	Inés	Patricia
Bárbara	Irene	Pilar
Beatriz	Isabel	Rosalía
Cecilia	Josefina	Rosario
Cristina	Lourdes	Sonia
Dolores	María	Susana
Elena	Maribel	Tamara
Elisa	Marisol	Teresa
Emilia	Nuria	Vanesa
Fátima	Olga	Yolanda

Nombres de muchachos

Alfredo	Francisco	Óscar
Antonio	Gilberto	Pablo
Arturo	Héctor	Pedro
Bruno	Javier	Rafael
Carlos	Julio	Ramón
Daniel	Lorenzo	Roberto
Eduardo	Luis	Sergio
Enrique	Manuel	Tomás
Esteban	Marcos	Vicente
Fernando	Miguel	Víctor

Instrucciones
Directions

Throughout the book, many activities will have directions in Spanish. Here are some of the directions you'll see, along with their English translations.

Completa... con una palabra del cuadro.
Complete . . . with a word from the box.

Completa el párrafo con...
Complete the paragraph with . . .

Completa las oraciones con la forma correcta del verbo.
Complete the sentences with the correct form of the verb.

Con base en..., contesta cierto o falso. Corrige las oraciones falsas.
Based on . . ., respond to these statements with true or false. If they're false, correct them.

Con un(a) compañero(a), dramatiza...
With a classmate, act out . . .

Contesta las preguntas usando...
Answer the questions, using . . .

Contesta (Completa) las siguientes preguntas (oraciones)...
Answer (Complete) the following questions (sentences) . . .

En parejas (grupos de tres), dramaticen...
In pairs (groups of three), act out . . .

Escoge el dibujo (la respuesta) que corresponde (mejor completa)...
Choose the drawing (the answer) that goes with (best completes) . . .

Escribe..., usando el vocabulario de la página...
Write . . ., using the vocabulary on page . . .

Escucha las conversaciones. Decide qué conversación (diálogo) corresponde a cada dibujo (foto).
Listen to the conversations. Decide which conversation (dialog) corresponds to each drawing (photo).

Mira las fotos (los dibujos) y decide (di, indica)...
Look at the photos (drawings) and decide (say, indicate) . . .

Pon en orden...
Put . . . in order.

Pregúntale a tu compañero(a)...
Ask your partner...

Sigue el modelo.
Follow the model.

Túrnense para...
Take turns . . .

Usa el vocabulario de... para completar...
Use the vocabulary from . . . to complete . . .

Usa una palabra o expresión de cada columna para escribir...
Use one word or expression from each column to write . . .

Usa los dibujos para decir lo que pasa.
Use the drawings to say what is happening.

Sugerencias para aprender el español
Tips for learning Spanish

Listen

Listen carefully in class and ask questions if you don't understand. You won't be able to understand everything you hear at first, but don't feel frustrated. You are actually absorbing a lot even when you don't realize it.

Visualize

It may help you to visualize the words you are learning. Associate each new word, sentence, or phrase with a mental picture. For example, if you're learning words for foods, picture each food in your mind and think about the colors, smells, and tastes associated with it. If you are learning about the weather, picture yourself standing in the rain, or fighting a strong wind—something that will help you associate an image with the word or phrase you are learning.

Practice

Short, daily practice sessions are more effective than long, once-a-week sessions. Also, try to practice with a friend or a classmate. After all, language is about communication, and it takes two to communicate.

Speak

Practice speaking Spanish aloud every day. Don't be afraid to experiment. Your mistakes will help identify problems, and they will show you important differences in the way English and Spanish work as languages.

Explore

Increase your contact with Spanish outside class in every way you can. Maybe someone living near you speaks Spanish. It's easy to find Spanish-language programs on TV, on the radio, or at the video store, and many magazines and newspapers in Spanish are published or sold in the United States and are on the Internet. Don't be afraid to read, watch, or listen, even if you don't understand every word.

Connect

Making connections between what you learn in other subject areas and what you are learning in your Spanish class will increase your understanding of the new material, help you retain it longer, and enrich your learning experience.

Have fun!

Above all, remember to have fun! Learn as much as you can, because the more you know, the easier it will be for you to relax—and that will make your learning easier and more effective.

¡Buena suerte! (Good luck!)

Video/DVD

GeoVisión

Geocultura
España

▲ **Los Picos de Europa** con su pico más alto, Torre Cerredo, a 2.648 metros.

Picos de Europa

Galicia

Salaman

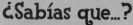

Almanaque

Población
40.037.995

Capital
Madrid

Gobierno
monarquía parlamentaria

Idiomas
castellano, gallego, vasco, catalán

Moneda
euro

Código Internet
www.[ ].es

▲ **Andalucía** es una región que exporta aceite de oliva a muchas partes del mundo.

Extremadu

Río Guadiana

▼ **En Sevilla** se celebra la Feria de Abril con vestidos tradicionales.

PORTUGAL

Sevill

OCÉANO ATLÁNTICO

ISLAS CANARIAS

¿Sabías que...?

Did you know that from Spain's southernmost point you can see the coast of Africa?

FRANCIA

◀ **Los Pirineos** separan España y Francia.

ANDORRA

• Bilbao

País Vasco

Los Pirineos

Cataluña

Río Ebro

Tossa de Mar •

Barcelona •

COSTA BRAVA

Ilana •

Castilla y León

Río Duero

• Segovia

Sierra de Guadarrama

Ávila •

★ **MADRID**

Sierra de Gredos

Río Tajo   • Toledo

ESPAÑA

Castilla-La Mancha

Valencia •

Alicante •

ISLAS BALEARES

COSTA BLANCA

Murcia

rdoba •

Río Guadalquivir

• Granada

Sierra Nevada

Andalucía

Málaga •

Gibraltar (RU)

Ceuta (ESP)

ARRUECOS   Melilla (ESP)

▲ **Tossa de Mar** es una playa bonita que atrae a turistas de todo el mundo.

MAR MEDITERRÁNEO

▲ **Madrid** Este monumento, en la Plaza de España, es un homenaje a Miguel de Cervantes y a sus personajes ficticios, Don Quijote y Sancho Panza.

▶ **La Mancha** todavía inspira sueños con sus molinos, tanto hoy como en el tiempo de Don Quijote.

¿Qué tanto sabes?
Which countries border Spain? Where in Spain would you go skiing?

uno **1**

A conocer España

Las celebraciones

▲ **La gente de Barcelona** se reúne enfrente de la Catedral para bailar «la sardana».

▲ **Galicia** muestra sus raíces celtas en sus festivales musicales.

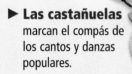

▶ **Las castañuelas** marcan el compás de los cantos y danzas populares.

▲ **La Feria de Abril en Sevilla** se celebra con colores brillantes, flores y trajes de flamenco.

La comida

▼ **La paella** es el plato más reconocido de España.

▲ **La tortilla** se hace con huevos, cebolla y patatas.

▲ **La Plaza Mayor** de Madrid es un lugar muy frecuentado a la hora del almuerzo.

La arquitectura

Visit Holt Online

go.hrw.com

KEYWORD: EXP1 CH1

Photo Tour

► **El Museo de Guggenheim** en Bilbao es un edificio muy contemporáneo.

¿Sabías que…?
Did you know that the Mezquita in Córdoba is so large that a cathedral was built inside of it?

◄ **La Mezquita** refleja la influencia árabe en Córdoba.

▲ **Ávila** está rodeada de murallas medievales.

El arte

► **Las cuevas de Altamira** en Santillana tienen arte prehistórico.

◄ **La Infanta Margarita,** un retrato por Diego Velázquez (1599-1660), se encuentra en el Museo del Prado en Madrid.

Conexión Arte

The Spanish painter Joan Miró (1893-1983) often painted dreamlike images. He frequently used the colors blue, red, yellow, green and black. Using the color chart below, identify the colors used in this painting.

Joan Miró

rojo	azul	verde	amarillo	morado

blanco	negro	anaranjado	gris	café

▲ ***Personnages Oiseaux*** *(Personajes pájaros)*

¡Empecemos!

OBJETIVOS

In this chapter you will learn to
- ask someone's name and say yours
- ask how someone is and say how you are
- introduce people and say where they are from
- give phone numbers, the time, the date, and the day
- spell words and give e-mail addresses

And you will use
- subjects, verbs, and subject pronouns
- numbers 0–31
- the alphabet
- the verb **ser**
- punctuation marks and written accents

¿Qué ves en la foto?

- How are these teenagers greeting each other?

- Where in this plaza would you try to meet a friend?

- Based on the photo, what do you think Madrid is like?

La Puerta del Sol, Madrid

Objetivos
Asking someone's name,
asking how someone is,
introducing others,
saying where you
and others
are from

Vocabulario
en acción 1

ExpresaVisión

> ¿Cómo se llama ella?

> Ella se llama Paula.

> ¿Cómo se llama usted?

> Soy Alba García.

> ¿Cómo te llamas?

> Me llamo José. ¿Y tú?

¡Exprésate!

To ask a classmate or other young person's name *(familiar)*	To ask an adult's name *(formal)*	To give your name
¿Cómo te llamas? *What's your name?*	**¿Cómo se llama usted?** *What's your name?*	**Me llamo...** *My name is . . .* **Soy...** *I'm . . .*

To ask who someone is	To say who someone is
¿Quién es...? *Who is . . .?*	**(Él/Ella) es...** *He/She is . . .*
¿Cómo se llama (él/ella)? *What is his/her name?*	**(Él/Ella) se llama...** *His/Her name is . . .*

Interactive TUTOR

Online
Vocabulario y gramática,
pp. 1–3

▶ **Vocabulario adicional** — Palabras descriptivas, p. R10

1 ¿Qué hacen?

Escuchemos As you listen, decide whether the people speaking are **a)** asking someone's name or **b)** giving a name.

2 ¿Cómo te llamas?

Leamos Decide if you would hear these phrases in scene **a, b, c,** or **d.**

1. ¿Cómo te llamas?
2. Me llamo Margarita.
3. ¿Cómo se llama usted?
4. ¿Cómo se llama él?

A

B

C

D

3 Pareo

Leamos Match each question to the correct response. There may be more than one correct answer.

1. ¿Cómo se llama él?
2. ¿Cómo se llama ella?
3. ¿Cómo se llama usted?
4. ¿Cómo te llamas?

a. Me llamo Gustavo.
b. Se llama Pablo.
c. Soy Elena Rodríguez.
d. Se llama Josefina.

Nota cultural

Family members, friends, and teachers may add an ending such as **-ito** or **-ita** to a person's name to show affection. Rosa becomes **Rosita**, Teresa, **Teresita**, Juan becomes **Juanito**, and Miguel becomes **Miguelito**. There are nicknames, **apodos**, associated with names that may be an abbreviation or part of a name. For example, Pilar, a very common girl's name in Spain, becomes **Pili,** and Santiago, a boy's name, becomes **Santi**. Do we have similar nicknames in English?

Comunicación

4 Nombres y más nombres

Hablemos Get together with three classmates and ask them their names in Spanish. Then report their names to the class.

Hola, ¿cómo estás?

Más o menos. ¿Y tú?

Buenos días, Paco. ¿Cómo estás?

Estoy bien, gracias. ¿Y usted?

Más vocabulario...

Greetings and Goodbyes

Buenos días, señor.	*Good morning, sir.*
Buenas tardes, señorita.	*Good afternoon, miss.*
Buenas noches, señora.	*Good evening, ma'am.*
Adiós.	*Goodbye.*
Buenas noches.	*Good night.*
Hasta luego.	*See you later.*
Hasta mañana.	*See you tomorrow.*
Hasta pronto.	*See you soon.*
Nos vemos.	*See you.*
Tengo que irme.	*I have to go.*

¡Exprésate!

To ask how a friend is	To ask how an adult is	To respond
Hola, ¿cómo estás? *Hi, how are you?*	**¿Cómo está usted?** *How are you?*	**Estoy bien/regular/mal.** *I'm fine/all right/not so good.*
¿Qué tal? *How's it going?*		**Más o menos.** *So-so.*

Interactive
TUTOR

Online
Vocabulario y gramática, pp. 1–3

5 **¿Qué dicen?**

 Escuchemos Are the people you hear **a)** greeting each other or **b)** asking each other how they are?

6 **Adiós**

Hablemos How would you say goodbye to someone . . .

MODELO **you will see tomorrow?**
Hasta mañana.

1. you will see again soon?
2. you will see tomorrow in class?
3. when you don't know when you will see them next?

4. you will see in a few days?
5. wishing them a good night?
6. when you have to go?

Comunicación

7 **Estoy bien, gracias.**

 Hablemos Work with a partner. Decide how you would greet these people and ask how they are. How would they respond? Base your answers on the cues given by the pictures and times. Take turns asking and answering the questions.

MODELO —**Buenos días, señor Garza. ¿Cómo está usted?**
—**Estoy bien, gracias.**

8:00 A.M.
el señor Garza

11:00 A.M.
Teresa

2:00 P.M.
Santi

9:00 P.M.
Maribel

8 **Conversación**

Hablemos Create a short conversation with a classmate. Greet each other, find out each other's name, ask and say how you are, and then say goodbye.

To introduce someone	To respond	To say that you are also pleased to meet someone
Éste es Juan. (Él) es un compañero de clase. *This is Juan. He is a classmate.*	**Encantado(a). / Mucho gusto.** *Pleased/Nice to meet you.*	**Igualmente.** *Likewise.*
Éste es el señor Vega. (Él) es mi profesor de español. *This is Mr. Vega. He is my Spanish teacher.*		
Ésta es Rosa. (Ella) es una compañera de clase. *This is Rosa. She is a classmate.*		
Ésta es la señora (la señorita) Talavera. (Ella) es mi profesora de ciencias. *This is Mrs. (Miss) Talavera. She is my science teacher.*		

Online
Vocabulario y gramática, pp. 1–3

Teresa, éste es el señor Pidal. Él es mi profesor de español.

Encantada.

Igualmente.

Más vocabulario...

¿Quién es el muchacho?
Who is the boy?

(Él) es mi mejor amigo.
He is my best friend.

(Él) es estudiante.
He is a student.

¿Quién es la muchacha?
Who is the girl?

(Ella) es mi mejor amiga.
She is my best friend.

(Ella) es estudiante.
She is a student.

9 **Tus amigos**

Hablemos/Escribamos How would you introduce these people?

MODELO your classmate Antonio
Éste es Antonio. Él es mi compañero de clase.

1. your best friend Ana
2. your best friend Juan
3. your classmate Enrique
4. your classmate Luisa
5. your Spanish teacher
6. yourself

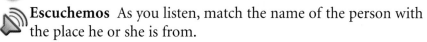

¡Exprésate!

To ask where someone is from	To say where you and others are from
¿De dónde eres? *Where are you from? (familiar)*	**Soy de Estados Unidos.** *I'm from the United States.*
¿De dónde es usted? *Where are you from? (formal)*	**Soy de España.** *I'm from Spain.*
¿De dónde es...? *Where is . . . from?*	**Es de Cuba.** *He (She) is from Cuba.*

Interactive TUTOR

Online
Vocabulario y gramática, pp. 1–3

10 ¿De dónde son?

 Escuchemos As you listen, match the name of the person with the place he or she is from.

1. Javier
2. Angélica
3. la profesora Gutiérrez
4. Rafael
5. Fernando

a. Es de Cuba.
b. Es de México.
c. Es de España.
d. Es de Estados Unidos.
e. Es de Puerto Rico.

11 Es de...

Hablemos Using the pictures, introduce these people and tell where they are from.

MODELO **Ésta es mi amiga Carolina. Ella es de España.**

Carolina, España

1. Juan José
la República
Dominicana

2. María
Cuba

3. Blas
Puerto Rico

4. Irma
México

5. Alberto
Estados Unidos

Comunicación

12 El club de español

Hablemos Imagine that you and your partner have both just joined the Spanish Club at your school. Greet each other, find out each other's name and where each other is from. Then introduce one another to a classmate.

España

once **11**

Vocabulario 1

GramaVisión

Objetivos
Using subjects and verbs in sentences, using subject pronouns

Subjects and verbs in sentences

Interactive TUTOR

1 In English, sentences have a **subject** and a **verb**. The **subject** is the person or thing that is being described or is doing something. The **verb** is the action word like **run** or **sing**, or a word like **am**, **is**, or **are** that links the subject to a description.

subject   **Mrs. Pérez is** my teacher. *verb*
She is from Madrid.

2 In Spanish, sentences also have a subject and a verb.

subject   **La señora Pérez es** mi profesora. *verb*
Ella es de Madrid.

3 Both English and Spanish use nouns as subjects. Nouns can be replaced with **pronouns**. Some examples of Spanish **pronouns** you have seen are **él**, **ella**, **tú** and **usted**.

él stands for Juan

Juan es un compañero de clase.   **Él es** mi mejor amigo.
Juan is a classmate.   *He is my best friend.*

4 English sentences always have a subject or a subject pronoun. But in Spanish the **subject** or the **subject pronoun** can be left out if everyone knows who you're talking about.

María is my friend.   **María es** mi amiga.
She is from Spain.   **Es** de España. *Ella can be left out.*

Online

| Vocabulario y gramática, pp. 4–6 | Actividades, pp. 1–3 |

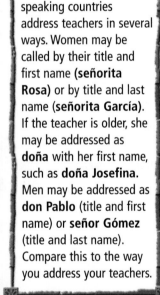

Nota cultural

Students in Spanish-speaking countries address teachers in several ways. Women may be called by their title and first name (**señorita Rosa**) or by title and last name (**señorita García**). If the teacher is older, she may be addressed as **doña** with her first name, such as **doña Josefina**. Men may be addressed as **don Pablo** (title and first name) or **señor Gómez** (title and last name). Compare this to the way you address your teachers.

⑬ Mis amigos de Madrid

Leamos Identify the subjects and verbs in the following sentences.

1. Susana is my friend.
2. She is from Spain.
3. Mrs. García is my teacher.
4. She is from Madrid.

5. Susana es mi amiga.
6. Es de España.
7. La señora García es mi profesora.
8. Es de Madrid.

La Plaza de Cibeles, Madrid

14 **¿Quién es quién?**

Leamos Identify the subjects and the verbs in the following sentences. Then say whether you would use **él** or **ella** in place of each subject.

1. Laura es de Toledo. Es una compañera de clase.
2. Juan es mi mejor amigo. Es estudiante.
3. La señora Ayala es mi profesora de ciencias. Es de Perú.
4. El señor Garza es mi profesor de español. Es de España.
5. El muchacho es un compañero de clase. Es de Estados Unidos.
6. La señorita Jiménez es de la República Dominicana. Es mi profesora de matemáticas.
7. Ramiro es un compañero de clase. Es de Cuba.
8. Don Pablo es profesor. Es de México.
9. Doña Lourdes es de Panamá. Es profesora.

Unos amigos en la Plaza de Zocodover

Comunicación

15 **¿De quién hablas?**

Leamos/Hablemos Use at least three phrases from the word box to write a description of one of the people pictured below. Read your description aloud to your partner. He or she will guess which person you have just described. Then switch roles.

Éste es el señor Madero.	Ella es mi profesora de español.
Él es mi mejor amigo.	Es de Estados Unidos.
Es de España.	Ella es mi mejor amiga.
Ésta es Rosaura.	Él es un compañero de clase.
Éste es Mario.	Ella es una compañera de clase.
Él es mi profesor de ciencias.	Ésta es la señora Matute.

A

B

C

D

España

Gramática 1

Subject pronouns

En inglés

In English, the subject pronoun *you* is used with anyone, no matter their age or relationship to you.

In Spanish, the pronoun you use (**tú** or **usted**) is based on your relationship to the person.

1 These are the **subject pronouns** in Spanish.

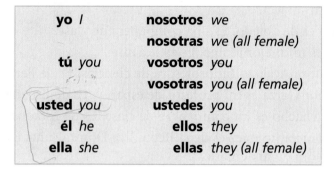

yo	*I*	**nosotros**	*we*
		nosotras	*we (all female)*
tú	*you*	**vosotros**	*you*
		vosotras	*you (all female)*
usted	*you*	**ustedes**	*you*
él	*he*	**ellos**	*they*
ella	*she*	**ellas**	*they (all female)*

2 The subject pronouns **tú** and **usted** both mean *you* when you're talking to one person. However, they are used in different situations.

friend
relative } **Familiar**
someone your age } **tú**

Formal
usted { *teacher*
adult you've just met
someone you show respect to

Although subject pronouns are often left out, the pronoun **usted** is commonly stated when addressing someone to show respect.

¿Cómo está **usted**?　　　　*How are you?*

3 The subject pronouns **ustedes** and **vosotros** mean *you* when talking to more than one person. They are also used in different situations.

friends
relatives } **Familiar (in Spain)**
people your age } **vosotros**

Formal and Familiar
ustedes } *any group*

4 The pronouns **nosotros**, **vosotros**, and **ellos** have feminine forms.

	Masculine	**Feminine**	
group of all males *group of males* *and females* }	nosotros	nosotras	} *group of* *all females*
	vosotros (Spain)	vosotras (Spain)	
	ellos	ellas	

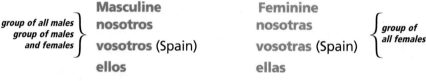

Online

Vocabulario y gramática, pp. 4–6	Actividades, pp. 1–3

16 **¿Cómo le(s) dices?**

Hablemos What pronouns would you use to speak to these people?

1. two or more teachers
2. a group of female students (in Spain)
3. your best friend
4. a school principal
5. two or more males
6. a group of male and female students (in Spain)

17 ¿Con quién habla Javier?

 Escuchemos Listen as Javier, a teenager from Spain, talks to his friends and teachers. Match each statement with the correct picture. Remember that Javier uses **vosotros** and **vosotras.**

A

B

C

D

E

F

18 Nuevos amigos

Leamos/Escribamos Complete this conversation using the correct subject pronouns.

—Hola. ___1___ *(I)* soy Rosalinda Chávez. Y ___2___ *(he)* es mi amigo Juan. ¿Cómo te llamas ___3___ *(you)?*

— ___4___ *(I)* me llamo Antonia. Y ___5___ *(she)* es mi amiga Talía. ___6___ *(We–Talía and I)* somos de Estados Unidos. Juan y tú, ¿de dónde son ___7___ *(you, plural)?*

Comunicación

19 Eres reportero(a)

 Hablemos Imagine that you are a reporter interviewing new students and teachers for the school paper. With a partner, role-play one interview with a student and one with a teacher. In each interview:

1. Greet the person you are interviewing
2. Ask what his or her name is
3. Ask where he or she is from
4. Say goodbye

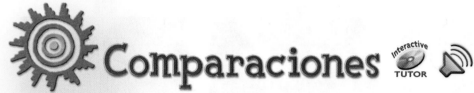
Cultura

Comparaciones Interactive TUTOR

Buenos amigos, Madrid

¿Cómo saludas a tus amigos, familiares y profesores?

Spanish speakers usually greet each other with a handshake or kiss, depending on the situation. Here, you will see several people greet each other in different situations. See if you can find any similarities to the greetings and goodbyes you use with your friends, family, and teachers.

Saludos informales

In Spain, friends and family members may greet each other with two kisses, one on each cheek. In Latin America, friends and family members kiss each other on only one cheek. Men and boys greet each other with a hug, a pat on the back, or a handshake. In some Latin American countries, men who have not seen each other in a long time greet with a handshake, followed by a hug, followed by a second handshake.

—Hola, madrina, ¿cómo estás?

—¡Hola amigo! ¡Tanto tiempo!

—¿Cómo estás?

 ## Saludos formales

In professional or school settings, or when meeting someone for the first time, the usual greeting in Spain and Latin America is a handshake.

—Mucho gusto.
—Igualmente.

—Es un compañero de clase.
—Encantado.

Para comprender

1. How would a young girl greet her grandparents in Spain?
2. How would a young girl greet her grandparents in Latin America?
3. How would a businessman and a businesswoman greet each other in Spain or Latin America?
4. In Latin America, how might a boy greet his uncle if they haven't seen each other in a long time?

Para pensar y hablar

Among family and close friends, hugs and kisses are common greetings throughout the Spanish-speaking world. Do family and close friends in your community greet each other with hugs, kisses, or handshakes?

Cuaderno para hispanohablantes, pp. 1–12

Comunidad

Join the Spanish Club!

At your school you probably have lots of clubs and organizations where you can meet new people, and there may even be some clubs where you can get to know Spanish speakers from around the world. What other resources do you have in your community to help you find and meet Spanish speakers? Are there clubs or associations listed in the phone book? Can you find any through the Internet? What are some advantages to having access to these groups?

A Spanish Club meeting

Cultura

Objetivos
Giving phone numbers, the time, the date, and the day, spelling words and giving e-mail addresses

Vocabulario *en acción* 2

Video/DVD
ExpresaVisión

Los números

0	1	2	3	4
cero	uno	dos	tres	cuatro

5	6	7	8	9	10
cinco	seis	siete	ocho	nueve	diez

Más vocabulario...

11	once
12	doce
13	trece
14	catorce
15	quince
16	dieciséis
17	diecisiete
18	dieciocho
19	diecinueve
20	veinte
21	veintiuno
22	veintidós
23	veintitrés
24	veinticuatro
25	veinticinco
26	veintiséis
27	veintisiete
28	veintiocho
29	veintinueve
30	treinta
31	treinta y uno

20 Contando

Hablemos What numbers do you think of for the following things? Say the number in Spanish.

1. hours in a day
2. a rectangle
3. the English alphabet
4. a volleyball team
5. a spider
6. a quarter
7. a lucky clover
8. a carton of eggs
9. a trio
10. days in a week

21 ¿Qué números faltan?

Hablemos Complete these series of numbers logically. Then read them aloud.

1. 1, 3, ====, 7, 9, ====, 13, 15
2. 2, 4, ====, 8, ====, 12, ====
3. 16, 17, ====, 19, ====, ====
4. 30, 25, ====, ====, ====, 5
5. 19, 18, ====, 16, 15, ====, 13, 12
6. 20, 22, ====, 26, ====, 30
7. 3, 6, ====, 12, ====
8. 5, 10, ====, 20, ====, ====

18 *dieciocho*   **Capítulo 1** • ¡Empecemos!

Vocabulario 2

¡Exprésate!

To ask for phone numbers	To give phone numbers
¿Cuál es tu teléfono?	**Es tres-dos-cinco-uno-dos-tres-uno.**
What's your telephone number?	*It's 3-2-5-1-2-3-1.*
¿Cuál es el teléfono de Rosita?	**Es seis-uno-nueve-uno-cinco-dos-ocho.**
What's Rosita's telephone number?	*It's 6-1-9-1-5-2-8.*

Interactive TUTOR

Online
Vocabulario y gramática,
pp. 7–9

22 Números de teléfono

Escuchemos You and your friend Elena are double-checking phone numbers for some of the students in your class. Listen to what Elena says and fill in the missing numbers.

1. Beatriz   3-===-===-1-9-===-===
2. Jorge   2-===-===-===-===-2-8
3. Rosaura   ===-1-3-===-===-3-1
4. Ángel   7-1-8-===-===-===-===
5. Gladys   ===-2-8-1-5-===-===

Comunicación

23 Directorio telefónico

Leamos/Hablemos Pick a person from the school directory and ask a classmate if you have the right number for him or her. When you give the number, get one digit wrong. Your partner should correct the number.

MODELO —¿El teléfono de Teresa Benavides es uno-uno-cuatro-siete-ocho-dos-dos?
—No, es uno-uno-cuatro-uno-ocho-dos-dos.

28

BENAVIDES, Teresa	Núñez de Cáceres 11	1-14-18-22
GÓMEZ, Emilia	Santo Tomás de Aquino 27	2-13-25-17
GONZÁLEZ, Rocío	Avenida Juárez 18	6-15-29-17
MARTÍNEZ, Elena	Camino Real 25	4-11-16-28
ORTEGA, Jaime	Avenida Mella 31	3-31-13-27
RODRÍGUEZ, Alberto	Calle Constitución 12	6-27-19-12
TORRES, Federico	Carretera Simón Bolívar 13	9-21-15-10

24 Número secreto

Hablemos Try to guess the secret number between 0 and 31 that your partner has written down. If you are wrong, your partner will point up or down to indicate a higher or lower number. Keep trying until you guess right. Then switch roles and play again.

¿Qué hora es?

Es mediodía.
It's noon.

Son las diez menos
diez de la noche.
It's 9:50 at night.

Son las dos y trece de la tarde.
It's 2:13 in the afternoon.

Son las siete
menos cuarto.
It's 6:45.

Es medianoche.
It's midnight.

Es la una en punto.
It's one o'clock on the dot.

Son las seis y cuarto
de la mañana.
*It's 6:15 in
the morning.*

Son las seis y media
de la tarde.
It's 6:30 in the evening.

25 ¿Son las dos?

Leamos Choose the correct time.

1. 3:00
   a. Son las tres en punto.
   b. Son las tres y media.

2. 9:15
   a. Son las nueve menos cuarto.
   b. Son las nueve y cuarto.

3. 7:25
   a. Son las siete y media.
   b. Son las siete y veinticinco.

4. 1:30
   a. Es la una y cuarto.
   b. Es la una y media.

5. 11:40
   a. Son las doce menos veinte.
   b. Son las once y veinte.

6. 8:10
   a. Son las ocho en punto.
   b. Son las ocho y diez.

7. 2:50
   a. Son las tres menos diez.
   b. Son las tres y diez.

8. 4:05
   a. Son las cuatro y cinco.
   b. Son las cuatro y cuarto.

26 ¿Qué hora es?

Hablemos/Escribamos Say what time it is.

1. 4:00 P.M.   3. 12:00 P.M.   5. 4:45 A.M.
2. 6:10 A.M.   4. 9:05 A.M.   6. 1:15 P.M.

¡Exprésate!

To ask someone the date and day of the week	To respond
¿Qué fecha es hoy? *What's today's date?*	**Es el primero (dos, tres...) de enero.** *It's the first (second, third . . .) of January.*
¿Qué día es hoy? *What day is today?*	**Hoy es lunes.** *Today is Monday.*

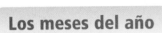
Interactive TUTOR

Online
Vocabulario y gramática, pp. 7–9

Los días de la semana

Los meses del año

l m m j v s d
1 2 3
4 5 6 7 8 9 10
11 12 13 14 15 16 17
18 19 20 21 22 23 24
25 26 27 28 29 30 31

enero
febrero
marzo
abril
mayo
junio
julio
agosto
septiembre
octubre
noviembre
diciembre

Las estaciones

| **la primavera** | *spring* | **el otoño** | *fall* |
| **el verano** | *summer* | **el invierno** | *winter* |

27 ¿Sabes?

Escribamos/Hablemos Complete each series logically.

1. lunes, ====, miércoles, ====
2. viernes, ====, ====, lunes
3. enero, ====, marzo, ====
4. mayo, junio, ====, ====
5. primavera, ====, otoño, ====
6. invierno, ====, ====, otoño

Comunicación

28 ¿Cuándo es tu cumpleaños?

Hablemos Work in groups of three to guess one another's birthday.
Guide your classmates by saying **antes** *(before)* or **después** *(after)*
until they guess correctly. Guess the month first, then try for the date.

El alfabeto

a *(a)*
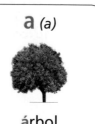
árbol

b *(be)*

bebé

c *(ce)*

ciclismo

d *(de)*

dinosaurio

e *(e)*
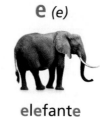
elefante

f *(efe)*

flores

g *(ge)*

geografía

h *(hache)*

hipopótamo

i *(i)*

iguana

j *(jota)*
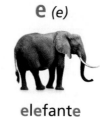
jirafa

k *(ka)*

kárate

l *(ele)*

león

m *(eme)*

manzana

n *(ene)*

nido

ñ *(eñe)*

piñata

o *(o)*

oso

p *(pe)*
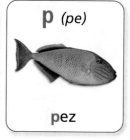
pez

q *(cu)*

queso

r *(ere)*
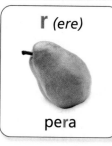
pera

s *(ese)*

salvavidas

t *(te)*

tortuga

u *(u)*
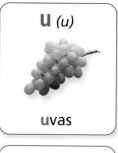
uvas

v *(ve or uve)*

violín

w *(uve doble)*

Wilfredo

x *(equis)*

examen

y *(i griega)*

yoyo

z *(zeta)*

zanahorias

Dos letras, un sonido

ch *(che)*
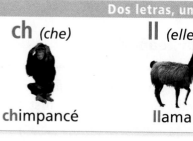
chimpancé

ll *(elle)*

llama

rr *(erre)*

burro

Capítulo 1 • ¡Empecemos!

¡Exprésate!

To ask how words are spelled and give e-mail addresses	
¿Cómo se escribe...? *How do you spell . . . ?*	**Se escribe...** *It's spelled . . .*
¿Cuál es el correo electrónico de Marisa? *What is Marisa's e-mail address?*	**Es eme punto ge-o-ene-zeta-a-ele-o arroba ere-e-de punto hache-ere-uve doble punto a-ere.** *It's m.gonzalo@red.hrw.ar*
¿Cuál es tu correo electrónico? *What's your e-mail address?*	**Es...** *It's . . .*

Online
Vocabulario y gramática,
pp. 7–9

29 Dictado

Escuchemos/Escribamos Listen as several speakers say and spell out the Spanish words for some animals. On a separate sheet of paper, write the words in Spanish as you hear them.

Comunicación

30 ¿Cómo se escribe...?

Hablemos/Escribamos Spell each item below aloud in Spanish while your classmate writes it out.

> **MODELO** eme-e-ere-ce-e-de-e-ese
> (**Mercedes**)

1. your name
2. your e-mail address
3. the name of the city or town where you were born
4. your best friend's full name
5. your best friend's e-mail address
6. your favorite actor's name

31 El proyecto

Hablemos You and several classmates have to finish a project outside of class. Work with three partners to create a conversation in which you ask for one another's names (spell them out if you have to), phone numbers, and e-mail addresses.

España

Objetivos
Using the verb **ser**,
punctuation marks,
and written accents

Gramática
en acción 2

GramaVisión

Interactive TUTOR

The present tense of the verb ser

1 In Spanish, a verb has different forms to tell you who the subject is. Changing a verb form so that it matches its subject is called **conjugating.** This is the conjugation of the verb **ser** *(to be)*.

yo	**soy**	*I am*	nosotros(as)	**somos**	*we are*
tú	**eres**	*you are*	vosotros(as)	**sois**	*you are*
usted	**es**	*you are*	ustedes	**son**	*you are*
él	**es**	*he is*	ellos	**son**	*they are*
ella	**es**	*she is*	ellas	**son**	*they are*

With nouns and names of people, use the same form of the verb as for **él/ella** or **ellos/ellas.**

Mi profesora es de Cuba.   **Juan y Carlos son de España.**

2 To make a sentence negative, place **no** in front of the verb.

Mi profesora no es de México. Es de España.

Online

Vocabulario y gramática, pp. 10–12	Actividades, pp. 5–7

¿Te acuerdas?

You've used forms of the verb **ser** to say who someone is or where you or others are from, to give your telephone number, and to say the date, the day, and the time.

Éste **es** un compañero de clase.
Yo **soy** de Perú.
Mi teléfono **es** 555-5555.
Hoy **es** el diez de febrero.
Hoy **es** jueves.
Son las tres de la tarde.

32 **Presentaciones**

Leamos What is Maribel saying? Complete her statements by matching elements from the two columns.

1. Hola. Yo
2. Y ella
3. Nosotras
4. Y tú, ¿de dónde
5. Juan y tú, ¿de dónde
6. Jorge y Carlos
7. Juan, ¿cuál
8. Carla, ¿qué hora
9. No, Carla, no es la una,

a. son de España.
b. somos de México.
c. eres?
d. son ustedes?
e. es mi amiga Carla.
f. soy Maribel Gómez.
g. es?
h. son las dos.
i. es tu teléfono?

Gramática 2

33 Nuestro club

Leamos/Escribamos Miguel has written a description of the International Spanish Club. Complete the paragraph with the correct forms of the verb **ser**.

Nosotros ___1___ estudiantes y profesores del club internacional de español. Yo ___2___ de Puerto Rico. Juan Emilio ___3___ de la República Dominicana. Lisa y Rebeca ___4___ de Estados Unidos. El teléfono del club ___5___ 5-24-11-21. El correo electrónico del club ___6___ clubinternacionaldeespañol@school.org. Nosotros ___7___ el club internacional. ¡Hasta pronto!

34 Combinaciones

Escribamos/Hablemos Form sentences using the words from the boxes and the correct forms of **ser.** You may also use other names and dates to make up sentences of your own.

MODELO Yo soy Raquel.

Yo	de Estados Unidos el ═══ de ═══
Mi mejor amigo(a) y yo	lunes el señor ═══
Mi profesor(a) de español	el diez de mayo miércoles
Él/Ella	la señora ═══ Juana
Ellos/Ellas	compañeros de clase de ═══
Hoy	de México Pablo
Mañana	estudiantes viernes

Comunicación

35 No es correcto

Hablemos Take turns with a partner giving information about the people in the pictures, but include at least one detail that is not correct. Your partner should use **no** to disagree and then provide the correct information.

MODELO —Ana es de Guatemala. El teléfono de Ana es 3-20-16-04.
          —No, el teléfono de Ana no es 3-20-16-04. Es 3-29-16-04.

Ana, Guatemala
3-29-16-04

Juan, Puerto Rico
5-14-07-21

Lupe, México
7-20-11-05

Ricardo, España
2-23-01-16

Interactive
TUTOR

Punctuation marks and written accents

1 In Spanish, upside-down **punctuation marks** such as (¿) and (¡) are placed at the beginning of a phrase to signal a question or an exclamation. These are used along with those that come at the end of phrases.

¡Hasta luego!
¿Cómo se llama ella?

2 In Spanish, some words have written **accent marks**. An accent mark is a tilted line (´) placed over a vowel. Putting accent marks over vowels is part of spelling words correctly. When learning new words, memorize where the accent marks are.

Adiós.
¿Cuál?

3 The wavy line in the letter **ñ** is called a **tilde**. The **ñ** is pronounced similar to the *ny* in the word *canyon*.

señor
compañero

Online

Vocabulario y gramática, pp. 10–12	Actividades, pp. 5–7

36 ¡Cuidado con los acentos!

Leamos/Escribamos On a separate sheet of paper, rewrite each sentence, placing accents and punctuation marks where needed.

1. Buenos dias, senorita
2. Como esta usted senor
3. Que tal
4. Mucho gusto
5. Que hora es
6. De donde eres
7. Cual es tu telefono
8. Me llamo Pedro
9. Hola Como te llamas
10. El es un companero de clase
11. Quien es la profesora de ciencias
12. Como estas
13. Que fecha es hoy
14. Estoy bien gracias

Una carnicería *(butcher shop)* en Segovia, España

37 En contacto

Leamos/Escribamos Accents can be difficult to put in an e-mail. On another sheet of paper, rewrite these two messages by including the missing accent marks, tildes, and punctuation marks.

Hola, Beatriz!

Como estas Me llamo Gabriela Soy de Cuba De donde eres Quien es tu profesora Mi telefono es 9-14-32-03 Cual es tu telefono

Hasta luego
Gabi

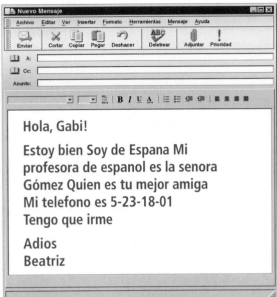

Hola, Gabi!

Estoy bien Soy de Espana Mi profesora de espanol es la senora Gómez Quien es tu mejor amiga Mi telefono es 5-23-18-01 Tengo que irme

Adios
Beatriz

Comunicación

38 En la clase

Hablemos Today is the first day of school. With a partner, create brief conversations for each scene. Then perform a scene for the class and have your classmates guess which scene it is.

Español 1
Profesor Gómez

4-15-23-09

Gramática 2

Novela en vídeo

¿Quién será?
Episodio 1

ESTRATEGIA

Making Connections Sometimes, as a story unfolds on screen, things happen in different parts of the world at the same time. Although the connection between those events may not be immediately obvious, as an experienced viewer, you know that one probably exists. In this episode, you will see things going on in Spain, Mexico, and Puerto Rico at the same time. Look for clues that help explain the connection among the events in all three locations.

En España

In Madrid, Spain, a woman is studying the files of a Mexican student and a Puerto Rican student. She calls her assistant, Marcos, and makes an appointment to meet with him.

1

La profesora Y tú, Sofía Corona Ramírez, eres de México, ¿no es así? Hmmm... Nicolás Ortega García, el artista puertorriqueño.

2

La profesora Sí, Marcos. Necesito hablar contigo. Sí, pronto. Es urgente. A ver, mañana es domingo. Bien, el lunes, en mi casa. Sí, a las diez de la mañana.

Oye, ¿cuál es tu e-mail? Te quiero enviar unos documentos. Bien. Nos vemos el lunes.

Estados Unidos

MÉXICO Golfo de México

Ciudad de México ★

Océano Pacífico

Novela en video

En México

In Mexico City, Mexico, a girl named Sofía is having breakfast before going to school. Both her father and her little brother interrupt her.

3

Sr. Corona Buenos días, Sofía... Hola, Sofía, buenos días...

4

Quique Sofía, Sofía, ¡cara de tortilla!

En Puerto Rico

Océano Atlántico San Juan ★

PUERTO RICO

Mar Caribe

In San Juan, Puerto Rico, a boy named Nicolás is in a rush on his way home from school. He bumps into some of his neighbors.

5

Sra. Ortiz ¡Buenas tardes, Nico!
Nicolás ¡Buenas tardes, señora Ortiz!

6

Nicolás ¡Uy, perdone, don Pablo! ¿Cómo está usted?
Don Pablo Estoy bien, gracias, Nico. ¿Y tú? ¿Cómo estás tú?

¿COMPRENDES?

1. Why does the professor need to talk to Marcos? Could it have something to do with the students in the files? On what day will she meet with him?

2. What is Sofía doing while she eats breakfast? Does this tell you anything about her?

3. What is Nicolás holding under his arm? What can you tell about him from this? Does anything else in this episode support your conclusion?

4. Are the Sofía and Nicolás you see in Mexico and Puerto Rico the same students the professor talks about? Why do you think so?

Próximo episodio
Marcos goes to visit la profesora. Can you predict what she might ask him to do?

PÁGINAS 66–67 ▶

Leamos y escribamos

ESTRATEGIA

para leer Recognizing cognates
Cognates are words that look alike and have similar meanings in two languages. Recognizing these words will help you get a general idea of what a reading passage is about.

A Antes de leer

Look at the homepage for one school's Spanish Club. To get an idea of what the club has to offer, write all the cognates you can find on a separate sheet of paper. Compare your list with a classmate's and try to guess what each word means. If you are not sure, look the word up in a dictionary.

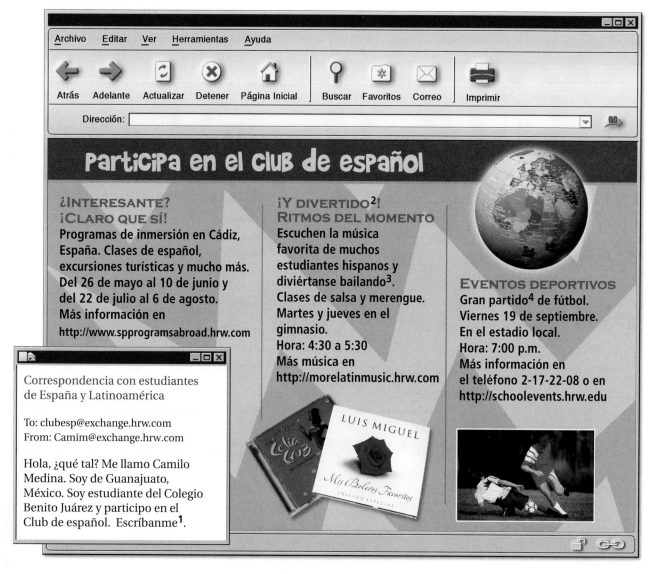

Archivo Editar Ver Herramientas Ayuda

Atrás Adelante Actualizar Detener Página Inicial | Buscar Favoritos Correo | Imprimir

Dirección:

Participa en el club de español

¿INTERESANTE?
¡CLARO QUE SÍ!
Programas de inmersión en Cádiz, España. Clases de español, excursiones turísticas y mucho más. Del 26 de mayo al 10 de junio y del 22 de julio al 6 de agosto. Más información en
http://www.spprogramsabroad.hrw.com

¡Y DIVERTIDO[2]!
RITMOS DEL MOMENTO
Escuchen la música favorita de muchos estudiantes hispanos y diviértanse bailando[3]. Clases de salsa y merengue. Martes y jueves en el gimnasio.
Hora: 4:30 a 5:30
Más música en
http://morelatinmusic.hrw.com

EVENTOS DEPORTIVOS
Gran partido[4] de fútbol. Viernes 19 de septiembre. En el estadio local.
Hora: 7:00 p.m.
Más información en el teléfono 2-17-22-08 o en http://schoolevents.hrw.edu

Correspondencia con estudiantes de España y Latinoamérica

To: clubesp@exchange.hrw.com
From: Camim@exchange.hrw.com

Hola, ¿qué tal? Me llamo Camilo Medina. Soy de Guanajuato, México. Soy estudiante del Colegio Benito Juárez y participo en el Club de español. Escríbanme[1].

LUIS MIGUEL
Mis Boleros Favoritos
EDICIÓN ESPECIAL

1 write to me   **2** fun   **3** have fun dancing   **4** game

B Comprensión

Based on the reading, say if the following statements are true (**cierto**) or false (**falso**). Correct the false statements.

1. The Spanish Club offers a variety of fun and interesting activities.

2. The club sponsors summer trips to Spanish-speaking countries.

3. If you join the club, you will be able to correspond with students from Asia.

4. The club offers **salsa** and **merengue** classes on Fridays.

5. The club homepage provides you with links to other sites.

C Después de leer

Would you like to become a member of this club? Why or why not? Which activity seems the most interesting to you? What other activities would you suggest if you were a member?

Taller del escritor

Nombre
Número de teléfono
Correo electrónico
Soy de ...

ESTRATEGIA

para escribir You can often get ideas for writing by making a list of everything that you want to include in your work. List all your ideas even if you don't know how to say something in Spanish. You can get help later from the dictionary if you need to find a specific word or phrase.

La página Web del club de español

You have joined the Spanish Club. The club asks all new members to write a short paragraph about themselves to be posted on the club's Web site. In your paragraph, be sure to include your name, where you are from, and your e-mail address.

1 Antes de escribir

Make a list of the information you will need for the Web site. You may use English or Spanish for this step.

2 Escribir un borrador

Write your information in complete sentences in Spanish.

3 Revisar

Read your sentences at least twice. Make sure you have included all the information you want to post on the Web site. Then check your spelling and punctuation.

4 Publicar

Post your completed paragraph on the bulletin board or your class Web site.

Cuaderno para hispanohablantes, pp. 1–12

Leamos y escribamos

Repaso *capítulo* 1

Interactive TUTOR

1 Vocabulario 1
• asking someone's name
• asking how someone is and saying how you are
• introducing others
• saying where you and others are from
  pp. 6–11

2 Gramática 1
• subjects and verbs in sentences
  pp. 12–13

3 Gramática 1
• subject pronouns
  pp. 14–15

4 Vocabulario 2
• numbers 0–31
• asking for and giving phone numbers
• telling time
• giving the date and the day of the week
• the alphabet
• spelling words and giving e-mail addresses
  pp. 18–23

1 Pretend you are introducing the following people to a classmate. Greet your classmate and ask how he or she is, then introduce each person, and say where he or she is from.

Beatriz, México   **el señor Huang, Estados Unidos**   **Antonio, España**

2 For each pair of sentences, identify the subject and verb in the first sentence. Then choose the correct subject pronoun in the second sentence.

1. Rosa es mi mejor amiga. (Ella/Él) es de Segovia, España.
2. La señora Cortez es mi profesora de español. (Ellos/Ella) es de Estados Unidos.
3. El muchacho es de México. (Él/Ustedes) es un compañero de clase.
4. El profesor Muñoz es de la República Dominicana. (Nosotros/Él) es mi profesor de ciencias.

3 Choose the correct subject pronoun to complete the following short conversations.

1. —Alicia y Laura, ¿de dónde son ═══ *(you, plural)*?
   —═══ *(We)* somos de Costa Rica.
2. —Hola, señor Martínez. ¿Cómo está ═══ *(you, formal)*?
   —Bien, gracias, Jorge. ¿Y ═══ *(you, familiar)*?
3. —¿De dónde son Juan y Susana?
   —═══ *(They)* son de Bolivia.

4 Answer the following questions.

1. ¿Cuál es tu correo electrónico?
2. ¿Cuál es tu teléfono?
3. ¿Qué fecha es hoy?
4. ¿Qué hora es?
5. ¿Qué día es hoy?

5 On a separate sheet of paper, rewrite the following conversation between two students at a high school in Miami. Use the correct form of **ser** and add the correct punctuation and accent marks.

—Hola Me llamo Pilar (Yo) ===== tu companera de clase

—Mucho gusto Me llamo Luis

—Mucho gusto

— De donde ===== (tú)

—(Yo) ===== de Espana Y tú, ===== de Miami

—Si, (yo) ===== de Miami. Que hora =====

—===== las dos en punto

6 Answer the following questions.

1. How do Spanish speakers change their friends' names to show affection for them? Give at least two examples.

2. Name four ways that a teacher might be addressed in a Spanish-speaking country.

7 Listen to the following conversations. For each one, decide whether the speakers are **a)** telling time, **b)** greeting each other, **c)** introducing someone, or **d)** exchanging phone numbers.

8 Use the drawings to create a conversation for what is happening. Give as many details as you can.

5 Gramática 2
• the present tense of **ser**
• punctuation marks and written accents
pp. 24–27

6 Cultura
• **Comparaciones** pp. 16–17
• **Notas culturales** pp. 7, 12
• **Geocultura** pp. xxiv–3

Repaso

Gramática 1
- subjects and verbs in sentences
  pp. 12–13
- subject pronouns
  pp. 14–15

Repaso de Gramática 1

Every sentence has a **subject** and a **verb**. The verb tells what the **subject** does or links the **subject** to a description.

La señora Pérez es mi profesora.

The **subject pronouns** in Spanish are:

yo	nosotros(as)
tú	vosotros(as)
usted/él/ella	ustedes/ellos/ellas

The subject pronouns **tú** and **usted** both mean *you*. Use **tú** when you're talking to a friend. Use **usted** to show respect towards elders and professors. When talking to a group of people, use **ustedes** to say *you*. In Spain only, use **vosotros**(as) to say *you* to a group of friends, family, or children.

¿De dónde es usted? ¿De dónde eres tú?

Gramática 2
- the verb **ser**
  pp. 24–25
- punctuation marks and written accents
  pp. 26–27

Repaso de Gramática 2

This is the conjugation of **ser** *(to be)*.

yo **soy**	*I am*	nosotros(as) **somos**	*we are*
tú **eres**	*you are*	vosotros(as) **sois**	*you are*
usted/él/ella **es**	*you are/ he/she is*	ustedes/ellos/ellas **son**	*you/they are*

Question marks	Exclamation points	Accent marks
¿ ... ?	¡ ... !	á, é, í, ó, ú, ñ
¿Cuál es tu teléfono?	¡Hola!	cuál, qué, sí, cómo, tú, mañana

Letra y sonido a e i o u

Las vocales *(The Vowels)*

The five vowels in Spanish are always pronounced clearly and fully no matter where they are in a word.

- **a:** between the **a** of *cat* and *father*: **a**migo, hol**a**
- **e:** as in *they,* but shorter: **e**nero, corr**e**o
- **i:** as in *police,* but shorter: **i**gualmente, abr**i**l
- **o:** as in *low,* but shorter: **o**nce, cóm**o**
- **u:** as in *sue,* but shorter: **u**no, est**u**diante

Trabalenguas

La a, la e, la i—son fáciles para mí.
La a, la e, la i—las puedo hacer así.
A, e, i, o, u—¡aprende a hacerlas tú!

Dictado

Escribe las oraciones de la grabación.

Repaso de Vocabulario 1

Asking someone's name and saying yours

¿Cómo se llama él (ella)?	What's his (her) name?
¿Cómo se llama usted?	What's your name? (formal)
¿Cómo te llamas?	What's your name? (familiar)
Él (Ella) es...	He (She) is . . .
Él (Ella) se llama...	His (Her) name is . . .
Me llamo...	My name is . . .
¿Quién es...?	Who is . . .?
Soy...	I'm . . .

Asking and saying how you are

Adiós.	Goodbye.
Buenas noches.	Good evening, good night.
Buenas tardes.	Good afternoon.
Buenos días.	Good morning.
¿Cómo está usted?	How are you?
Estoy bien, gracias.	I'm fine, thanks.
Estoy regular/mal.	I'm all right/not so good.
Hasta luego.	See you later.
Hasta mañana.	See you tomorrow.
Hasta pronto.	See you soon.
Hola, ¿cómo estás?	Hi, how are you?
Más o menos.	So-so.
Nos vemos.	See you.
¿Qué tal?	How's it going?
señor	sir, Mr.
señora	ma'am, Mrs.
señorita	Miss

Tengo que irme.	I have to go.

Introducing others

Encantado(a).	Pleased/Nice to meet you.
Ésta es Rosa/la señora...	This is Rosa/Mrs. . . .
Éste es Juan/el señor...	This is Juan/Mr. . . .
estudiante	student (male or female)
Igualmente.	Likewise.
mi mejor amiga	my best friend (female)
mi mejor amigo	my best friend (male)
mi profesora	my teacher (female)
mi profesor	my teacher (male)
...de ciencias	science . . .
...de español	Spanish . . .
la muchacha	the girl
el muchacho	the boy
Mucho gusto.	Pleased/Nice to meet you.
una compañera de clase	a (female) classmate
un compañero de clase	a (male) classmate

Saying where you and others are from

¿De dónde eres?	Where are you from? (familiar)
¿De dónde es...?	Where is . . . from?
¿De dónde es usted?	Where are you from? (formal)
Es de...	He (She) is from . . .
ser	to be
Soy de...	I'm from . . .

Subject pronouns . . . . See p. 14.

Repaso de Vocabulario 2

Exchanging phone numbers

¿Cuál es el teléfono de...?	What's . . . telephone number?
¿Cuál es tu teléfono?	What's your telephone number?

Los números 0–31 . . . . See p. 18.

Telling time

de la mañana	in the morning A.M.
de la noche	at night P.M.
de la tarde	in the afternoon P.M.
en punto	on the dot
Es la una.	It's one o'clock.
medianoche	midnight
mediodía	midday, noon
menos cuarto	a quarter to
¿Qué hora es?	What time is it?

Son las...	It's . . . o'clock.
y cuarto	a quarter past
y media	half past

Giving the date and the day

Es el primero (dos, tres) de...	It's the first (second, third) of . . .
Hoy es lunes.	Today is Monday.
¿Qué día es hoy?	What day is today?
¿Qué fecha es hoy?	What's today's date?

Los días de la semana . . . . See p. 21.

Los meses y las estaciones del año . . . . . . See p. 21.

El alfabeto . . . . See p. 22.

Spelling words and giving
e-mail addresses . . . . See p. 23.

Integración

capítulo 1

1 Listen to each conversation and match it with the appropriate picture.

A

B

C

D

2 Read the following conversation between Marisa and Marta and decide if the statements are **cierto** or **falso.**

MARISA   Hola, Marta. ¿Cómo estás?

MARTA   Bien. ¿Y tú?

MARISA   Más o menos. Dime, ¿cuál es el correo electrónico de Pilar, Alicia y Jorge?

MARTA   No sé el correo electrónico de Pilar. El correo electrónico de Alicia es a-ele-i arroba be-ese-te punto ce-o-eme y el correo electrónico de Jorge es jota-uno-tres-seis arroba a-te-ene punto ce-o-eme.

MARISA   ¿Cuál es el teléfono de Pilar?

MARTA   Es dos-treinta y uno-veintinueve-doce.

MARISA   Gracias. ¿Sabes *(do you know)* qué hora es?

MARTA   Sí, son las dos menos cuarto de la tarde.

MARISA   Uy, tengo que irme. Hasta luego.

MARTA   Adiós.

1. Marisa y Marta son amigas.
2. Marisa está mal.
3. El correo electrónico de Alicia es ali@bst.com.
4. El correo electrónico de Jorge es j136@atn.com.
5. El teléfono de Pilar es 2-31-19-12.
6. Son las 2:15.

3 Work with a partner and imagine that you are the student body president and vice-president. It is your job to make the morning announcements over the intercom the first day of class. Greet your fellow classmates and teachers, introduce yourselves, and give everyone the day, date, and time.

4 Look at the painting and compare it to the painting by Joan Miró on page 3. Using the color chart, write the Spanish names of the colors the two painters like to use. Then write (in Spanish) the time on each clock. Do you think this painting is more or less abstract than the painting by Miró? What do you think this painting is about?

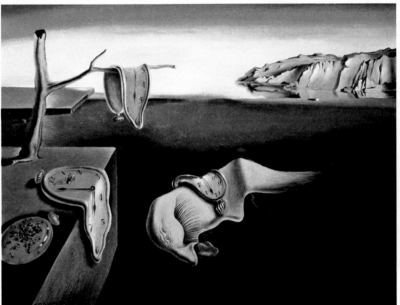

Dalí, Salvador. *The Persistence of Memory (Persistence de la mémoire)*. 1931 Oil on canvas, 9 1/2 x 13" (24.1 x 33 cm). The Museum of Modern Art, New York. Given anonymously. Photograph © 1999 The Museum of Modern Art, New York.; © 2003 Salvador Dalí, Gala-Salvador Dalí Foundation/Artist Rights Society (ARS), New York; Digital Image © The Museum of Modern Art/Licensed by SCALA/Art Resource, NY.

La persistencia de la memoria, de Salvador Dalí (1904–1989)

5 You're sending a letter to a new pen pal in Spain. Introduce yourself and say where you're from, give him or her your phone number and e-mail address, and ask two questions you'd like him or her to answer. Check for correct punctuation and accent marks.

6 **Situación** The Spanish Club is meeting for the first time to get to know new members. Introduce yourself to one person, tell him or her where you are from, and ask how he or she is doing. Then introduce this person to someone else. Try to speak to four people before you finish.

Integración

Video/DVD
GeoVisión

Geocultura
Puerto Rico

▲ **El Viejo San Juan** Las calles reflejan la época colonial.

▼ **San Juan** La capital de Puerto Rico está en el noreste de la isla.

Isabela ●

● Rincón

Río Grande de Añasco

● Mayagüez

Almanaque

Población
3.937.316

Capital
San Juan

Gobierno
estado libre asociado de Estados Unidos

Idiomas oficiales
español e inglés

Moneda
dólar estadounidense

Código Internet
www.[   ].pr

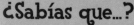

◄ **El béisbol,** o para mujeres el sóftbol, es el deporte nacional del país. Reúne a puertorriqueños de todas las edades.

¿Sabías que...?
Did you know that the island of Puerto Rico was first named San Juan Bautista, and the capital was named Puerto Rico *(rich port)*? Only later were the two names switched by Juan Ponce de León, Puerto Rico's first governor.

▲ **Isabela** Las bellas playas son muy conocidas por sus olas grandes.

▲ **El Yunque** Con 113 km², el Bosque Nacional del Caribe, o el Yunque, es el área forestal más grande de Puerto Rico. Es conocido por sus numerosas especies de plantas y animales.

OCÉANO ATLÁNTICO

SAN JUAN

Arecibo

Río Grande de Arecibo

Río Grande de Manatí

Río de la Plata

Carolina

Bayamón

Río Grande de Loíza

rnas del amuy

Lago Dos Bocas

Embalse Río Grande de Loíza

El Toro (1070m)

Parque Nacional El Yunque

PLAYA SARDINERA

ISLA DE CULEBRA

Lago Caonillas

Caguas

Sierra de Luquillo

PUERTO RICO

ISLA DE VIEQUES

Cordillera Central

Coamo

Río Coamo

Ponce

ISLA CAJA DE MUERTOS

BAHÍA DE RINCÓN

MAR CARIBE

▼ **La Cordillera Central** Aquí crece el flamboyán, el árbol de flores rojas.

▲ **El coquí,** llamado así por el sonido que produce, es el anfibio más famoso de Puerto Rico.

¿Qué tanto sabes?

What is El Yunque, and what is it known for?

A conocer Puerto Rico

La comida

▲ **Las habichuelas** son frijoles y se comen con arroz y pollo o carne.

▲ **El pollo frito con tostones** es un plato típico de Puerto Rico.

▲ **Turistas y sanjuaneros** disfrutan de la deliciosa comida puertorriqueña y de las temperaturas templadas.

El arte

▼ **En el Museo de Arte de Ponce** se encuentra el *Retrato de un Oficial del Regimento Fijo* (1790), pintado por José Campeche, uno de los pintores más famosos de Puerto Rico.

▶ **Las máscaras de vejigante** se hacen con la mitad de un coco seco. Con frecuencia son pintadas en negro y rojo y tienen cuernos.

▶ **La cultura taína** fue la cultura dominante en Puerto Rico antes de la llegada de Colón en 1493. El arte taíno conserva la tradición precolombina.

Las celebraciones

▶ **La Fiesta de Santiago** se celebra en Loíza Aldea por una semana con música tradicional, como la bomba y la plena.

¿Sabías que...?

Did you know that on his second voyage, Christopher Columbus landed on the island of Puerto Rico by accident when trying to reach Hispaniola, today's Dominican Republic and Haiti?

◀ **El Festival Casals,** creado por Pablo Casals hace más de 40 años, se dedica a la música clásica.

La arquitectura

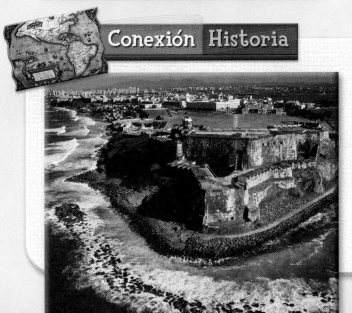

◀ **El Parque de Bombas** en Ponce es un museo dedicado a la historia del famoso cuerpo de bomberos de Ponce.

▲ **Ponce,** o la *Perla del Sur*, se conoce por la fina arquitectura de sus casas.

Conexión Historia

El Morro

Construction of this Spanish fortress began in 1539. Six-meter-thick outer walls and its strategic position made it the most important Spanish fortress in the Caribbean. Circular sentry boxes, or **garitas**, provided shelter for guards and have become the architectural symbol of Puerto Rico. What do you think the role of **El Morro** was in the 1500s and 1600s? What type of structures in the U.S. have towers like **garitas**? What are some similarities and differences?

Capítulo 2

A conocernos

OBJETIVOS

In this chapter you will learn to
- describe people
- ask someone's age and birthday
- talk about what you and others like
- describe things

And you will use
- **ser** with adjectives
- gender and adjective agreement
- questions
- nouns and definite articles
- **gustar, ¿por qué?,** and **porque**
- the preposition **de**

¿Qué ves en la foto?

- ¿De dónde son estas personas?

- ¿Quiénes son?

- ¿Qué hora es?

Unos estudiantes al lado de las murallas del Viejo San Juan

Vocabulario
en acción 1

Video/DVD
ExpresaVisión

Ésta es mi amiga Julia. Es un poco seria, pero muy inteligente. También es muy bonita.

Éste es mi amigo Mateo. Es moreno y muy activo. No es aburrido.

Mi amigo es...

pelirrojo   moreno   moreno   moreno   rubio

guapo   perezoso

intelectual   bajo   alto   atlético

serio   romántico   tímido   gracioso

Más vocabulario...

aburrido	*boring*
activo	*active*
antipático	*unfriendly*
extrovertido	*outgoing*
inteligente	*intelligent*
simpático	*friendly*
tonto	*silly, foolish*
trabajador	*hard-working*

▶ **Vocabulario adicional** — Palabras descriptivas, p. R10

Mi amiga es...

pelirroja	morena	morena	morena	rubia

bonita

perezosa

Más vocabulario...

aburrida	*boring*
activa	*active*
antipática	*unfriendly*
extrovertida	*outgoing*
inteligente	*intelligent*
simpática	*friendly*
tonta	*silly, foolish*
trabajadora	*hard-working*

intelectual	baja	alta	atlética
seria	romántica	tímida	graciosa

¡Exprésate!

To ask what someone is like	To describe someone	
¿Cómo es Paco?	**Paco es moreno. También es inteligente y un poco tímido.**	*Interactive* **TUTOR**
What's Paco like?	*Paco has dark hair/a dark complexion. He's also intelligent and a little shy.*	
¿Cómo eres? ¿Eres cómico(a)?	**Sí, soy bastante cómico(a).**	
What are you like? Are you funny?	*Yes, I'm pretty funny.*	**Online** Vocabulario y gramática, pp. 13–15

Nota cultural

In many Latin American countries, someone with dark hair and skin that goes from very light brown to darker shades of brown is described as **moreno(a)** or **trigueño(a)**. The word **rubio(a)** in most Spanish-speaking countries, or **güero(a)** in Mexico, may be used to describe someone with fairly light skin and blond to light brown hair. How are these descriptions similar to or different from ones used in English?

1 Luis y Marta son...

Leamos/Hablemos Complete each description with the most logical choice.

1. Luis no es moreno. Es...
   - **a.** bajo
   - **b.** rubio
   - **c.** perezoso

2. Marta no es antipática. Es...
   - **a.** tímida
   - **b.** activa
   - **c.** simpática

3. Luis no es perezoso. Es...
   - **a.** trabajador
   - **b.** inteligente
   - **c.** pelirrojo

4. Marta no es tímida. Es...
   - **a.** extrovertida
   - **b.** morena
   - **c.** atlética

5. Luis no es bajo. Es...
   - **a.** romántico
   - **b.** gracioso
   - **c.** alto

6. Marta no es pelirroja. Es...
   - **a.** morena
   - **b.** perezosa
   - **c.** bonita

2 Jimena y Daniel

Leamos Jimena and Daniel are complete opposites. Based on Jimena's description, choose the word in parentheses that best describes Daniel.

MODELO Jimena es perezosa. Daniel es ═══.
(antipático/trabajador)
Daniel es trabajador.

1. Jimena es tímida. Daniel es ═══. (extrovertido/guapo)
2. Jimena es morena. Daniel es ═══. (alto/rubio)
3. Jimena es graciosa. Daniel es ═══. (atlético/serio)
4. Jimena es baja. Daniel es ═══. (alto/pelirrojo)
5. Jimena es atlética. Daniel es ═══. (moreno/intelectual)

3 ¿Cómo es cada uno?

Escuchemos For each picture, you will hear two descriptions. Write the letter of the description that best matches the picture.

1. Roberto

2. Magda

3. Geraldo

4. Julieta

¡Exprésate!

To ask someone's age and birthday	To respond
¿Cuántos años tienes? *How old are you?*	**Tengo quince años.** *I'm 15 years old.*
¿Cuántos años tiene María? *How old is Maria?*	**Ella tiene veintiún años.** *She's 21 years old.*
¿Cuándo es tu cumpleaños? *When is your birthday?*	**Es el 6 de mayo.** *It's May 6th.*
¿Cuándo es el cumpleaños de Ana? *When is Ana's birthday?*	**Es el 24 de noviembre.** *It's November 24th.*

Interactive TUTOR

Online
Vocabulario y gramática, pp. 13–15

Más vocabulario...

32	treinta y dos
33	treinta y tres...
40	cuarenta
50	cincuenta
60	sesenta
70	setenta
80	ochenta
90	noventa
100	cien

4 Respuesta lógica

Leamos Choose the best response to each question.

1. ¿Cuántos años tienes?
2. ¿Cómo eres?
3. ¿Cuándo es tu cumpleaños?
4. ¿Quién es tu mejor amigo?
5. ¿Cómo es?
6. ¿Cuántos años tiene?

a. Es Juan.
b. Mi cumpleaños es el dos de mayo.
c. Es bajo y un poco perezoso.
d. Soy tímido y serio.
e. Tengo dieciséis años.
f. Tiene quince años.

Comunicación

5 ¿Y tú?

Hablemos Working in pairs, ask each other the questions from Activity 4.

6 ¿Quién es?

Escribamos/Hablemos Ask four classmates where they're from, what they're like, when their birthdays are, and how old they are. Pick two and write a description of each one. Present your descriptions to the class and have everyone guess who you're describing.

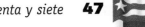

Video/DVD

Gramática en acción 1

GramaVisión

Interactive
TUTOR

Ser with adjectives

1 **Adjectives** are words that describe people or things. You can use the verb **ser** with **adjectives** to describe what someone is like.

Carlos **es simpático**. Pedro **es pelirrojo**.

Ana **es simpática**. Rosa y Julio **son inteligentes**.

2 In Spanish, you don't usually need the subject pronoun if it's clear who the subject is.

¿Cómo **es** el profesor? **Es** bajo y gracioso.

¿Cómo **son** Leticia y Diego? **Son** simpáticos.

3 To say what someone is not like, put **no** in front of the verb.

No soy tonto. Soy inteligente.

Online

| Vocabulario y gramática, pp. 16–18 | Actividades, pp. 11–13 |

¡Te acuerdas?

Remember that **ser** means *to be*.

yo	soy	nosotros(as)	somos
tú	eres	vosotros(as)	sois
usted	es	ustedes	son
él/ella	es	ellos/ellas	son

7 **¿Cómo son...?**

Leamos Complete these sentences about your classmates, your friends, your teacher, and yourself.

1. Yo ===== muy alto(a).
   a. soy   **b.** no soy

2. Profesor(a), usted ===== moreno(a).
   a. es   **b.** no es

3. *(The person next to you)* Tú ===== tímido(a).
   a. eres   **b.** no eres

4. Mi mejor amigo ===== cómico.
   a. es   **b.** no es

5. Mis amigos(as) y yo ===== serios(as).
   a. somos   **b.** no somos

6. Los estudiantes ===== tontos.
   a. son   **b.** no son

7. Mis compañeros de clase ===== perezosos.
   a. son   **b.** no son

Gramática 1

8 Una persona simpática

Escribamos/Hablemos Roberto always says good things about everyone. What does he say about the following people?

MODELO yo/guapo ⟶ **Soy guapo.**
tú/tonta ⟶ **No eres tonta.**

1. yo/perezoso
2. tú/bonita
3. mi amigo Carlos/ inteligente
4. Profesor Garza, usted/ aburrido
5. nosotros/simpáticos
6. Mari y Gisela/graciosas
7. mis compañeras de clase/ antipáticas
8. ustedes/activos

9 ¿Quién es...?

Escribamos/Hablemos Look at the photos below, and say which person each adjective describes.

MODELO activo
Felipe es activo.

Felipe

Gladys

Juan

Rebeca

1. rubia
2. atlética
3. morena
4. seria
5. intelectual
6. tímido
7. moreno
8. pelirrojo
9. extrovertido

Comunicación

10 Yo soy... ¿Y tú?

Hablemos Write down three adjectives that describe you. If you're male, use the words on page 44. If you're female, use the words on page 45. Then get together in groups of four. Record how many students in your group used the same adjectives that you used.

MODELO atlético
—¿Eres atlético?
—Sí, soy atlético./—No, no soy atlético.

Gender and adjective agreement

1 ▶ Nouns and pronouns in Spanish are divided into genders. Nouns for men and boys are **masculine**. Nouns for women and girls are **feminine**.

> **Masculine:** amigo, él, Juan   **Feminine:** amiga, ella, María

2 ▶ Adjectives describe nouns. They have different forms that match, or agree with, the noun or pronoun in gender. The **masculine** form of most adjectives ends in **-o**, while the **feminine** form ends in **-a**.

> **Raúl** es romántic**o**.   **Mari** es romántic**a**.

Adjectives that end in **-e** have the same **masculine** and **feminine** forms.

> **Rafael** es inteligent**e**.   **Carmen** es inteligent**e**.

Adjectives ending in consonants do not add an **-a**, unless they end in **-or** or are adjectives of nationality.

> **Lorenzo** es intelectua**l** y trabajad**or**.   **Gloria** es intelectua**l** y trabajad**ora**.
> Sergio es españo**l**.   Sara es españo**la**.

3 ▶ Adjectives also agree with nouns in number. An adjective that describes one person or thing is in **singular** form. When it describes more than one person or thing, its form is **plural**. If the singular form ends in a vowel, add **-s** to make it plural. If it ends in a consonant, add **-es**.

> Joaquín es alt**o**.   Paco y Luis son alto**s**.
> Rosa es intelectua**l**.   Mis amigos son intelectual**es**.

To describe a mixed group of men and women or boys and girls, use the **masculine plural** form of the adjective:

> **Carlos** y **Ana** son romántic**os**.

 Online

| Vocabulario y gramática, pp. 16–18 | Actividades, pp. 11–13 |

En las calles del Viejo San Juan

11 **¿Cómo son los mellizos?**

Escribamos Mario and María are twins. Say what María is like based on Mario's description. Then, describe Gabriel and Gabriela as the opposite of Mario and María, using plural adjectives.

MODELO **Mario es moreno.**
María es morena también.
Gabriel y Gabriela son rubios.

1. Mario es bajo.
2. Mario es intelectual.
3. Mario es perezoso.
4. Mario es simpático.
5. Mario es tímido.
6. Mario es serio.

⑫ Mi clase preferida

Leamos/Escribamos A student has only good things to say about her favorite class. Complete her description with the correct forms of the most logical adjective in parentheses.

La clase es muy interesante y la profesora es ___1___ (simpático, antipático). Los estudiantes son ___2___ (perezoso, trabajador). Mis amigas Marta y Gabi son muy ___3___ (tonto, intelectual) y mi amigo Ricardo es muy ___4___ (gracioso, aburrido). ¿Y yo? Soy ___5___ (tonto, inteligente) y ___6___ (activo, perezoso).

⑬ ¿Cómo son?

Escribamos/Hablemos Describe yourself and people you know by combining words from each column. Use the correct forms of the verb **ser** and the adjectives listed.

MODELO Mis amigas y yo somos graciosas.

1	2	3	
yo	eres	simpático	activo
mi mejor amigo(a)	es	inteligente	perezoso
mis amigos y yo	son	atlético	interesante
los estudiantes	somos	gracioso	tímido
tú (una compañera de clase)	soy	trabajador	serio
Profesor(a), usted			
ustedes (tus amigos)			

Comunicación

⑭ Nuestros compañeros

Hablemos With a partner, take turns describing someone from the picture below and guessing who is being described.

Sócrates   Romeo   Azucena   Linda   Paco   Luis   Jimena

Gramática 1

Question formation

1 To ask a question that may be answered **sí** or **no,** just raise the pitch of your voice at the end of the question. The subject, if included, can go before or after the **verb**.

¿**Eres** extrovertido?	*Are you outgoing?*
¿**La profesora es** simpática?	*Is the teacher nice?*
¿**Es** simpática **la profesora?**	*Is the teacher nice?*

2 You can answer a question like this with **sí** or **no.** You say the word **no** twice in your answer: once to mean *no* and another time to mean *not.*

—¿Eres atlético?	—*Are you athletic?*
—**Sí**, soy atlético.	—*Yes, I'm athletic.*
(—**No, no** soy atlético.)	(—*No, I'm not athletic.*)

3 You can ask for more information by using **question words**. Notice that all question words are written with an accent mark.

¿**Cómo** es Paco?	*What's Paco like?*
¿**Cuándo** es tu cumpleaños?	*When is your birthday?*
¿**Quién** es?	*Who is he (she)?*
¿**Quiénes** son?	*Who are they?*
¿**Qué** día es hoy?	*What day is today?*
¿**De dónde** eres?	*Where are you from?*
¿**Cuál** es tu teléfono?	*What's your phone number?*

Online

| Vocabulario y gramática, pp. 16–18 | Actividades, pp. 11–13 |

¿Te acuerdas?

Remember that **¿Cómo está?** is asking how someone is feeling. To ask what someone is like say **¿Cómo es?**

¿Cómo está usted?
Estoy bien, gracias.

¿Cómo es tu amigo?
Él es guapo.

---

 15 **¿Pregunta o no?**

Escuchemos Decide if what you hear is a question or statement.

16 **¡Muchas preguntas!**

Hablemos Mari is full of questions for her new neighbor, Jorge. Fill in her questions with the best question word. Use Jorge's answers as cues.

1. ¿ ═══ estás? (Estoy bien, gracias.)
2. ¿ ═══ te llamas? (Me llamo Jorge.)
3. ¿ ═══ eres? (Soy de Puerto Rico.)
4. ¿ ═══ es tu cumpleaños? (Es el 10 de enero.)
5. ¿ ═══ eres? (Soy un poco serio y bastante activo.)
6. ¿ ═══ son ellos? (Son mis amigos Luisa y Óscar.)
7. ¿ ═══ es? (Son las tres. Tengo que irme.)

17 ¿Qué tal?

Leamos/Escribamos Read the e-mail and then answer the questions.

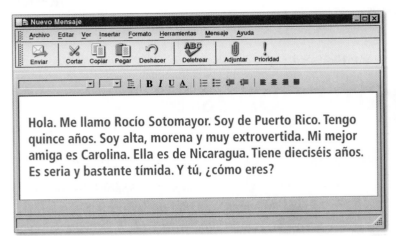

Nuevo Mensaje

Archivo Editar Ver Insertar Formato Herramientas Mensaje Ayuda

Enviar Cortar Copiar Pegar Deshacer Deletrear Adjuntar Prioridad

B I U A

Hola. Me llamo Rocío Sotomayor. Soy de Puerto Rico. Tengo quince años. Soy alta, morena y muy extrovertida. Mi mejor amiga es Carolina. Ella es de Nicaragua. Tiene dieciséis años. Es seria y bastante tímida. Y tú, ¿cómo eres?

Rocío y Carolina

1. ¿De dónde es Rocío?
2. ¿Cuántos años tiene?
3. ¿Es rubia o morena?
4. ¿Cómo es Rocío?
5. ¿De dónde es Carolina?
6. ¿Cómo es ella?

18 Entrevistan a Gisela

Hablemos/Escribamos On a separate piece of paper, write the missing questions to complete the interview.

MODELO —¿Cómo estás?
—Muy bien, gracias.

1. —¿ ═══ ?   —Me llamo Gisela Ríos Perales.
2. —¿ ═══ ?   —Soy de Burgos, España.
3. —¿ ═══ ?   —No, no soy tímida. Soy extrovertida.
4. —¿ ═══ ?   —Son inteligentes, simpáticos y atléticos.
5. —¿ ═══ ?   —Tengo catorce años.
6. —¿ ═══ ?   —Mi cumpleaños es el quince de marzo.

Nota cultural

In most Spanish-speaking countries, the legal driving and voting age is 18. Since Puerto Ricans are U.S. citizens, they can vote when they are 18 years old. They can get their driver's license at age 18, although some people can get a learner's permit at 16 with parental consent. How would your 18th birthday be different if you lived in Puerto Rico?

Comunicación

19 Veinte preguntas

Hablemos Ask your partner to think of a classmate. Guess who he or she is by asking questions that can be answered with **sí** or **no.** Switch roles.

MODELO —¿Es una compañera?
—No, no es una compañera. Es un compañero.

Gramática 1

Puerto Rico

Cultura

Comparaciones

Interactive TUTOR

Un grupo de amigos, San Juan

¿Cómo eres?

There's a saying in Spanish, **"Dime con quién andas, y te diré quién eres."** *(Tell me who you spend time with and I'll tell you who you are.)* This saying is like the English expressions "Birds of a feather flock together" and "You're known by the company you keep." These sayings stem from the belief that we choose as friends those who are much like ourselves. Why do you think both English and Spanish have these sayings? Do you think they are true? Why or why not?

Luis
San Juan, Puerto Rico

Dime, ¿cómo eres tú?

Bueno, pues, yo me considero una persona simpática, gracioso, alegre, un buen amigo y una buena persona.

¿Y qué cosas te gustan?

Me gusta el deporte, me gusta la música. Me gusta la escuela.

¿Tú tienes un mejor amigo?

Sí.

¿Bueno, cómo es tu mejor amigo?

Pues, es una persona que es simpática también, amigable, alegre, atleta. Él es moreno. Es bien activo. Me gusta ser amigo de él.

¿Qué cosas le gustan a él?

Le gusta también la música, el deporte. Le gusta la escuela. Y como es una persona alegre, pues no le

gusta estar aburrido.

¿Cómo son ustedes?

Pues, tenemos muchos gustos como lo de la música y pues además nos llevamos bien y nos comprendemos en todo.

¿Qué significa la expresión "Dime con quién andas, y te diré quién eres"?

Yo pienso que, que es con quien tú te pasas, según esa persona, pues, va a ser tu personalidad.

Okay muchas gracias, Luis.

Océano Atlántico   San Juan ★
PUERTO RICO
Mar Caribe

Andrea
Ciudad de México, México

¿Cómo eres tú?
> Soy alegre, soy inteligente, soy muy divertida.

¿Qué cosas te gustan a ti?
> Me gusta el cine, los libros, el cantar, bailar.

¿Cómo es tu mejor amigo o tu mejor amiga?
> Es alegre también, es inteligente y divertida.

¿Qué cosas le gustan a ella?
> Le gusta el cine, los libros, bailar.

¿Cómo son ustedes?
> Somos muy parecidas.

¿Qué cosas les gustan?
> Nos gusta el cine, bailar.

Cultura

Para comprender

1. ¿Cuáles son tres cosas que le gustan a Luis?
2. ¿Cuáles son tres cosas que le gustan a Andrea?
3. ¿A quién le gustan las películas?
4. ¿El amigo de Luis es atlético?
5. ¿Quiénes son alegres?
6. ¿Luis y Andrea son más serios o son más extrovertidos?

Para pensar y hablar

Based on how Luis and Andrea describe themselves and their friends, do you think the expression **"Dime con quién andas, y te diré quién eres"** applies to them? How alike are you and your friends? What are two advantages of being exactly like your friends? What are two disadvantages?

Cuaderno para hispanohablantes, pp. 13–20

Comunidad

Customer surveys in Spanish

Businesses, public service organizations, and government agencies want to know how their clients feel about their products and services. These organizations often ask clients to fill out surveys to find out how they can improve. How do these organizations learn what their Spanish-speaking clients want? Do they have surveys in Spanish? Contact libraries, restaurants, hotels, radio stations, or government offices in your community or online to request samples of customer surveys in Spanish. Bring the surveys to class and work with a classmate to answer as many of the questions as you can.

La recepción de un hotel, Austin, Texas

Objetivos
Talking about what you
and others like,
describing things

Vocabulario *en acción* 2

ExpresaVisión

Me gusta...

el ajedrez

el helado

la comida italiana

la pizza

la música

la música de
Puerto Rico

la comida china

la comida mexicana

▶ **Vocabulario adicional** — Comida, p. R7

Me gustan...

Vocabulario 2

los libros (de aventuras, de amor)

las películas (de ciencia ficción, de terror, de misterio)

los carros
los coches

las fiestas

las hamburguesas

las verduras

las frutas

los deportes

los videojuegos

los animales

¡Exprésate!

To ask someone what he or she likes	To respond
¿Te gusta(n)...? *Do you like . . . ?*	**Sí, me gusta(n) mucho...** *Yes, I like . . . a lot.* **No, no me gusta(n)...** *No, I don't like . . .*
¿Te gusta(n) más...o...? *Do you like . . . or . . . more?*	**Me gusta(n) más...** *I like . . . more.* **Me da igual.** *It's all the same to me.*

Interactive TUTOR

Online
Vocabulario y gramática, pp. 19–21

▶ **Vocabulario adicional** — Deportes y pasatiempos, p. R8

Puerto Rico

Nota cultural

In Puerto Rico, music is very popular, and there are several musicians who trace their roots to the island. Tito Puente made **salsa** music famous by using instruments like the **güiro** and **maracas** to add Afro-Caribbean rhythms to Big Band jazz sounds. Thanks to Tito Puente, Willie Colón and Marc Anthony, among others, **salsa** continues to gain world-wide popularity.

20 Dime cómo eres...

Leamos/Hablemos Based on the descriptions, which item would these people say they like or don't like?

MODELO Me llamo Carlos. Soy muy atlético. Me gustan ===== (los libros, los deportes).
Me gustan los deportes.

1. ¿Qué tal? Soy Marta y soy muy extrovertida. Me gustan ===== (las fiestas/los libros).

2. Soy Juan y me gusta la pizza. Me gusta ===== (la comida mexicana/la comida italiana).

3. Buenas tardes. Me llamo Javier y soy muy romántico. Me gustan ===== (las películas de ciencia ficción/las películas de amor).

4. Hola. Yo soy Samuel y soy intelectual. Me gustan ===== (los videojuegos/los libros).

5. Soy Carlota y no soy muy activa. Me gustan ===== (los videojuegos/los deportes).

6. Hola, me llamo Celia. No soy muy atlética. No me gustan ===== (los deportes/las fiestas).

21 ¿Quiénes hablan?

Escuchemos You will hear four conversations. Decide which conversation goes with each photo.

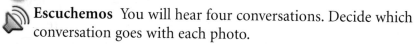

¡Exprésate!

To describe something

¿Cómo es...?	**Es pésimo(a)/fenomenal/formidable.**
What's . . . like?	*It's awful/awesome/great.*
	Es (muy) delicioso(a)/horrible.
	It's (really) delicious/horrible.
	Es algo divertido(a)/interesante.
	It's kind of fun/interesting.
	Es bastante bueno(a)/malo(a).
	It's pretty good/bad.

Interactive **TUTOR**

Online
Vocabulario y gramática, pp. 19–21

22 ¿Qué dice?

Leamos Match each sentence with the picture it describes. Then choose the word that best completes each sentence.

a. b. c. d.

1. Los videojuegos son pésimos/fenomenales.
2. Los libros de amor son muy románticos/no son interesantes.
3. La música es aburrida/divertida.
4. Las verduras son deliciosas/horribles.

23 En tu opinión

Hablemos Say whether you think each description is correct. Make sure adjectives agree with the nouns they modify.

MODELO **la pizza/bueno**

Sí, la pizza es buena./No, la pizza no es buena.

1. las películas de aventuras/ fenomenal
2. los libros de misterio/pésimo
3. el helado/horrible
4. los libros de amor/tonto
5. las películas de terror/ formidable
6. la comida china/malo
7. las verduras/delicioso
8. los deportes/divertido

Comunicación

24 ¿Te gustan o no?

Hablemos Work with a partner. Find out whether your classmate likes the things listed below. Take turns.

MODELO —¿Te gustan los videojuegos?

—Sí, me gustan. Son bastante divertidos.

1. los videojuegos
2. los libros de amor
3. los animales
4. los deportes
5. las películas de aventuras
6. las fiestas

Gramática
en acción 2

GramaVisión

Nouns and definite articles

Interactive **TUTOR**

1 In Spanish, all nouns belong to one of two gender categories: **masculine** or **feminine**. Masculine nouns usually end in **-o** (carr**o**). Feminine nouns usually end in **-a** (frut**a**).

2 Singular nouns name one of something. Plural nouns name more than one of something. If a singular noun ends in a **vowel**, add **-s** to make it plural. If a singular noun ends in a **consonant**, add **-es** to make it plural.

estudiant**e** *student*	estudiante**s** *students*
anima**l** *animal*	animal**es** *animals*

3 The **definite articles** in Spanish can be used to say *the* with a specific noun. They have different forms that agree with their noun in gender and number.

	Masculine	Feminine
SINGULAR	el	la
PLURAL	los	las

—¿Cómo es **la** profesora?
What is the teacher like?

—**La** profesora es simpática.
The teacher is friendly.

—¿Quiénes son **los** muchachos allí?
Who are the boys over there?

—Son **los** compañeros de clase de Rafael.
They are Rafael's classmates.

4 Use **definite articles** to talk about a noun as a general category or when saying what you like with **gustar.**

—¿Cómo es **la** pizza?
What's pizza (in general) like?

—Es deliciosa. Me gusta **la** pizza.
It's delicious. I like pizza.

Online

Vocabulario y gramática, pp. 22–24	Actividades, pp. 15–17

Visit Holt Online

go.hrw.com

KEYWORD: EXP1 CH2

Gramática 2 practice

Gramática 2

25 Son así...

Escribamos/Hablemos Write sentences about these things, using words from each column. The articles and adjectives must agree.

MODELO **La música mexicana es fenomenal.**

1	**2**	**3**	**4**	
El	estudiantes de español	es	serio	aburrido
La	deportes	son	interesante	divertido
Los	helado	somos	bueno	fenomenal
Las	música mexicana		malo	delicioso
	fiestas		romántico	gracioso

26 En mi opinión

Escribamos Write a sentence saying what you think each item pictured is like.

MODELO **Las frutas son muy deliciosas.**

1.   2.   3.   4.

5.   6.   7.   8.

Comunicación

27 Entrevista

Hablemos Ask three classmates their opinions about the things in Activity 26. Are their opinions the same as yours?

MODELO   —¿Cómo son los libros?

         —Los libros son horribles/divertidos.

Interactive
TUTOR

The verb gustar, ¿por qué?, and porque

1 Use the verb **gustar** to say what people like. If the thing they like is singular, use **gusta**. If it's plural, use **gustan**. Use **¿qué?** with **gusta** to ask what someone likes.

—¿Te **gusta** la pizza?
Do you like pizza?

—¿**Qué** te **gusta**?
What do you like?

—Sí, y me **gustan** las verduras.
Yes, and I like vegetables.

—Me **gustan** los carros.
I like cars.

2 Put one of these **pronouns** before **gustar** to say who likes something.

me gusta(n) *I like*	**nos** gusta(n) *we like*
te gusta(n) *you* (tú) *like*	**os** gusta(n) *you* (vosotros) *like*
le gusta(n) *you* (usted) *like, he, she, it likes*	**les** gusta(n) *you* (ustedes) *like, they like*

3 Notice that **le** can stand for *you* **(usted)**, *he, she or it;* and **les** can stand for *you* **(ustedes)** or *they.* To ask who is being talked about, use **a quién** or **a quiénes**. To clarify who is being talked about, use **a + name(s)**.

—¿**A quién le** gusta la pizza?
—*Who likes pizza?*

—**A Juan le** gusta la pizza.

—*Juan likes pizza.*

—¿**A quiénes les** gusta la pizza?
—*Who likes pizza?*

—**A Juan** y **a Sara les** gusta la pizza.

—*Juan and Sara like pizza.*

4 Put the word **no** before the pronoun to say *don't* or *doesn't*.

—¿Te gusta la fruta?

—No, **no me** gusta la fruta.

5 To ask *why,* use **¿Por qué?** Answer with **porque** *(because).*

—¿**Por qué** te gusta el helado?

—Me gusta **porque** es delicioso.

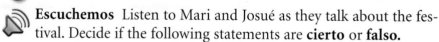
Online

Vocabulario y gramática, pp. 22–24	Actividades, pp. 15–17

28 **El festival de Ponce**

Escuchemos Listen to Mari and Josué as they talk about the festival. Decide if the following statements are **cierto** or **falso.**

1. A Mari y a Josué les gusta la fiesta.
2. A Juan no le gusta la fiesta porque no le gusta la comida.
3. A Ana y a Silvia no les gusta la música.
4. A los amigos de Mari les gusta la música.

El festival de Ponce

29 ¿Qué les gusta más?

Escribamos Based on the following people's personalities, which things do they like more?

> **MODELO** Somos muy románticos. (películas de amor/películas de terror)
> **Nos gustan más las películas de amor.**

1. Eres muy intelectual. (libros/videojuegos)
2. Mis amigos Juan y Beti son atléticos. (música/deportes)
3. Teresa es muy extrovertida. (fiestas/libros)
4. Soy un poco perezoso. (videojuegos/deportes)
5. Ustedes son bastante serias. (películas de amor/libros de misterio)
6. No somos muy activos. (deportes/películas de aventuras)

Comunicación

30 La fiesta

Hablemos You're throwing a party and you want to find out what your guests like. Ask four classmates if they like each of these things. Report your findings to the class.

1. ice cream
2. Italian food
3. fruit
4. videogames
5. hamburgers
6. music by . . .

31 ¿Por qué te gusta(n)?

Hablemos With a partner take turns asking each other if you like the things pictured. Then tell why you like them or not.

> **MODELO** ¿Te gustan los deportes?
> **No, no me gustan los deportes porque son aburridos.**

Interactive TUTOR

The preposition de

1 **De** is used to show possession or relationship.

Es el carro **de** Ernesto.	*It's Ernesto's car.*
Son los amigos **de** la profesora.	*They're the teacher's friends.*

2 In addition, **de** can be used to indicate what type of thing you're describing.

los libros **de** aventuras	*adventure books*
las películas **de** misterio	*mystery movies*

3 The word **de** is also used to say where someone is from.

Julio es **de** Costa Rica.	*Julio is from Costa Rica.*

4 The preposition **de** followed by **el** makes the contraction **del**.

el correo electrónico **del** profesor	*the teacher's e-mail address*

Online

Vocabulario y gramática, pp. 22–24	Actividades, pp. 15–17

En inglés

In English, we add **'s** or just an apostrophe (**'**) to show ownership.

Charles**'** class
the teacher**'s** book

In Spanish, use de to show possession.

la clase **de** Juan
los libros **de** la profesora

---

32 **¿Cómo son?**

Escribamos/Hablemos Complete the statements with **de, del, de la, de los,** or **de las.** Then decide whether or not each statement is **cierto** or **falso.**

MODELO Los animales de Rafael son malos.
Falso. Los animales de Rafael son buenos.

1. El carro ===== profesora es fenomenal.

2. La pizza ===== Roberto es deliciosa.

3. La fiesta ===== amiga de Ana es pésima.

4. El carro ===== profesor es bueno.

5. Los videojuegos ===== amigas son divertidos.

6. El libro ===== profesor es horrible.

33 ¿Hoy es el cumpleaños del profesor?

Leamos/Hablemos Complete each question with **de, del, de la, de los** or **de las.** Then answer the questions.

MODELO ¿Tu mejor amigo(a) es <u>de</u> Miami?
No, mi mejor amiga es de Denver.

1. ¿El(La) profesor(a) ===== español es ===== Puerto Rico?
2. ¿Hoy es el cumpleaños ===== profesor(a)?
3. ¿Cómo se llama el libro ===== español?
4. ¿Te gustan más los libros ===== amor o ===== aventuras?
5. ¿Las películas ===== ciencia ficción son interesantes?
6. ¿Te gusta la música ===== Tito Puente?
7. ¿Las fiestas ===== estudiantes son divertidas o aburridas?

34 La preposición de

Escuchemos As you listen to each sentence, decide how the preposition **de** is being used.

a) to ask about ownership
b) to tell ownership
c) to ask where someone is from
d) to tell where someone is from
e) to describe something

Comunicación

35 Gustos

Hablemos Working with a partner, use the drawings to describe Alicia and Rodrigo and to tell what they like and dislike.

¿Quién será?
Episodio 2

Drawing Conclusions Drawing logical conclusions based on information you've gathered is an important skill. Even if things turn out differently than you thought, that does not mean that your conclusion was illogical. Maybe you did not have all the information. As you read the Novela or watch the video, gather all the information you can so that you can draw conclusions about the story and the characters as events unfold.

En España

Marcos meets with the professor in her office. He reviews Nicolás's file.
She describes Nicolás to him, and gives him an assignment in Puerto Rico.

1

La profesora Nicolás Ortega García. Le gusta el arte. Es un chico muy simpático. Es de San Juan, Puerto Rico.

2

En Puerto Rico

An art professor and a gym coach compare notes about a student they each have in their class.

3

Profesora de arte ¿Tienes buenos estudiantes este año?

Entrenador Sí, tengo unos estudiantes muy atléticos este año, y unos que son un poco perezosos.

4

Profesora de arte Yo tengo un estudiante que es muy trabajador. Siempre hace las tareas a tiempo. Es un poco serio y también un poco tímido. Pero creo que va a ser muy buen artista.

Entrenador ¿Quién es?

Profesora de arte Se llama Nicolás Ortega García.

5

Entrenador ¿Nicolás? Dime, ¿cómo es?

Profesora de arte Es alto y rubio.

Entrenador ¿Cuántos años tiene?

Profesora de arte Tiene quince años.

6

Entrenador Yo también tengo un Nicolás Ortega García en mi clase de educación física.

Profesora de arte ¿Ah, sí?

Entrenador Sí, pero este Nicolás no es trabajador. Es perezoso.

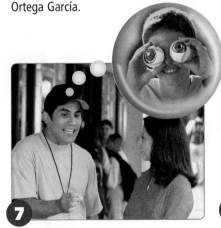

7

Entrenador No, este Nicolás no es serio. Es cómico.

8

Profesora de arte No es el mismo Nicolás.

Entrenador No, es verdad. Hay dos Nicolás de apellido Ortega García en este colegio, ¿no crees?

Profesora de arte Sí. Así es.

¿COMPRENDES?

1. What information does la profesora give Marcos about Nicolás?

2. What do you think Marcos's assignment is? Why do you think that?

3. How do the art professor and the coach describe the student in their two classes?

4. What conclusion do they draw about the student? Was the conclusion logical? Was it correct?

5. What is your conclusion about Nicolás? Which class does he like better? Why does he act so differently in the two classes?

Próximo episodio
Can you predict whether Marcos might be going to Puerto Rico? Why?
PÁGINAS 104–105▶

Leamos y escribamos

A Antes de leer

Did you know that there is a relationship between someone's personality and the colors he or she likes? On a separate sheet of paper, write two personality traits in Spanish that you would associate with each of the colors blue, red, green, yellow, orange, and black.

¿QUÉ COLOR PREFIERES?

Mi color favorito es el verde.

Si te gusta el color verde, eres una persona muy inteligente, inventiva y lógica. No eres muy extrovertido(a) y no te gusta la rutina. Para ti[1], la naturaleza[2] es importante. Personas famosas: Sócrates, Sherlock Holmes y Thomas Edison.

Mi color preferido es el ANARANJADO.

Si te gusta el anaranjado, eres una persona simpática, graciosa y espontánea. Tienes mucha energía y te fascinan las cosas nuevas, interesantes y diferentes. Para ti, la acción y la diversión[3] son muy importantes. Personas famosas: Winston Churchill y Lucille Ball.

¿Te gusta el color AZUL?

Si te gusta el azul, eres una persona creativa y artística. Eres romántico(a) y sincero(a). Para ti, la armonía entre[4] las personas es muy importante. Personas famosas: Mozart, Indira Gandhi y Thomas Jefferson.

Me fascina el color negro.

Si te gusta el negro, eres una persona seria, elegante y algo misteriosa. También[5] eres disciplinado(a), eficiente y muy independiente. No eres muy extrovertido(a) y no te gustan las personas expresivas. Personas famosas: Cervantes y Abraham Lincoln.

Me gusta el ROJO.

Si te gusta el color rojo, eres una persona apasionada, enérgica y activa. Eres muy extrovertido(a) y sociable. Te fascina ser[7] el centro de atención. Personas famosas: Ernest Hemingway, Elizabeth Peña y F. Scott Fitzgerald.

A mí me encanta el color amarillo.

Si te gusta el amarillo, eres intelectual, metódico(a) y analítico(a). Eres tímido(a) y tienes pocos[6] pero buenos amigos. Eres un líder formidable, organizado, eficiente y puntual. Para ti, la familia y las tradiciones son muy importantes. Personas famosas: George Washington y la Madre Teresa.

1 for you   **2** nature   **3** fun   **4** harmony between   **5** also   **6** few   **7** you love being

B Comprensión

Based on the reading, match the colors from Column A with the personality types from Column B. Then draw your own infer-ences and say what someone might like or dislike based on his or her personality.

A	B	Te gusta(n).../No te gusta(n)...
1. el azul	**a.** Eres tímido(a).	las personas
2. el amarillo	**b.** Eres muy inteligente.	los videojuegos
3. el anaranjado	**c.** Eres romántico(a).	los animales
4. el rojo	**d.** Eres extrovertido(a).	los libros
5. el verde	**e.** Eres serio(a).	las fiestas
6. el negro	**f.** Eres simpático(a).	la música

C Después de leer

1. Did the personality traits you listed for the various colors in **Antes de leer** agree with the reading?

2. Does your favorite color match your own personality? Explain why or why not.

Taller del escritor

para escribir Cluster diagrams can help you organize and see how your ideas are related.

Mi personalidad

Write a paragraph in which you describe yourself and say what you like and don't like. Tell which "personality color" comes closest to your description of yourself.

1 Antes de escribir

Draw four circles. Label the first one **Yo soy**..., the second **Yo no soy**..., the third **Me gusta(n)**..., and the fourth **No me gusta(n)**... Connect other circles to these four and label the new circles with words that describe you, words that do not describe you, things you like, and things you don't like.

"Yo soy..."   "Yo no soy..."   "Me gusta(n)..."   "No me gusta(n)..."

2 Escribir un borrador

Use your cluster diagram to organize the information for your paragraph. Include information from each part of the diagram.

3 Revisar

Read your sentences at least twice. Make sure the paragraph describes you well. Then check spelling and punctuation.

4 Publicar

Get together with three or four classmates. Each member of the group takes someone else's paragraph from the stack and reads it aloud without telling who wrote it. See if the group can guess who wrote each paragraph.

Cuaderno para hispanohablantes, pp. 13–20

Leamos y escribamos

Repaso
capítulo 2

Interactive
TUTOR

1 Vocabulario 1
• describing people
• asking how old someone is
pp. 44–47

2 Gramática 1
• using **ser** with adjectives
• gender and adjective agreement
• question formation
pp. 48–53

3 Vocabulario 2
• talking about what you and others like
• describing things
pp. 56–59

1 Write descriptions of each person. Give each person's age and say something about his or her appearance.

2 Complete the following conversations using adjectives, **ser,** and question words. Remember to use the correct adjective and verb forms.

1. —¿ ═══ es tu mejor amigo(a)?
   —═══ Paco.

2. —¿ ═══ día es hoy?
   —═══ sábado.

3. —¿Cómo ═══ tu mejor amigo(a)?
   —Es ═══. No es ═══.

4. —¿ ═══ eres tú?
   — ═══ ═══.

5. —¿ ═══ es tu cumpleaños?
   —═══ el ═══.

3 Ask your partner if he or she likes the following things and why. Then ask which things he or she likes more. Switch roles.

1.　　　　2.　　　　3.　　　　4.

④ Complete the paragraph, using the correct word in parentheses.

____1____ (El/La) cumpleaños ____2____ (de/del) Fernando y Maribel es ____3____ (el/la) catorce de diciembre. A ellos ____4____ (les gusta/les gustan) mucho las fiestas ____5____ (de/del) cumpleaños. A Maribel ____6____ (le gustan/les gustan) los libros ____7____ (de/de las) aventuras más que ____8____ (los/las) películas. A Fernando ____9____ (le gusta/le gustan) los videojuegos más que ____10____ (el/la) música de Los Hidalgos.

⑤ Answer the following questions.

1. How do Latin Americans describe someone with dark or light-brown hair and skin?

2. Why are ages sixteen and eighteen important to young people in Puerto Rico?

⑥ Listen as Patricia reads the e-mail message from Yoli. Then say whether the statements that follow are **cierto** or **falso.**

1. A Yoli no le gustan las clases porque son aburridas.

2. Los compañeros de clase son antipáticos.

3. El cumpleaños de Yoli es el 16 de agosto.

4. A Yoli le gusta la comida china.

⑦ Describe Alicia and her friends and tell what they like.

Visit Holt Online

go.hrw.com
KEYWORD: EXP1 CH2

Chapter Self-test

④ Gramática 2
- nouns and definite articles
- **gustar, ¿por qué?,** and **porque**
- uses of the preposition **de** pp. 60-65

⑤ Cultura
- **Comparaciones** pp. 54-55
- **Notas culturales** pp. 46, 53, 58
- **Geocultura** pp. 38-41

Repaso

Gramática 1

• ser with adjectives
  pp. 48–49

• gender and adjective agreement
  pp. 50–51

• question formation
  pp. 52–53

Gramática 2

• nouns and definite articles
  pp. 60–61

• the verb gustar, ¿por qué?, and porque
  pp. 62–63

• uses of the preposition de
  pp. 64–65

Repaso de Gramática 1

You can use adjectives with the verb **ser** to describe people. Adjectives should agree with the nouns they describe in number and gender. Adjectives are either singular or plural, masculine or feminine.

Carlos es alto.   **Lupe es alta.**   **Carlos y Lupe son altos.**

Form questions by changing your tone of voice or using question words such as **qué, cómo, cuándo, quién, quiénes, cuál** and **de dónde**.

Repaso de Gramática 2

Nouns can be singular or plural, masculine or feminine.

	Masculine	**Feminine**
SINGULAR	**carro**	**fiesta**
PLURAL	**carros**	**fiestas**

Use definite articles to say *the* or use them to talk about a noun used as a general category. Definite articles agree with the nouns they describe in gender and number.

	Masculine	**Feminine**
SINGULAR	**el libro**	**la pizza**
PLURAL	**los libros**	**las pizzas**

The verb **gustar** is used to talk about likes and dislikes.

Me gusta la comida italiana. No te gustan los deportes.

The preposition **de** is used to indicate possession, relationship, or where someone is from. It can also describe a type of thing.

Es el libro de Juan.   **Es un libro de misterio.**

Letra y sonido

La sílaba tónica

• Words ending in a vowel, **-n**, or **-s** are normally stressed on the next-to-last syllable: **in-te-li-GEN-te, mo-RE-nos, bas-TAN-te**

• Words ending in a consonant other than **-n** or **-s** are normally stressed on the last syllable: **us-TED, se-ÑOR, es-TOY**

• All words whose pronunciation doesn't follow these rules are written with an accent mark over the vowel that is stressed: **ca-FÉ, pe-LÍ-cu-la, a-ten-CIÓN**

Trabalenguas

Tres tristes tigres tragaban trigo en un trigal en tres tristes trastos.

Dictado

Escribe las oraciones de la grabación.

Repaso de Vocabulario 1

Describing people

aburrido(a)	boring
activo(a)	active
alto(a)	tall
antipático(a)	unfriendly
atlético(a)	athletic
bajo(a)	short
bastante	quite, pretty
bonito(a)	pretty
cómico(a)	funny
¿Cómo eres?	What are you like?
¿Cómo es...?	What's . . . like?
¿Eres...?	Are you . . .?
Es...	He (She, It) is . . .
extrovertido(a)	outgoing
gracioso(a)	witty
guapo(a)	good-looking
intelectual	intellectual
inteligente	intelligent
moreno(a)	dark-haired; dark-skinned
muy	very
pelirrojo(a)	red-headed
perezoso(a)	lazy

romántico(a)	romantic
rubio(a)	blond
serio(a)	serious
simpático(a)	friendly
Soy...	I'm . . .
también	also
tímido(a)	shy
tonto(a)	silly, foolish
trabajador(a)	hard-working
un poco	a little

Asking and saying how old someone is

¿Cuándo es el cumpleaños de...?	When is . . . 's birthday?
¿Cuándo es tu cumpleaños?	When is your birthday?
¿Cuántos años tiene...?	How old is . . .?
¿Cuántos años tienes?	How old are you?
Él (Ella) tiene... años.	He (She) is . . . years old.
Es el... de...	It's the . . . of . . .
Tengo... años.	I'm . . . years old.
Numbers 32–100	See p. 47.

Repaso de Vocabulario 2

Describing things

el ajedrez	chess
los animales	animals
los carros	cars
la comida china (italiana, mexicana)	Chinese (Italian, Mexican) food
los deportes	sports
Es algo divertido(a).	It's kind of fun.
Es bastante bueno(a).	It's pretty good.
Es delicioso(a).	It's delicious.
Es pésimo(a).	It's awful.
fenomenal	awesome
las fiestas	parties
formidable	great
las frutas	fruit
las hamburguesas	hamburgers
el helado	ice cream
horrible	horrible
interesante	interesting

los libros (de aventuras, de amor)	(adventure, romance) books
malo(a)	bad
la música (de...)	music (of/by . . .)
las películas (de ciencia ficción, de terror, de misterio)	(science fiction, horror, mystery) movies
la pizza	pizza
las verduras	vegetables
los videojuegos	videogames

Talking about what you and others like

Me da igual.	It's all the same to me.
Me gusta(n)... mucho.	I like . . . a lot.
Me gusta(n) más...	I like . . . more.
No, no me gusta(n)...	No, I don't like . . .
¿Te gusta(n)...?	Do you like . . . ?
¿Te gusta(n) más... o...?	Do you like . . . or . . . more?

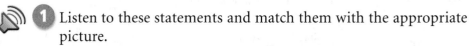

Integración
capítulos 1-2

1 Listen to these statements and match them with the appropriate picture.

A

B

C

D

2 You want to find an Internet pen pal. Read the ads for **Ciber-amigos,** and then answer the questions that follow.

Andrés Vallejo
14 años
avall123@mailmex.hrw.com
Soy cómico y activo. Me gustan las computadoras y las películas de terror. No me gusta la comida italiana. Me gustan las hamburguesas.

Yasmín Herrera
15 años
yazz@telecom.hrw.com.es
¿Qué tal? Soy inteligente y extrovertida. No me gusta la televisión, pero sí me gustan los libros de aventuras y las fiestas.

Liliana Caraval
13 años
lilcar@correo.hrw.com.pr
¡Hola! Soy simpática y seria. No soy aburrida. Me gustan los videojuegos y la música rock. No me gusta la pizza.

1. ¿Quién es inteligente? ¿simpático(a)? ¿activo(a)?
2. Según *(according to)* el correo electrónico, ¿de dónde es Liliana? ¿Yasmín?
3. ¿Cuántos años tiene Andrés?
4. ¿Qué le gusta a Liliana? ¿Qué no le gusta?
5. ¿A quién le gustan las hamburguesas? ¿los libros de aventuras?

3 Write a **Ciberamigos** message that describes you and tells how old you are, where you're from, what your e-mail address is, and what you like and don't like.

4 In groups of three, take turns playing one of the three **Ciber-amigos** in Activity 2. The first person "sends" his or her own description to one of the **amigos,** along with two questions asking for more information. The **amigo** writes back, answering the questions, and then asking two questions in return. The first person answers. The second person then picks an **amigo** and "sends" an e-mail. Continue until everyone has had a turn writing and answering.

5 Imagine that you are writing a short story in Spanish based on what you see in the painting. Who are these people and how old are they? What do they look like and what do they like to do? Where do they come from? Write your story in Spanish.

Día lluvioso en El Viejo San Juan, de Orlando Santiago Correa

Día lluvioso en El Viejo San Juan (Rainy Day in Old San Juan) by Orlando Santiago Correa courtesy of Patrick Santiago

6 **Situación** This year the student council wants to sponsor a film festival and the homecoming dance. In order to sponsor these events, the council needs information from the students about what they like and don't like. In groups of three, create a survey asking about movies, music, and foods people like, and then ask your classmates to fill it in. Afterward, tally the results to see what the student council needs to do.

Integración

Video/DVD
GeoVisión

Geocultura
Texas

▼ **En el Valle de Texas** se cultiva la fruta del estado: la toronja roja.

▼ **El Parque Nacional Big Bend** El nombre Big Bend se refiere a la gran curva en forma de U del Río Grande.

Almanaque

Población
20.851.820

Capital Austin

Área
266.807 millas cuadradas
(691.030 km^2)

Moneda
dólar estadounidense

Economía
productos químicos, comestibles, equipos de transporte, productos petroleros, computadoras, ganado, frutas

¿Sabías que...?

Did you know that the Rio Grande forms the entire length of the Texas-Mexico border, a total of close to 1,200 miles (1931 km)?

NUEVO MÉXICO

El Paso
Ciudad Juárez, México

El Paso
La tradición vaquera continúa fuerte en Texas.

◄ **Dallas** es un centro de comercio internacional.

OKLAHOMA

Red

Llano Estacado

Lubbock

Escarpe de Caprock

Fort Worth • Dallas

Trinity

TEXAS

Brazos

Neches

Pecos

Meseta de Edwards

AUSTIN

Colorado

Houston

añas
sas

Guadalupe

BAHÍA GALVESTON

Río Bravo del Norte

Escarpe Balcones

San Antonio

Parque Nacional Big Bend

Río Grande

Nueces

Corpus Christi

MÉXICO

Laredo

ISLA DEL PADRE

GOLFO DE MÉXICO

El Valle de Texas

LAGUNA MADRE

▲ **San Antonio** es una ciudad multicultural y es hogar del famoso Paseo del Río.

LOUISIANA

▲ **Houston** El puerto de Houston tiene la mayor cantidad de comercio marítimo internacional de Estados Unidos.

▼ **La Isla del Padre** La costa de Texas tiene bonitas regiones como esta isla que se extiende por 113 millas (182 kilómetros).

¿Qué tanto sabes?
What is the name of the Rio Grande in Mexico? Where is the state fruit of Texas grown?

setenta y siete **77**

A conocer Texas
La arquitectura

▲ **La biblioteca central de San Antonio** fue diseñada por el famoso arquitecto mexicano Ricardo Legorreta.

▲ **La capilla de San Elceario** en El Paso es un buen ejemplo del estilo de misiones españolas en Texas.

▲ **El convento de la Misión de San José** en San Antonio originalmente fue construido en 1770. Hoy, solamente quedan las ruinas del convento.

El arte

▲ ***Tamalada*** fue pintada por Carmen Lomas Garza, una artista chicana que pinta la vida diaria de los mexicanoamericanos.

▶ ***Vaquero,*** una escultura de fibra de vidrio, fue creada por Luis Jiménez (1940–). Se encuentra en frente del Museo de Arte de El Paso.

◀ **Carmen Lomas Garza** (1948–) con su pintura al óleo, *Una tarde*

La comida

Visit Holt Online

go.hrw.com

KEYWORD: EXP1 CH3

Photo Tour

▶ **Las quesadillas**
La comida mexicana influye mucho en la comida tejana.

¿Sabías que...?

Did you know that over the course of history, Texas has been ruled by six different governments: France, Spain, Mexico, the Republic of Texas, the Confederate States, and the United States of America?

◀ **La barbacoa al estilo tejano** es la comida más típica de Texas.

▲ **Tostaditas con salsa** es el tentempié oficial de Texas.

Las celebraciones

▶ **El rodeo**
Los tejanos son famosos por su cultura vaquera. En los rodeos se practica el arte de montar a caballo y controlar el ganado.

◀ **El Cinco de Mayo** se celebra cada año con festivales tanto en Texas como en México. Conmemora la Batalla de Puebla, símbolo de la unidad mexicana.

Conexión Música

Conjunto music is popular dance music from northern Mexico and southern Texas. It sprang to life in the late nineteenth century. The German and Eastern European settlers along the Texas and Mexico border brought their accordions, waltzes, and polkas to the region. The music-loving Mexican and Tejano populations adapted this music to their own style, which continues to evolve today.

Look for **conjunto** music on the Internet or at the library. Can you find a sample of the music to listen to? How is the **conjunto** accordion music different from the European styles that it is adapted from?

3

¿Qué te gusta hacer?

OBJETIVOS

In this chapter you will learn to
- talk about what you and others like to do
- talk about what you want to do
- talk about everyday activities
- say how often you do things

And you will use
- **gustar** with infinitives
- pronouns after prepositions
- **querer** with infinitives
- regular **-ar** verbs
- **ir** and **jugar**
- weather expressions

¿Qué ves en la foto?

- ¿Son activos o perezosos los amigos?

- ¿Cómo son las muchachas?

- ¿Cómo es el muchacho? ¿Qué le gusta?

Unos amigos cerca de Hueco Tanks, Texas

Vocabulario
en acción 1

Video/DVD

ExpresaVisión

A mis amigos y a mí nos gusta...

montar en bicicleta

correr

hacer ejercicio

leer revistas y novelas

escuchar la música

dibujar

pasear

patinar

Más vocabulario...

alquilar videos	to rent videos	ir al cine	to go to the movies
cantar	to sing	nadar	to swim
comer	to eat	navegar por Internet	to surf the Internet
escribir cartas	to write letters	pasar el rato solo(a)	to spend time alone
hacer la tarea	to do homework	ver televisión	to watch television

Me gusta jugar...

al básquetbol

al béisbol

al fútbol americano

a juegos de mesa

al volibol

al fútbol

al tenis

Vocabulario 1

Más vocabulario...

¿Con quién?	*With whom?*
conmigo	*with me*
contigo	*with you*
con mis amigos(as)	*with my friends*
con mi familia	*with my family*

También se puede decir...

Spanish speakers in Mexico say **el baloncesto** instead of **el básquetbol**, and **andar en bicicleta** instead of **montar en bicicleta**.

¡Exprésate!

To ask what others like to do	To respond
¿Qué te gusta hacer? *What do you like to do?*	**A mí me gusta salir con amigos.** *I like to go out with friends.*
¿A Juan y a Pablo les gusta ir al centro comercial? *Do Juan and Pablo like to go to the mall?*	**Sí, porque les gusta ir de compras.** *Yes, because they like to go shopping.*

Interactive
TUTOR

Online
Vocabulario y gramática, pp. 25–27

▶ **Vocabulario adicional** — Deportes y pasatiempos, p. R8

1 Les gusta...

Escuchemos/Leamos Choose the most logical description based on the sentences you hear.

1. Es (extrovertida/tímida).
2. Es (muy activo/perezoso).
3. Es (trabajador/perezoso).
4. Son (atléticos/intelectuales).
5. Es (activa/seria).
6. Son (divertidas/serias).

2 A mí me gusta...

Hablemos Say whether or not you like to do the things pictured.

MODELO Me gusta jugar al béisbol.
(No me gusta jugar al béisbol.)

3 ¿Qué les gusta hacer?

Escribamos/Hablemos Completa las oraciones.

♻ ¿Se te olvidó? Gustar, p. 62

1. Me gusta...
2. No me gusta...
3. Me gusta salir con...
4. Me gusta ir al cine con...
5. A mi mejor amigo(a) le gusta...
6. A mi familia y a mí nos gusta...
7. A mis amigos les gusta...
8. A mis amigos y a mí nos gusta...

¡Exprésate!

To ask what a friend wants to do	To answer
¿Qué quieres hacer hoy? *What do you want to do today?*	**Ni idea.** *I have no idea.*
¿Quieres ir al cine conmigo? *Do you want to go to the movies with me?*	**Está bien.** *All right.* **No, gracias. No quiero ir al cine hoy.** *No, thanks. I don't want to go to the movies today.*

Interactive
TUTOR

Online
Vocabulario y gramática, pp. 25–27

4 Una conversación

Leamos/Escribamos Completa la conversación.

montar	jugar	gustar	ir	alquilar	hacer

GERARDO ¿Quieres ___1___ al centro comercial?

MARÍA No, no quiero. ¿Quieres ___2___ videos?

GERARDO No, no quiero. Quiero ___3___ ejercicio.

MARÍA ¿Quieres ___4___ al básquetbol?

GERARDO No, no me gusta el básquetbol. ¿Quieres ___5___ en bicicleta?

MARÍA Está bien. Buena idea.

5 ¿Qué quieres hacer hoy?

Hablemos/Escribamos Ana loves sports, and she doesn't like to do things indoors. How does she respond to these invitations?

MODELO —¿Quieres patinar? —Sí, quiero patinar contigo.

1. ¿Quieres leer revistas?
2. ¿Quieres jugar al béisbol?
3. ¿Quieres ver televisión?
4. ¿Quieres dibujar?
5. ¿Quieres jugar al ajedrez?
6. ¿Quieres correr?

Comunicación

6 Entrevista

Hablemos Interview three classmates to learn what they want to do this Saturday.

MODELO —Roberto, ¿qué quieres hacer este sábado?
       —Quiero ir al centro comercial con...

Gustar with infinitives

Interactive TUTOR

1 An **infinitive** tells the meaning of the verb without naming any subject or tense. There are three kinds of **infinitives** in Spanish: those ending in **-ar**, those ending in **-er**, and those ending in **-ir**.

-ar infinitives	**-er** infinitives	**-ir** infinitives
cant**ar** *to sing*	com**er** *to eat*	escrib**ir** *to write*

2 Just like **nouns, infinitives** can be used after a verb like **gustar** to say what you and others like *to do*.

follows gustar

Me gusta **la música.**
I like music.

Me gusta **cantar.**
I like to sing.

3 Always use **gusta** (not **gustan**) with **infinitives**.

Me **gustan los deportes.**
I like sports.

Me **gusta jugar al tenis.**
I like to play tennis.

Online
| Vocabulario y gramática, pp. 28–30 | Actividades, pp. 21–23 |

7 Gustos

Hablemos/Escribamos Based on the things Carlos and his friends like, what activities do you think they like to do?

♻ *¿Se te olvidó?* Gustar, p. 62

MODELO A Roberto le gustan las películas.
Le gusta ir al cine.

ir al cine	ver televisión	escuchar música
jugar al tenis	comer comida italiana	jugar a los videojuegos

1. A mis amigos les gustan los deportes.
2. Me gusta la televisión.
3. A Paco le gusta la música.
4. A mi familia y a mí nos gusta la pizza.
5. Te gustan las películas.
6. A mis amigos y a mí nos gustan los videojuegos.

Gramática 1

8 Más gustos

Hablemos/Escribamos Based on their personalities, which activity do you think these people would like more?

MODELO **Raúl es muy activo. (patinar/ver televisión)**
Le gusta más patinar.

1. Diego es perezoso. (hacer ejercicio/ver televisión)
2. Mis amigos son atléticos. (nadar y correr/alquilar videos)
3. Elena es trabajadora. (hacer la tarea/escuchar música)
4. Mario es tímido. (ir a fiestas/pasar el rato solo)
5. Lili es romántica. (leer novelas de amor/novelas de terror)
6. Soy muy seria. (hacer la tarea/ir a fiestas)
7. Eres muy extrovertido. (salir con amigos/pasar el rato solo)

9 Preguntas y respuestas

Leamos/Escribamos Read the answers that Andrés gave during his interview. Then write the missing questions.

♻ *¿Se te olvidó?* Question words, p. 52

MODELO ¿ ═══ ? Me gusta leer revistas.
¿Qué te gusta hacer?

1. ¿═══? Soy de Chile.
2. ¿═══? Tengo dieciséis años.
3. ¿═══? Soy extrovertido y gracioso.
4. ¿═══? Me gusta ir al cine y hacer deportes.
5. ¿═══? Me gusta ir al cine con mis amigos.

Comunicación

10 Preferencias

Hablemos Ask whether your partner likes to do each of the following things. Switch roles. Then tell the class what you found out.

Interactive
TUTOR

Pronouns after prepositions

1 Pronouns can stand for the same noun yet still have different forms, depending on how they're being used in the sentence.

Both stand for Javier

Yo soy Javier. Tengo quince años y **me** gusta dibujar.

2 You already know subject pronouns and the pronouns used with **gustar**. **Pronouns** have a different form when they come after prepositions, such as **a** *(to)*, **de** *(of, from, about)*, **con** *(with)* and **en** *(in, on, at)*.

Subject	With gustar	After preposition
yo	me	mí
tú	te	ti
usted	} le {	usted
él		él
ella		ella
nosotros(as)	nos	nosotros(as)
vosotros(as)	os	vosotros(as)
ustedes	} les {	ustedes
ellos		ellos
ellas		ellas

3 The pronouns **mí** and **ti** combine with **con** to make the special forms **conmigo** and **contigo**.

4 With **gustar,** the phrase formed by **a** and a pronoun can be added to a sentence to clarify or emphasize who likes something.

adds emphasis   *adds emphasis*   *clarifies*

¿A ti te gusta dibujar?   **A mí** no me gusta. **A ella** le gusta.

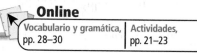
Online

| Vocabulario y gramática, pp. 28–30 | Actividades, pp. 21–23 |

¿Te acuerdas?

Pronouns take the place of nouns. They can stand for the person talking, the person being talked to, or someone or something that has already been named.

—¿Cuántos años tienes **tú**?

—¿**Yo**? Tengo catorce años.

Juan es mi amigo. **Él** tiene quince años.

11 María y los amigos

Leamos Complete María's letter choosing the correct prepositions and pronouns.

Soy extrovertida. **1.** (A mí/A ellos) me gusta pasar el rato con amigos. Mis amigos son muy divertidos. Me gusta mucho salir **2.** (a ellos/con ellos). Mi amigo Jorge es muy activo. **3.** (A él/A mí) no le gusta ver televisión. Mi amiga Laura es muy tímida. **4.** (A ti/A ella) no le gusta ir a fiestas. **5.** (A ellas/A nosotras) nos gusta ir al cine. Juan y Carlos son mis amigos también. **6.** (A ellos/A mí) les gusta jugar a los videojuegos. Y **7.** (a nosotras/a ti), ¿qué te gusta hacer?

12 ¿Te gusta...?

Hablemos Look at the pictures and say whether you like to do those activities. Also say what friends you do each activity with.

MODELO Me gusta ir de compras con mi amiga, Mari.

1.   2.   3.   4.   5.

13 ¿Qué les gusta?

Leamos/Escribamos Read each description and tell what these people like and don't like to do. Use pronouns whenever posssible.

MODELO Juan es muy activo. Le gustan los deportes.
A él le gusta jugar al béisbol.
A él no le gusta jugar a los videojuegos.

1. Sara es muy intelectual. Le gustan los juegos de mesa.
2. Pablo es muy gracioso. Le gustan las fiestas.
3. Lupe es muy extrovertida. No le gustan los videojuegos.
4. Alonso es serio y tímido. Le gustan los libros de aventuras.
5. A Cristina le gustan las películas. No le gusta salir. Es tímida.
6. Carlos es extrovertido. A él y a sus amigos les gustan las películas.
7. Alicia es atlética. A ella y a sus compañeras les gusta el tenis.
8. Miguel es muy inteligente y trabajador. Le gustan los libros.

Comunicación

14 Los sábados y los domingos

Escribamos/Hablemos First, write a list of three things you like to do on weekends. Then discuss what you like to do with a small group of classmates and find out what you have in common.

MODELO

ROBERTO	Me gusta jugar al fútbol. No me gusta jugar a los videojuegos.
FELIPE	A mí me gusta jugar a los videojuegos. También me gusta escuchar música.
CARLA	Me gusta ir a las fiestas. ¿Les gusta ir?
ROBERTO Y FELIPE	Sí, nos gusta ir a fiestas.

Interactive
TUTOR

Present tense of querer with infinitives

1 To say what you or others *want*, use a form of the verb **querer**. The form you use depends on the subject.

yo **qui**ero	nosotros(as) queremos
tú **qui**eres	vosotros(as) queréis
Ud., él, ella **qui**ere	Uds., ellos, ellas **qui**eren

2 Just as with **gustar**, you can use a **noun** or an **infinitive** after a form of **querer** to say what you and others *want* or *want to do*.

Quiero fruta.
I want some fruit.

Quiero comer.
I want to eat.

—¿Qué **quieres hacer**?
What do you want to do?

—**Quiero escuchar** música.
I want to listen to music.

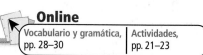

Online

Vocabulario y gramática, pp. 28–30	Actividades, pp. 21–23

Nota cultural

In Latin America many teens must introduce their friends to their parents before they go out with them. When inviting a friend out, teens are often expected to tell the friend's parents where they are going and when they will return. While this custom may be changing, it is still common in many places. Is this similar to or different from your parents' rules?

15 ¿Quién quiere?

Leamos/Escribamos Choose the correct form of **querer** to complete the sentences.

1. Marta y yo (quieren/queremos) comer.
2. Yo (quieres/quiero) salir.
3. Pablo (queremos/quiere) hacer ejercicio.
4. ¿Tú (quieres/quieren) ir al centro comercial?
5. Marco y Felipe (quieren/quiero) navegar por Internet.
6. ¿Ustedes (quieren/queremos) jugar al béisbol?
7. (¿Quiero/Quiere) usted pasar el rato solo?
8. Juan y Sandra (quiere/quieren) pasear.
9. Eres trabajadora. (Quieres/Queremos) hacer la tarea.

16 Queremos ir

Leamos/Escribamos Complete the conversation with the correct forms of **querer**.

—Hola, Carla. ¿Qué ___1___ hacer hoy?

—Ni idea. ¿Qué ___2___ hacer tú?

—Bueno, mi familia y yo ___3___ ir al cine.

—¿Y tu amigo Paco no ___4___ ir al cine con ustedes?

—No, Paco y unos amigos ___5___ ir de compras y ___6___ alquilar videos. ¿Y tú? ¿ ___7___ ir al cine con mi familia?

—Sí, gracias. Yo ___8___ ver una película con ustedes.

17 ¿Qué quieren hacer?

 Leamos/Escribamos Say what Juanita and her friends want to do this weekend based on what they like. Use the expressions in the box.

MODELO **A mis amigos les gusta la televisión.**
Quieren ver televisión.

nadar	ver televisión	jugar al ajedrez
comer pizza	leer	comer comida china
alquilar videos	jugar al tenis	escuchar música

1. A mis amigos les gusta la comida china.
2. A ti te gustan los deportes.
3. A mi mejor amigo le gusta la comida italiana.
4. A mí me gustan las novelas.
5. A nosotros nos gustan los juegos de mesa.
6. A mi amiga le gustan las películas.

18 Vamos al centro comercial

Escuchemos Listen to the conversation between Juan and Sofía and decide which photos show what they both want to do.

Comunicación

19 Actividades

 Hablemos/Escribamos Using the activities listed in Activity 17, ask three classmates what they would like to do at a class party. Then, make a list of the activities that you agree on and a list of activities that you don't want to do.

MODELO —¿Qué quieres hacer en la fiesta?
—Quiero escuchar música pero no quiero nadar.

Cultura

Comparaciones

Friends on the River Walk, San Antonio, Texas

¿Qué les gusta hacer a ti y a tus amigos los fines de semana?

It is common in Spain and Latin America for young people to get together and do things in large groups. Often they will meet up with their friends in a plaza, park or café to hang out and eat before going shopping or dancing. Many young people also spend a fair amount of time with their families, especially on Sundays, when it is typical to eat a large family meal together. What do you like to do on the weekends, and how is it different from what these people do?

Celina
El Paso, Texas

Dime, ¿adónde vas cuando hace buen tiempo?
    Me gusta salir al parque.

¿Vas sola o vas con amigos?
    Me gusta ir con amigos.

¿Qué les gusta hacer en el parque?
    Nos gusta ir a correr o jugar fútbol; si no, a platicar.

¿Qué no te gusta hacer?
    No me gusta pasar el tiempo sola.

¿Por qué no te gusta?
    Porque me gusta estar acompañada... con familia y amigos.

Rita
Lima, Perú

Dime, ¿adónde vas cuando hace buen tiempo?
Cuando hace buen tiempo voy a la playa, al cine o a acampar.

¿Vas sola o vas con amigos?
Voy con amigos.

¿Qué les gusta hacer en esos lugares?
Cuando vamos a la playa, nos gusta nadar y jugar; cuando vamos al cine, ver películas; y cuando vamos a acampar, hacer fogatas.

¿Qué cosas no te gusta hacer?
No me gusta ir a clases de matemáticas.

¿Por qué no te gusta?
No me gusta porque es aburrido y a veces no entiendo.

Para comprender

1. ¿A quién le gusta hacer ejercicio?
2. ¿Qué le gusta hacer a Rita cuando hace buen tiempo?
3. ¿Qué les gusta hacer a Rita y a sus amigos cuando van a la playa?
4. ¿Quién juega al fútbol con sus amigos? ¿Dónde juegan?
5. A Celina no le gusta pasar el rato sola. ¿Con quién quiere pasar el rato?

Para pensar y hablar

When asked where they go when the weather is good, both Celina and Rita say that they like to spend time outdoors with a group of friends. Many other Spanish-speaking young people would have given a similar answer. How would you have answered the question? Do you like to be outside or would you rather do something indoors? Would you rather do things in a group or with just one friend? Do you like spending time alone?

Cuaderno para hispanohablantes, pp. 21–28

Comunidad
Volunteer in Your Community

Everyone has special talents. As a volunteer for a charitable organization, you could use both your talents and your knowledge of Spanish to help others. You could help build houses for low-income families, deliver food to people who are home-bound, visit and play with children who are in the hospital, or read to the visually impaired. Find out about one of the charities in your community, then volunteer your services. Don't forget to tell the organization that you are learning Spanish and would like to assist Spanish speakers.

Teen serving food in a soup kitchen

Vocabulario *en acción* 2

Video/DVD
ExpresaVisión

Los fines de semana me gusta...

estudiar

descansar

trabajar

practicar deportes

tocar el piano

hablar por teléfono

bailar

Vocabulario 2

¿Adónde vas los fines de semana?

Voy...

a la piscina

a la iglesia

al gimnasio

a la playa

Más vocabulario...

al baile	to the dance
a la casa de...	to . . . 's house
al colegio	to school
al ensayo	to rehearsal
al entrenamiento	to (sports) practice
a la reunión	to the meeting
al trabajo	to work

También se puede decir...

In Mexico a swimming pool is called **la alberca**.
In Argentina, they call it **la pileta**.

¡Exprésate!

To ask about everyday activities	To respond	Interactive TUTOR
¿Qué haces los fines de semana?	**Los sábados, cuando hace buen tiempo, voy con mis amigos al parque.**	
What do you do on weekends?	*On Saturdays, when the weather is nice, I go with my friends to the park.*	
¿Qué hace Luis cuando hace mal tiempo?	**Le gusta escuchar música. No va a ninguna parte.**	
What does Luis do when the weather is bad?	*He likes to listen to music. He doesn't go anywhere.*	

Online
Vocabulario y gramática, pp. 31–33

▶ **Vocabulario adicional** — Deportes y pasatiempos, p. R8

20 **¿Qué planes tienes?**

Hablemos/Escribamos Using the pictures, complete these sentences.

MODELO **Hoy quiero ir a la piscina.**

Hoy quiero ir...

1. Me gusta...

2. Quiero...

3. Mañana voy...

4. Cuando hace buen tiempo, quiero ir...

5. ¿Te gusta ir...?

6. Cuando hace mal tiempo, ¿te gusta...?

21 **¿Adónde vas los fines de semana?**

Hablemos Say whether you go to these places on weekends and why or why not.

MODELO **al parque**
        Sí, voy al parque porque quiero correr.
        (No, no voy al parque porque quiero descansar.)

1. a la playa
2. al gimnasio
3. al baile
4. al colegio
5. al trabajo
6. al cine
7. a la casa de...
8. al entrenamiento
9. a la piscina

¡Exprésate!

To ask how often	To respond	
¿Con qué frecuencia vas a la playa? *How often do you go to the beach?*	**Casi nunca. No me gusta nadar.** *Hardly ever. I don't like to swim.*	Interactive TUTOR
¿Te gusta salir con amigos? *Do you like to go out with friends?*	**Sí. Después de clases, casi siempre vamos al parque. A veces vamos también a la piscina.** *Yes. After classes, we almost always go to the park. Sometimes we also go to the swimming pool.*	**Online** Vocabulario y gramática, pp. 31–33

22 A mí me gusta...

Escribamos Write about what you like to do. Replace the activities in italics with ones that apply to you.

1. Todos los días me gusta *ir al parque*.
2. Nunca quiero *trabajar* los viernes.
3. Los fines de semana me gusta *salir con amigos*.
4. Los domingos quiero *descansar*.
5. No me gusta *salir* los martes.
6. Los sábados me gusta *ir al centro comercial*.

Más vocabulario...

los lunes	on Mondays
los martes	on Tuesdays
los miércoles	on Wednesdays
los jueves	on Thursdays
los viernes	on Fridays
los sábados	on Saturdays
los domingos	on Sundays
todos los días	every day
nunca	never

23 Después de clases

Leamos/Escribamos Imagine that this is your schedule. Write at least five sentences telling what you like to do and when.

MODELO Me gusta ver videos los jueves.

lunes	martes	miércoles	jueves	viernes
1 nadar escuchar música	**2** ir al ensayo escuchar música	**3** nadar escuchar música	**4** ver videos escuchar música	**5** salir con amigos escuchar música
8 nadar escuchar música	**9** ir al ensayo escuchar música	**10** nadar escuchar música	**11** pasear escuchar música	**12** salir con amigos escuchar música

24 Un programa de radio

Escuchemos Complete the sentences based on what you hear.

1. La estudiante se llama (Susana Parra/Alicia Hernández).
2. Los jueves le gusta (ir a la casa de amigas/trabajar).
3. Susana va al cine (los sábados y domingos/los lunes).
4. Los sábados, Susana va a (nadar/patinar).
5. Los domingos, a Susana le gusta (leer/tocar el piano).
6. A Susana (le gusta/no le gusta) bailar.

Comunicación

25 ¿Qué te gusta hacer los fines de semana?

Hablemos Ask three classmates what they like to do on weekends. They should say what they like to do when the weather is good and what they like to do when it's bad.

MODELO —¿Qué te gusta hacer los fines de semana?
—Cuando hace buen/mal tiempo me gusta...

Gramática
en acción 2

GramaVisión

Interactive
TUTOR

Present tense of regular -ar verbs

1 Every verb has a **stem** followed by an ending. The stem tells the verb's meaning. An **infinitive ending** doesn't name a subject.

verb stems {
habl	**-ar**
com	**-er**
escrib	**-ir**
} *infinitive endings*

2 To give the verb a subject, you **conjugate** it. To conjugate a regular **-ar** verb in the present tense, drop the **-ar** ending of the infinitive and add these **endings**. Each ending goes with a particular subject.

yo cant**o**	nosotros(as) cant**amos**
tú cant**as**	vosotros(as) cant**áis**
Ud., él, ella cant**a**	Uds., ellos, ellas cant**an**

—¿**Cantan** ustedes mucho?   —No, casi nunca **cantamos**.
Do you sing a lot?   *No, we hardly ever sing.*

3 Since the ending of the verb usually tells the subject, the **subject pronoun** is normally left out. Use **subject pronouns** to add emphasis, or when it wouldn't otherwise be clear who the subject is.

—¿Patinan **ustedes** mucho?   —**Ellos** patinan. **Yo** nunca patino.
Do you skate a lot?   *They skate. I never skate.*

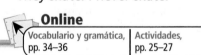

Online

Vocabulario y gramática, pp. 34–36	Actividades, pp. 25–27

Unos amigos montan en bicicleta en un parque en Texas.

26 En el parque

Leamos Complete the sentences that Marcos wrote.

1. Los sábados yo (paso/pasas) el rato con amigos.
2. Nosotros (practicas/practicamos) deportes.
3. Javi (nadan/nada) en la piscina.
4. A veces nosotros (montas/montamos) en bicicleta.
5. Yo (patinan/patino) en el parque con mi amigo José.
6. Maribel y Florencia (patinan/patinas) con nosotros.
7. Y tú, ¿cómo (pasas/pasa) el rato con amigos?

Gramática 2

27 Los fines de semana

Hablemos/Escribamos Based on the pictures, say what each person does on weekends.

MODELO Escucho música y descanso.

yo

1. nosotros

2. Juan

3. ellas

4. mi mejor amiga

28 ¿Cuándo?

Leamos/Hablemos Choose words from each column to tell what you and your friends do or don't do at certain times during the week.

MODELO Mi mejor amigo (no) descansa los sábados.

mi mejor amigo(a)	practicar deportes	los lunes
mis amigos	pasear	los jueves
ustedes (dos compañeros de clase)	tocar el piano	los viernes
mis amigos y yo	escuchar música	los sábados
yo	estudiar	los fines de semana
tú (un compañero)	trabajar	todos los días
	navegar por Internet	después de clases
	hablar por teléfono	

Comunicación

29 ¿Con qué frecuencia vas al cine?

Hablemos Take turns with a partner talking about how often each of you does the activities mentioned in Activity 28. Make a chart that summarizes the results.

MODELO —¿Con qué frecuencia practicas deportes?
—Practico deportes todos los fines de semana. ¿Y tú?

Present tense of ir and jugar

1 The **-ar** verbs you have learned are called regular verbs because their conjugations all follow a predictable pattern. Some verbs such as **ir** *(to go)* are called irregular, because they do not follow a clear pattern.

yo **voy**	nosotros(as) **vamos**
tú **vas**	vosotros(as) **vais**
Ud., él, ella **va**	Uds., ellos, ellas **van**

—¿Adónde **vas** los sábados? —**Voy** a la piscina.

2 The verb **jugar** *(to play a sport or game)* has regular **-ar** endings, but the vowel **u** in the stem changes to **ue** in all but the **nosotros** and **vosotros** forms.

yo **jue**go	nosotros(as) jugamos
tú **jue**gas	vosotros(as) jugáis
Ud., él, ella **jue**ga	Uds., ellos, ellas **jue**gan

—¿**Juegan** ustedes en el colegio? —No, no **jugamos** mucho.

3 The preposition **a** is used after **ir** to mean *to*. **A** is also used after **jugar** with a sport. When **a** is followed by **el**, the two words combine to form the contraction **al**. Use **¿adónde?** to ask *where to*.

—¿**Adónde van** los domingos? —**Vamos al** gimnasio.
Jugamos al básquetbol.

Online

Vocabulario y gramática, pp. 34–36	Actividades, pp. 25–27

¿Te acuerdas?

When **de** is followed by **el**, the two words combine to form the contraction **del**.

el teléfono del profesor

30 Sitios

Hablemos Complete the phrases with the correct word or words from the box. Then say whether or not you like the activity and when or how often you do it. ♻ *¿Se te olvidó?* Definite articles, p. 60

MODELO **Me gusta ir a la playa los sábados.**
(No me gusta ir a la playa. Nunca voy a la playa.)

al	a los	a las	a la

1. ir ===== piscina
2. jugar ===== béisbol
3. ir ===== cine
4. ir ===== iglesia
5. ir ===== entrenamiento
6. ir ===== casas de mis amigos
7. jugar ===== ajedrez
8. jugar ===== videojuegos

31 Pasatiempos

Escribamos/Hablemos Based on the pictures, say where these people go in their free time and what game they play there. Use the verbs **ir** and **jugar**.

MODELO **Sonia va al parque. Juega al tenis.**

Sonia

1. yo

2. tú

3. mi mejor amigo(a)

4. nosotros

5. ellos

32 ¿Con qué frecuencia?

Leamos/Escribamos How often do you, your family, and your friends go to the following places on weekends: **siempre, a veces,** or **(casi) nunca?**

MODELO yo/playa
Casi nunca voy a la playa los fines de semana.

1. mi familia y yo/cine
2. mis amigos/piscina
3. mi mejor amigo(a)/iglesia
4. mi mejor amigo(a)/trabajo
5. mis amigos y yo/fiestas
6. yo/clase de español
7. los profesores/colegio
8. yo/parque

Comunicación

33 ¿Qué haces?

Escribamos/Hablemos Complete the following questions with the correct form of the verb. Then, use them to interview a partner.

1. ¿A qué deportes ===== (jugar) tú?
2. ¿Quién ===== (jugar) contigo?
3. ¿Tu mejor amigo y tú ===== (jugar) al ajedrez?
4. ¿Adónde ===== (ir) tú los sábados?
5. ¿Tu mejor amigo(a) y tú ===== (ir) de compras?
6. ¿Adónde ===== (ir) ustedes de compras?

Gramática 2

Interactive
TUTOR

Weather expressions

1 Many expressions for the weather begin with the word **hace,** a form of the verb **hacer.**

¿Qué tiempo **hace**?   *What's the weather like?*
Hace buen/mal tiempo.   *The weather is nice/bad.*
Hace fresco.   *It's cool.*

Hace calor.   **Hace frío.**   **Hace sol.**   **Hace viento.**

2 The verb **llover** means *to rain* and the verb **nevar** means *to snow.* Use **llueve** to say *it rains* and **nieva** to say *it snows.*

Llueve.   **Nieva.**

¿Adónde vas cuando **llueve**?   Cuando **llueve**, no voy a ninguna parte.

¿Qué haces cuando **nieva**?   Cuando **nieva**, juego con los amigos.

Online

Vocabulario y gramática, pp. 34–36	Actividades, pp. 25–27

(34) **¿Qué tiempo hace?**

Leamos/Hablemos Look at the photo. For each set of expressions, choose the one that better describes the photo.

1. **a.** Nieva.   **b.** No nieva.
2. **a.** Hace calor.   **b.** Hace fresco.
3. **a.** Llueve.   **b.** No llueve.
4. **a.** Hace viento.   **b.** Nieva.
5. **a.** Hace sol.   **b.** No hace sol.
6. **a.** Hace buen tiempo.   **b.** Hace mal tiempo.

Capítulo 3 • ¿Qué te gusta hacer?

35 **¿Cuál?**

Escuchemos Listen to six descriptions of the weather. Decide if each one describes picture A, picture B, or neither picture.

36 **¿Qué haces?**

Hablemos Say what the weather is usually like in these places during the given months.

MODELO en Texas en abril
En Texas en abril hace muy buen tiempo.

1. en Alaska en enero
2. en Florida en julio
3. en Arizona en agosto
4. en Seattle en febrero
5. en California en mayo
6. en Illinois en diciembre
7. en Texas en agosto
8. en Louisiana en noviembre
9. en Nueva York en abril
10. en Colorado en octubre

Comunicación

37 **¿Adónde van?**

Hablemos With a partner, use the drawings to say what Miguel and Alicia do on the weekends. Give as many details as you can.

¿Quién será?
Episodio 3

ESTRATEGIA

Understanding Subtext People do not always say what they mean. When someone asks, "How are you?," the **text** (what you say) of your answer might be, "I'm just fine." But your **subtext** (what you really mean) may be, "I feel awful, but I don't want to talk about it." When watching or reading, figuring out if there is a subtext in people's statements will help you understand things better. If there is, what could be the reason for it? Listen for Sra. Corona's and Sofía's subtexts as they go through their day.

En México

En casa de Sofía
Sofía and her mother have a conversation about Sofía's interests.

1

Sra. Corona Sofía, a ti te gusta mucho la música, ¿verdad, hija?
Sofía Claro, mamá.
Sra. Corona Y te gusta bailar, ¿no es así, hija?
Sofía Claro, mamá, me gusta mucho bailar.

2

Sra. Corona Vas a tomar clases de ballet los lunes y los viernes en la Academia de Danza Clásica.
Sofía Pero, mamá, ¡no quiero tomar clases de ballet!
Sra. Corona El ballet es música y es baile, hija, las dos cosas que más te gustan en todo el mundo.

3

Sofía ¿Viernes? Mamá, ¡hoy es viernes!
Sra. Corona Sí, hija. Hoy vas a la clase de ballet a las cinco en punto, después del colegio. ¡Adiós, cariño!

4

Sofía ¿Ballet? ¿Yo? ¿Bailarina? ¡Nunca!

Capítulo 3 • ¿Qué te gusta hacer?

Visit Holt Online
go.hrw.com
KEYWORD: EXP1 CH3
Online Edition

En el colegio... *Roque and Celeste, Sofía's classmates, want to figure out what they're going to do tonight, since it's Friday and they always do something together on Friday nights.*

5

Roque Hace muy buen tiempo hoy. ¿Por qué no vamos a la piscina a nadar?

Celeste No, no quiero nadar. Quiero ir al cine. Hay una película formidable en el Cineplex que quiero ver.

Sofía Pero, no quiero ir a la piscina. Y tampoco quiero ir al cine.

6

Roque ¡Pero, Sofía! ¡Es viernes! ¡Siempre hacemos algo juntos los viernes!

Sofía Ya lo sé. Pero hoy no quiero hacer nada. Voy a casa a estudiar.

Celeste ¿Qué te pasa, Sofía? ¡Tú casi nunca estudias los viernes por la noche!

7

Celeste Hay algo muy raro aquí.

Roque Sí, muy raro. Es viernes y ¡no quiere salir con sus amigos!

En España

The professor calls Marcos in Puerto Rico to tell him where he's going next.

8

La profesora Tengo otra candidata. Es una chica de Texas. Después de Puerto Rico, vas a Texas. A El Paso, Texas. Cuatro candidatos... Sólo nos faltan seis.

En Puerto Rico

¿COMPRENDES?

1. What does Sofía's mother want her to do? How does she try to convince Sofía to do it?

2. Sra. Corona's text is, "you like music and dancing." What do you think her subtext is? Why?

3. Sofía's text is, "I don't want to take ballet classes!" Is there a subtext?

4. What does Roque suggest that they do? What are Sofía's text and subtext in scenes 5–7? Why are Roque and Celeste surprised?

5. La profesora uses the word **candidata**. What does that mean? How many **candidatos** will she review?

Próximo episodio
Can you predict what Marcos will find out about Nicolás?
PÁGINAS 142–143 ▶

Leamos y escribamos

ESTRATEGIA

para leer Predicting what will happen in a story is a helpful strategy. You will be able to read a story more quickly and easily if you focus your attention on what you expect to happen.

A Antes de leer

The following story is a myth from the southwestern United States. Read the title and the first paragraph of the text and use what you know about myths to predict what will happen in this one.

Los cuatro elementos

Existen cuatro elementos en el mundo[1]: el agua[2], el fuego[3], el viento y el honor. Son amigos inseparables. Son inteligentes, divertidos y graciosos. Siempre pasan el rato juntos y les gusta hablar por horas y horas. Pero un día, el día de la creación, los amigos saben que tendrán que separarse[4]. En una reunión, en la casa del agua, se dicen adiós[5].

El agua dice así: —Vamos a lugares diferentes. En el futuro, si me quieren encontrar[6], búsquenme[7] en los lugares[8] donde llueve. ¡Nado con los océanos!

El fuego dice así: —Ustedes son mis mejores amigos. En el futuro, si me quieren encontrar, búsquenme en los lugares donde hace calor. ¡Paseo con el sol!

El viento dice así: —¡Amigos! No quiero separarme de ustedes. En el futuro, si me quieren encontrar, búsquenme en el aire, en los lugares donde hace mal tiempo. ¡Corro con los tornados y los huracanes!

El honor, el último[9] en hablar, dice así: —Compañeros. ¡Escuchen con atención! En el futuro, si me pierden[10] a mí, ¡no me busquen! ¡No me van a encontrar!

1 world   2 water   3 fire   4 will have to part   5 say goodbye
6 if you want to find me   7 look for me   8 places   9 the last one
10 if you lose me

B Comprensión

Complete the following sentences.

1. Los cuatro elementos en el mundo son...
2. Los elementos son amigos inseparables y les gusta...
3. El día de la creación, los amigos se dicen adiós en...
4. En el futuro el agua, el fuego y el viento se pueden encontrar en los lugares donde...
5. El último elemento dice: "...no me busquen" porque...

C Después de leer

What is the moral of the story? What does this myth tell you about the cultural values of people in the Southwest? Do the people in your community share similar values?

Taller del escritor

ESTRATEGIA

para escribir When describing sequential events or scheduling activities, it helps first to arrange your ideas chronologically. You can use lists, timelines, or charts.

		febrero
viernes	sábado	domingo
		2:00- montar en bicicleta
	3:00- nadar	
5:00- jugar al básquetbol	8:30- ir al baile	

Horario de actividades

A friend is visiting and you need to plan activities for a week. Write your friend a letter explaining your plans and asking what he or she wants to do.

1 Antes de escribir

Divide a sheet of paper into seven columns, one for each day of the week. Decide what you want to do with your friend and arrange the activities on the chart with a description of each.

2 Escribir un borrador

Using your chart, write a letter to your friend explaining your plans. Include when and where the activities will take place and some details. Tell your friend why you like these activities. Ask what he or she wants to do.

3 Revisar

Read your draft at least two times, comparing it with your chart. Check spelling and punctuation.

4 Publicar

Exchange your letter with a classmate. Answer each other in writing by saying whether you want to do each activity, and respond after reading your classmate's letter. You might display your letters on a bulletin board.

Cuaderno para hispanohablantes, pp. 21–28

Leamos y escribamos

Repaso
capítulo 3

 Interactive TUTOR

1 Vocabulario 1
- talking about what you and others like to do
- talking about what you want to do
  pp. 82–85

2 Gramática 1
- **gustar** with infinitives
- pronouns after prepositions
- **querer** with infinitives
  pp. 86–91

3 Vocabulario 2
- talking about everyday activities
- saying how often you do things
  pp. 94–97

1 Using the pictures below to guide you, say what you like or what you want to do.

 A
 B
 C
 D
 E
 F

2 Choose the correct word in parentheses.

Yo soy Diana. Mi mejor amiga se llama Maribel. Ella es muy atlética y le ___1___ (gustan/gusta) jugar al volibol y al básquetbol. A mí ___2___ (me/te) gusta más navegar por Internet o ver películas. Me ___3___ (gusta/gustan) las películas románticas. A Maribel ___4___ (le/me) gustan las películas románticas también. Me gusta ir al cine con ___5___ (ella/usted). Pero a nuestras amigas Ana y Rita no ___6___ (les/le) gusta ir al cine. Ellas ___7___ (quiero/quieren) alquilar videos o ver televisión.

3 Complete the sentences with logical answers.

1. Me gustan los deportes. Los sábados me gusta ═══.
2. Soy introvertida. Después de clases me gusta ═══.
3. Me gusta la música. Me gusta ═══ el piano.
4. ¿Te gusta ═══ por teléfono con amigos todos los días?
5. Cuando hace mal tiempo nos gusta ═══.
6. Me gustan las películas. No me gusta ir al cine. Me gusta ═══ videos.

4 Complete the paragraph with the correct verb forms.

Yo ___1___ (jugar) al fútbol con amigos los domingos. Me gusta jugar cuando ___2___ (hacer) sol. Después, ellos y yo ___3___ (pasear) y con frecuencia ___4___ (ir) a la piscina. A mí me gusta el cine, y los sábados ___5___ (ir) al cine con mi amigo Bernardo. A él le gusta la música. Él ___6___ (tocar) el piano y ___7___ (cantar). Cuando ___8___ (hacer) mal tiempo, mis amigos y yo ___9___ (jugar) al básquetbol. Yo ___10___ (descansar) los lunes y los martes ___11___ (ir) al entrenamiento de fútbol.

5 Answer the following questions.

1. How can Latin American students participate in sports?
2. When do parents and teenagers expect to meet each other? Is this true for you and your parents too?
3. Who pays the bill when friends go out **a la americana?**

6 Marta is interviewing students for an article for her journalism class. Listen to her interview with Paco. List the days of the week and write what Paco does during the week.

7 Use the drawings to describe what is happening or to tell a story about Miguel and Pepe.

Visit Holt Online

go.hrw.com
KEYWORD: EXP1 CH3

Chapter Self-test

4 Gramática 2
- regular **-ar** verbs
- **ir** and **jugar**
- weather expressions
  pp. 98–103

5 Cultura
- **Comparaciones**
  pp. 92–93
- **Notas culturales**
  pp. 84, 90, 96
- **Geocultura**
  pp. 76–79

Repaso

Gramática 1
- **gustar** with infinitives
  pp. 86–87
- pronouns after
  prepositions
  pp. 88–89
- **querer** with infinitives
  pp. 90–91

Repaso de Gramática 1

Use **gustar** with an **infinitive** to say what you and others like to do.

A mí **me gusta hablar** por teléfono contigo.
Use these pronouns after the prepositions **a, de, en,** and **con.**

mí	(conmigo)	nosotros(as)
ti	(contigo)	vosotros(as)
usted, él, ella		ustedes, ellos, ellas

Use **querer** with an **infinitive** to say what you and others want to do.

qu**ie**ro	queremos
qu**ie**res	queréis
qu**ie**re	qu**ie**ren

Queremos ir a la playa.

Gramática 2
- regular **-ar** verbs
  pp. 98–99
- **ir** and **jugar**
  pp. 100–101
- weather expressions
  pp. 102–103

Repaso de Gramática 2

hablar		**ir**		**jugar**	
habl**o**	habl**amos**	voy	vamos	**jue**go	jugamos
habl**as**	habl**áis**	vas	vais	**jue**gas	jugáis
habl**a**	habl**an**	va	van	**jue**ga	**jue**gan

Use the verb **hacer** to ask about the weather.

¿Qué tiempo **hace**?
Hace buen/mal tiempo.
Hace frío.   **Hace** calor.
Hace sol.   **Hace** fresco.
Hace viento.   Llueve.   Nieva.

Letra y sonido   (h) (j) (g)

Las letras h, j, g

- The letter **h** in Spanish is silent. It is not pronounced:
  hola, **h**ora, **h**ablar, **h**acer, **h**oy.
- The letter **j** is pronounced much like the English *h*,
  though sometimes it sounds harsher, a little like
  the *h* in *hue*. The letter **g** before the vowels **e** and **i**
  (**ge, gi**) has the same pronunciation: **j**ugar, **j**ueves,
  José, **g**eografía, **g**imnasio, e**j**ercicio, pelirro**j**a,
  inteli**g**ente, a**g**itar.

Trabalenguas

El **h**ipopótamo **H**ipo
  está con **h**ipo.
Me tra**j**o Ta**j**o tres tra**j**es,
  tres tra**j**es me tra**j**o Ta**j**o.

Dictado

Escribe las oraciones de la
  grabación.

Repaso de Vocabulario 1

Talking about what you and others like to do

A ellos/ellas les gusta...	They like to . . .
alquilar videos	to rent videos
el básquetbol	basketball
el béisbol	baseball
cantar	to sing
el centro comercial	mall
el cine	movie theater
comer	to eat
correr	to run
dibujar	to draw
escribir cartas	to write letters
escuchar música	to listen to music
el fútbol	soccer
el fútbol americano	football
hacer ejercicio	to exercise
hacer la tarea	to do homework
ir a la/al...	to go to the . . .
ir de compras	to go shopping
los juegos de mesa	board games
jugar (ue)	to play
leer	to read
Me gusta...	I like to . . .
montar en bicicleta	to ride a bike
nadar	to swim
navegar por Internet	to surf the Internet
las novelas	novels
pasar el rato solo(a)	to spend time alone
pasear	to go for a walk
patinar	to skate
¿Qué te gusta hacer?	What do you like to do?
las revistas	magazines
salir	to go out
el tenis	tennis
ver televisión	to watch television
el volibol	volleyball

Talking about what you want to do

con mis amigos(as)	with my friends
con mi familia	with my family
conmigo	with me
contigo	with you
Está bien.	All right.
Ni idea.	I have no idea.
¿Qué quieres hacer hoy?	What do you want to do today?
querer (ie)	to want to
Quiero ir...	I want to go . . .

Pronouns after prepositions . . . . See p. 88.

Repaso de Vocabulario 2

Talking about everyday activities

¿adónde?	where (to)?
bailar	to dance
el baile	dance
la casa de...	. . . 's house
el colegio	school
...cuando hace buen/mal tiempo...	. . . when the weather is good/bad . . .
descansar	to rest
el ensayo	rehearsal
el entrenamiento	practice
estudiar	to study
el gimnasio	gym
hablar por teléfono	to talk on the phone
la iglesia	church
Le gusta...	He/She likes . . .
No va a ninguna parte.	He/She doesn't go anywhere.
el parque	park
la piscina	pool
la playa	beach
practicar deportes	to play sports
¿Qué hace...?	What does . . . do?
¿Qué haces...?	What do you do . . . ?
la reunión	meeting
tocar el piano	to play the piano
trabajar	to work
el trabajo	work

Weather expressions . . . . .See p. 102.

Saying how often

a veces	sometimes
(casi) nunca	(almost) never
(casi) siempre	(almost) always
¿Con qué frecuencia vas...?	How often do you go . . . ?
después de clases	after class
los fines de semana	weekends
salir con amigos	to go out with friends
todos los días	every day

Saying when you do something . . . . .See p. 97.

Repaso

Integración

1 Listen to each conversation and match it with the appropriate picture.

A

B

C

D

2 Marisol wants to find an e-mail pen pal. Read her e-mail and then answer the questions.

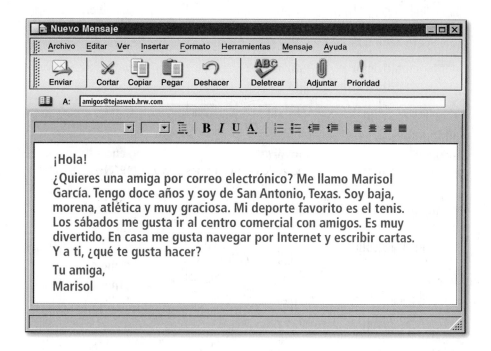

Nuevo Mensaje

Archivo   Editar   Ver   Insertar   Formato   Herramientas   Mensaje   Ayuda

Enviar   Cortar   Copiar   Pegar   Deshacer   Deletrear   Adjuntar   Prioridad

A: amigos@tejasweb.hrw.com

B I U A

¡Hola!
¿Quieres una amiga por correo electrónico? Me llamo Marisol García. Tengo doce años y soy de San Antonio, Texas. Soy baja, morena, atlética y muy graciosa. Mi deporte favorito es el tenis. Los sábados me gusta ir al centro comercial con amigos. Es muy divertido. En casa me gusta navegar por Internet y escribir cartas. Y a ti, ¿qué te gusta hacer?

Tu amiga,
Marisol

1. ¿Cuántos años tiene Marisol y de dónde es?
2. ¿Cómo es Marisol?
3. ¿Qué deporte le gusta más?
4. ¿Cuándo le gusta salir con amigos? ¿Adónde van?
5. ¿Qué le gusta hacer a Marisol cuando pasa el rato sola?

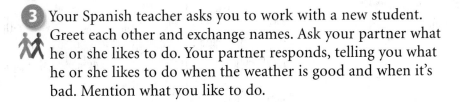

3 Your Spanish teacher asks you to work with a new student. Greet each other and exchange names. Ask your partner what he or she likes to do. Your partner responds, telling you what he or she likes to do when the weather is good and when it's bad. Mention what you like to do.

4 On a separate sheet of paper, choose five characters from the painting and make speech bubbles for them. Have them introduce themselves, say where they're from and how old they are, and then say what they like to do. One of the characters should talk about the weather they're having for the fair.

La feria en Reynosa, de Carmen Lomas Garza (n. 1948)

5 The Spanish Club wants to start a buddy system with the Latino Students Association at your school. Prepare a survey for students so the two clubs can match buddies. Write six questions you would ask students to find out what they're like and what they do in their free time.

6

Situación The members of the Spanish Club and the Latino Students Association are getting together to choose their buddies. Using the surveys you wrote in Activity 5, interview three people. Find one person whose answers to your questions are closest to the answers you would give. When you've found your buddy, introduce him or her to a different group of buddies.

113

Video/DVD

GeoVisión

Geocultura
Costa Rica

▲ **El volcán Arenal,** que se formó en 1968, es el volcán más activo de Costa Rica. Se encuentra cerca de la Laguna Arenal.

Río Tempisq...

▼ **San José,** la capital de Costa Rica, se encuentra en el Valle Central, que es la región más poblada del país. El valle está rodeado por volcanes.

Almanaque

Población
3,8 millones

Capital
San José

Gobierno
república democrática

Idioma oficial
español

Moneda
colón

Código Internet
www.[ ].cr

¿Sabías que...?

Protected wilderness and wildlife areas account for 27% of the land in Costa Rica, a far greater percentage than in any other country in the world.

◄ **Los payasos** son disfraces populares en mascaradas costarricenses.

NICARAGUA

Río San Juan

Río San Carlos

Río Chirripó

Volcán Arenal

Laguna Arenal

Reserva Biológica del Bosque Nuboso de Monteverde

GOLFO DE NICOYA

PENÍNSULA DE NICOYA

OCÉANO PACÍFICO

Volcán Poás

Volcán Barva

Alajuela

Puntarenas

Valle Central

Escazú

SAN JOSÉ

Cartago

Volcán Irazú

Parque Nacional Tortuguero

MAR CARIBE

Río Reventazón

Cordillera Central

Limón

Río Telire

Cerro Chirripó (3819 m)

Cordillera de Talamanca

Río General

COSTA RICA

Parque Nacional Corcovado

GOLFO DULCE

► **El perezoso de tres dedos** se caracteriza por ser lento en su movimiento. Pasa la mayoría del tiempo en las copas de los árboles.

▲ **El café** es el cultivo principal del Valle Central.

▲ **El Parque Nacional Tortuguero,** en la costa caribeña de Costa Rica, es hogar de muchas plantas y animales como la tortuga verde, el jaguar y el mono congo.

◄ **El Parque Nacional Corcovado,** en la península de Osa, contiene bosques húmedos que reciben casi 6 metros de lluvia por año.

¿Qué tanto sabes?

How is Costa Rica protecting the country's natural resources?

A conocer Costa Rica
Las celebraciones

▲ **Las fiestas patronales**
Durante las fiestas en honor al Santo patrono es muy común ver a los jóvenes disfrazados de payasos bailando con la música de la banda.

► **El Día de Juan Santamaría** conmemora la muerte valerosa del héroe nacional, un muchacho que luchó en la batalla contra el invasor William Walker en 1856.

▲ **El Día del Boyero,** en San Antonio de Escazú, se celebra el segundo domingo de marzo, con un colorido desfile de carretas.

El arte

► **Jorge Jiménez Deredia** (1954–) es famoso por todo el mundo por sus esculturas de mármol y bronce. Esta escultura se encuentra en San José.

▲ **Teodorico Quirós** (1897–1977) fue uno de los más importantes artistas y arquitectos de Costa Rica. *Calle de Santo Domingo* es un ejemplo de su obra del paisaje costarricense.

La comida

Interactive TUTOR

Visit Holt Online

go.hrw.com

KEYWORD: EXP1 CH4

Photo Tour

▲ **El gallo pinto,** arroz con frijoles, es un plato popular en el desayuno del tico.

▶ **Olla de carne** es una sopa con carne y verduras como camote, chayote, maíz y papas.

¿Sabías que...?
One third of the men on Columbus's fourth voyage, during which he reached today's Limón in Costa Rica, were between the ages of 13 and 18.

Los animales

▶ **El perro de los naranjos,** una mariposa muy común, se ve mucho entre marzo y abril.

▶ **El mono congo** es fácil de localizar en el bosque por sus fuertes bramidos.

▼ **La lapa roja** se puede observar en la península de Osa.

▲ **Las reservas** son centros de investigación de insectos, aves y mamíferos.

Conexión Ciencias naturales

Reserva Biológica del Bosque Nuboso de Monteverde
Monteverde Cloud Forest is a natural preserve home to 400 species of birds, 490 species of butterflies, 2500 species of plants, and 100 species of mammals. Many of these species are in danger of extinction. Look at the previous four pages and say what the Costa Rican government is doing to protect endangered species. Compare this to similar efforts in the United States.

▶ **El quetzal** vive en los bosques nubosos.

Capítulo 4

La vida escolar

OBJETIVOS

In this chapter you will learn to
- say what you have and need
- talk about classes
- talk about plans
- invite someone to do something

And you will use
- indefinite articles, **¿cuánto?, mucho,** and **poco**
- **tener** and some **tener** idioms
- **venir** and **a la/las** with time
- **ir a** with infinitives
- regular and irregular **-er** and **-ir** verbs
- tag questions

¿Qué ves en la foto?

- **¿Cómo son los estudiantes?**

- **¿Les gusta pasar el rato con amigos?**

- **¿Qué hora es?**

Colegio de Santa Ana, San José

Vocabulario
en acción 1

Video/DVD

ExpresaVisión

Tengo muchas cosas, pero...

También necesito...

unas carpetas

todavía necesito unos útiles escolares.

unos bolígrafos

unos cuadernos

unos lápices (un lápiz, *sing.*)

una regla

papel *(m.)*

una mochila

un diccionario

una computadora

zapatos *(m.)*

ropa *(f.)*

un reloj (unos relojes, *pl.*)

Visit Holt Online

go.hrw.com
KEYWORD: EXP1 CH4
Vocabulario 1 practice

¿Qué clases tienes esta tarde?

Tengo historia...

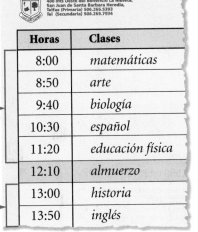

CENTRO EDUCATIVO NUEVA ESPERANZA
400 mts Oeste del Beneficio La Meseta,
San Juan de Santa Barbara Heredia,
Telfax (Primaria) 506.265.5393
Tel (Secundaria) 506.265.7934

Horas	Clases
8:00	matemáticas
8:50	arte
9:40	biología
10:30	español
11:20	educación física
12:10	almuerzo
13:00	historia
13:50	inglés

por la mañana

por la tarde

Más vocabulario...

las materias	school subjects
el alemán	German
las ciencias	science
la computación	computer science
el francés	French
la química	chemistry
el taller	shop, workshop

También se puede decir...

In Spain, a computer is called **un ordenador,** while in Colombia, many say **computador.**

In Latin America, many speakers say **una pluma** or **un lapicero** instead of **un bolígrafo.** In Spain, **lapicero** is a pencil case.

¡Exprésate!

Interactive TUTOR

To ask what others have or need	To respond
¿Necesitas algo para el colegio? *Do you need anything for school?*	**Sí, necesito muchas cosas.** *Yes, I need a lot of things.*
¿Necesitas algo para la clase de arte? *Do you need anything for art class?*	**No, no necesito nada.** *No, I don't need anything.*
¿Necesitas una calculadora? *Do you need a calculator?*	**Sí, necesito una calculadora.** *Yes, I need a calculator.*
¿Tienes carpetas? *Do you have folders?*	**Sí, tengo un montón./No, no tengo.** *Yes, I have a ton of them./ No, I don't have any.*

Online
Vocabulario y gramática, pp. 37–39

▶ **Vocabulario adicional** — Materias, p. R7

1 ¿Qué necesitas y qué tienes?

Escuchemos Listen as Óscar and his mom talk about what school supplies he needs and already has. Choose the picture that shows what they're going to buy.

a.

b.

2 Necesito mucho para las clases

Escribamos/Hablemos Use the model and one word from each box to make logical sentences.

MODELO **Para la clase de arte, necesito unos lápices.**
No necesito una calculadora.

matemáticas	inglés
español	computación
arte	historia

un diccionario	una computadora
unos lápices	unas carpetas
papel	una calculadora

3 Necesito muchas cosas

Hablemos Di *(Say)* cuatro cosas que tienes y cuatro cosas que necesitas.

MODELO **Tengo una mochila. Necesito ropa.**

¡Exprésate!

To ask about classes	To respond
¿Qué clases tienes esta tarde/después del almuerzo?	**Primero tengo español y después tengo computación.**
What classes do you have this afternoon/ after lunch?	*First I have Spanish and afterwards I have computer science.*
¿Cuál es tu materia preferida?	**Mi materia preferida es matemáticas. Es fácil. No me gusta la clase de inglés porque es difícil.**
What's your favorite subject?	*My favorite subject is math. It's easy. I don't like English because it's hard.*

Interactive
TUTOR

Online
Vocabulario y gramática, pp. 37–39

4 Muchas materias

Leamos/Hablemos Imagine this is your class schedule. Answer the questions that follow.

Día	lunes	martes	miércoles	jue
Horario				
8:45	historia	biología	historia	bio
9:40	matemáticas	computación	matemáticas	con
10:35	ed. física	arte	ed. física	arte
11:30	español	ciencias	español	cier
12:25	almuerzo	almuerzo	almuerzo	alm
12:55	química	inglés	química	ing
1:50	taller	francés	taller	fran

1. ¿Qué clases tienes los lunes por la mañana?
2. ¿Qué tienes primero los martes?
3. ¿Qué días tienes educación física?
4. ¿Qué clase tienes después de química los miércoles?
5. ¿Qué clases tienes por la tarde los martes?

5 Mis clases

Leamos/Escribamos Completa el párrafo, describiendo tu propio horario *(your own schedule)*.

Por la mañana tengo ___1___ clases. Primero, tengo la clase de ___2___. Después, tengo ___3___ y ___4___. Me gusta la clase de ___5___ porque es ___6___. Después de ___7___ tengo el almuerzo. Por la tarde tengo la clase de ___8___. El profesor (La profesora) es ___9___. Para la clase de español, necesito ___10___ y para la clase de matemáticas, necesito ___11___. Mi materia preferida es ___12___.

Comunicación

6 ¿Qué clases tienes?

Escribamos/Hablemos Create your own class schedule, using the one from Activity 4 as a model. With a partner, talk about your classes, using the schedules you've created. Mention at least three classes and say why you like or dislike them.

MODELO —¿Qué clase tienes primero los jueves?

—Primero, tengo la clase de... Me gusta porque...

Objetivos

Using indefinite articles, ¿cuánto?, mucho and poco, tener and some tener idioms, venir and a la/las with time

Gramática
en acción

GramaVisión

Indefinite articles; ¿cuánto?, mucho, and poco

Interactive TUTOR

1 The **indefinite articles un** and **una** are used to say *a* or *an* before a singular noun, while **unos** and **unas** are used to say *some* before a plural noun. The indefinite articles can sometimes be left out, especially when the noun is plural.

Necesito **un** diccionario.	*I need a dictionary.*
¿Tienes (**unos**) lápices?	*Do you have (some) pencils?*

2 The indefinite articles agree with the noun in gender and number.

	Masculine	Feminine
SINGULAR	**un** libro	**una** mochila
PLURAL	un**os** libr**os**	un**as** mochil**as**

3 To talk about amounts of things, use the following adjectives. These words also agree with the noun they describe in gender and number.

SINGULAR	¿cuánto(a)? how much?	mucho(a) a lot of, much	poco(a) little, not much
PLURAL	¿cuántos(as)? how many?	muchos(as) a lot of, many	pocos(as) few, not many

—¿Cuánta tare**a** tienes?	*How much homework do you have?*
—Tengo mucha.	*I have a lot.*

Online

Vocabulario y gramática, pp. 40–42	Actividades, pp. 31–33

En inglés

In English, adjectives go before the nouns they modify.

It's an awful book.

In Spanish, adjectives like ¿cuánto?, mucho and poco go before the noun.

¿Cuánta tarea tienes?

Tengo muchas carpetas.

Hay poca tarea hoy.

However, most other adjectives follow the noun they modify.

Es un libro pésimo.

7 ¿Tienes o necesitas?

Hablemos Give the correct indefinite article for the following nouns. Then say whether you need these items or whether you already have them.

MODELO <u>una</u> regla
Necesito una regla. (Tengo una regla.)

1. ═══ cuaderno
2. ═══ calculadora
3. ═══ lápices
4. ═══ bolígrafos
5. ═══ carpetas
6. ═══ mochila
7. ═══ diccionario
8. ═══ computadora
9. ═══ reloj

8 ¿Cuánto?

Hablemos How would you ask a friend how many of these items he or she has? Use **cuánto, cuántos, cuánta,** or **cuántas.**

MODELO —¿**Cuántas mochilas tienes?**

1. ¿===== ropa tienes?
2. ¿===== lápices tienes?
3. ¿===== relojes tienes?
4. ¿===== reglas tienes?
5. ¿===== cuadernos tienes?
6. ¿===== carpetas tienes?
7. ¿===== papel tienes?
8. ¿===== libros tienes?

9 ¿Mucho o poco?

Escribamos/Hablemos Now answer the questions from Activity 8, using the correct forms of **mucho** and **poco.**

MODELO —**Tengo muchas (pocas) mochilas.**

10 Útiles escolares

Escuchemos Gabi is helping her younger sister, Verónica, figure out what school supplies she still needs. Look at the picture and decide if what she says is **cierto** or **falso.**

Comunicación

11 ¿Qué necesitamos?

Hablemos You and your partner need to prepare a report that includes pictures, graphs, and mathematical calculations. Talk about the supplies you have and make a list of the supplies you need.

MODELO —**Necesitamos papel.**
—**Tengo mucho papel pero** *(but)* **necesitamos revistas.**

Gramática 1

Costa Rica

Interactive
TUTOR

Present tense of *tener* and some *tener* idioms

1 Use the verb **tener** to tell what someone *has.* To conjugate the **yo** form, drop the **-er** ending and add **-go** . To conjugate all the other forms except for **nosotros(as)** and **vosotros(as),** change the **-e** to **-ie.**

yo ten**go**	nosotros(as) tenemos
tú t**ie**nes	vosotros(as) tenéis
Ud., él, ella t**ie**ne	Uds., ellos, ellas t**ie**nen

—¿T**ie**nes un bolígrafo?   *Do you have a pen?*
—No. Ten**go** un lápiz.   *No. I have a pencil.*

2 **Tener** is also used in these common expressions.

tener que + infinitive	*to have to do something*
tener ganas de + infinitive	*to feel like doing something*
tener prisa	*to be in a hurry*
tener (mucha) hambre	*to be (very) hungry*
tener (mucha) sed	*to be (very) thirsty*

Tengo ganas de descansar, ¿y tú?
I feel like resting, and you?

Tengo prisa. Tengo que ir a un ensayo.
I'm in a hurry. I have to go to a rehearsal.

¿Tienes hambre?   *Are you hungry?*

Online

Vocabulario y gramática, pp. 40–42	Actividades, pp. 31–33

12 **¿De quién habla?**

Escuchemos Listen as Ana Mari talks about some of her friends. Match each picture to each statement she makes.

a.

b.

c.

d.

13 ¿Qué planes tienes?

Leamos Complete the conversation between Elena and her friend with the correct forms of **tener** and **tener que.**

—Elena, necesito un favor. ¿ __1__ un diccionario?

—No, pero la señora López __2__ muchos diccionarios en el salón de clase.

—Buena idea. __3__ irme. ¿Nos vemos por la tarde?

—¿Hoy? ¿Qué __4__ hacer (tú)?

—Nosotras __5__ un examen de alemán mañana y __6__ estudiar.

—¡Ay! Sí, está bien. Nos vemos a las 4:00.

14 Rompecabezas

Hablemos/Escribamos Use the correct form of **tener** and a phrase from each puzzle piece to form six logical sentences.

1

Quiero salir. ¿(Tú)...?
Son las 8:10 y el profesor...
Hace calor. (Yo)...
Y ustedes, ¿qué clases...?

2

tener
tener que
tener ganas de

3

pasear conmigo
hoy por la tarde
mucha prisa
nadar
sed
los lunes
bailar

Comunicación

15 Planes

Hablemos Look at the pictures. With a partner, take turns asking each other if you either want to or have to do these things today.

MODELO —¿Tienes ganas de ir al baile hoy por la noche?
—Sí, tengo ganas de bailar.

The verb venir and a + time

1 The verb **venir** means *to come.* In the present tense its endings are like those of **tener,** except for the **nosotros** and **vosotros** forms.

yo ven**go**	nosotros(as) venimos
tú v**ie**nes	vosotros(as) venís
Ud., él, ella v**ie**ne	Uds., ellos, ellas v**ie**nen

2 To say at what time something happens, put the preposition **a** before the **time.**

¿**A qué hora** vienes al colegio?
At what time do you come to school?

Vengo **a las ocho en punto.**
I come at eight o'clock.

¿**A qué hora** es la clase de álgebra?
At what time is algebra class?

Es **a la una de la tarde.**
It's at one in the afternoon.

> **Online**
>
> | Vocabulario y gramática, pp. 40–42 | Actividades, pp. 31–33 |

16 Mi fiesta

 Escuchemos Listen as Marta plays the messages on her answering machine. On a sheet of paper, write down at what time Marta's friends are coming to her party tonight.

1. Jorge
2. Juliana
3. Anabel
4. Valentín
5. Marisol y Chema
6. Gabi

17 ¿Vienes conmigo?

 Escribamos/Hablemos Write sentences or questions using words from each of the word boxes below. Remember to use the correct form of the verb.

MODELO (tú) ¿**Vienes a la clase de español los miércoles?**

yo tú nosotros el profesor (la profesora) ustedes usted	(no) venir	a la clase de español al colegio a la clase de... a la reunión de...	los fines de semana los lunes y... los... a veces todos los días

Unos amigos llegan a una fiesta de cumpleaños, San José.

18 ¿A qué hora viene el autobús?

Escribamos/Hablemos Given the situations below, use the bus schedule to find the earliest bus that goes to Chirripó National Forest. Follow the model.

MODELO Son las once y veinte. Roberto está en San Isidro.
El autobús cincuenta y seis viene a las once y media.

1. Es mediodía. Juan está en San Isidro.
2. Son las nueve en punto. Ángela está en Cartago.
3. Es la una y cuarto. Mónica está en San Isidro.
4. Son las ocho y diez. Antonio está en San José.
5. Son las diez y cinco. Carlos está en Cartago.
6. Son las once menos cuarto. Jorge está en Cartago.
7. Son las nueve y treinta y cinco. Amalia está en San José.
8. Son las nueve y veinticinco. Raúl está en San José.

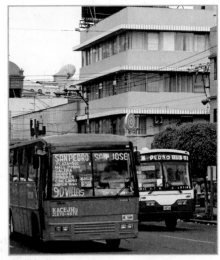

Autobuses, San José

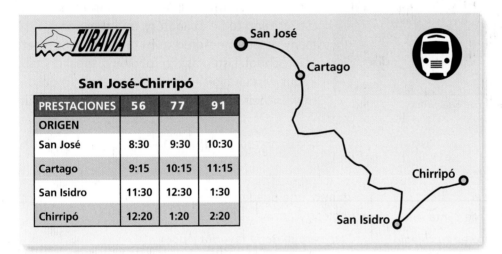

TURAVIA

San José-Chirripó

PRESTACIONES	56	77	91
ORIGEN			
San José	8:30	9:30	10:30
Cartago	9:15	10:15	11:15
San Isidro	11:30	12:30	1:30
Chirripó	12:20	1:20	2:20

Comunicación

19 En el colegio

Hablemos Ask your classmate when he or she comes to school, what classes he or she has, and at what time. Then switch roles.

MODELO —¿A qué hora vienes al colegio?
—Vengo a las ocho y media.
—¿Qué clases tienes?
—Tengo español, matemáticas, historia...
—¿A qué hora es la clase de...?
—Es a...

Cultura

Comparaciones Interactive TUTOR

El comienzo del día en el Colegio de Santa Ana

¿Cómo es un día típico en tu colegio?

Students in the United States usually have certain classes they must take, as well as a few elective classes such as choir, drama, shop, and so on. Most schools have after-school activities as well, such as sports or band. In Spain and Latin America, all classes tend to be obligatory, and there aren't many school-sponsored clubs or teams that meet after school. Listen as the following speakers talk about what a typical day is like at their schools. How is their day similar to or different from yours?

Julio
San José, Costa Rica

¿A qué colegio asistes?

Yo asisto al colegio de Santa Ana.

¿Cómo es un día típico en tu colegio?

Un día típico es entrar a las siete de la mañana, salir a las once y veinte de la mañana, ir a almorzar, regresar de nuevo a las doce y de ahí hasta las cuatro y veinte de la tarde. Luego ya retorna uno a la casa de uno.

¿Qué materias tienes?

A nosotros nos dan matemáticas, inglés, francés, español, estudios sociales.

¿Son materias obligatorias u opcionales?

Hasta el tercer año inglés y francés son obligatorias y de cuarto a quinto, uno puede escoger entre inglés y francés.

¿Cuál es tu materia favorita y por qué?

Mi materia favorita es matemáticas. Es más fácil para mí desarrollarla.

Nicaragua

COSTA RICA

Mar Caribe

★ San José

Océano Pacífico

Panamá

Jasna
Santiago, Chile

¿A qué colegio asistes?

Asisto al Colegio Carmen Macfi.

¿Cómo es un día típico en tu colegio?

Bueno, entro en la mañana, ocho y media, y bueno, tenemos distintas materias durante los días y tenemos recreo, luego el almuerzo y después salgo a las tres. Y me voy a mi casa y estudio.

¿Qué materias tienes?

Tengo castellano, historia, matemáticas, inglés, los electivos y ciencias que es química, física y biología.

¿Son materias obligatorias u opcionales?

Los electivos son opcionales. Yo en mi caso tomé ciudad contemporánea y problemas del conocimiento. Y cuando estás en cuarto medio, con ciencias, puedes eliminar una que, en mi caso, yo eliminé física.

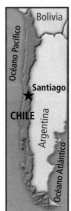

Para comprender

1. ¿A qué hora va Julio al colegio?
2. ¿Estudia Julio ciencias?
3. ¿Qué hace Jasna después de ir a casa?
4. ¿Jasna estudia ciencias?
5. ¿Te gusta más el día escolar de Julio o Jasna? ¿Por qué?

Para pensar y hablar

Make a list of three classes that Julio and Jasna have in common. Do you also have these classes? Why or why not? Both Julio and Jasna are required to study English as a foreign language. Does your school require you to study a foreign language, or is it an elective? Do you think requiring a foreign language is a good idea? Why or why not?

Cuaderno para hispanohablantes, pp. 29–36

Comunidad

Cultural Exchanges

Each year thousands of young people come from all over the world to study in the United States. Are there any exchange students attending your school this year? Where are they from? Do they speak Spanish? Interview an exchange student (in Spanish, if possible) about his or her experience. Ask him or her to compare your school with the one he or she attends at home. If there are no exchange students at your school, find an organization that organizes student exchanges. Request the address of a Spanish-speaking exchange student who attends another school. Write to this student to find out about his or her experience.

Costan Rican exchange student with friends

Cultura

Vocabulario
en acción 2

Video/DVD
ExpresaVisión

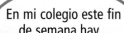
En mi colegio este fin de semana hay...

un partido

un concierto

una clase de baile

Más vocabulario...

esta semana	*this week*
este fin de semana	*this weekend*
mañana	*tomorrow*
pasado mañana	*day after tomorrow*
la próxima semana	*next week*

En el colegio

Vocabulario 2

la biblioteca

el auditorio

el estadio

la cafetería

el salón de clase

También se puede decir...

In Mexico, **escuela** refers to a public school, while **colegio** means private school. In Colombia and Costa Rica, **escuela** is an elementary school while **colegio** is a high school.

¡Exprésate!

To talk about plans	To respond
¿Vas a ir a... el lunes por la noche?	**No. Tengo una reunión del club de español.**
Are you going to go to . . . Monday night?	*No. I have a Spanish Club meeting.*
¿Qué vas a hacer el viernes próximo?	**Voy a presentar el examen de inglés, y después... Luego regreso a casa.**
What are you going to do next Friday?	*I'm going to take an English test, and afterwards . . . Then I'm going back home.*
¿A qué hora vas a llegar al partido?	**Voy a llegar temprano (a tiempo). No me gusta llegar tarde.**
What time are you going to get to the game?	*I'm going to arrive early (on time). I don't like to be late.*

Interactive TUTOR

Online
Vocabulario y gramática, pp. 43–45

Nota cultural

In Costa Rica, if a student fails a course it must be made up during vacation. If a student fails two classes and also fails the exams offered at the end of vacation, he or she must repeat the whole semester. How does this compare to the grading system and to state exams in the United States?

VALORACIÓN DE LOS APRENDIZAJES Y DE LA CONDUCTA					
PERÍODOS / ASIGNATURAS	I	II	III	PROMEDIO ANUAL	CONDICIÓN
Estudios Sociales	80	84	86	83	Aprobado
Cívica					
Matemática	83	75	72	77	Aprobado
Español	89	84	93	90	Aprobado
Biología	86	74	88	83	Aprobado
Química	79	89	88	85	Aprobado
Física					
Inglés	82	80	79	80	Aprobado
Educación Física	78	85	93	85	Aprobado
Educación Musical	80	96	100	92	Aprobado
Psicología / Ética Profesional	65	85	81	77	Aprobado
Educación Religiosa	100	95	98	97	Aprobado
Conducta	91	99	99	97	Aprobado
ESPECIALIDAD	Secretariado				
Sub área*	I	II	III	PROMEDIO ANUAL	CONDICIÓN
Ad. de la Of. Secret.	89	99	95	94	Aprobado
Téc. Exec. en el desempeño Secret.	96	93	100	96	Aprobado
Automat. Financiera	79	89	81	83	Aprobado

* Consignar el nombre de cada sub área

20 ¿Dónde están?

Escuchemos Escucha las conversaciones. Para cada conversación decide dónde están las personas.

a. en el salón de clase
b. en la biblioteca
c. en la cafetería
d. en el auditorio
e. en el estadio
f. en el club de computación

21 Tengo que hacer muchas cosas

Leamos Usa las palabras del cuadro para completar el párrafo.

luego	partido	tarde	club
presentar	auditorio	regresar	pasado

Esta semana voy a hacer muchas cosas. Hoy por la ___1___, a las 2:30, voy a ___2___ el examen de química y ___3___ voy a ir a la reunión del ___4___ de alemán. Mañana a las 5:00 tengo un ___5___ de béisbol. ___6___ mañana voy a ir al ensayo de piano en el ___7___ del colegio. Voy a ___8___ a casa tarde.

22 ¿Qué haces?

Hablemos Use **hay** *(there is, there are)* and a word from the box to say where the following things are at your school.

los salones de clase	el auditorio	la cafetería
el estadio	la biblioteca	la clase de...

MODELO partidos de fútbol
　　　　　Hay partidos de fútbol en el estadio.

1. muchos libros
2. conciertos
3. comida
4. bailes
5. una reunión
6. revistas
7. diccionarios
8. partidos de béisbol
9. un piano

¡Exprésate!

To invite someone to do something	To respond
¿Qué tal si vamos al partido de fútbol? *How about if we go to the soccer game?*	**No sé. ¿Sabes qué? No tengo ganas.** *I don't know. You know what? I don't feel like it.*
Vienes conmigo a la cafetería, ¿no? *You're coming with me to the cafeteria, aren't you?*	**¡Claro que sí! Tengo mucha hambre.** *Yes, of course! I'm very hungry.*
Hay un concierto... Vas a ir, ¿verdad? *There's a concert . . . You're going to go, right?*	**No, no voy a ir. Tengo que estudiar.** *No, I'm not going to go. I have to study.*

Interactive TUTOR

Online
Vocabulario y gramática, pp. 43–45

Invitaciones

 Escuchemos/Escribamos Listen to the conversations. On a separate piece of paper, write down what each person is invited to do, then tell whether the invitation is accepted or not.

1. Raquel   **2.** Andrés   **3.** Silvia   **4.** Marta

24 ¿Qué tal si...?

Hablemos/Escribamos Usa las expresiones en los cuadros para invitar a un(a) amigo(a) a ir a cada evento (each event).

MODELO **¿Qué tal si vamos al gimnasio el martes por la tarde?**

¿Qué tal si vamos...?	al gimnasio	el martes por la tarde
¿Quieres ir conmigo...?	a la cafetería	el sábado próximo
¿Vas a ir...?	al concierto de piano	pasado mañana a las 4:30
¿Vienes conmigo...?	al baile del colegio	el viernes por la noche
	al partido de volibol	el miércoles a las 12:00
	a la reunión del club de alemán	el lunes próximo por la mañana

25 ¿Sabes qué?

Hablemos Now turn down your friend's invitations from Activity 24 by saying you have to do what is pictured.

MODELO **No. Tengo que ir a un partido de fútbol.**

Comunicación

 ¿Vienes conmigo?

Hablemos Choose three school events you'd like to attend, then invite three different classmates to each of them. They will accept or turn down the invitation.

MODELO —Hay un baile el viernes por la noche en el colegio. ¿Quieres ir conmigo?

—¡Claro que sí! Me gustan los bailes.

Objetivos

Using **ir a** with infinitives, **-er** and **-ir** verbs, tag questions, and **-er** and **-ir** verbs with irregular **yo** forms

Gramática en acción 2

GramaVisión

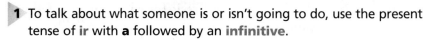

Ir a with infinitives

1 To talk about what someone is or isn't going to do, use the present tense of **ir** with **a** followed by an **infinitive**.

—¿**Vas a estudiar**?
Are you going to study?

—No, **voy a descansar**.
No, I'm going to rest.

—¿**Van a salir**?
Are you going to go out?

—Sí, **vamos a comer**.
Yes, we're going to eat.

2 To say that you are going to do something on a certain day of a particular week, use **el** before the **weekday**.

El sábado voy a ir de compras.
On Saturday I'm going to go shopping.

Online

| Vocabulario y gramática, pp. 46–48 | Actividades, pp. 35–37 |

¿Te acuerdas?

Use **los** and a plural form of the day of the week to say you do something on that day every week.

¿Qué haces los sábados?
What do you (usually) do on Saturdays?

---

27 **Planes diferentes**

Escuchemos Say whether Roberto and Nora are talking about **a)** plans for the weekend or **b)** about things they do every weekend.

28 **¿Qué van a hacer?**

Leamos/Escribamos Complete the sentences with the correct form of (**no**) **ir a** based on the cues.

MODELO Yo ==== descansar el sábado. Tengo que trabajar.
Yo no voy a descansar el sábado.

1. Mi mejor amigo casi siempre quiere pasar el rato conmigo. Él ==== comer conmigo este fin de semana.

2. Mis amigos y yo ==== salir el viernes por la noche. Nos gusta salir.

3. Mi familia y yo ==== ir al cine el domingo. Tenemos que ir a una reunión el domingo.

4. Yo ==== comer en la cafetería hoy. No tengo hambre.

5. Los estudiantes de la clase de español ==== estudiar mucho esta tarde. Van a presentar un examen mañana.

6. Mi mejor amiga ==== ir de compras el domingo. Siempre va de compras los sábados.

29 **¿Cuándo vas a...?**

Hablemos Say what these people are going to do and when. Then say whether or not you're going to do the same things and when.

Sara/mañana

MODELO   **Sara va a estudiar mañana.**
Yo no. Voy a estudiar pasado mañana.

Lucía
el sábado próximo

Enrique
el domingo

Andrés
el viernes próximo

Mario y Lola
el lunes

30 **¿Sabes qué van a hacer?**

Escribamos/Hablemos Say whether the following people are going to do the activities listed. For items 4 and 5, guess what another student and your teacher are going to do.

MODELO   **yo (salir con amigos esta noche, ver televisión)**
No voy a salir con amigos esta noche.
Voy a ver televisión.

1. yo (hacer ejercicio hoy, tocar el piano después de clases)
2. mis amigos y yo (salir este fin de semana, ir al cine el sábado)
3. mi mejor amigo(a) (pasar el fin de semana conmigo, jugar al básquetbol esta semana)
4. tú (llegar temprano al colegio mañana, ir a una reunión hoy)
5. usted (venir al colegio mañana, alquilar un video esta noche)

Comunicación

31 **¡Cuántos planes!**

Hablemos Ask your classmate what he or she is going to do on Friday, Saturday, and Sunday. After he or she invites you along, say whether you want to go or do something else. Switch roles.

MODELO   —**¿Qué vas a hacer el viernes por la noche?**
—**El viernes por la noche voy a bailar. ¿Quieres venir conmigo?**
—**Sí. Me gusta bailar. (—No. El viernes voy a nadar.)**

Gramática 2

The present tense of -er and -ir verbs and tag questions

1 To conjugate a regular **-er** or **-ir** verb in the present tense, drop the **-er** or **-ir** of the infinitive and add **these endings**.

	comer *to eat*	**escribir** *to write*
yo	com**o**	escrib**o**
tú	com**es**	escrib**es**
Ud., él, ella	com**e**	escrib**e**
nosotros(as)	com**emos**	escrib**imos**
vosotros(as)	com**éis**	escrib**ís**
Uds., ellos, ellas	com**en**	escrib**en**

2 Some **-er** and **-ir** verbs are **beber** *(to drink)*, **asistir (a)** *(to attend)*, **abrir** *(to open)*, and **interrumpir** *(to interrupt)*. To say that someone drinks something, use **beber algo.**

3 A **tag question** is attached to the end of a sentence to make it a question. If you expect someone to answer *yes*, use **¿no?** or **¿verdad?** When the expected answer is *no*, use **¿verdad?**

—¿Vienes a la fiesta, **¿no? (¿verdad?)**   —**Sí**, voy a ir.
You're coming . . . aren't you?   *Yes, I'm going to go.*

—¿No vas al partido, **¿verdad?**   —**No**, no voy.
You're not going . . . right?   *No, I'm not going.*

Online

Vocabulario y gramática, pp. 46–48	Actividades, pp. 35–37

Nota cultural

Private schools in Costa Rica start in the morning and run until early afternoon, similar to what happens in U.S. schools. On the other hand, some public schools in Costa Rica have three sessions: **el turno matutino** is four hours of classes in the morning, **el turno vespertino** is four hours in the afternoon, and **el turno nocturno** is four hours in the evening. How would your life be different if you had classes in the evenings?

32 **¿Cierto o falso?**

Leamos/Escribamos Completa las oraciones con los verbos correctos del cuadro.

comen	asistimos	lee	escriben	corro
escribimos	bebes	beber	abre	corres

1. Mis amigas y yo ===== al colegio en julio.
2. Mis compañeros de clase ===== muchas cartas en español.
3. Yo casi nunca ===== en la clase de educación física.
4. Mis amigos ===== conmigo en la cafetería.
5. El(La) profesor(a) ===== revistas interesantes en clase.
6. Tú a veces ===== algo en la clase.
7. La biblioteca ===== a las 9:00 de la mañana.

After school, Mateo and Julia decide to follow Nicolás to see where he's going.

7

Mateo ¿Quieres ver adónde va Nicolás?
Julia Sí, pero, ¿el partido de béisbol?
Mateo No importa, vamos.

8

Mateo ¿Qué hace Nicolás?
Julia No sé. Pero...

9

Julia ...¿Qué hace ese señor?

En España

The professor tells Marcos about her next candidate and his next trip.

10

La profesora Ahora tengo un candidato de Costa Rica, Marcos. Sí, sí, después de Puerto Rico vas a El Paso y después de El Paso, a San José.

¿COMPRENDES?

1. Contrast Nicolás's preparation for geometry class with Mateo's.

2. Where does Mateo want to go after school? How does Nicolás feel about that plan?

3. Does Nicolás answer his friends truthfully? How can you tell?

4. Can Mateo and Julia tell what Nicolás is doing? Who else is there? What is he doing?

5. Compare and contrast how Sofía acts in **Episodio 3** with how Nicolás acts in this episode. What about how their friends act?

Próximo episodio:
Can you predict what Marcos will do in Costa Rica?
PÁGINAS 180–181 ▶

Leamos y escribamos

ESTRATEGIA

para leer To improve your comprehension as you read a story, stop after each paragraph or section and ask yourself the *who, what, where, when,* and *why* of the story. Focusing on these questions as you read will not only help you check your comprehension, but also make reading in Spanish more fun.

A Antes de leer

Read the title and the first paragraph of the story. Can you answer at least one of each of the questions in the Estrategia para leer?

Pepito, el niño precoz

Pepito es un niño gracioso, inteligente y precoz[1]. Tiene siete años y hoy es su primer día de colegio. Cuando viene a casa por la tarde, los padres de Pepito tienen muchas preguntas: ¿te gusta el colegio?, ¿cómo es tu profesora?, ¿cuál es tu materia preferida? Pepito dice[2] que le gusta mucho el colegio: sus compañeros de clase son divertidos, la profesora es simpática y no es muy estricta y su materia preferida es matemáticas.

Por la noche, a la hora de comer, su mamá pone un plato con dos huevos[3] en la mesa. Pepito, siempre precoz, esconde[4] uno de los dos huevos y después de un minuto pregunta:

—Papá, ¿cuántos huevos ves en el plato?

—Pues, uno—contesta[5] el padre.

Pepito pone entonces el otro huevo en el plato y pregunta:

—Y ahora, papá, ¿cuántos huevos ves?

—Dos—contesta el padre.

—¡Magnífico!— exclama Pepito—los dos huevos que ves ahora y el otro huevo de antes[6], son tres huevos, ¿verdad?

Su papá está un poco confundido[7]. Sólo ve dos huevos en el plato y no tres. Pero la mamá de Pepito, que escucha todo esto y que también es muy inteligente y graciosa dice:

—¡Claro que sí, Pepito! Hay tres huevos. El primero es para mí, el segundo[8] es para tu papá, y el tercero[9] es para ti.

1 precocious   2 says   3 eggs   4 hides   5 answers   6 from before
7 confused   8 second   9 third

B Comprensión

Contesta las siguientes preguntas.

1. ¿Cuántos años tiene Pepito y cómo es?

2. ¿Cuál es la materia preferida de Pepito?

3. ¿Cómo es la profesora de Pepito? ¿Y los compañeros de clase?

4. ¿Qué pone la mamá en la mesa y qué hace el niño?

5. ¿Qué le pregunta Pepito a su papá? ¿Qué dice él?

6. ¿Qué dice la mamá de Pepito?

C Después de leer

What is Pepito like? Which sentences in the story give you clues about his personality? What about his parents? What are they like? Do they have a sense of humor? Explain.

Taller del escritor

ESTRATEGIA

para escribir Using drawings can help organize your writing. If you can picture the setting in which the events occur, your writing may be clearer to your readers.

Un recorrido con nuevos estudiantes

Imagine you're helping with orientation at your school and you're taking two new students on a tour. Create a conversation based on your first meeting with them. Explain what classes they will take and when, and include questions new students might ask. Invite them to attend a club meeting, play, or another school activity.

1 Antes de escribir

Sketch the layout of your school, labeling the places you would show new students. You may wish to draw arrows to show the route you plan to take.

2 Escribir un borrador

Begin your dialog based on the route you drew. The places you go should be based on the new students' questions and your explanations. End the dialog with an invitation and the students' responses.

3 Revisar

Make sure the dialog is logical by reading over the questions, explanations, and answers. Check for correct use of grammar, spelling, and punctuation.

4 Publicar

Display your dialog and sketch on the bulletin board. You may wish to act out your dialogs in groups of three.

Cuaderno para hispanohablantes, pp. 29–36

Repaso
capítulo 4

Interactive
TUTOR

1 Vocabulario 1
• saying what you have and what you need
• naming school supplies
• talking about classes
pp. 120–123

2 Gramática 1
• indefinite articles
• forms of **¿cuánto?**, **mucho**, and **poco**
• **tener** and **tener** idioms
• **venir**
• **a** with time
pp. 124–129

3 Vocabulario 2
• talking about plans
• inviting someone to do something
pp. 132–135

1 Completa el diálogo de manera lógica.

—¿Qué clases tienes esta tarde?

—Tengo ___1___ , ___2___ y ___3___ .

—¿Cuál es tu materia preferida?

—Bueno, me gusta ___4___ porque es ___5___ . Y tú, ¿cuál es tu materia preferida?

—Es ___6___ . Bueno, ¿qué necesitas para la clase de inglés?

—Necesito ___7___ y ___8___ .

2 Answer the following questions about you and your friends.

1. ¿A qué hora vienen ustedes al colegio por las mañanas?
2. ¿Generalmente tienen prisa ustedes cuando vienen al colegio?
3. ¿Cuántas clases tienes en un día?
4. ¿Necesitas muchas cosas para las clases?
5. ¿Qué cosas necesitas para la clase de español?
6. ¿Qué tienes que hacer después de clases?
7. ¿Qué tienes ganas de hacer este fin de semana? ¿y tu mejor amigo(a)?

3 Invite your partner to each of the events pictured. Your partner will accept or turn down each invitation.

A

B

C

D

4 Answer these questions about your weekend plans.

1. ¿Vas a ir a un concierto este fin de semana?
2. ¿Ves televisión los sábados?
3. ¿Va a venir un amigo a tu casa el domingo?
4. ¿Van a hacer la tarea en casa tú y tu amigo?
5. ¿Vas a ir a un partido de béisbol el sábado?
6. ¿Sales mucho con amigos los viernes?
7. ¿Sales a comer comida china los domingos?

5 Answer the following questions.

1. How are programs of study in Latin America similar to or different from those in the United States?
2. What advantages or disadvantages do you think there are in having students repeat a semester if they fail two classes and the final exam?
3. What are the three class sessions in Costa Rican public schools called? When do they begin?

 6 Escucha las preguntas y escribe las respuestas en tu papel.

7 Use the drawings to describe what happens to this student who is always running late.

Visit Holt Online

go.hrw.com
KEYWORD: EXP1 CH4
Chapter Self-test

Repaso

4 Gramática 2
- **ir a** with infinitives
- **-er** and **-ir** verbs and tag questions
- **-er** and **-ir** verbs with irregular **yo** forms pp. 136–141

5 Cultura
- **Comparaciones** pp. 130–131
- **Notas culturales** pp. 122, 123, 134, 138
- **Geocultura** pp. 114–117

Gramática 1
- indefinite articles; **¿cuánto?, mucho, poco** pp. 124–125
- present tense of **tener** and some **tener idioms** pp. 126–127
- **venir** and **a** + time pp. 128–129

Repaso de Gramática 1

	Masculine		Feminine	
SINGULAR	un cuánto	mucho poco	una cuánta	mucha poca
PLURAL	unos cuántos	muchos pocos	unas cuántas	muchas pocas

tengo	tenemos
tienes	tenéis
tiene	tienen

vengo	venimos
vienes	venís
viene	vienen

The preposition **a** followed by the time tells at what time something happens.

—¿Vienes a mi casa **a las 8:15**? —Sí. Tenemos clase **a las 9 en punto**.

Gramática 2
- **ir a** + infinitive pp. 136–137
- present tense of **-er** and **-ir** verbs and tag questions pp. 138–139
- **-er** and **-ir** verbs with irregular **yo** forms pp. 140–141

Repaso de Gramática 2

The verb **ir** followed by **a** and an **infinitive** tells what is going to happen in the near future. Tag questions such as **¿no?** and **¿verdad?** ask the person listening to agree with the person speaking.

Vas **a bailar** en la fiesta, **¿no?**

Sí, también **voy a cantar**.

comer	
como	comemos
comes	coméis
come	comen

escribir	
escribo	escribimos
escribes	escribís
escribe	escriben

Some irregular **yo** forms are **traigo, hago, sé, veo, salgo,** and **pongo**.

Letra y sonido ⓢ ⓩ ⓒ ⓠⓤ

Las letras s, z, c y qu

- In Spanish, the letter **s** sounds like the English *s* in *sun:* **s**al**s**a, **s**e**s**o, **s**illa, **s**olo, **s**u**s**
- The letters **z** (before **a, o, u**), and **c** (before **e, i**) sound like the English *c* in the word *center:* **z**apatos, **z**ona, a**z**ul, **c**entro, **c**ien**c**ias. In most of Spain, **z** and **c** in these combinations sound much like the English *th* in *think*.
- The letters **c** (before **a, o, u**) and **qu** (before **e** and **i**) sound like the English *k:* **c**arpeta, **c**oro, **c**uaderno, **qu**erer, **qu**ién

Trabalenguas

Cuca Seco cose en casa de Coco Suca.
Cuando cuentes cuentos,
cuenta cuántos cuentos
cuentas.

Dictado

Escribe las oraciones de la grabación.

Repaso de Vocabulario 1

Saying what you have and need

el **bolígrafo**	pen
la **calculadora**	calculator
la **carpeta**	folder
la **computadora**	computer
el **cuaderno**	notebook
el **diccionario**	dictionary
el **lápiz/los lápices**	pencil/pencils
la **mochila**	backpack
mucho(a)	a lot of, much
muchos(as)	a lot of, many
¿Necesitas algo para el colegio/la clase de arte?	Do you need anything for school/art class?
No, no necesito nada.	No, I don't need anything.
el **papel**	paper
poco(a)	little, not much
pocos(as)	few, not many
la **regla**	ruler
el **reloj/los relojes**	clock, watch/clocks, watches
la **ropa**	clothes
Sí, necesito muchas cosas.	Yes, I need a lot of things.
Sí, tengo un montón.	Yes, I have a ton of them.
¿Tienes...?	Do you have . . . ?
un/una	a/an
unos/unas	some
los **útiles escolares**	school supplies
los **zapatos**	shoes

Talking about classes

el **alemán**	German
el **almuerzo**	lunch
el **arte, las artes**	art, the arts
la **biología**	biology
las **ciencias**	science
la **computación**	computer science
¿Cuál es tu materia preferida?	What's your favorite subject?
la **educación física**	physical education
Es fácil/difícil.	It's easy/hard.
el **español**	Spanish
el **francés**	French
la **historia**	history
el **inglés**	English
las **matemáticas**	mathematics
las **materias**	school subjects
Mi materia preferida es...	My favorite subject is . . .
Primero tengo... y después tengo...	First I have . . . and afterwards I have . . .
por la mañana/tarde	in the morning/afternoon
¿Qué clases tienes esta tarde?	What classes do you have this afternoon?
la **química**	chemistry
el **taller**	shop, workshop
tener	to have
venir	to come

Some tener idioms . . . . See p. 126.

Repaso de Vocabulario 2

Talking about plans . . . . See p. 133.

el **auditorio**	auditorium
la **biblioteca**	library
la **cafetería**	cafeteria
la **clase de baile**	dance class
el **concierto**	concert
el **estadio**	stadium
esta semana	this week
este fin de semana	this weekend
hacer	to do, to make
hay	there is, there are
mañana	tomorrow
el **partido de...**	. . . game

pasado mañana	day after tomorrow
poner	to put
la **próxima semana**	next week
saber (de)	to know information, to know about
salir (de)	to go out, to leave
el **salón de clase**	classroom
traer	to bring
ver	to see, to watch
el **viernes próximo**	next Friday

Inviting others to do something . . . . See p. 134.
Other -er and -ir verbs . . . . See p. 138.

Repaso

Integración

capítulos 1-4

1 Match each picture to the statements that best describe Lorenzo's busy day.

a.

b.

c.

d.

2 Manuel has been accepted as an exchange student in the United States. Read his e-mail to his host parents and then tell whether each statement is **cierto** or **falso.** Correct the false statements.

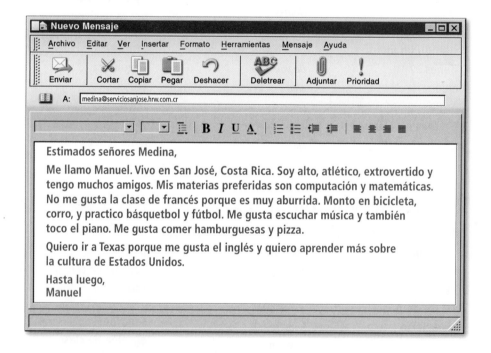

Nuevo Mensaje

Archivo   Editar   Ver   Insertar   Formato   Herramientas   Mensaje   Ayuda

Enviar   Cortar   Copiar   Pegar   Deshacer   Deletrear   Adjuntar   Prioridad

A: medina@serviciosanjose.hrw.com.cr

Estimados señores Medina,

Me llamo Manuel. Vivo en San José, Costa Rica. Soy alto, atlético, extrovertido y tengo muchos amigos. Mis materias preferidas son computación y matemáticas. No me gusta la clase de francés porque es muy aburrida. Monto en bicicleta, corro, y practico básquetbol y fútbol. Me gusta escuchar música y también toco el piano. Me gusta comer hamburguesas y pizza.

Quiero ir a Texas porque me gusta el inglés y quiero aprender más sobre la cultura de Estados Unidos.

Hasta luego,
Manuel

1. Manuel es alto, atlético y tiene pocos amigos.
2. Las clases que más le gustan a Manuel son computación y matemáticas.
3. A Manuel no le gusta la clase de francés porque es difícil.
4. Manuel quiere ir a Costa Rica.
5. Manuel tiene ganas de visitar Estados Unidos.

Integración

3 Work in groups of four to welcome an exchange student from Costa Rica. Start with a greeting and introductions. Describe a typical day at your school. Tell when the school day starts and ends, what after-school activities are offered and what you and your friends like to do after school and on weekends.

4 Where do you think these people are going? What plans have they made for the afternoon? Pick two people from the painting and write a conversation in Spanish between them. Include either what they want or have to do, and their plans. Read your finished conversation to the class, and have your classmates identify the characters you've chosen.

Domingueando, de Tomás Povedano de Arcos (1847–1943)

Victor Hugo Fernández, Gráficos del Globo, S.A., Costa Rica

5 Write a conversation in which you invite a classmate to eat lunch in the cafeteria. He or she agrees and then invites you to the soccer game this Friday night at the school stadium. Agree to go and ask him or her what time to arrive. He or she tells you, and you both say goodbye.

6

Situación   Create an information center where some students serve as peer counselors for new students. The new students have questions about classes, teachers, supplies, location of different areas of the school, after-school activities and school events. Use vocabulary and grammar you have learned to present your situation.

GeoVisión

Geocultura
Chile

▲ **La costa pacífica** A pesar de tener sólo 180 kilómetros de ancho, Chile tiene más de 6.000 kilómetros de costa pacífica. Aquí se ve la playa de Viña del Mar.

▼ **Cerca de 600 estatuas de piedra,** conocidas como moais y creadas entre los siglos XII y XVII, se encuentran en la Isla de Pascua, o Rapa Nui.

▼ **Santiago,** la capital de Chile, fue fundada en 1541 por el explorador español Pedro de Valdivia. Hoy día es una ciudad muy moderna.

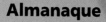

Almanaque

Población
15.498.930

Capital
Santiago de Chile

Gobierno
república

Moneda
peso chileno

Idioma oficial
español

Código Internet
www.[   ].cl

◀ **La cueca** es el baile nacional de Chile. Representa el cortejo entre el gallo y la gallina.

¿Sabías que...?

Chile has over 2,000 volcanoes. 55 of them are active and in some parts of the country these volcanoes cause almost weekly tremors.

152

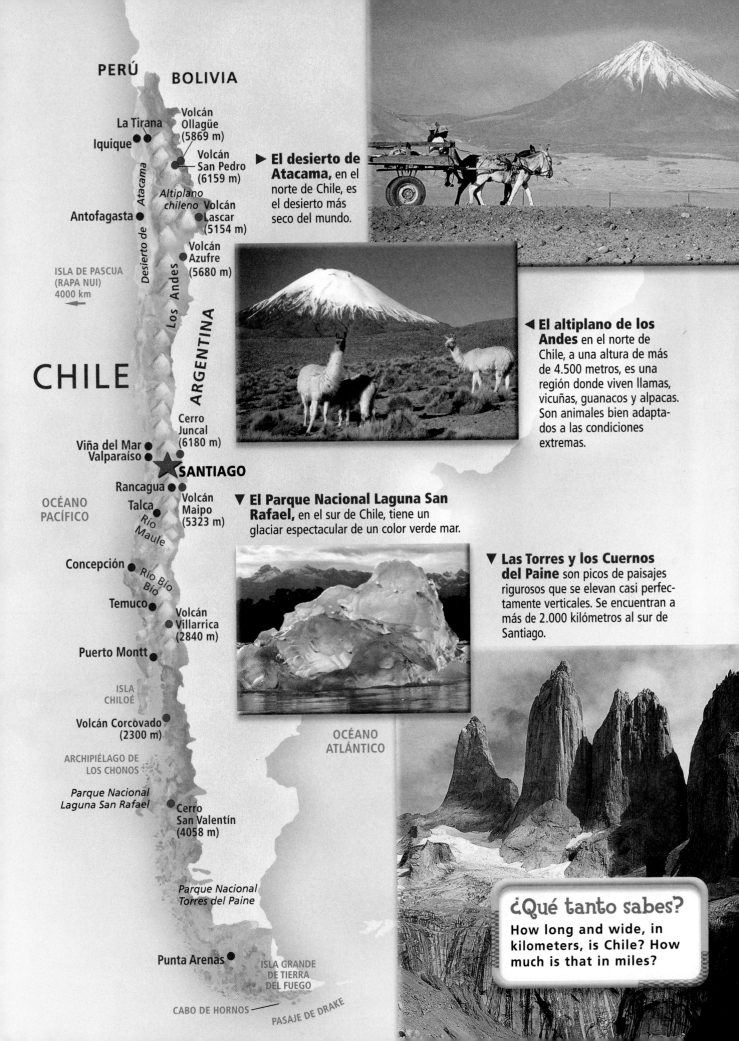

PERÚ

BOLIVIA

La Tirana

Iquique

Volcán
Ollagüe
(5869 m)

Volcán
San Pedro
(6159 m)

Desierto de Atacama

Altiplano
chileno

Antofagasta

Volcán
Lascar
(5154 m)

ISLA DE PASCUA
(RAPA NUI)
4000 km →

Volcán
Azufre
(5680 m)

Los Andes

ARGENTINA

CHILE

Cerro
Juncal
(6180 m)

Viña del Mar

Valparaíso

★ **SANTIAGO**

Rancagua

OCÉANO
PACÍFICO

Talca

Río
Maule

Volcán
Maipo
(5323 m)

Concepción

Río Bío
Bío

Temuco

Volcán
Villarrica
(2840 m)

Puerto Montt

ISLA
CHILOÉ

Volcán Corcovado
(2300 m)

ARCHIPIÉLAGO DE
LOS CHONOS

Parque Nacional
Laguna San Rafael

Cerro
San Valentín
(4058 m)

OCÉANO
ATLÁNTICO

Parque Nacional
Torres del Paine

Punta Arenas

ISLA GRANDE
DE TIERRA
DEL FUEGO

CABO DE HORNOS

PASAJE DE DRAKE

▶ **El desierto de
Atacama,** en el
norte de Chile, es
el desierto más
seco del mundo.

◀ **El altiplano de los
Andes** en el norte de
Chile, a una altura de más
de 4.500 metros, es una
región donde viven llamas,
vicuñas, guanacos y alpacas.
Son animales bien adapta-
dos a las condiciones
extremas.

▶ **El Parque Nacional Laguna San
Rafael,** en el sur de Chile, tiene un
glaciar espectacular de un color verde mar.

▼ **Las Torres y los Cuernos
del Paine** son picos de paisajes
rigurosos que se elevan casi perfec-
tamente verticales. Se encuentran a
más de 2.000 kilómetros al sur de
Santiago.

¿Qué tanto sabes?
How long and wide, in
kilometers, is Chile? How
much is that in miles?

A conocer Chile
La arquitectura

▲ **La isla Chiloé**
Los colores vivos y los diseños en madera caracterizan las casas y los palafitos en la isla Chiloé en el sur de Chile.

▶ **En Iquique,** en la costa norteña, hay ejemplos de la arquitectura mudéjar, un estilo árabe importado por los españoles.

▲ **Lo moderno y lo antiguo** se mezclan en Santiago, creando un ambiente casi europeo.

La comida

▶ **El pastel de choclo** es un plato típico que se prepara con carne y maíz.

▶ **Platos con mariscos** como el curanto son muy comunes en Chile debido a la gran extensión de su costa.

154 *ciento cincuenta y cuatro*

Las celebraciones

▲ **La Fiesta de La Tirana** se celebra con bailes que tienen sus raíces en los ritmos de ceremonias incaicas, el carnaval chino y las fiestas diabladas de España.

¿Sabías que...?

The Mapuches of middle Chile successfully stopped the southern expansion of the Inca Empire at the Río Maule. They are also known for their bravery in the struggle against Spanish and Chilean forces from the early 1500s to the 1880s.

◄ **Los mapuches,** habitantes indígenas de Chile, conservan sus costumbres a través de los festivales, la música, la artesanía y los trajes tradicionales.

Las bellas artes

▲ **Pablo Neruda (1904-1973) y Gabriela Mistral (1889-1957)** son dos famosos poetas chilenos. Ambos ganaron el Premio Nóbel de literatura.

► **Pedro Lira (1845-1912)** ganó fama internacional cuando recibió una medalla en la Exposición Universal de París con su retrato *La fundación de Santiago.*

Conexión Música

On September 11, 1973, the Chilean army under Augusto Pinochet toppled the elected government of Salvador Allende. Chile was ruled by a dictatorship until 1990. The politically inspired music known as *la nueva canción chilena* lost one of its best known representatives, Víctor Jara, in the repression following the coup. This mural in Santiago is about Jara's music. In your library or on the Internet, try to find a Víctor Jara song. How does it compare to political songs in the United States?

Capítulo

5

En casa con la familia

OBJETIVOS

In this chapter you will learn to
- describe people and family relationships
- talk about where you and others live
- talk about your responsibilities

And you will use
- possessive adjectives
- stem-changing verbs: **almorzar, dormir, volver, merendar, entender,** and **empezar**
- **estar** with prepositions
- negation with **nunca, tampoco, nada,** and **nadie**
- **tocar** and **parecer**

¿Qué ves en la foto?

- ¿Qué hacen los muchachos en el parque?

- ¿Qué le gusta hacer a la muchacha?

- ¿Tienen hambre? ¿Tienen prisa?

Una familia chilena en Santiago, Chile

157

Vocabulario
en acción 1

ExpresaVisión
Video/DVD

La familia Pérez

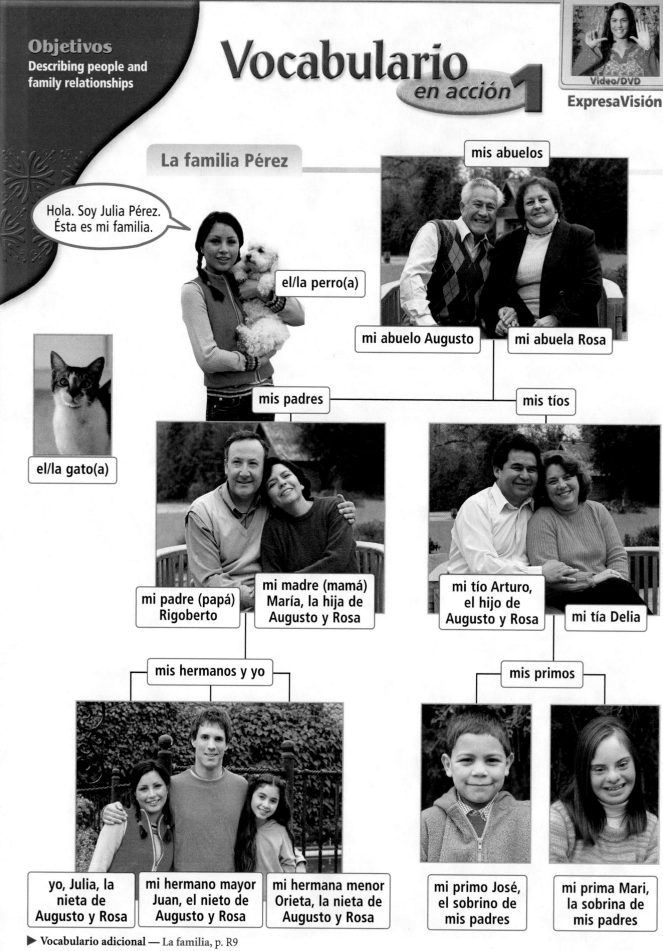

Hola. Soy Julia Pérez. Ésta es mi familia.

el/la perro(a)

el/la gato(a)

mis abuelos

mi abuelo Augusto

mi abuela Rosa

mis padres

mis tíos

mi padre (papá) Rigoberto

mi madre (mamá) María, la hija de Augusto y Rosa

mi tío Arturo, el hijo de Augusto y Rosa

mi tía Delia

mis hermanos y yo

mis primos

yo, Julia, la nieta de Augusto y Rosa

mi hermano mayor Juan, el nieto de Augusto y Rosa

mi hermana menor Orieta, la nieta de Augusto y Rosa

mi primo José, el sobrino de mis padres

mi prima Mari, la sobrina de mis padres

▶ **Vocabulario adicional** — La familia, p. R9

Tiene los ojos...

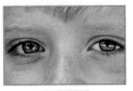
azules

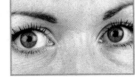
verdes

negros

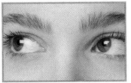
de color café

Tiene el pelo...

castaño

canoso

negro

largo

corto

Vocabulario 1

Más vocabulario...

¿Cómo es?

ciego(a)	*blind*	sordo(a)	*deaf*
gordo(a)	*fat*	travieso(a)	*mischievous*
joven	*young*	viejo(a)	*old*

También se puede decir...

In Spanish, there are several words for *eyeglasses*: **los lentes, los anteojos, los espejuelos,** and **las gafas.**

Some Spanish speakers say **ojos cafés** or **ojos marrones** instead of **ojos de color café.**

¡Exprésate!

To ask about people and family relationships	To respond	Interactive TUTOR
¿Cuántas personas hay en tu familia? *How many people are in your family?*	**En mi familia somos cuatro personas.** *There are four people in my family.*	
¿Cómo es tu familia? *What is your family like?*	**Somos delgados y tenemos el pelo rubio. Todos usamos lentes. Mi hermana María está en una silla de ruedas.** *We are thin and have blond hair. We all wear glasses. My sister María is in a wheelchair.*	
¿Cómo es tu tía? *What is your aunt like?*	**Es profesora. Es una persona callada. Ella y mi tío tienen dos hijos pero no tienen nietos.** *She's a teacher. She's a quiet person. She and my uncle have two children, but they don't have any grandchildren.*	**Online** Vocabulario y gramática, pp. 49–51

▶ **Vocabulario adicional** — Profesiones, p. R10

 ¿Cierto o falso?

 Escuchemos Mira el árbol genealógico (*family tree*) y escucha las oraciones. Indica si cada oración es **cierta** o **falsa.**

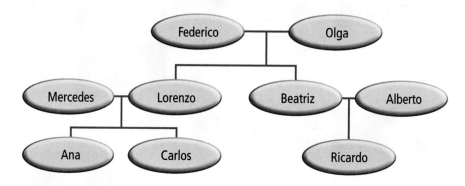

2 ¿Quién es quién?

Leamos/Escribamos Contesta las preguntas con base en el árbol genealógico de la Actividad 1.

1. ¿Quién es la hermana de Lorenzo?
2. ¿Cómo se llama el tío de Ricardo?
3. ¿Cómo se llama la abuela de Ana?
4. ¿Quién es la madre de Carlos?
5. ¿Cuántos nietos tienen Federico y Olga?
6. ¿Cómo se llama el padre de Ricardo?
7. ¿Cuántos hijos tienen Mercedes y Lorenzo?
8. ¿Quién es el primo de Carlos?

3 Descripciones

Leamos/Escribamos Completa la descripción de cada foto con una respuesta lógica.

1. Mi abuelo es ====. Tiene el pelo ==== y ====.
2. Mi tío es ====. Tiene un ==== inteligente.
3. Mi papá es ====. Usa ====.
4. Mi ==== se llama Barrigón. Es muy ====, ¿no?

1. mi abuelo

2. mi tío

3. mi papá

4. Barrigón

4 ¿Cómo son?

Escribamos Use words from each list to write at least three sentences about yourself and your family members.

MODELO **Mi hermano tiene doce años. Es bajo y tiene el pelo rubio. Es travieso.**

yo	tener	⎯⎯ años	delgado(a)
mi hermano(a)	(no) usar	los ojos	gordo(a)
mi abuelo(a)	ser	el pelo	travieso(a)
mi padre		lentes	serio(a)
mi madre		alto(a)	joven
mi perro		bajo(a)	viejo(a)
mi gato		ciego(a)	trabajador(a)
		sordo(a)	perezoso(a)

5 La familia Herrera

Escribamos Imagine that you are an exchange student in Chile. This is a photograph of your host family. Write a letter to your best friend describing each family member.

MODELO **En la familia Herrera hay seis personas...**

Comunicación

6 Entrevista

Hablemos Ask three classmates the following questions. Based on their answers, who is most like you? Report your findings to the class.

♻ *¿Se te olvidó?* The preposition **de,** p. 64

1. ¿Cuántas personas hay en tu familia?
2. ¿Con quién de tu familia te gusta más pasar el rato? ¿Cómo es?
3. ¿Cuántos hermanos mayores tienes? ¿Cuántos menores? ¿Cómo son?
4. ¿Tienes un perro o un gato? ¿Cómo se llama(n)?

Gramática
en acción 1

Video/DVD

GramaVisión

Possessive adjectives

Interactive
TUTOR

1 **Possessive adjectives** show ownership or relationships between people. They are placed before the noun.

Owner		Owner	
yo	**mi** libro	nosotros(as)	**nuestro** libro/**nuestra** casa
	mis libros		**nuestros** libros/**nuestras** casas
tú	**tu** libro	vosotros(as)	**vuestro** libro/**vuestra** casa
	tus libros		**vuestros** libros/**vuestras** casas
usted		ustedes	
él	**su** libro	ellos	**su** libro
	sus libros		**sus** libros
ella		ellas	

En inglés

In English, the possessive adjectives *his, her,* and *their* tell whether something belongs to a male, a female, or more than one person.

In Spanish, the possessive adjective **su** has many possible meanings *(his, her, its, your, their).* Context usually makes the meaning clear.

2 While possessive adjectives refer to the owner, their form agrees in gender and number with the noun that comes after them.

refers to   *agrees grammatically*

Martín vive con **su**s abuelo**s**.

Carlos y yo vivimos con **nuestra** abuel**a**.

3 **Su** and **sus** can take the place of a phrase with **de** + **person**.

¿De dónde es la madre **de Juan**? **Su** madre es de Puebla.

Online

| Vocabulario y gramática, pp. 52–54 | Actividades, pp. 41–43 |

7 **Nuestras cosas**

Leamos Complete the sentences to say that each person is looking for his or her own belongings.

1. Busco (mi/su) libro de español.
2. Buscamos (sus/nuestros) cuadernos.
3. Ellos buscan (tus/sus) mochilas.
4. Mi hermana menor busca (mis/sus) lentes.
5. Buscas (tus/vuestros) lápices.
6. Mamá busca (su/tu) reloj.

8 **¿De Carolina o de Marta?**

Escuchemos Listen to the following sentences. Then, based on the photos, decide whether each sentence refers to Carolina's family or Marta's family.

la familia de Carolina

la familia de Marta

9 **En mi familia**

Leamos/Escribamos Juan is talking about his family with a friend. Fill in the blanks in the conversation and then tell the class about Juan's family.

— Juan, ¿cuántas personas hay en ___1___ familia?

— Somos cinco en mi familia: ___2___ padres, ___3___ hermana mayor, ___4___ hermano menor y yo.

— ¿Dónde trabajan ___5___ padres?

— ___6___ madre es profesora. ___7___ trabajo es muy interesante. ___8___ padre trabaja con ___9___ padre, mi abuelo. A mis padres les gusta mucho ___10___ trabajo.

— Ustedes tienen una casa verde, ¿verdad?

— No, ___11___ casa no es verde pero ___12___ carro es verde.

> *Nota cultural*
>
> When many Spanish speakers talk about **la familia,** they are referring to not only their immediate family, but also their grandparents, aunts and uncles, and cousins. The members of the extended family often get together on a regular basis for meals or to go on outings. It is also common for grandparents or elderly relatives to live with younger family members. Throughout the Spanish-speaking world, elderly members of the family hold a place of honor and respect.

Comunicación

10 **La familia de mi amigo**

Hablemos Interview a classmate about someone from his or her extended family. Find out the family member's name, what he or she is like, and what your classmate and he or she like to do together.

MODELO —¿Cómo se llama tu primo?
—Se llama Robert Miller.

Gramática 1

Stem-changing verbs: o → ue

Interactive
TUTOR

1 Verbs with vowel variations in their stems are called **stem-changing verbs.** You have already learned **jugar** where the **u** changes to **ue.** In the verb **dormir** *(to sleep),* the **o** of the stem changes to **ue** in all forms except **nosotros(as)** and **vosotros(as).**

yo d**ue**rmo	nosotros(as) dormimos
tú d**ue**rmes	vosotros(as) dormís
Ud., él, ella d**ue**rme	Uds., ellos, ellas d**ue**rmen

El perro **duerme** mucho.   *The dog sleeps a lot.*

2 Other verbs that follow this pattern are **almorzar** *(to have lunch),* **volver** *(to go back or come back),* and **llover** *(to rain).*

Cuando **llueve, vuelvo** a casa en el autobús.
When it rains, I come home on the bus.

3 Use **dormir hasta** to say you *sleep until* a certain time.

Los domingos **dormimos hasta** las once.

Online
| Vocabulario y gramática, pp. 52–54 | Actividades, pp. 41–43 |

¿Te acuerdas?

In Spanish, regular verbs have **regular stems** and regular endings.

hablar

hablo	**habl**amos
hablas	**habl**áis
habla	**habl**an

comer

como	**com**emos
comes	**com**éis
come	**com**en

escribir

escribo	**escrib**imos
escribes	**escrib**ís
escribe	**escrib**en

⑪ Su rutina diaria

Leamos Lee el mensaje que Bernardo le escribe a su abuela. Completa el párrafo con los verbos lógicos. Usa cada verbo sólo una vez.

duermo	almuerzo	vuelvo	almorzamos
duerme	almuerza	vuelve	volvemos
jugamos	dormimos		

```
Nuevo Mensaje                                          _ □ ✕
 Archivo  Editar  Ver  Insertar  Formato  Herramientas  Mensaje  Ayuda
  ✉       ✂       📋      📋      ↺         ABC           📎        !
 Enviar  Cortar  Copiar  Pegar  Deshacer  Deletrear    Adjuntar  Prioridad
```

Nosotros casi siempre ____1____ en la cafetería. Mi hermano ____2____ a las once y media y yo ____3____ a la una. Siempre tengo mucha hambre. Mi hermano ____4____ a casa en su bicicleta a las dos y media y yo ____5____ a las tres. A veces nosotros ____6____ a videojuegos después de volver y a veces yo ____7____ un poco en el sofá. A las cuatro y media vamos al parque por una hora. Nosotros ____8____ del parque a las cinco y media. Después de cenar hacemos nuestra tarea. Los sábados nosotros ____9____ hasta tarde. El perro siempre ____10____ conmigo.

12 Un fin de semana típico

Leamos/Escribamos Complete each sentence with the correct form of the underlined verb. Sometimes the sentence requires a conjugated form and sometimes an infinitive.

1. Cuando <u>llueve</u> no tengo ganas de salir, pero no va a ═══ mañana.

2. Voy a <u>almorzar</u> en el centro comercial. Yo siempre ═══ con mis primos en el centro comercial los sábados.

3. Luego mi prima Juana viene a mi casa y <u>jugamos</u> al tenis. A ella le gusta ═══ conmigo.

4. Después Juana y yo ═══ al centro comercial. Nos gusta ir de compras. Pero nuestros amigos no <u>vuelven</u>.

5. Luego yo ═══ a mi casa y Juana <u>vuelve</u> a su casa.

6. Cuando vuelvo a casa por la tarde siempre quiero <u>dormir</u> un poco. Yo ═══ mucho por la tarde los sábados.

7. Por la noche mis hermanos ═══ a videojuegos. No <u>juego</u> con ellos porque no me gustan los videojuegos.

8. Los domingos, mi hermana mayor y yo no ═══ hasta tarde porque nos gusta correr en el parque por la mañana. Mi hermano sí <u>duerme</u> hasta muy tarde porque es muy perezoso.

Comunicación

13 ¿Quién de tu familia...?

Hablemos Interview your partner using the photos and question words as a guide. Your partner should talk about what he or she and at least two other family members do. Then switch roles.

¿con qué frecuencia?

MODELO —¿Con qué frecuencia juegas al básquetbol?
—Mi hermano y yo a veces jugamos al básquetbol.
Mi madre nunca juega al básquetbol.

a. ¿dónde?

b. ¿con qué frecuencia?

c. ¿mucho? ¿poco?

d. ¿a qué hora?

Stem-changing verbs: e → ie

1 Some verbs show a vowel stem change from **e** to **ie**, such as **empezar** *(to begin, to start)*, **merendar** *(to have a snack)*, **entender** *(to understand)* and **querer** *(to want)*. The **e** changes to **ie** in all but the **nosotros(as)** and **vosotros(as)** forms.

yo emp**ie**zo	nosotros(as) empezamos
tú emp**ie**zas	vosotros(as) empezáis
Ud., él, ella emp**ie**za	Uds., ellos, ellas emp**ie**zan

—¿A qué hora **empieza** la película?   —**Empieza** a las siete.
What time does the movie start?   *It starts at seven o'clock.*

Tengo que estudiar más. No **entiendo** nada en la clase de francés.

2 You can also use **empezar a** followed by an **infinitive** to say what you or others start to do.

—¿A qué hora **empiezan a trabajar** tus padres?

—**Empiezan a trabajar** a las ocho de la mañana.

Online

| Vocabulario y gramática, pp. 52–54 | Actividades, pp. 41–43 |

¿Te acuerdas?

The verb t**e**ner is also an
e → **ie** stem-changing verb.
It is irregular in the **yo** form.

tengo	tenemos
t**ie**nes	tenéis
t**ie**ne	t**ie**nen

14 **Después de clases**

Leamos/Hablemos Complete the conversation using the correct verbs from the box. One verb will be used twice.

| jugamos   quieres   merendamos   tengo   tienes   empieza   entiendo |

—Hola, Guillermo.

—Hola, Fernando. ¿Cómo estás?

—Más o menos. Esta tarde ___**1**___ mucha hambre.

—Sí, yo también. ¿Qué tal si ___**2**___ algo? Hay fruta en la mesa.

—Sí, buena idea. Y después de comer, ¿(tú) ___**3**___ ir al cine conmigo? La película "El perro invisible" ___**4**___ a las cinco.

—No, no ___**5**___ ganas de ver una película.

—Si no ___**6**___ ganas de ir al cine, ¿quieres jugar al básquetbol? Tengo un partido mañana y necesito practicar.

—Sí, está bien. ¿Qué tal si ___**7**___ una hora? Luego tengo que estudiar.

—¿Por qué tienes que estudiar esta tarde?

—Porque mañana hay un examen en la clase de historia y yo no ___**8**___ nada. Es una clase difícil.

15 ¿A qué hora?

Leamos/Hablemos Mira las fotos y contesta las siguientes preguntas. ♻ *¿Se te olvidó?* **a** + time, p. 128

6:30 A.M.

MODELO **¿Hasta qué hora duerme Gabi los lunes? Los lunes Gabi duerme hasta las seis y media de la mañana.**

1. ¿A qué hora merienda?
2. ¿A qué hora empieza a hacer su tarea?
3. ¿A qué hora tiene su ensayo de banda?
4. ¿A qué hora empieza la primera clase de Gabi?
5. ¿A qué hora almuerza?
6. ¿Qué quiere hacer Gabi después de hacer su tarea?

8:10 A.M.

11:45 A.M.

3:00 P.M.

4:20 P.M.

7:00 P.M.

8:30 P.M.

Comunicación

16 Entrevista

Hablemos Use the questions from Activity 15 to ask your partner about his or her daily routine. Then report to the class what you found out.

MODELO —**¿Hasta qué hora duermes los lunes?**
—**Los lunes duermo hasta las seis y media.**

Comparaciones Interactive TUTOR

Una familia unida

¿Quiénes son los miembros de tu familia y cómo son?

In Spain and in Latin America, it is not uncommon to see extended families sharing a house or an apartment. Young adults often continue to live at home with their parents even after graduating from college. One reason for this is the cost of housing relative to income in Spain and Latin America. Many young people simply don't make enough money to live in their own homes or apartments. What advantages and disadvantages do you see to having a large extended family living together? Think about this question as you listen to several Spanish speakers talk about their families.

Amaru
Santiago, Chile

¿Quiénes son los miembros de tu familia?

Bueno, está mi papá, mi mamá y tengo dos hermanos y una hermana.

¿Cómo son ellos?

Bueno, mi mamá es muy trabajadora. Ella es pequeña y es muy linda. Mi hermano pequeño es muy grande, muy simpático, pero un poco travieso.

¿Tienes mascotas?

Tengo dos gatos y dos perros.

¿Con qué frecuencia ves a tus tíos y a tus primos?

Bueno, los veo más o menos un domingo al mes.

¿Se llevan bien ustedes?

Bueno, no nos vemos mucho pero nos llevamos bien.

Cristian
Buenos Aires, Argentina

¿Quiénes son los miembros de tu familia?

Bueno, los miembros de mi familia son mi papá, mi mamá y mi hermana mayor. Después estoy yo. Me llamo Cristian. Y después está mi hermanito más chiquito.

¿Cómo son ellos?

Te puedo describir, por ejemplo, a mi papá. Es un hombre alto. Tiene el pelo negro, los ojos marrones y es un poco gordo. Y después te puedo también describir a mi hermana. Es una chica linda. Tiene los ojitos claros, tiene pecas, tiene el pelo castaño, y es un poquito más baja que yo.

¿Tienes mascotas?

Sí. Dos perros.

¿Con qué frecuencia ves a tus tíos y a tus primos?

Los veo una vez por mes, dos veces.

Cultura

Para comprender

1. ¿Quién es travieso de la familia de Amaru?
2. ¿Cuántas mascotas tiene Amaru?
3. ¿Cómo es el papá de Cristian?
4. ¿Cómo es la hermana de Cristian?
5. ¿Quién tiene la familia más grande? ¿Amaru o Cristian?
6. ¿Quién ve más a sus tíos y a sus primos? ¿Amaru o Cristian?

Para pensar y hablar

Do you think Amaru's and Cristian's families are large or small? Are families in your community typically larger or smaller than theirs? Name two advantages to having a large family (six or more) and two advantages to having a small family (three or four).

Cuaderno para hispanohablantes, pp. 37–44

Comunidad

Donde vivimos

Do you live in a city, a small town, or a rural area? The geography and history of an area often determine the kind of housing that is available. You may wish to go on a tour of your community to see the different types of housing. Note the age, styles, and locations of different types of properties. Use your local newspaper or the Internet to research the cost of renting or buying a home in your area. Share your findings with an e-pal from a Spanish-speaking country. Ask your e-pal about the housing available in his or her community. How is the housing in your community different or the same as that in your e-pal's community?

A new neighborhood in Santiago, Chile

Vocabulario *en acción* 2

Video/DVD
ExpresaVisión

En casa

la cocina

el baño

la sala

la ventana

el sofá

el garaje

las plantas

la puerta

la habitación

la cama

el escritorio

el comedor

la silla

la mesa

¿Dónde vives?

en la ciudad

en el pueblo

en las afueras

Vocabulario 2

en el campo

También se puede decir...

The word for *bedroom* has many regional variations: **la alcoba, la recámara, el dormitorio, la pieza.**

In Mexico, **el departamento** is the preferred word for *apartment*.

Other words for **quehaceres** are **labores** and **deberes.**

¡Exprésate!

To ask about where someone lives	To respond
¿Dónde viven ustedes? *Where do you live?*	**Vivimos en un apartamento pequeño. Está en un edificio de diez pisos.** *We live in a small apartment. It's in a ten-story building.*
¿Cuál es tu dirección? *What's your address?*	**Es calle Valdivia, número 56.** *It's 56 Valdivia Street.*
¿Cómo es tu casa? *What's your house like?*	**Es bastante grande. Tiene cuatro habitaciones, y un patio y jardín muy bonitos.** *It's quite large. It has four bedrooms, and a very pretty patio and garden.*

Interactive TUTOR

Online
Vocabulario y gramática,
pp. 55–57

cocinar
to cook

cortar el césped
to cut the grass

hacer la cama
to make the bed

hacer los quehaceres
to do the chores

limpiar
to clean

sacar la basura
to take out the trash

17 ¿Dónde?

Leamos/Hablemos Complete each sentence with a logical place.

1. El carro y las bicicletas están en ═══.
   a. el garaje   **b.** la sala
2. Almorzamos en ═══.
   a. el baño   **b.** el comedor
3. Hay muchas plantas en las ventanas ═══.
   a. de la sala   **b.** del baño
4. Descanso y veo películas en ═══.
   a. la sala   **b.** el garaje
5. Preparamos la comida en ═══.
   a. la cocina   **b.** la habitación
6. Hay dos habitaciones en ═══.
   a. la sala   **b.** la casa
7. Hay un escritorio y una cama en ═══.
   a. el jardín   **b.** la habitación

18 Donde vivo

Escribamos Complete the paragraph so that it's true for you.

MODELO **Vivo en las afueras. Mi dirección es calle Mercado, número 3232.**

Vivo en ═══. Mi dirección es ═══. Mi ═══ es bastante ═══. Es de ═══ piso(s) y tiene ═══ habitaciones. Tiene ═══ baños. Casi siempre comemos en ═══. Me gusta estudiar en ═══. Mi familia ve televisión en ═══.

¡Exprésate!

To ask about responsibilities	To respond
¿Qué te parece tener que ayudar en casa? *What do you think about having to help out at home?*	**A veces tengo que cuidar a mis hermanos, pero me parece bien. No es gran cosa.** *Sometimes I have to take care of my brothers and sisters, but it's all right with me. It's no big deal.* **A mí siempre me toca pasar la aspiradora en la sala. ¡Qué lata!** *I always have to vacuum the living room. What a pain!*
¿Qué te toca hacer a ti? *What do you have to do?*	**A menudo tengo que arreglar mi cuarto.** *I often have to pick up my room.*
¿Y a Juan? *And Juan?*	**A Juan nunca le toca lavar los platos. Me parece injusto.** *Juan never has to do the dishes. It seems unfair to me.*

Interactive
TUTOR

Online
Vocabulario y gramática,
pp. 55–57

19 En la casa

 Escuchemos Match each sentence you hear with the picture to which it corresponds. Not every sentence will have a matching picture.

a.

b.

c.

d.

20 Los quehaceres

Hablemos/Escribamos Indica quién en tu familia hace los siguientes quehaceres y con qué frecuencia: **casi siempre, a veces, casi nunca** o **nunca.**

MODELO **Mi padre casi siempre corta el césped.**

1. cortar el césped
2. pasar la aspiradora
3. limpiar el baño
4. lavar los platos
5. cocinar

6. hacer las camas
7. arreglar la sala
8. sacar la basura
9. cuidar a los hermanos
10. limpiar la cocina

21 Reacciones

Leamos/Hablemos Use the expressions from the word box to react to your list of chores from the previous activity.

MODELO **Mi mamá nunca cocina. Me parece injusto.**

> Me parece (muy) bien.   ¡Qué lata!   Me parece injusto.   No es gran cosa.

Comunicación

22 La casa ideal

Hablemos Have your partner describe his or her ideal home. Ask whether it is in the city or the country, whether he or she wants to live in a house or an apartment, how many stories it has, and how many bedrooms it has. Then switch roles.

MODELO —**¿Dónde está tu casa ideal?**
—**Mi casa ideal está en el campo.**

GramaVisión

Estar with prepositions

1 You've already used some forms of the verb **estar** to talk about how someone is feeling. **Estar** is irregular in the present tense.

yo	**estoy**	nosotros(as)	**estamos**
tú	**estás**	vosotros(as)	**estáis**
Ud., él, ella	**está**	Uds., ellos, ellas	**están**

2 The verb **estar** is also used with some **prepositions** to say where someone or something is in relation to someone or something else. Some prepositions are made up of more than one word.

detrás de	behind	**delante de**	in front of
cerca de	close to, near	**lejos de**	far from
debajo de	underneath	**encima de**	on top of, above
al lado de	next to		

—¿Dónde **está** tu apartamento?
—**Está detrás de** un edificio grande.

Online

Vocabulario y gramática, pp. 58–60	Actividades, pp. 45–47

Nota cultural

Climate and ethnic traditions influence housing styles throughout the world. For instance, a home in southern Chile may show the influence of German or British immigrants, as well as the need for protection against the cold winters. Homes in the Amazon basin, on the other hand, may be built high off the ground and have good ventilation, providing comfort and safety from high water and hot weather. How do the homes in your area reflect its history and climate?

23 Un día escolar

Leamos/Escribamos Complete the conversation with the correct forms of **estar.** Then rewrite the conversation, answering the questions about yourself.

—¿Con quiénes almuerzas en el colegio?
—Almuerzo con mis amigos Raquel y Joel.
—¿A qué hora __1__ ustedes en la cafetería?
— __2__ en la cafetería a las doce y media.
—¿Dónde __3__ (tú) a las dos de la tarde?
— __4__ en mi clase de matemáticas.
—¿Y después de clases? ¿ __5__ (tú) en casa o en el colegio?
— __6__ en el entrenamiento de volibol. Vuelvo a la casa a las cinco.
—¿Tu casa __7__ cerca del colegio?
—No, __8__ bastante lejos.

24 ¿Dónde están?

Hablemos/Escribamos Mira el dibujo e indica dónde está la primera cosa con relación a *(in relation to)* la segunda.

MODELO **la mochila/el bolígrafo**
La mochila está lejos
del bolígrafo.

1. la computadora/el escritorio
2. la mochila/el perro
3. la silla/el escritorio
4. la planta/la ventana
5. el gato/la planta
6. los lentes/las revistas
7. la computadora/el bolígrafo
8. el perro/la silla
9. el diccionario/las revistas
10. las revistas/los lentes

25 En nuestra familia

Hablemos/Escribamos Tell where you and your family members are at the following times.

MODELO **Los lunes a las diez de la mañana,**
mi padre está en su trabajo.

1. Los viernes a las ocho de la noche, yo...
2. Los sábados a las seis de la mañana, mi madre...
3. Los miércoles a la una de la tarde, yo...
4. Los lunes a las diez de la mañana, mis hermanos...
5. Los martes a las dos de la mañana, mi familia y yo...
6. Los domingos a las tres de la tarde, mi padre...
7. Los jueves a las seis de la tarde, mis padres...
8. Los sábados a las diez de la noche, yo...

Comunicación

26 ¿Qué es?

Hablemos Pick five things in the classroom. Tell your partner where they are, using a preposition. Your partner guesses what you're talking about. Switch roles.

MODELO —**Está cerca de la ventana.**
—**¿Es el escritorio del profesor?**

Gramática 2

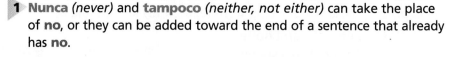

Negation with nunca, tampoco, nadie, and nada

1 **Nunca** *(never)* and **tampoco** *(neither, not either)* can take the place of **no**, or they can be added toward the end of a sentence that already has **no**.

No voy a la playa.	*I don't go to the beach.*
Nunca voy a la playa.	*I never go to the beach.*
No voy a la playa **nunca**.	*I never go to the beach.*
Tampoco voy a la piscina.	*I don't go to the pool either.*
No voy a la piscina **tampoco**.	*I don't go to the pool either.*

2 The word **nada** means *nothing* when it is the subject of a sentence and *not anything* or *nothing* when it goes after the verb. When **nada** is after the verb, **no** must be placed before the verb.

Nada es fácil.	*Nothing is easy.*
No quiero **nada** hoy.	*I don't want anything today.*

3 Use **nadie** to say *nobody* or *not anybody*. When **nadie** is after the verb, **no** must be placed before the verb.

Nadie quiere lavar los platos. Todos quieren ir al cine.
Nobody wants to wash the dishes. Everybody wants to go to the movies.

No hay **nadie** aquí. | *There isn't anybody here.*

Online

Vocabulario y gramática, pp. 58–60	Actividades, pp. 45–47

¿Te acuerdas?

The word **no** can mean *not, do not,* or *don't*. It goes before the verb or before the pronouns that go with **gustar**.

No soy de Madrid.

No quiero ir al cine.

A mí **no** me gusta la pizza.

27 **Después de cenar**

🔊 **Escuchemos** Escucha las oraciones y decide si son **ciertas** o **falsas** según *(according to)* las fotos.

la hija

el hijo

la madre

28 No queremos hacer nada

Leamos/Hablemos Completa las oraciones.

1. Mis primos no van a la playa. No voy a la playa (también/tampoco).

2. No quiero hacer (nada/nunca) hoy.

3. Mis padres, mis hermanos y yo tenemos el pelo castaño. (Siempre/Nadie) en mi familia tiene el pelo rubio.

4. Cuando llueve y hace frío, mi perro no quiere salir. A mí (tampoco/nada) me gusta salir cuando hace mal tiempo.

5. Siempre preparamos la cena en la cocina. (Nunca/Tampoco) cocinamos en el patio.

6. Después de cenar, me toca lavar los platos. (Tampoco/Nadie) me ayuda.

29 ¿Vas a ir al cine hoy?

Leamos Complete the conversation with your friend about this weekend using words from the box.

tampoco	siempre	también
nada	nunca	algo

Un cine en Viña del Mar, Chile

—¿Vas a hacer ___1___ el sábado?

—No, no voy a hacer ___2___. ¿Y tú?

—Casi ___3___ voy al cine los sábados. ¿Quieres ir conmigo?

—Sí, yo ___4___ quiero ir al cine. ¿Sales mucho los sábados?

—Sí. Casi ___5___ paso los fines de semana en casa.

—Yo ___6___ paso los fines de semana en casa. Siempre salgo con mis amigos y mis primos.

Comunicación

30 ¿Y tú?

Hablemos Entrevista a un(a) compañero(a) de clase sobre lo que hace.

1. ¿Qué días siempre tienes mucho que hacer?

2. ¿Qué quehaceres casi siempre te toca hacer en casa?

3. ¿Quiénes ayudan con los quehaceres?

4. ¿Qué haces cuando no tienes tarea?

5. ¿Qué haces cuando no tienes nada que hacer?

Interactive TUTOR

Tocar and parecer

1 To say what you have to do, what your duties are, or whose turn it is to do something, use the verb **tocar** followed by an **infinitive**. **Tocar** may be used like **gustar**.

me	toca(n)	**nos**	toca(n)
te	toca(n)	**os**	toca(n)
le	toca(n)	**les**	toca(n)

—A ti **te toca** sacar la basura hoy.
It's your turn to take out the trash today.

—¿A mí? No. Hoy **le toca** a Fernando.
My turn? No. It's Fernando's turn today.

2 The verb **parecer** means *to seem* and may also be used like **gustar**. It's very common to use this verb when asking for and giving opinions.

me	parece(n)	**nos**	parece(n)
te	parece(n)	**os**	parece(n)
le	parece(n)	**les**	parece(n)

Siempre me toca a mí lavar los platos. **Me parece** injusto.
I always have to wash the dishes. It seems unfair to me.

A mi hermano **le parece** una lata cortar el césped pero a mí me gusta mucho.
My brother thinks cutting the grass is a pain, but I like it a lot.

Online

Vocabulario y gramática, pp. 58–60	Actividades, pp. 45–47

¿Te acuerdas?

The verb **gustar** uses these **pronouns** for the person who likes something. The verb agrees with what is liked.

me gusta(n)	**nos** gusta(n)
te gusta(n)	**os** gusta(n)
le gusta(n)	**les** gusta(n)

31 ¡Qué lata!

Escuchemos For each picture, you'll hear two sentences. Tell whether they are **cierto** or **falso.**

mi hermana

mi hermano

mi papá y mi hermano menor

mi mamá y yo

32 ¿A quién le toca?

Hablemos/Escribamos Tell your sister it's her turn to do the chores and your turn to have fun.

> **MODELO** **A ti te toca limpiar el baño. A mí me toca jugar.**

1. descansar/cortar el césped
2. lavar los platos/ir de compras
3. cocinar/ver televisión
4. jugar/hacer la cama
5. leer/limpiar la casa
6. limpiar el baño/cantar

33 ¿Qué les parece?

Hablemos/Escribamos Say how the following activities seem to you. Then name someone you know who has a different opinion.

> **MODELO** **A mí me parece divertido ir de compras pero a mi padre le parece aburrido.**

divertido	fácil	muy bien	interesante
difícil	aburrido	fenomenal	pésimo

1. trabajar en el jardín
2. vivir en el campo
3. jugar con los perros
4. ir al centro comercial
5. jugar a videojuegos
6. hablar por teléfono
7. bailar
8. hacer ejercicio

Comunicación

34 Mi familia

Hablemos Take turns with a partner. Imagine that one of you is the girl in the art below. Ask and answer questions about her house and family.

¿Quién será?
Episodio 5

ESTRATEGIA

Understanding Humor Understanding humor is an important part of enjoying a story on video. Sometimes humor can be created by contrasting what a character is actually experiencing with what a character *feels* like he or she is experiencing. As you watch or read, compare Sofía's and Nicolás's real household chores with how they see those chores. Does the comparison make you laugh? Do you feel the same way about household chores?

En México

Es sábado, un día que a veces no le gusta mucho a Sofía.

Sofía, ¡tienes que pasar la aspiradora en tu habitación y en la sala!

Hija, creo que te toca a ti lavar los platos.

1 **Sofía** Hoy es sábado. Los sábados mi familia y yo hacemos el quehacer.

2 **Sofía** ¿Ves a esa señora de pelo negro y ojos de color café? Ella es mi madre. Le gusta tener la casa muy, pero muy limpia.

3 **Sofía** ¿Ves a ese señor canoso con los lentes y la sonrisa graciosa? Es mi padre. No le gusta lavar los platos.

¡Sofía! ¡Sofía! ¡Cara de tortilla! ¡Tienes que sacar la basura!

4 **Sofía** ¿Ves a ese niño travieso? Es Quique, mi hermano. A Quique no le toca hacer los quehaceres. ¡Me parece injusto!

5 **Sofía** ¡Qué lata! Nunca puedo descansar.

Novela en video

En Puerto Rico

En Puerto Rico

Es sábado en la casa de Nicolás, en San Juan...

¡Nicolás! Tienes que cortar el césped hoy. Vienen tus tíos y tus primos.

Nicolás. Tú y yo vamos a limpiar el garaje hoy. No es gran cosa.

6 **Nicolás** Hoy es sábado. Quiero salir de casa antes de que…

7 **Nicolás** ¡El césped! ¡Ay, no! Mi abuela es muy exigente. ¡Quiere todo perfecto!

8 **Nicolás** Mi papá es mecánico. ¡Está loco por los carros! Le gusta tener el garaje muy organizado.

9 **Nicolás** Un sábado bonito ¡arruinado! Y ¿para qué? ¡Para hacer labores! ¡Me parece injusto!

En Chile

As Marcos learns more about the Chilean candidate, he gets a call from the Professor telling him to go to Mexico next.

10

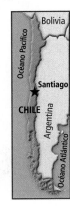

Bolivia

Océano Pacífico

★ Santiago

CHILE

Argentina

Océano Atlántico

¿COMPRENDES?

1. Which statement by Sofía tells you something about her mother's personality?

2. Why does Sofía think her father doesn't like to wash dishes?

3. Why does Sofía call her little brother **ese niño travieso**?

4. Do you think Sofía is being treated unjustly?

5. How does Nicolás end up spending his Saturday?

6. Why are the attitudes of Sofía and Nicolás amusing?

Próximo episodio
Can you guess who Marcos will investigate in Mexico?
PÁGINAS 218–219 ▶

Leamos y escribamos

A Antes de leer

Scan the following ads. What can you find about the prices and the locations of the properties?

CASAS Y APARTAMENTOS

AGENCIA INMOBILIARIA[1]

Zamora + Asociados
Calle Loma Linda 546
Tel: 5-55-69-32
www.vivienda[2]enlínea.hrw.com

A. Se vende[3] casa, estilo chalet, en pueblo tranquilo. 5 dormitorios, 3 baños, gran sala/comedor, sala de juegos, oficina, cocina moderna, garaje doble y piscina. ¡Precio incomparable!

B. Se alquila[4] apartamento remodelado. Av. Providencia 3192. 2 dormitorios, 2 baños, sala, cocina/comedor y garaje. A sólo tres cuadras[5] de la universidad. ¡Un sitio ideal!

C. Se vende casa en las afueras de la ciudad. El Rosal, calle Margarita 89. Aire y calefacción[6] central. 2 dormitorios, 1 baño, sala, comedor, cocina, garaje y magnífico jardín. Precio negociable.

D. Se alquila apartamento amueblado[7]. Nuevo edificio en el centro de la ciudad. Perfecto para hombre o mujer profesional. 1 habitación, 1 baño, sala, cocina y balcón con magnífica vista[8] de la ciudad. ¡Gran oportunidad!

E. Se vende pequeño condominio en zona residencial. Enfrente de un parque y cerca de la Escuela Primaria Salazar. 3 dormitorios, 2 baños, sala con chimenea, comedor, cocina y garaje. ¡Gran precio!

1 real estate company   **2** properties   **3** for sale   **4** for rent   **5** blocks   **6** heating   **7** furnished   **8** view

B **Comprensión**

Based on each person's profile, match these prospective home buyers or tenants with the properties in the previous ads.

1. Una abuela que vive con su nieto de cuatro años y un gato.

2. Dos hermanos que empiezan sus estudios en la universidad.

3. Una mujer de negocios joven.

4. Una familia con tres hijos y dos perros grandes.

5. Una familia pequeña con dos hijos de siete y nueve años.

C **Después de leer**

What kinds of things, other than size and cost, do people take into consideration when looking for a home to rent or buy? Describe the ideal home for your real family or an imaginary one. Explain why the features of your prospective home make it ideal.

Taller del escritor

> A mi mamá le gusta trabajar en el jardín.

> A mi mamá le toca cortar el césped.

> Mamá

ESTRATEGIA

para escribir Graphic organizers can help you remember details you may otherwise forget. You can draw bubbles containing the characteristics of the things you describe, then connect the bubbles to help you see your writing plan more clearly.

¿Qué les toca hacer?

Write a paragraph describing your dream home. Say where it is, what it is like, who lives there with you, and the chores each person does, based on his or her likes and dislikes.

1 **Antes de escribir**

Draw bubbles with a description of your dream home, **(En mi casa ideal hay...)**; the likes and dislikes of the people who live there with you **(A mi papá le gusta cocinar.)**, and the chores each person does based on his or her likes and dislikes. **(A mi papá le toca cocinar.)**

2 **Escribir un borrador**

Start your paragraph with a detailed description of your dream home including where it is located and why that location is ideal. Then write about the people who live there with you, what each person likes and dislikes, and the chores that each person has to do.

3 **Revisar**

Read your draft at least twice. Check for spelling, punctuation, and correct grammar. Make sure you have included all the information requested.

4 **Publicar**

You may want to draw your dream home to display on a poster board with your paragraph. How does it compare to your classmates' dream homes?

Cuaderno para hispanohablantes, pp. 37–44

Leamos y escribamos

Repaso
capítulo 5

Interactive TUTOR

① Vocabulario 1

• describing people and family relationships
pp. 158–161

② Gramática 1

• possessive adjectives
• stem-changing verbs
pp. 162–167

③ Vocabulario 2

• talking about where you and others live
• talking about your responsibilities
pp. 170–173

① Imagine that these photos come from your family album. Describe the family members and tell how old they are. Write at least three sentences for each picture.

1. mis hermanos

2. mi abuelo

3. mis padres

4. mi gato

② Pablo describe las actividades de él y de su familia los domingos. Completa su descripción con la forma correcta del verbo o del adjetivo posesivo.

Los domingos, ___1___ (mis/tus) hermanos y yo ___2___ (empezar/volver) el día muy temprano. Mi hermano corre por el parque y después ___3___ (empezar/volver) a casa y ayuda a ___4___ (tus/mis) padres en el jardín. Vamos a la iglesia y ___5___ (volver/dormir) a la una. A la una y media mi familia y yo ___6___ (almorzar/merendar). Después de almorzar, los abuelos ___7___ (volver/jugar) a juegos de mesa. Yo nunca ___8___ (volver/jugar) con ellos. Me gusta más salir con ___9___ (nuestro/mis) amigos. A mis amigos y a mí nos gusta ___10___ (arreglar/merendar) a las tres y media.

③ Tell how often you have to do the following chores. If you never do them, say who does.

1. hacer las camas
2. lavar los platos
3. sacar la basura
4. limpiar el baño
5. pasar la aspiradora
6. cocinar
7. cortar el césped
8. cuidar a mis hermanos

4 Completa las siguientes oraciones.

1. A mí me ▬▬▬ (tocar/parecer) hacer todo en casa.

2. Los libros de mi papá ▬▬▬ (hacer/estar) encima del sofá.

3. A mi hermano le ▬▬▬ (tocar/parecer) fenomenal salir con sus amigos.

4. El perro no quiere jugar ▬▬▬ (siempre/nunca).

5. Mis amigos nunca hacen nada. Yo no hago nada ▬▬▬ (también/tampoco).

5 Answer the following questions.

1. What information do Latin American last names provide?

2. Does the term **familia** refer to a small or an extended family?

3. How do culture and climate influence homes?

6 Complete the paragraph based on what you hear.

La casa de Sara está en ___1___ . En la familia hay ___2___ personas. Hay ___3___ habitaciones en la casa. A Sara le toca ___4___ . Le parece ___5___ . A su hermano nunca le toca ___6___ . A Sara le parece ___7___ .

7 Tell what José says about himself and his sister based on the drawings.

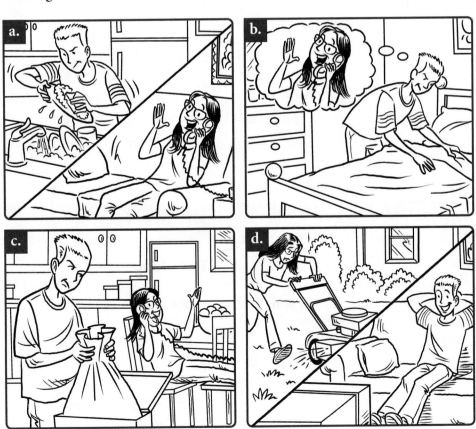

4 Gramática 1
- using **estar** with prepositions
- negation
- **tocar** and **parecer** pp. 174–179

5 Cultura
- **Comparaciones** pp. 168–169
- **Notas culturales** pp. 160, 163, 174
- **Geocultura** pp. 152–155

Gramática 1
- possessive adjectives
  pp. 162–163
- stem-changing verbs
  pp. 164–167

Repaso de Gramática 1

possessive adjectives	
mi/s	nuestro/a/os/as
tu/s	vuestro/a/os/as
su/s	su/s

Almorzar, dormir, llover and **volver** have **o → ue** stem-changes.
Empezar, entender, querer and **merendar** have **e → ie** stem-changes.

almuerzo	almorzamos
almuerzas	almorzáis
almuerza	almuerzan

empiezo	empezamos
empiezas	empezáis
empieza	empiezan

Repaso de Gramática 2

Gramática 2
- **estar** with prepositions
  pp. 174–175
- negation with **nunca, tampoco, nadie** and **nada**
  pp. 176–177
- **tocar** and **parecer**
  pp. 178–179

estar	
estoy	estamos
estás	estáis
está	están

prepositions of location		
al lado de	detrás de	encima de
cerca de	delante de	lejos de
debajo de		

Negation

nada	nunca	nadie	no	tampoco

tocar	
me toca(n)	**nos** toca(n)
te toca(n)	**os** toca(n)
le toca(n)	**les** toca(n)

parecer	
me parece(n)	**nos** parece(n)
te parece(n)	**os** parece(n)
le parece(n)	**les** parece(n)

Letra y sonido (b) (v)

Las letras b y v

The letters **b** and **v** follow these rules:

- At the beginning of a sentence, or after **m** or **n**, both are pronounced as *b* in the English word *boy*:
  Voy a casa., ¿**B**ailas mucho?, dicie**m**bre, un **b**aile
- Everywhere else, their pronunciation is softer, with the lips barely touching:
  vi**v**ir, a**b**uelo, re**v**ista, a**b**urrido

Trabalenguas

El buen abuelo Vicente vende bonitas boinas baratas, baberos babosos, bolillos verdes, botas bellas y revistas aburridas.

Dictado

Escribe las oraciones de la grabación.

Repaso de Vocabulario 1

Describing people and family relationships

el/la **abuelo(a)**	grandfather (grandmother)	la **madre (mamá)**	mother (mom)
los **abuelos**	grandparents	**mayor**	older
almorzar (ue)	to have lunch	**menor**	younger
callado(a)	quiet	**merendar (ie)**	to have a snack
canoso(a)	gray-haired	**negro(a)**	black
castaño(a)	dark brown	los **nietos**	grandsons, grandchildren
corto(a)	short	el **padre (papá)**	father (dad)
ciego(a)	blind	los **padres**	parents
de color café	brown	el **pelo**	hair
delgado(a)	thin	el/la **perro(a)**	dog
dormir (ue)	to sleep	la **persona**	person
empezar (ie)	to begin, to start	el/la **primo(a)**	cousin
En mi familia somos cuatro personas.	There are four people in my family.	los **primos**	cousins
		el/la **sobrino(a)**	nephew (niece)
entender (ie)	to understand	los **sobrinos**	nephews, nieces and nephews
estar en una silla de ruedas	to be in a wheelchair	**sordo(a)**	deaf
		tener (ie) los ojos azules	to have blue eyes
el/la **gato(a)**	cat	el/la **tío(a)**	uncle (aunt)
gordo(a)	fat	los **tíos**	uncles and aunts
hasta	until	**todos(as)**	everyone, all of us
el/la **hermano(a)**	brother (sister)	**travieso(a)**	mischievous
los **hermanos**	siblings	**usar lentes**	to wear glasses
el/la **hijo(a)**	son (daughter)	**verde**	green
los **hijos**	children, sons	**viejo(a)**	old
joven	young	**volver (ue)**	to go back or come back
largo(a)	long		

Possessive adjectives . . . . *See p. 162.*

Repaso de Vocabulario 2

Talking about where you and others live

las **afueras**	outskirts	el **jardín**	garden
el **apartamento**	apartment	la **mesa**	table
el **baño**	bathroom	**nadie**	nobody, not anybody
el **campo**	countryside	el **patio**	patio, yard
la **casa**	house	**pequeño(a)**	small
la **cocina**	kitchen	las **plantas**	plants
el **comedor**	dining room	el **pueblo**	town, village
la **ciudad**	city	la **puerta**	door
la **dirección**	address	la **sala**	living room
el **edificio (de diez pisos)**	(ten-story) building	la **silla**	chair
el **escritorio**	desk	el **sofá**	couch
el **garaje**	garage	**tampoco**	neither, not either
grande	big, large	la **ventana**	window
la **habitación**	bedroom	**vivir**	to live

Talking about your responsibilities . . . . . *See p. 172.*

Prepositions . . . . *See p. 174.*

Chile

ciento ochenta y siete **187**

Integración
capítulos 1-5

1 Listen to Josefina talk about her family and then match her descriptions with the correct photo.

A

B

C

D

2 Esteban is writing to "Metida", an advice columnist. Read his letter and then answer the questions that follow.

Querida Metida,

" Quiero salir más con mis amigos los fines de semana, pero no tengo tiempo. Los viernes por la tarde practico fútbol en el estadio. No llego a casa hasta las 8:00. Los sábados tengo un montón que hacer en casa. Arreglo mi cuarto y corto el césped. Ayudo a lavar los platos después de comer. Los domingos cuido a mi hermano menor porque mis padres juegan al tenis. Por la noche tengo que hacer la tarea. Me parece injusto pero, ¿qué puedo hacer? "

–Esteban

1. ¿Qué problema tiene Esteban?

2. ¿Por qué no sale los viernes?

3. ¿Qué le toca hacer a Esteban los sábados?

4. ¿Cuándo salen los padres de Esteban? ¿Qué hacen?

5. ¿Qué le toca a Esteban hacer cuando salen sus padres?

6. ¿Qué necesita hacer Esteban? En tu opinión, ¿qué consejos (advice) le va a escribir "Metida" a él para resolver (solve) su problema?

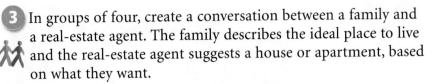

3 In groups of four, create a conversation between a family and a real-estate agent. The family describes the ideal place to live and the real-estate agent suggests a house or apartment, based on what they want.

4 What kind of information can you get from the painting by looking at it? Where are these people and what do you think they're doing? What do you think the painter wanted to capture? Write a paragraph in Spanish describing the scene. Include the weather, a description of the people, their ages, and what their relationship to each other is.

Esperando a los pescadores, de Isidoro Molleda (n. 1930)

5 Complete the word web below about your favorite family member. Then, using the chart, write a paragraph describing this person.

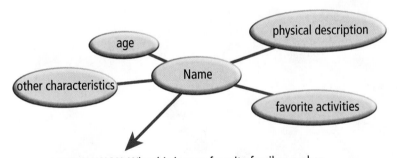

CONCLUSION: Why this is your favorite family member

6

Situación You're having an outdoor birthday party for a relative at your house. Three of your friends volunteer to help you get ready. Decide who to invite, what chores you and your friends will do, what type of food people like, and what games you will have for good and/or bad weather. Act out your conversation for the class.

Integración

189

Video/DVD

GeoVisión

▲ **El volcán Popocatépetl** está en el valle central de México y es el segundo pico más alto del país con una altura de 5.465 metros.

GOLFO DE CALIF

Baja California

Geocultura
México

▶ **La Ciudad de México,** también conocida como el D.F., es la capital de México y se considera una de las ciudades más grandes del mundo.

◀ **El jarabe tapatío,** el baile folclórico nacional, se caracteriza por ser muy alegre.

Almanaque

Población
103.400.165

Capital
La Ciudad de México

Gobierno
república federal

Idioma oficial
español

Moneda
peso mexicano

Código Internet
www.[ ].mx

¿Sabías que...?

El volcán Popocatépetl tuvo varias erupciones durante los años 1990.

◀ **La Barranca del Cobre,** una serie de cañones en la Sierra Madre Occidental, es más grande que el Gran Cañón en Arizona.

▲ **Agua Azul** Las aguas claras de Agua Azul en el estado de Chiapas forman una serie de bellas cascadas.

GOLFO DE MÉXICO

Río Bravo del Norte

Río Conchos

Chihuahua

Barranca del Cobre

Sierra Madre Occidental

TEXAS

Sierra Madre Oriental

Monterrey

MÉXICO

San Luis Potosí

Guanajuato

Querétaro

Guadalajara

Río Lerma

CÉANO PACÍFICO

Morelia

CIUDAD DE MÉXICO

Valle Central

Toluca

Morelos

Teotihuacán

Puebla
Popocatépetl

Ixtaccíhuatl

Río Balsas

Sierra Madre del Sur

Oaxaca

Chiapas

Agua Azul

Bonampak

▲ **Tulum** Por toda la península de Yucatán se encuentran sitios arqueológicos de las antiguas civilizaciones mayas.

Cancún

Mérida

Tulum

Península de Yucatán

BELICE

GUATEMALA

▼ **Teotihuacán** Las ruinas de la antigua ciudad de Teotihuacán reflejan la civilización que existía antes de la de los aztecas.

¿Qué tanto sabes?
¿A qué estado mexicano vas para nadar en las aguas de Agua Azul?

ciento noventa y uno **191**

A conocer México

El arte

▲ *Vendedora de Alcatraces* fue pintado por Diego Rivera (1886-1957). Rivera también es famoso por sus murales.

▲ **Diego Rivera,** autorretrato

▲ **Los antiguos murales mayas** de Bonampak, Chiapas, se encuentran en un templo antiguo.

La arquitectura

◄ **Casa-Estudio Diego Rivera y Frida Kahlo** La casa de los famosos pintores Diego Rivera y Frida Kahlo es un ejemplo del funcionalismo en México.

▲ **La biblioteca de la Universidad Nacional Autónoma de México** en la Ciudad de México es la obra maestra de Juan O'Gorman. El mosaico cuenta la historia de México.

▼ **Taxco** La arquitectura colonial es testimonio de la llegada de los españoles al valle central del país en el siglo XVI.

Las celebraciones

► **El Festival Internacional Cervantino** en Guanajuato se dedica a Miguel de Cervantes. Se celebra con obras de teatro y danzas.

¿Sabías que...?
Casi un cuarto de la población mexicana vive en la región cerca de la Ciudad de México.

◄ **El Festival de La Guelaguetza,** o Lunes del Cerro, en Oaxaca reúne a comunidades distintas de todo el estado para bailar y celebrar sus raíces indígenas.

► **El Festival del 16 de Septiembre,** el día de la independencia de México de España, se festeja en todo el país.

La comida

▼ **Las empanadas de flor de calabaza** son comida típica de Morelos.

▲ **El mole poblano** es un plato preparado con chocolate y chiles.

▲ **Chiles en nogada** son parte de la comida típica de la Navidad.

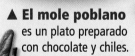
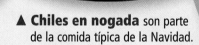

Conexión Economía doméstica

Mucha de la comida que se come hoy en día en muchas partes del mundo tiene su origen en las Américas. Por ejemplo, las papas, el chile, el cacao, el maíz, los frijoles, la calabaza, el tomate y el pavo son de esta región. Así que los europeos no conocían el chocolate antes de que los exploradores lo llevaran a Europa. Piensa en una cena típica en tu casa y haz una lista de las comidas que originalmente vienen de las Américas.

Capítulo 6

¡A comer!

¿Qué ves en la foto?

- **¿Dónde están los muchachos?**

- **¿Cómo son?**

- **¿Qué tiempo hace?**

Una vendedora en el Parque Chapultepec, Ciudad de México

Objetivos

Commenting on food, taking orders and making polite requests

Vocabulario
en acción 1

Video/DVD

ExpresaVisión

¿Qué vas a pedir?

¿Qué prefieres pedir de almuerzo en este restaurante?

un sándwich de atún

una ensalada

una ensalada de frutas

la salsa

unas papas fritas

un sándwich de jamón con queso

Más vocabulario...

Está...

riquísimo(a)	very good (tasty)
salado(a)	salty
picante	spicy
frío(a)	cold
(muy) caliente	(very) hot

También se puede decir...

In the Southwestern United States, **el lonche** is a common way to say *lunch*, while in Spain, Mexico, and much of Latin America, **la comida** is used. **El almuerzo** is commonly used in many rural areas to mean *breakfast*.

A sandwich made with a baguette is called **un bocadillo** in Spain, and **una torta** in Mexico. You may also hear **un emparedado**.

In Spain, **el jugo** is usually called **el zumo**.

Para tomar, puedes pedir...

un jugo de naranja

el agua

un refresco

la leche

En la mesa hay...

un vaso

un plato hondo

un cuchillo

una servilleta

un plato

un tenedor

una cuchara

¡Exprésate!

To comment on food

¿Qué tal si pruebas un sándwich de atún? Son muy buenos aquí. *How about trying a tuna sandwich? They're very good here.*	**¡Ay no! Nunca pido atún. No me gusta.** *Oh no! I never order tuna. I don't like it.*
Aquí preparan muy bien (mal) la salsa picante. *They make very good (bad) hot sauce here.*	**(No) estoy de acuerdo.** *I (don't) agree.*
¡Qué ricas están las papas! *The potatoes are really good (tasty)!*	**Sí, me encantan.** *Yes, I love them.*
¿Qué tal está la sopa (de verduras)? *How's the (vegetable) soup?*	**Está un poco salada.** *It's a little salty.*

Interactive TUTOR

Online
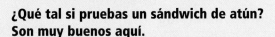
Vocabulario y gramática, pp. 61–63

Vocabulario 1

1 **Una dieta balanceada**

Leamos Escoge la comida más saludable *(healthful)*.

MODELO la pizza/la ensalada
la ensalada

1. las papas fritas/las verduras
2. el refresco/el agua
3. la sopa de verduras/el helado
4. la pizza/la ensalada de frutas
5. el sándwich de jamón/la ensalada
6. el sándwich de atún/la hamburguesa con queso
7. el refresco/la leche

2 **¿Qué tal está la comida?**

Escuchemos Con base en cada comentario, indica si preparan bien o mal la comida.

1. la sopa
2. las hamburguesas
3. el sándwich de jamón
4. la ensalada
5. el sándwich de atún
6. las papas fritas
7. la sopa de verduras
8. el helado

3 **¿Qué necesitas?**

Hablemos Indica qué necesitas para comer o servir estas cosas.

MODELO un sándwich
Necesito un plato y una servilleta.

1. agua
2. sopa
3. papas
4. helado
5. verduras
6. una ensalada
7. jamón
8. leche
9. una pizza

¡Exprésate!

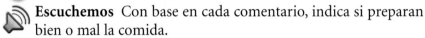

To take someone's order	To request something
¿Qué desea usted? *What would you (formal) like?*	**Quisiera un sándwich de queso.** *I would like a cheese sandwich.*
¿Y para tomar? *And to drink?*	**Para tomar, quiero jugo de tomate.** *To drink, I want tomato juice.*
¿Desea algo de postre? *Would you like something for dessert?*	**Sí, ¿me trae un flan?** *Yes, could you bring me a flan?*
¿Algo más? *Anything else?*	**¿Nos trae la cuenta, por favor?** *Could you bring us the bill, please?*

Interactive TUTOR

Online
Vocabulario y gramática, pp. 61–63

4 **En el restaurante**

Hablemos Pídele estas cosas al camarero *(waiter)* de una manera cortés*(polite)*.

1.

2.

3.

4.

5.

5 **¿Cómo se dice?**

Escribamos Estás en un restaurante con un(a) amigo(a). ¿Cómo dices lo siguiente en español?

MODELO ask your friend how the ham sandwich is
—¿Qué tal está el sándwich de jamón?

1. suggest that your friend try the fruit salad
2. tell the server you would like a flan
3. say that the soup is a little spicy
4. say that the French fries are delicious
5. say that they make very good desserts here
6. ask the server to bring the bill

Comunicación

6 **¿Qué desea usted?**

Hablemos Imagina que estás en un restaurante. Con un(a) compañero(a), túrnense para dramatizar una conversación entre un(a) camarero(a) y un cliente. Incluyan la siguiente información.

MODELO —¿Qué desea usted?
—Quisiera...

1. what you want to eat
2. what you want to drink
3. what you think of the food
4. whether you want dessert
5. whether there's anything else you need

Objetivos
Using **ser** and **estar**,
pedir and **servir**,
preferir, **poder**,
and **probar**

Gramática
en acción 1

GramaVisión

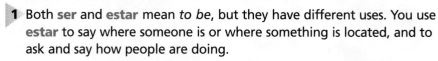

Interactive TUTOR

Ser and estar

1 Both **ser** and **estar** mean *to be*, but they have different uses. You use **estar** to say where someone is or where something is located, and to ask and say how people are doing.

> La servilleta **está** en la mesa.
> *The napkin is on the table.*

> **Estoy** bien, gracias.
> *I'm fine, thanks.*

2 You have used **ser** to identify people and things; to say where they are from; to describe what someone or something is like; and to give the day, date, and time.

> Ricardo **es** mi amigo. **Es** de México. **Es** alto y simpático.

> **Es** lunes. **Es** el 2 de marzo. **Son** las cuatro en punto.

3 Both **ser** and **estar** can be used to describe foods and drinks. Use **ser** to describe what foods and drinks are normally like.

> —¿Cómo **es** el arroz con pollo?
> *What is chicken and rice like?*

> —**Es** riquísimo.
> *It's delicious.*

To say how something looks, tastes, or feels at a particular moment, use **estar**.

> —¿Cómo **está** tu sopa?
> *How is your soup?*

> —**Está** fría.
> *It's cold.*

Online

| Vocabulario y gramática, pp. 64–66 | Actividades, pp. 51–53 |

7 **¿Cómo son? ¿Cómo están?**

Leamos Decide si las personas hablan **a)** de las características de un plato o **b)** del sabor *(taste)* en un momento específico.

1. La sopa de verduras es buena para ti.
2. ¡Ay! ¡Qué caliente está la sopa!
3. Me gusta el flan de la tía Elena. Está rico.
4. No me gusta el atún. Es muy salado.
5. Preparan muy bien la salsa aquí. Está deliciosa, ¿verdad?
6. No nos gusta la salsa. Es muy picante.
7. ¿Quieres probar mi sándwich? Está rico.

8 ¿Ser o estar?

Leamos/Escribamos Tu nueva amiga por correspondencia Carla, acaba de *(just)* escribirte. Completa el párrafo con el verbo correcto entre paréntesis. Luego di por qué se usa **ser** o **estar**.

Hola. ¿Cómo ___1___ (eres/estás)? ___2___ (Soy/Estoy) Carla. ___3___ (Soy/Estoy) de Chicago. Y tú, ¿de dónde ___4___ (eres/estás)? Hoy ___5___ (es/está) lunes. ___6___ (Son/Están) las diez de la mañana y mis compañeros y yo ___7___ (somos/estamos) en la clase de español. La profesora ___8___ (es/está) la señora Gámez. La clase de español ___9___ (es/está) un poco difícil, pero me gusta.

9 ¿Cómo estás tú?

Escribamos Ahora escríbele a Carla, contestando sus preguntas. También habla de tu horario, usando **ser** y **estar**.

10 ¿Qué tal está...?

Hablemos Estás en un restaurante y el camarero te pregunta qué tal está todo. Contéstale.

MODELO —¿Qué tal está el flan?
—Está muy rico.

1.
2.
3.
4.
5.
6.

11 ¿Te gustan?

Hablemos Escoge cinco comidas. Con un(a) compañero(a), túrnense para preguntar si les gusta cada una y decir por qué.

MODELO —¿Te gustan los sándwiches de atún?
—Sí, me gustan mucho. Son deliciosos.

Gramática 1

Interactive
TUTOR

Pedir and servir

1 In some **-ir** verbs with an **e** in the stem, this **e** changes to **i** in all the present-tense forms except those of **nosotros(as)** and **vosotros(as)**. Two such verbs are **pedir** *(to ask for, to order)* and **servir** *(to serve).*

yo p**i**do	nosotros(as) pedimos
tú p**i**des	vosotros(as) pedís
él, ella, Ud. p**i**de	ellos, ellas, Uds. p**i**den

—¿Qué vas a **pedir**?
What are you going to order?

—Siempre **pido** una ensalada.
I always order a salad.

yo s**i**rvo	nosotros(as) servimos
tú s**i**rves	vosotros(as) servís
él, ella, Ud. s**i**rve	ellos, ellas, Uds. s**i**rven

—¿Qué **sirven** en la cafetería?
What do they serve in the cafeteria?

—**Sirven** muchas comidas diferentes.
They serve many different foods.

Online

Vocabulario y gramática, pp. 64–66	Actividades, pp. 51–53

¿Te acuerdas?

Stem-changing verbs like **dormir** and **querer** do not change in the **nosotros(as)** and **vosotros(as)** forms.

d**ue**rmo	dormimos
d**ue**rmes	dormís
d**ue**rme	d**ue**rmen
qu**ie**ro	queremos
qu**ie**res	queréis
qu**ie**re	qu**ie**ren

12 ¿De quién habla?

 Escuchemos En cada oración, decide si la persona habla...

a) de ella misma *(herself)*
b) de otras personas y ella misma
c) de otras personas
d) de otra persona

13 ¿Qué pedimos?

Escribamos ¿Qué piden estas personas en cada situación?

MODELO Para beber cuando hace mucho frío
(yo) Pido chocolate.

Para beber cuando hace mucho calor

1. yo
2. mis amigos
3. mi familia y yo
4. mi mejor amigo(a)

Para almorzar cuando todos tenemos mucha hambre

5. yo
6. mi mejor amigo(a)
7. mis padres
8. mis amigos y yo

14 ¿Qué servimos?

Hablemos Carlos habla con un amigo de lo que sirven estas personas en las fiestas. ¿Qué dice? Usa la forma correcta de **servir** en tus respuestas.

nosotros

MODELO nosotros

Siempre servimos helado.

1. yo

2. tú

3. tus amigos y tú

4. mi hermano y yo

5. mis amigos

6. mi madre

15 ¿Servir o pedir?

Escribamos/Hablemos Completa las preguntas con la forma correcta de **pedir** o **servir**.

1. En un restaurante, ¿ ═══ (pedir/tú) una ensalada o un sándwich?
2. ¿Qué refresco generalmente ═══ (pedir/tú)?
3. ¿Qué ═══ (servir/ellos) en tu restaurante preferido?
4. ¿Qué ═══ (servir/tú) en una fiesta?
5. ¿Qué ═══ (pedir) tus padres en un restaurante mexicano?
6. ¿Quién ═══ (servir) la cena *(dinner)* en tu casa?
7. ¿Qué tipo de sándwich siempre ═══ (pedir) tu mejor amigo(a)?

Comunicación

16 Una entrevista

Hablemos Usa las preguntas de la Actividad 15 para entrevistar a tu compañero(a).

Interactive TUTOR

Preferir, poder, and probar

1 The verb **preferir** has an **e → ie** stem change. It can be followed by a noun to say what someone *prefers* or by an **infinitive** to say what someone *would rather do* or *prefers to do*.

yo prefiero	nosotros(as) preferimos
tú prefieres	vosotros(as) preferís
él, ella, Ud. prefiere	ellos, ellas, Uds. prefieren

¿Prefieres jugo o leche?
Do you prefer juice or milk?

¿Prefieres **salir** o **ver** televisión?
Would you rather go out or watch TV?

2 The verbs **poder** and **probar** have an **o → ue** stem change. **Poder** is normally followed by an **infinitive** to say what someone *may, is able to,* or *can do*. **Probar** means *to try* something, as in *to taste*.

yo puedo	nosotros(as) podemos
tú puedes	vosotros(as) podéis
él, ella, Ud. puede	ellos, ellas, Uds. pueden

¿Nos **puede traer** otra silla?   *Can you bring us another chair?*

yo pruebo	nosotros(as) probamos
tú pruebas	vosotros(as) probáis
él, ella, Ud. prueba	ellos, ellas, Uds. prueban

¿Qué tal si **pruebas** la sopa?   *How about trying the soup?*

Online
| Vocabulario y gramática, pp. 64–66 | Actividades, pp. 51–53 |

¿Te acuerdas?

Tener and **dormir** are also stem-changing verbs.

Ella ti**e**ne 16 años.
Tú d**ue**rmes mucho.

The **nosotros** and **vosotros** forms do not have stem changes.

T**e**néis un perro bonito.
D**o**rmimos más los sábados.

17 **Preferir, poder o probar**

Escribamos Completa las oraciones con la forma correcta del verbo entre paréntesis. Luego escribe una oración con el mismo verbo.

MODELO Mi tío no ===== (poder) comer el flan. (nosotros)
Mi tío no **puede** comer el flan.
No **podemos** comer las hamburguesas.

1. Analisa ===== (preferir) el flan más que el helado. (mis amigos)
2. Siempre ===== (probar) la sopa cuando comes en restaurantes. (mis amigos y yo)
3. Mi abuela no ===== (poder) comer salsa picante. (mis padres)
4. Nosotros ===== (preferir) almorzar en la cafetería. (usted)
5. Mis hermanas nunca ===== (probar) los postres. No les gustan. (yo)

18 ¿Qué prueban?

Escribamos/Hablemos Basándote en los gustos de estas personas, di qué plato prueban cuando almuerzan en restaurantes nuevos.

> **MODELO** **A Lucinda le gustan los postres. Ella...**
> **Ella siempre prueba el flan.**

1. A Andrés le gusta el atún. Él...
2. A ustedes les gusta el postre. Ustedes...
3. A Linda y a Jorge les gusta el jamón. Ellos...
4. A Elsa y a mí nos gustan las frutas. Nosotras...
5. Lucinda, a ti te gustan las verduras. Tú...
6. A mí me gustan el queso y la salsa de tomate. Yo...

Probando nuevos platos en un restaurante, Ciudad de México

19 Rompecabezas

Escribamos Usa una palabra o expresión de cada columna para escribir seis oraciones.

> **MODELO** **Prefiero tomar jugo.**

1	**2**	**3**
yo	preferir	la cuenta
mi mejor amigo(a)	servir	tomar jugo o leche
tú	pedir	una sopa de...
mis compañeros	querer	comida italiana
el (la) profesor(a)	probar	una ensalada de...
mis amigos y yo		algo de postre

Comunicación

20 ¿Qué prefieres hacer?

Escribamos/Hablemos En una hoja de papel, escribe lo que te gusta hacer en las horas indicadas. Pregunta a tres compañeros(as) qué les gusta hacer a ellos(as). Trata de encontrar a alguien a quien le guste hacer las mismas cosas.

> **MODELO** —¿Qué prefieres hacer los viernes por la noche?
> —Prefiero... ¿Y tú?

1. los viernes por la noche
2. los sábados por la tarde
3. los sábados por la mañana
4. los domingos por la mañana

COMPAÑIA NACIONAL DE TEATRO

MINISTERIO DE CULTURA, JUVENTUD Y DEPORTES

Especial

Nº 4605

Cultura

VideoCultura

Comparaciones

Platos típicos mexicanos

¿Cuál es tu plato preferido y cómo es?

«A buena hambre no hay mal pan» dice el refrán, y ¿qué mejor pan que un plato que nos encanta? Todos tenemos un plato preferido que no sólo es delicioso sino que muchas veces nos hace recordar a nuestra familia, nuestro país de origen y nuestras costumbres. En Estados Unidos, ¿qué platos son regionales o nacionales? ¿Son éstos algunos de tus platos preferidos? ¿Cuáles son algunos platos preferidos de los jóvenes en otros países?

Angélica
Ciudad de México, México

Dime, ¿cuáles son dos o tres platos típicos de México?

Bueno, está el mole, el pozole y los chiles en nogada.

¿Cuál es tu plato favorito?

Los chiles en nogada.

Dime cómo es.

[Los chiles] son muy ricos porque además de ser picantes, también son dulces.

¿Qué contienen?

Bueno, tienen el chile poblano, la carne molida, pasitas, acitrón, crema, nueces y un poquito de granada.

¿Es un plato típico de la región donde vives?

Claro, en el Distrito Federal se consume mucho.

Muchas gracias, Angélica.

No hay de qué, al contrario.

Paula
Santo Domingo, República Dominicana

Dime, ¿cuáles son unos platos típicos en la República Dominicana?

El plato más típico de la República Dominicana es el arroz con habichuela y carne, que puede ser de res o de pollo.

¿Cuál es tu plato favorito?

El moro de guandules con pescado.

¿Me puedes decir cómo es?

El moro de guandules es una mezcla de guandules con arroz y un poco de salsa para el color. Y el pescado se hace con el limón y sal y ajo.

¿Es un plato típico de tu región?

Sí, es muy típico.

Muchas gracias, Paula.

Gracias a ti.

Cultura

Para comprender

1. ¿Qué plato se come mucho en el Distrito Federal?
2. ¿Cómo es el plato preferido de Paula?
3. ¿Cuáles son tres platos típicos de México?
4. ¿Cómo son los chiles en nogada?
5. ¿Qué se come con el arroz con habichuelas?
6. ¿Cuál es el plato más típico de la República Dominicana?

Para pensar y hablar

Angélica and Paula tell us about their favorite dishes, both of which are typical of their countries. How are their favorite dishes different? Do they seem simple to make or do they seem rather complicated? Are there foods unique to where you live? What are they?

Cuaderno para hispanohablantes, pp. 45–52

Comunidad
International Restaurants

The United States is a country of immigrants. Each new group brings its customs and culture, and introduces them to the people already here. Of those customs, ethnic food is probably the most visible, as well as the most popular. You can find many restaurants that offer culinary specialties from countries around the world. What restaurants in your community serve international foods? What countries do they represent? Try to visit a restaurant that serves food from a Spanish-speaking country. If you can, order the house specialty in Spanish. Write a paragraph about your experience and present it to the class.

Restaurante argentino, Miami, Florida

Vocabulario
en acción 2

ExpresaVisión

El desayuno en casa

los cereales

el durazno

el chocolate

la naranja

la manzana

el café con leche

el pan dulce

el pan tostado

el tocino

los huevos

También se puede decir...

Some Spanish speakers say **un melocotón** instead of **un durazno.**

In some parts of Mexico and Central America, speakers refer to an egg as **un blanquillo.**

¿Qué hay de cena?

el pollo

la carne

el maíz

las zanahorias

el bróculi

las espinacas

el pastel

También se puede decir...

For many Spanish speakers, *corn on the cob* is **la mazorca**. In Mexico and Central America, it is **el elote**. And in Andean countries, such as Bolivia and Ecuador, it is called **el choclo**.

¡Exprésate!

To talk about meals	Interactive TUTOR
¿Qué desayunas? *What do you have for breakfast?*	**Siempre desayuno cereales con leche.** *I always have cereal with milk for breakfast.*
¿Qué quieres hoy de almuerzo? *What do you want for lunch today?*	**¿Qué tal si almorzamos ensalada de pollo?** *How about chicken salad for lunch?*
¿Qué hay de cena? Tengo mucha hambre. *What is there for dinner? I'm very hungry.*	**Vamos a cenar pescado, arroz y espinacas.** *We're going to have fish, rice, and spinach for dinner.*

Online
Vocabulario y gramática, pp. 67–69

▶ Vocabulario adicional — Comida, p. R7

21 Tengo mucha hambre

Leamos Completa las oraciones con las palabras más lógicas.

1. ¿Qué hay de ===== ? Tengo mucha hambre.
   a. tomar   **b.** cena   **c.** pastel
2. Hoy vamos a almorzar =====.
   a. cereales   **b.** pan dulce   **c.** pollo
3. No me gustan los postres. Voy a comer =====.
   a. flan   **b.** pastel   **c.** un durazno
4. Ricardo siempre desayuna cereales con =====.
   a. leche   **b.** zanahorias   **c.** arroz
5. Me encantan las verduras. Siempre como muchas =====.
   a. naranjas   **b.** espinacas   **c.** manzanas
6. No me gusta el =====. Es muy salado.
   a. tocino   **b.** pastel   **c.** durazno

22 ¿Desayuno o cena?

Hablemos ¿Cuáles de estos alimentos comes para el desayuno y cuáles para la cena?

MODELO los huevos
   Como los huevos para el desayuno.

1. el tocino
2. el pescado
3. las espinacas
4. las zanahorias
5. el arroz con pollo
6. el pan tostado
7. el maíz
8. el brócoli
9. el café con leche
10. la carne con verduras

23 En el restaurante

Leamos/Escribamos Sugiéreles algo del menú del Restaurante Don José a las siguientes personas.

MODELO **A Alicia le gustan los postres.**
   Alicia, ¿qué tal si pruebas el pastel?

1. Alicia quiere probar comida mexicana.
2. De postre, Julio prefiere comer algo muy frío.
3. De tomar, Elena y su amigo quieren un jugo.
4. A Manolo y a mí nos gusta el pollo.
5. Carmen nunca pide carne.
6. A Julio le gusta el pescado.
7. Elena siempre pide algo de chocolate para el postre.

❖ Restaurante Don José ❖

∽ PLATOS DEL DÍA ∽

Ensalada de atún
Arroz con pollo
Tacos de pollo
Sopa de pescado
Tacos de verduras

∽ BEBIDAS ∽

Refrescos
Jugos
(de manzana, de naranja, de zanahoria)

∽ POSTRES ∽

Pastel de chocolate
Helado de mango

¡Exprésate!

To offer help	To give instructions
¿Necesitas ayuda?	**Sí, saca el pollo y ponlo en el horno (el microondas).**
Do you need help?	*Yes, get out the chicken and put it in the oven (the microwave).*
¿Puedo ayudar?	**Saca el flan del refrigerador.**
Can I help?	*Take the flan out of the refrigerator.*
	¿Por qué no preparas los sándwiches?
	Why don't you make the sandwiches?
¿Pongo la mesa?	**Sí, ponla, por favor.**
Shall I set the table?	*Yes, set it, please.*

Interactive TUTOR

Online
Vocabulario y gramática, pp. 67–69

24 ¿En qué puedo ayudar?

Escuchemos Mira las fotos y escucha la conversación entre Patricia y su madre. Decide qué parte del diálogo corresponde a cada foto.

Comunicación

25 En tu opinión...

Hablemos Con un(a) compañero(a), túrnense para contestar las siguientes preguntas. ¿Cuántas cosas tienen ustedes en común?

1. En tu opinión, ¿cuál es el desayuno perfecto?
2. ¿Desayunas en casa o en la cafetería?
3. Si no desayunas, ¿por qué no?
4. ¿Prefieres comprar el almuerzo en la cafetería o prepararlo en casa?
5. ¿Qué te gusta comprar en la cafetería? ¿Qué no te gusta?
6. ¿Dónde prefieres cenar cuando sales con amigos?
7. En casa, ¿qué haces para ayudar a preparar la cena?

Objetivos
Using direct objects,
pronouns, and affirmative
informal commands
with pronouns

GramaVisión

Direct objects and direct object pronouns

Interactive TUTOR

1 Verbs can be followed by **direct objects**, the person or thing receiving the action of the verb.

> Rafaela pone **la mesa**.   Siempre pido **la sopa**.

2 A **direct object** can be a noun or a pronoun. Use **direct object pronouns** to avoid repeating nouns that have already been mentioned. These pronouns must agree with the nouns they stand for.

	Masculine	Feminine
SINGULAR	**lo** *him, it*	**la** *her, it*
PLURAL	**los** *them*	**las** *them*

> —¿Quién va a pedir **el flan**?   —Yo **lo** voy a pedir.

3 **Direct object pronouns** go before the conjugated verb. If there is an infinitive in the sentence, the pronouns go before the conjugated verb or are attached to the end of the infinitive.

> —¿Quién prepara **los sándwiches**?   —Yo **los** preparo.
>
> —¿Quién va a preparar **la cena**?   —Mi padre **la** va a preparar.
>
>   —Mi padre va a preparar**la**.

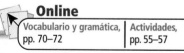
Online

Vocabulario y gramática, pp. 70–72	Actividades, pp. 55–57

¿Te acuerdas?

Pronouns take the place of nouns. They have different forms depending on how they're being used in the sentence.

Ana es mi amiga. **Ella** es muy simpática. **La** llamo por teléfono todos los días.

26 **¿Qué comes?**

Leamos/Escribamos Contesta las preguntas con el pronombre correcto de complemento directo *(correct direct object pronoun).*

1. —¿Comes huevos en el desayuno?
   —Sí, ═══ como todos los días.

2. —¿Pides tocino con los huevos?
   —No, nunca ═══ pido.

3. —¿Tomas leche en el desayuno?
   —No, nunca ═══ tomo.

4. —¿Comes naranjas por la mañana?
   —Sí, siempre ═══ como.

Gramática 2

27 ¿Qué van a traer?

Escribamos Di quién va a traer las siguientes cosas a la fiesta de la clase de español.

MODELO ¿Quién va a traer el pastel?
Yo lo voy a traer. (Yo voy a traerlo.)

yo

1. Miguel

2. Tomás y Raquel

3. Elsa y yo

4. Tú

28 ¿A quién le tocan los quehaceres?

Hablemos ¿Quién hace los quehaceres en tu casa? Usa pronombres de complemento directo *(direct object pronouns)* en tus respuestas.

MODELO ¿Quién prepara la cena?
Yo la preparo. (Mi hermano la prepara.)

1. ¿Quién limpia la casa?
2. ¿Quién pone la mesa?
3. ¿Quién corta el césped?
4. ¿Quién hace las camas?
5. ¿Quién sirve el desayuno?
6. ¿Quién arregla los cuartos?
7. ¿Quién saca la basura?
8. ¿Quién pasa la aspiradora?

Comunicación

29 ¿Cuándo lo hacemos?

Hablemos/Escribamos ¿Con qué frecuencia hacen tus compañeros las siguientes cosas? Haz un cuadro como el siguiente, y con tres compañeros, túrnense para hacer y contestar las preguntas. Usen los pronombres de complemento directo en sus respuestas.

MODELO preparar tu almuerzo
—¿Con qué frecuencia preparas tu almuerzo?
—Lo preparo a veces.

1. preparar el desayuno
2. beber refrescos
3. comer pizza
4. traer el almuerzo al colegio
5. poner la mesa
6. almorzar hamburguesas y papas fritas

todos los días	a veces	nunca

Affirmative informal commands

1 To tell someone you address as **tú** to do something, use an **affirmative informal command**.

2 To form the affirmative informal command of regular or stem-changing verbs, just drop the final **s** off the end of the **tú** form of the verb.

(tú) hablas → **habla**	you speak → speak
(tú) comes → **come**	you eat → eat
(tú) pides → **pide**	you ask (for) → ask (for)

Pide un sándwich de pollo.   *Order a chicken sandwich.*
Lava los platos.   *Wash the dishes.*

3 Some verbs have irregular affirmative informal command forms.

tener → **ten** *(have)*   ir → **ve** *(go)*   hacer → **haz** *(do, make)*
venir → **ven** *(come)*   ser → **sé** *(be)*   salir → **sal** *(go out, leave)*
poner → **pon** *(put)*

4 Here are some verbs you might use to ask someone to help you in the kitchen. They all have regular command forms. Note that **calentar** is an **e → ie** stem-changing verb.

abrir *to open*   calentar (ie) *to heat up*   sacar *to take out*
cortar *to cut*   mezclar *to mix*   añadir *to add*

Corta las zanahorias, por favor.   *Cut the carrots, please.*
Calienta el chocolate.   *Heat up the chocolate.*

Online

Vocabulario y gramática, pp. 70–72	Actividades, pp. 55–57

Nota cultural

In Mexico, many people buy snacks like cucumbers or roasted corn with chile powder, mango, pineapple, or watermelon from street vendors. For their afternoon snack, Argentines, Chileans, Uruguayans, and Colombians meet in tea-rooms to drink tea or coffee and eat sandwiches or pastries. Spaniards and Mexicans have a **merienda** around 6:00 P.M., a small snack such as **chocolate** and **churros** or **pan.** Compare your snacks to those in Spanish-speaking countries. Do you snack with your friends or family at a particular time? What do you eat?

30 **La ensalada de frutas**

Leamos/Escribamos Graciela ayuda a su hermano a preparar una ensalada de frutas. Completa sus oraciones con el mandato informal *(informal command)* correcto. Luego pon las oraciones en orden.

1.  (Servir) la ensalada fría.
2. ═════ (Lavar) las frutas.
3. ═════ (Probar) la ensalada para ver qué tal está.
4. ═════ (Añadir) un poco de azúcar *(sugar)* a las frutas.
5. ═════ (Cortar) las frutas en trozos *(pieces)* con el cuchillo.
6. ═════ (Poner) los trozos en un plato hondo.
7. ═════ (Tener) cuidado con el cuchillo.
8. ═════ (Mezclar) las frutas con un poco de jugo de naranja.

31 ¡Sé buena estudiante!

Escribamos/Hablemos Tu amiga quiere mejorar *(improve)* sus notas. Dile qué necesita hacer.

MODELO estudiar mucho
Estudia mucho.

1. hacer la tarea
2. ir a clase todos los días
3. salir temprano para el colegio
4. escuchar bien en clase
5. trabajar en clase
6. venir conmigo a la biblioteca
7. ser trabajadora
8. tener los útiles contigo

Comunicación

32 Necesito ayuda

Hablemos Tus padres necesitan ayuda con los quehaceres. Con un(a) compañero(a), túrnense para decir qué deben hacer. Usa mandatos informales.

MODELO **Lava los platos.**

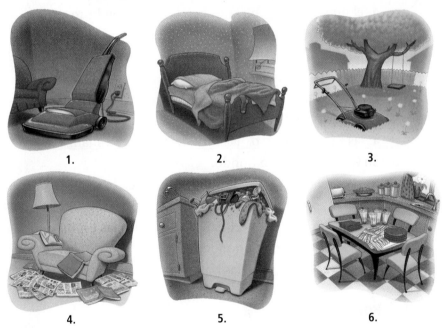

1.   2.   3.

4.   5.   6.

33 Te toca a ti

Escribamos/Hablemos Escribe una lista de todos los quehaceres que te toca hacer en casa. Escoge tres que no te gustan para nada. Usando mandatos informales, dile a tu compañero(a) que le toca a él (ella) hacer esos tres quehaceres. Sigan el modelo y túrnense.

MODELO —**Lava el carro.**
—**Saca la basura.**

Interactive
TUTOR

Affirmative informal commands with pronouns

1 You know that the **direct object pronoun** goes immediately before the conjugated verb. It can also be attached to the end of an infinitive.

—¿Siempre preparas la cena?

—No, no **la** preparo siempre, pero hoy sí voy a preparar**la**.

2 When you use a pronoun with an affirmative informal command, attach it to the end of the verb. Add an accent to the stressed vowel of the verb, unless the verb is only one syllable long.

—¿Preparo la carne?   —Sí, prepára**la**.

—¿Pongo los vasos en la mesa?   —Sí, pon**los** allí.

Online

| Vocabulario y gramática, pp. 70–72 | Actividades, pp. 55–57 |

34 **¿De qué hablas?**

Leamos Identifica los pronombres de complemento directo en cada oración. Luego decide a qué cosa se refiere.

1. Ponlo en el refrigerador.
   a. el queso   **b.** la leche   **c.** el libro
2. Sácala del horno.
   a. la basura   **b.** el tocino   **c.** la pizza
3. Ábrelo otra vez.
   a. el durazno   **b.** el refrigerador **c.** la aspiradora
4. Córtalas con el cuchillo.
   a. las zanahorias **b.** las servilletas **c.** la manzana
5. Sírvelos en el plato hondo.
   a. los cereales   **b.** la sopa   **c.** los refrescos
6. Mézclalo con el brócoli.
   a. el queso   **b.** el flan   **c.** las espinacas
7. Mézclalos en el plato hondo.
   a. los huevos   **b.** las naranjas   **c.** los tenedores

En un mercado, México

35 **Ponlas aquí**

Hablemos Tu amigo te ayuda a mudar *(move)*. Dile dónde poner las siguientes cosas.

MODELO el refrigerador
       Ponlo en la cocina.

1. la cama   4. los vasos   7. los videojuegos
2. las plantas   5. el microondas   8. las sillas
3. la comida   6. los libros   9. la mesa

36 ¿Qué hago?

 Escuchemos Escucha las preguntas de Nuria y escoge la respuesta más lógica.

a. Caliéntalo en el horno.

b. Sácalos del refrigerador y ponlos en la mesa.

c. No, todavía no. Ponla con las otras bebidas.

d. Sí, ponlas a calentar en el microondas.

e. Córtalas y mézclalas en un plato hondo.

37 El amigo desesperado

 Escribamos Tu amigo quiere preparar la cena para sus padres, pero no sabe cocinar. Contesta sus preguntas con un mandato informal y un pronombre de complemento directo.

1. ¿Caliento la sopa antes de preparar el pollo o después?

2. ¿Pongo las servilletas al lado de los platos o encima de ellos?

3. ¿Saco el flan del refrigerador antes de comer o después?

4. ¿Mezclo el café con leche o con agua?

5. ¿Preparo el pollo con zanahorias o con espinacas?

6. ¿Sirvo el helado con la comida o con el postre?

7. ¿Pruebo la ensalada antes de añadir el atún o después?

Comunicación

38 ¡Arregla la casa!

 Hablemos Con un(a) compañero(a), túrnense para decir cómo contesta el padre las preguntas de su hija. Usa mandatos informales.

MODELO —¿Papá, qué hago con las frutas?
—¡Ponlas en el refrigerador!

¿Quién será?
Episodio 6

ESTRATEGIA

Recognizing a Make-believe Situation In order to understand this episode, it is helpful to recognize that certain parts are make-believe. With the help of her little brother, the cooperation of her parents, and a little imagination, Sofía turns an ordinary event into a more interesting experience. As you watch the video, figure out which parts are make-believe and then see what problem Sofía's make-believe situation creates for her.

En México

Sofía va a casa a preparar la cena. Marcos la mira para ver adónde va.

1

2

Quique Sofía, ¡es tarde! Mamá y papá están por llegar.

Sofía Ya sé, Quique.

Quique ¿Y la cena?

Sofía No te preocupes, Quique. No es tu problema. Yo la voy a preparar.

3

Quique ¿En qué puedo ayudar? ¿Pongo la mesa?

Sofía Sí, ponla.

Quique ¿Y el menú?

Sofía Ponlo en el comedor.

4

Sofía Señor y Señora Corona. Bienvenidos al **Restaurante Sofía.** Veo aquí que tienen una reservación para dos personas a las ocho en punto.

Sr. Corona Eh, sí, señorita.

5

Sra. Corona Señorita, ¿nos puede traer los menús, por favor?

Quique Aquí están los menús, señor, señora.

Sr. Corona ¿Que tal están los tamales oaxaqueños hoy?

Sofía Riquísimos, señor, pero, malas noticias, no quedan tamales oaxaqueños.

6

Sra. Corona Óscar, a mí me apetece pollo en mole con arroz y tortillas de maíz azul. ¿Qué tal está el pollo con mole hoy, señorita?

Sofía No lo recomiendo. Está un poco salado.

7

8

9

Sr. Corona ¿Y el bistec, señorita? Aquí dice que viene con puré de papa y zanahoria.

Sofía Sí, señor, buena elección, el bistec está delicioso, pero… hoy es viernes, y los viernes no sirvo bistecs.

Un poco más tarde…

Sra. Corona Pues, dígame, señorita, ¿cuál es la especialidad de la casa?

Sofía La especialidad de la casa son ¡LAS FLAUTAS! Y si no le importa, señor, aquí está la cuenta. ¿Me la puede pagar ahora?

En España

La profesora decide adónde va Marcos ahora.

10

Estados Unidos

MÉXICO Golfo de México

Ciudad de México ★

Chile

Buenos Aires ★

ARGENTINA

Océano Atlántico

¿COMPRENDES?

1. ¿Qué tiene que hacer Sofía? ¿Para quiénes? ¿Qué tiene que hacer Quique?

2. Cuando llegan los padres de Sofía, ¿cómo los saluda?

3. En realidad, ¿están en un restaurante? ¿Dónde están?

4. ¿Qué dice Sofía de los tamales oaxaqueños? ¿del pollo en mole? ¿de los bistecs?

5. ¿Cuál es la especialidad de la casa?

6. ¿Por qué crees que lo único que puede servir Sofía son las flautas?

Próximo episodio:
Marcos sale para otro país. ¿Cuántos países más le toca visitar?
PÁGINAS 256–257 ▶

Novela en video

A conocer Argentina
La arquitectura

▼ **La arquitectura europea** de los Alpes en la ciudad de San Carlos de Bariloche refleja la herencia alemana de esta región andina.

▲ **Iglesia y Convento de San Francisco de Salta** se halla al extremo norte del país. La torre, diseñada por arquitectos españoles e italianos, es una de las más altas de Sudamérica. Mide 53 metros.

▲ **La Boca, Buenos Aires** Originalmente el hogar de los inmigrantes italianos, las calles pintorescas del barrio de La Boca son famosas por el colorido de sus casas y la música de tango que permea el ambiente.

El arte

▼ **En la Cueva de las Manos** en la Patagonia, la representación de manos negativas es obra de los cazadores prehistóricos que habitaron la región hace más de diez mil años.

▲ **Vuel Villa** (1936) es obra del maestro del arte argentino, Xul Solar (1887–1963). El artista, de herencia alemana, tuvo gran influencia en el desarrollo del arte moderno de su país.

Las celebraciones

Visit Holt Online
go.hrw.com
KEYWORD: EXP1 CH7
Photo Tour

Interactive TUTOR

▼ **La Fiesta de la Semana de la Tradición** se celebra en San Antonio de Areco. Es la mayor fiesta en Argentina dedicada al gaucho y sus costumbres.

¿Sabías que...?

Entre 1857 y 1939 3,5 millones de personas inmigraron a Argentina de Italia, España, Alemania, Inglaterra, Suiza, Austria, Noruega, Siria y muchos países más. Para 1914, 30% de la población argentina había nacido fuera del país.

▲ **El Festival del Tango** en Buenos Aires se dedica a la música y al baile de tango, una expresión puramente argentina, que se originó en los barrios de los inmigrantes durante el siglo XIX.

La comida

► **Las picadas** son restaurantes que sirven una gran variedad de tapas y bocaditos preparados con queso, carne, mariscos y nueces.

▲ **La parrillada** es una comida muy típica de Argentina. Se combinan varios tipos de carne y se sirven en grandes bandejas.

Conexión Ciencias sociales

El mate Cada día, entre las 4 y las 6 de la tarde, los argentinos toman un té fuerte que se llama mate. Se sirve en una calabacita con bombilla. En España se observa la siesta cada día y en Colombia se toman las onces. ¿Hay costumbres en tu familia o comunidad? Compara una costumbre tuya con una de Argentina.

▼ **Calabacitas de mate con bombilla**

Capítulo

7

Cuerpo sano, mente sana

OBJETIVOS

In this chapter you will learn to
- talk about your daily routine
- talk about staying fit and healthy
- talk about how you feel
- give advice

And you will use
- verbs with reflexive pronouns
- infinitives
- stem-changing verbs
- **estar, sentirse,** and **tener**
- negative informal commands
- object and reflexive pronouns
  with commands

¿Qué ves en la foto?

- **¿Cómo son las personas de
  la foto?**

- **¿Qué tiempo hace?**

- **¿Qué deportes puedes
  practicar en el agua?**

232

El windsurf en el Río de la Plata, Buenos Aires

233

Objetivos
Talking about your daily
routine, talking about
staying fit and
healthy

Vocabulario
en acción 1

Video/DVD
ExpresaVisión

Por la mañana, tengo que...

despertarme
a las seis,

levantarme

y vestirme.

peinarme.

maquillarme.

afeitarme.

lavarme los dientes.

la nariz

la cara

los
dientes

la boca

el peine

la toalla

el maquillaje

la navaja

la pasta
de dientes

el jabón

el cepillo
de dientes

Por la tarde, después de clases, voy a...

estirarme antes de hacer ejercicio.

el brazo

la pierna

la pantorrilla

entrenarme. Me gusta levantar pesas.

el hombro

el pecho

la espalda

Vocabulario 1

Por la noche, necesito...

quitarme la ropa,

bañarme y ponerme el piyama

y acostarme temprano.

¡Exprésate!

To talk about your daily routine

Interactive
TUTOR

¿Estás listo? ¿Qué te falta hacer?	**¡Ay, no! Acabo de levantarme. Tengo que lavarme la cara antes de desayunar.**
Are you ready? What do you still have to do?	*Oh, no! I just got up. I have to wash my face before I eat breakfast.*
¿Qué tienes que hacer para prepararte?	**Tengo que secarme el pelo, pero no encuentro la secadora de pelo.**
What do you have to do to get ready?	*I have to dry my hair, but I can't find the hair dryer.*

Online
Vocabulario y gramática,
pp. 73–75

▶ **Vocabulario adicional** — **Partes del cuerpo,** p. R10

Argentina

doscientos treinta y cinco **235**

1 ¿Qué te falta hacer?

Leamos Completa las oraciones con la palabra más apropiada entre paréntesis.

1. Quiero lavarme (la cara/la nariz) antes de cenar.
2. Me gusta (acostarme/entrenarme) temprano por la mañana.
3. Tengo que estirarme (la boca/los brazos) antes de levantar pesas.
4. Voy a afeitarme (las piernas/el pelo) antes de ir a la piscina.
5. Necesito lavarme (los dientes/la nariz) después de comer.
6. ¿Dónde está (la navaja/la secadora)? Tengo que secarme el pelo.

2 ¿Qué vas a hacer primero?

Hablemos ¿En qué orden vas a hacer las siguientes cosas?

MODELO **vestirme/bañarme**
         Primero voy a bañarme y luego voy a vestirme.

1. bañarme/levantarme
2. secarme el pelo/bañarme
3. lavarme la cara/maquillarme
4. lavarme el pelo/peinarme
5. ponerme la ropa/bañarme

6. acostarme/ponerme el piyama
7. quitarme la ropa/ponerme el piyama
8. vestirme/salir para el colegio

3 ¿Estás listo?

Escribamos/Hablemos Contesta la pregunta del modelo para cada foto.

MODELO **¿Qué tienes que hacer?**
         **Tengo que afeitarme,
         pero no encuentro la navaja.**

1.   2.   3.   4.

5.   6.   7.   8.

¡Exprésate!

To talk about staying fit and healthy

¿Cómo te mantienes en forma?	**Corro y levanto pesas. Entreno las piernas y los brazos.**
How do you stay in shape?	*I run and lift weights. I work out my legs and my arms.*
¿Qué haces para relajarte?	**Me entreno. También duermo la siesta o escucho música.**
What do you do to relax?	*I work out. I also take a nap or listen to music.*

Online
Vocabulario y gramática, pp. 73–75

4 El sábado

Escuchemos Escucha la conversación entre Juan y Laura sobre los planes de ella para el sábado. Luego completa las oraciones con las palabras correctas.

1. Voy a levantarme (temprano/tarde) este sábado.
2. (Corro/Levanto pesas/No me entreno) los sábados.
3. (Casi siempre/A veces/Nunca) almuerzo en casa los sábados.
4. Voy a bañarme (por la mañana/por la tarde) este sábado.
5. Quiero (relajarme/salir con mis amigos) este sábado por la tarde.
6. Para relajarme, prefiero (leer/escuchar música/ir de compras).
7. (Siempre/A veces/Nunca) duermo la siesta por la tarde los sábados.

5 Y tú, ¿te entrenas?

Hablemos/Escribamos Completa las oraciones sobre tu propia rutina o la rutina de un atleta *(athlete)*.

1. Para mantenerme en forma, yo...
2. Cuando hago ejercicio, me gusta...
3. Cuando no tengo ganas de hacer ejercicio, me gusta...
4. A veces tengo que acostarme temprano porque...
5. Para relajarme, prefiero...

Dos muchachas se estiran en Buenos Aires

Comunicación

6 Tengo prisa

Escribamos/Hablemos En parejas, dramaticen *(role-play)* la siguiente situación. Acabas de levantarte tarde, las clases empiezan en menos de una hora y no encuentras dos cosas que necesitas para prepararte.

Argentina

doscientos treinta y siete **237**

Vocabulario 1

Objetivos
Verbs with reflexive
pronouns, infinitives,
review of stem-
changing verbs

Gramática *en acción* 1

GramaVisión

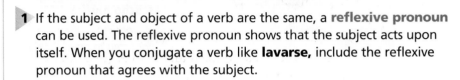

Verbs with reflexive pronouns

Interactive TUTOR

1 If the subject and object of a verb are the same, a **reflexive pronoun** can be used. The reflexive pronoun shows that the subject acts upon itself. When you conjugate a verb like **lavarse,** include the reflexive pronoun that agrees with the subject.

yo **me** lavo	nosotros(as) **nos** lavamos
tú **te** lavas	vosotros(as) **os** laváis
Ud., él, ella **se** lava	Uds., ellos(as) **se** lavan

2 **Reflexive pronouns** can go before a conjugated verb or can be joined to the end of an **infinitive**. After reflexive verbs, use **el, la, los** or **las** with parts of the body or clothing.

(Yo) **Me** voy a **lavar** la cara.
I'm going to wash my face.

(Yo) Voy a **lavarme** la cara.
I'm going to wash my face.

3 Verbs can be used with **reflexive pronouns** that refer to the subject or with direct objects that are different from the subject.

refers to the subject

Juan **se acuesta.**
Juan goes to bed.

different from the subject

Juan **acuesta** a los niños.
Juan puts the children to bed.

4 Here are some common verbs with **reflexive pronouns.**

afeitar**se**	levantar**se**	preparar**se**
bañar**se**	mantener**se** (ie)	quitar**se**
despertar**se** (ie)	maquillar**se**	relajar**se**
entrenar**se**	peinar**se**	secar**se**
estirar**se**	poner**se**	vestir**se** (i)

Online

Vocabulario y gramática, pp. 76–78	Actividades, pp. 61–63

7 **¿Qué hace Manuel?**

Escuchemos Escucha lo que dice Manuel. ¿Va al colegio o se acuesta?

Manteniéndose en forma, Buenos Aires, Argentina

Gramática 1

8 Por la mañana

Leamos Una muchacha habla de su día típico. Lee el párrafo y decide si se necesita el pronombre reflexivo con cada verbo.

Mis padres **1.** (levantan/se levantan) a las seis todos los días. Mientras *(While)* mi padre **2.** (prepara/se prepara) para ir al trabajo, mi madre va a la cocina, **3.** (lava/se lava) las manos y **4.** (prepara/se prepara) el desayuno para la familia. Mi hermano menor y yo **5.** (levantamos/nos levantamos) a las siete. Mientras mamá y yo **6.** (vestimos/nos vestimos), papá **7.** (viste/se viste) a mi hermano. Después del desayuno, mamá **8.** (lava/se lava) los platos rápidamente mientras mi hermano y yo **9.** (lavamos/nos lavamos) los dientes antes de salir de la casa.

9 ¿Qué y cuándo?

Escribamos Mira las fotos. Escribe una oración para cada foto.

MODELO El señor Vargas se afeita por la mañana.

el señor Vargas por la mañana

1. Laura
   7:00 A.M.

2. ellas
   por la tarde

3. nosotros
   los fines de semana

4. tú
   por la noche

Comunicación

10 Cuéntame de ti

Hablemos En grupos pequeños, utilicen estas frases para preguntarles a sus compañeros qué hacen los sábados.

relajarse	entrenarse en el gimnasio
levantarse temprano	ponerse ropa vieja
maquillarse/afeitarse	salir con los amigos

Interactive
TUTOR

1 A **reflexive pronoun** can go at the end of an **infinitive** or before a conjugated verb. The meaning does not change.

Yo no quiero **afeitarme** hoy.   =   Yo no **me** quiero **afeitar** hoy.
I don't want to shave today.

2 To say what someone just did, use the present tense of **acabar de** followed by an **infinitive**.

Acabo de lavar el carro.
I just washed my car.

Los niños **acaban de acostarse**.
The children just went to bed.

3 Use the preposition **para** before an infinitive to explain your purpose for doing something. Verbs after prepositions and prepositional phrases such as **para**, **antes de** and **después de** are in the **infinitive**.

Tengo que levantarme temprano **para levantar** pesas con Ana en el gimnasio.
I have to get up early (in order) to . . .

Online
Vocabulario y gramática, pp. 76–78 | Actividades, pp. 61–63

En inglés

In English, you can say **in order to** or just **to** to explain your purpose for doing something.

I need to call John (**in order**) **to** see how he's doing.

In Spanish, use **para** followed by an infinitive to explain your purpose. If you're talking about going somewhere to do something, use **a** followed by an infinitive.

Necesito llamar a Juan **para** saber cómo está.

Necesito ir al gimnasio **a** levantar pesas.

11 **¿Qué sigue?**

Escribamos/Hablemos Completa las oraciones con los verbos correctos entre paréntesis. Luego di si cada oración es **cierta** o **falsa** para ti.

1. (**se levanta, se levantan, me levanto, levantarse, levantarme**)
   a. Mis padres ===== a las seis de la mañana.
   b. Mi padre ===== primero.
   c. (Yo) ===== temprano todos los días también, pero prefiero ===== a las nueve o diez.

2. (**se viste, me visto, vestirse, vestirme**)
   a. Mi madre desayuna antes de =====.
   b. (Yo) prefiero desayunar después de =====.
   c. (Yo) siempre ===== en el baño.

3. (**me lavo, nos lavamos, lavarme, lavarnos**)
   a. Después de desayunar voy al baño a ===== los dientes.
   b. (Yo) siempre ===== los dientes por la mañana.
   c. En el colegio no nos gusta ===== los dientes.

4. (**se acuesta, me acuesto, nos acostamos, acostarse**)
   a. Nosotros ===== tarde en mi familia.
   b. (Yo) ===== primero, a las once.
   c. Mi padre prefiere leer un poco antes de =====.

Manteniéndose en forma en un gimnasio

12 Antes de acostarte

Hablemos Di cuándo vas a hacer las siguientes actividades.

MODELO bañarme

Me voy a bañar esta noche antes de acostarme.

1. levantarme   3. ponerme el piyama   5. entrenarme
2. acostarme   4. relajarme   6. vestirme

13 ¿Cuál es la situación?

Escribamos/Hablemos Mira las fotos de las personas e indica qué acaban de hacer y qué van a hacer.

MODELO **Acabo de ponerme el piyama. Voy a acostarme.**

yo

1. ella

2. él

3. tú

4. Juan

Comunicación

14 ¿Cómo es tu rutina?

Escribamos/Hablemos Prepara cinco preguntas para un(a) compañero(a) de clase usando palabras de cada grupo. Luego, contesta las preguntas de tu compañero(a).

MODELO **¿Vas a levantarte temprano mañana?**

ir a	levantarte	todos los días/los sábados
necesitar	acostarte	temprano/tarde
tener que	lavarte el pelo	por la mañana/por la noche/por la tarde
querer	afeitarte	esta noche/mañana/el sábado
poder	entrenarte	antes de desayunar/después de estudiar

15 Encuesta

Hablemos En grupos, comparen sus respuestas a la Actividad 14. Basándose en lo que dice cada persona, ¿quién se cuida mejor la salud?

Stem-changing verbs

1 In the present tense, some verbs have a stem change in all but the **nosotros** and **vosotros** forms.

2 The verbs **despertarse** *(to wake up)* and **mantenerse en forma** *(to stay in shape)* have an **e → ie** stem change. **Acostarse** *(to go to bed)* and **encontrar** *(to find)* have an **o → ue** change, while **vestirse** *(to get dressed)* has an e → **i** stem change.

acostarse (o → ue)	
yo me ac**ue**sto	nosotros(as) nos acostamos
tú te ac**ue**stas	vosotros(as) os acostáis
Ud., él, ella se ac**ue**sta	Uds., ellos, ellas se ac**ue**stan

Mi hermana y yo nos **acostamos** a las diez.

vestirse (e → i)	
yo me v**i**sto	nosotros(as) nos vestimos
tú te v**i**stes	vosotros(as) os vestís
Ud., él, ella se v**i**ste	Uds., ellos, ellas se v**i**sten

Mi abuela se **viste** de ropa elegante.

Online

| Vocabulario y gramática, pp. 76–78 | Actividades, pp. 61–63 |

¿Te acuerdas?

Here are some of the **stem-changing verbs** you have seen so far.

querer (e → **ie**)

poder (o → **ue**)

jugar (u → **ue**)

pedir (e → **i**)

---

16 **Nuestra rutina**

Escuchemos Decide si estas oraciones son **ciertas** o **falsas.**

1. El papá de Camila se acuesta antes que su mamá.
2. Su hermano se acuesta después de jugar al ajedrez por Internet.
3. Su mamá sirve huevos, tocino, y pan tostado para el desayuno.
4. Por la mañana, Camila y su hermano se levantan tarde.
5. Después de desayunar, Camila se viste y se maquilla.

17 **Lo que hacen todos**

Escribamos Di quién hace las siguientes cosas, cómo y cuándo.

MODELO (no) jugar (mis abuelos/mi hermano)
Mis abuelos no juegan a los videojuegos nunca.
Mi hermano juega al ajedrez conmigo a veces.

1. (no) acostarse (yo/mi mejor amigo)
2. (no) vestirse (mis padres/mi hermano(a) mayor)
3. (no) pedir verduras en restaurantes (yo/mis amigos)
4. (no) tener prisa (mi profesor(a)/mis padres)

18 La rutina familiar

Leamos/Escribamos Completa las oraciones con las formas correctas de los verbos lógicos entre paréntesis.

Después del colegio mi hermana ___1___ (servir/jugar) video-juegos pero yo ___2___ (probar/empezar) mi tarea a las tres. Mi hermana y yo ___3___ (servir/almorzar) la cena todos los días. Mis padres ___4___ (acostar/preferir) cenar muy temprano. Mi padre siempre ___5___ (querer/servir) leer un libro después de cenar pero mi madre ___6___ (dormir/preferir) escuchar música. Mi padre siempre ___7___ (levantarse/acostarse) antes de las nueve de la noche.

19 ¿Qué pasa en casa?

Escribamos Utiliza las palabras de los cuadros para describir qué hacen las personas en cada dibujo.

1.

2.

jugar	llover
poder	querer

probar	servir
preferir	vestirse

Comunicación

20 Tu rutina diaria

Hablemos Utiliza estas frases para entrevistar a tu compañero(a) sobre los días que va al colegio. Comparen sus respuestas.

despertarse temprano/tarde	vestirse en menos de veinte minutos
dormir mucho/poco	dormir la siesta
jugar a...	encontrar tu mochila/libro de español
volver a casa	empezar la tarea

Cultura

Comparaciones

Parque Palermo, Argentina

¿Cómo te mantienes en forma?

La necesidad de mantenerse en forma es universal. En Argentina los jóvenes prefieren mantenerse en forma practicando el esquí, el patinaje en hielo y el hockey, también el ciclismo, la natación, el windsurf, el taekwondo, el alpinismo y, desde luego, el fútbol. Muchos jóvenes se mantienen en forma con la práctica del fútbol todos los fines de semana. ¿Qué diferencia hay entre lo que hacen estos jóvenes y lo que haces tú para mantenerte en forma?

Miguel
Buenos Aires, Argentina

¿Crees que estás en forma ahora?

Eh, sí, creo que estoy en forma, me mantengo, trato siempre de salir a correr, cosas por el estilo, cosa de mantenerme siempre en forma.

¿Cómo te mantienes en forma?

Practico gimnasia acrobática desde hace nueve años. Este, salgo a correr, distintos tipos de deportes... me gusta un poquitito de todo, muy variado.

Para ti, ¿qué es lo difícil de mantenerte en forma?

Lo difícil de mantenerse en forma, yo creo que es mantener una constancia en un entrenamiento, fijarse objetivos y a partir de ahí, bueno, a ver qué pasa.

¿Qué haces para relajarte?

Me gusta leer. Me gusta escuchar música, especialmente leer porque como quien dice, este, en un cuerpo sano, mente sana.

Ivania
San José, Costa Rica

¿Crees que estás en forma en este momento?

Sí, sí, creo que estoy en forma.

¿Cómo te mantienes en forma?

Yo, para mantenerme en forma, camino, corro o voy al gimnasio.

Para ti, ¿qué es lo difícil de mantenerte en forma?

Para mí, lo difícil de mantenerme en forma es poder evitar comer chocolate, picaditas o helados.

¿Qué haces para relajarte?

Yo para relajarme hago muchas cosas, leo poemas, hablo con mis amigos, salgo a pasear.

Cultura

Para comprender

1. ¿Qué hace Miguel para mantenerse en forma? ¿Qué deportes le gustan a Miguel?

2. ¿Por qué es difícil para Miguel mantenerse en forma?

3. ¿Cómo se mantiene en forma Ivania? ¿Qué le gusta comer a Ivania?

4. ¿Qué hacen Miguel e Ivania para relajarse? ¿Qué cosa hacen los dos? En tu opinión, ¿es cierto lo que dice Miguel, "en un cuerpo sano, mente sana"? ¿Por qué?

Para pensar y hablar

Very often exercise involves going to the gym. But, simple things like walking or riding a bike to places can be enough exercise. Both Miguel and Ivania live in cities in their home countries where places are often within walking distance. Are places easy to walk to in your community, or are they spread out so you have to ride there in a car or bus? How can the way a city is built make it easy or hard for a person to get exercise?

Cuaderno para hispanohablantes, pp. 69–80

 Comunidad

Spanish in Health Care

Many hospitals, clinics, and doctor's offices here in the United States have bilingual employees to work with Spanish-speaking clients. For example, they may educate patients by handing out brochures in Spanish about diet, exercise, or the importance of regular check-ups. Bilingual employees may also be called on to explain a medical procedure or take a Spanish-speaking patient's health history. Research the role of Spanish in health care by contacting a clinic or hospital in your area. Try to interview a Spanish-speaking employee about his or her job. Ask the employee to explain how knowing Spanish helps him or her at work. Another research option is to go to health-related United States government websites and make a list of medical information available in Spanish.

Bilingual Advisory Sign

Argentina

Objetivos
Talking about how you
feel, giving advice

Vocabulario
en acción 2

Video/DVD

ExpresaVisión

¿Te duele algo?

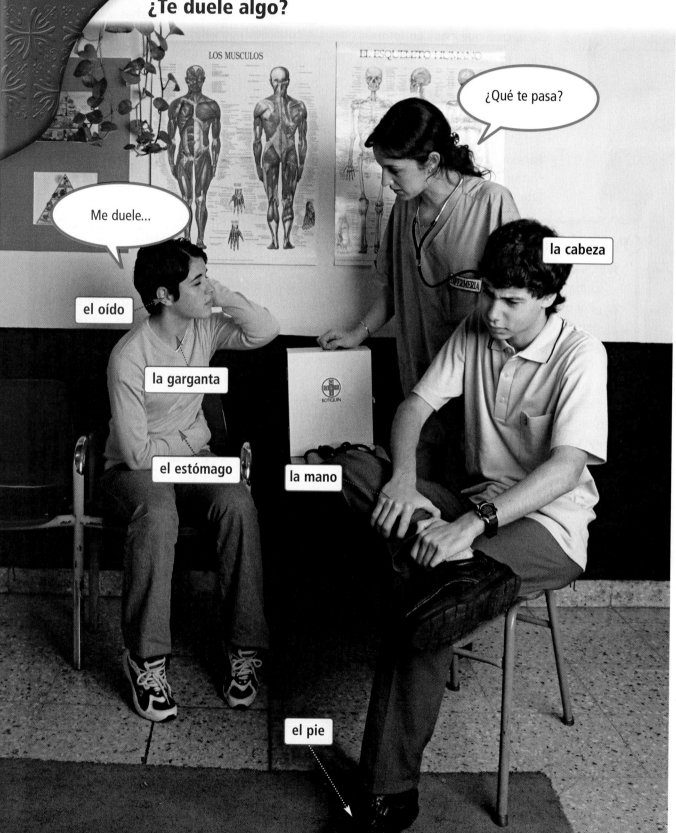

LOS MUSCULOS

EL ESQUELETO HUMANO

¿Qué te pasa?

Me duele...

la cabeza

el oído

la garganta

el estómago

la mano

el pie

¿Cómo se sienten?

Está cansada.

Está aburrido.

Está nerviosa.

Está triste.

Para cuidarte la salud debes...

hacer yoga

caminar

seguir una dieta sana

Más vocabulario...

bajar de peso	*to lose weight*
buscar un pasatiempo	*to find a hobby*
dejar de fumar	*to stop smoking*
enojarse	*to get angry*
estar contento(a)	*to be happy*
subir de peso	*to gain weight*

¡Exprésate!

To ask how someone feels	To respond
Te veo mal. *You don't look well.*	**Es que estoy enferma. Tengo catarro.** *I'm sick. I have a cold.*
¿Qué te pasa? ¿Te duele algo? *What's wrong with you? Does something hurt?*	**Me siento (un poco) cansado y me duelen los pies (las manos).** *I feel (a little) tired and my feet (hands) hurt.*
¿Qué tiene Rosita? ¿Está enojada? *What's the matter with Rosita? Is she angry?*	**No. Le duele el cuello.** *No. Her neck hurts.*

Interactive TUTOR

Online
Vocabulario y gramática, pp. 79–81

▶ Vocabulario adicional — En el consultorio, p. R8

Nota cultural

Argentina is famous for its **parrilladas**—steaks and other grilled meats. Another important element in Argentine cooking is the influence of Spain and Italy. You might be surprised to find a **milanesa napolitana** served in Buenos Aires. How does Argentine food compare to your diet?

21 Debes cuidarte mejor

Leamos Lee lo que varios amigos te dicen sobre sus problemas. Escoge la mejor respuesta para cada situación.

1. Me duelen mucho los ojos.
2. Siempre estoy aburrido.
3. Me siento muy cansada.
4. Nunca como frutas ni verduras.
5. Siempre me duele la garganta.
6. Quiero bajar de peso.
7. Tengo catarro.
8. ¡Estoy enojada!

9. Me duelen los pies.

a. Debes dejar de fumar.
b. Necesitas seguir una dieta sana.
c. ¡Usa tus lentes!
d. ¿Qué tal si buscas un pasatiempo?
e. Debes comer menos y hacer ejercicio.
f. No debes correr sin zapatos.
g. Debes dormir lo suficiente.
h. Toma jugo de naranja y descansa.

i. Debes relajarte. ¿Por qué no haces yoga?

22 ¿Qué te duele?

Hablemos Explica qué parte(s) del cuerpo te duele(n) si no puedes hacer las siguientes cosas.

MODELO correr
   No puedo correr. Me duelen las piernas y los pies.

1. hablar
2. levantar pesas
3. comer
4. escribir
5. oír (to hear)

6. estudiar
7. bailar
8. leer
9. jugar al tenis
10. hacer yoga

¡Exprésate!

To give advice

Interactive
TUTOR

¿Sabes qué? Comes muy mal. No debes comer tanto dulce ni grasa.	*You know what? You eat very badly. You shouldn't eat so many sweets nor so much fat.*
Para cuidarte mejor, debes dormir lo suficiente. ¿Por qué no te acuestas más temprano?	*To take better care of yourself, you should get enough sleep. Why don't you go to bed earlier?*
No debes ver demasiada televisión.	*You shouldn't watch too much television.*

Online
Vocabulario y gramática,
pp. 79–81

23 **¿Qué te pasa?**

 Escuchemos Escucha las conversaciones. Escoge el consejo *(advice)* apropiado.

a. Debes usar lentes.

b. Necesitas dormir lo suficiente.

c. ¿Qué tal si caminas o montas en bicicleta?

d. Tienes que relajarte. Debes hacer yoga.

e. ¡Hombre, debes seguir una dieta sana!

f. ¡Deja de fumar!

g. Debes estirarte antes de hacer ejercicios.

24 **¡Ponte en forma!**

Escribamos/Hablemos Dile a tu amigo(a) qué debe hacer para ponerse en forma y sentirse mejor. Usa mandatos informales.

1. acostarte temprano

2. hacer ejercicio

3. salir con los amigos

4. ser más activo(a)

5. aprender un deporte nuevo

6. comer bien

7. hacer yoga

Comunicación

25 **¿Cómo te sientes?**

Hablemos Crea una conversación con tu compañero(a) con base en las personas de los dibujos. ¿Cómo se sienten? ¿Qué deben hacer?

1.

2.

3.

Gramática
en acción **2**

Video/DVD

GramaVisión

Interactive TUTOR

Estar, sentirse, and tener

1 You have used **ser** to tell what people and things are normally like. Use **estar** with adjectives describing mental or physical states or conditions.

Mi amigo **es** joven.   **Está** muy cansado.
My friend is young.   *He's very tired.*

2 Like **estar, sentirse** *(to feel)* can be used with adverbs **bien/mal** or with adjectives to describe mental or physical states.

sentirse (e → ie)	
yo me s**ie**nto	nosotros(as) nos sentimos
tú te s**ie**ntes	vosotros(as) os sentís
Ud., él, ella se s**ie**nte	Uds., ellos(as) se s**ie**nten

Nos sentimos cansados.   No **se sienten** bien.
We feel tired.   *They don't feel well.*

3 The following expressions use **tener** with a **noun** to describe a mental or physical state.

tener frío *to be cold*   **tener miedo** *to be afraid*
tener calor *to be hot*   **tener sueño** *to be sleepy*

Online

Vocabulario y gramática, pp. 82–84	Actividades, pp. 65–67

26 ¿Cómo están?

Escuchemos Escucha las oraciones y decide qué dibujo corresponde a cada oración. Algunos dibujos se usan más de una vez.

a.

b.

c.

d.

e.

Gramática 2

27 ¿Quién es?

Escribamos ¿A quién describen las siguientes palabras? Mira las fotos y haz oraciones con **estar, sentirse** o **tener.**

1. Leti

2. Marta

3. Ricardo

4. Vicente

1. aburrido(a)   3. sed   5. miedo   7. bien
2. enfermo(a)   4. nervioso(a) 6. calor   8. sueño

28 En el colegio

Leamos/Escribamos Josefina habla de su colegio. Completa las oraciones con las formas correctas de **estar, sentirse** o **tener.** Luego cambia las oraciones para describir tu situación.

MODELO **A veces Luis está aburrido en la clase de matemáticas. Yo casi nunca estoy aburrido(a) en mis clases.**

1. Muchos estudiantes ===== miedo de los exámenes de inglés.
2. Joaquín y Mateo ===== nerviosos cuando presentan un examen.
3. Yo ===== calor cuando practico deportes en el gimnasio.
4. Mi amiga Matilde siempre ===== hambre antes del almuerzo.
5. A veces nosotros ===== sueño después de almorzar.
6. Mis profesores no ===== enojados casi nunca.

Comunicación

29 Un catarro

Hablemos Dramatiza la siguiente situación con un(a) compañero(a). Tienes catarro y le dices a tu amigo(a) cómo te sientes. Él o ella te dice qué debes hacer para cuidarte. Usen las palabras del cuadro.

enfermo(a)	frío	calor	sed
cansado(a)	mal	sueño	me duele(n)

Negative informal commands

1 An **affirmative command** tells someone what to do. The **affirmative informal command** form of most verbs is the **tú** form without the final **s.**

> **Come** bien y **duerme** lo suficiente.
> *Eat right and get enough sleep.*

2 A **negative command** tells someone not to do something. To form the **negative informal command** of most **-ar** verbs, drop the final **o** of the **yo** form and add **-es**.

> (yo) fum**o** ⟶ no fum**es**
> (yo) trabaj**o** ⟶ no trabaj**es**

> **No trabajes** tanto. *Don't work so much.*

3 To form the **negative informal command** of most **-er** and **-ir** verbs, drop the final **o** of the **yo** form and add **-as**.

> (yo) veng**o** ⟶ no veng**as**
> (yo) com**o** ⟶ no com**as**
> (yo) duerm**o** ⟶ no duerm**as**

> **No duermas** hasta tarde. *Don't sleep late.*

> **No pongas** las frutas en la sopa. *Don't put . . .*

4 These verbs have irregular negative informal commands.

> dar ⟶ **no des**
> ir ⟶ **no vayas**
> ser ⟶ **no seas**

¿Te acuerdas?

These verbs have irregular affirmative informal command forms.

hacer	haz
ir	ve
poner	pon
salir	sal
ser	sé
tener	ten
venir	ven

Online

Vocabulario y gramática, pp. 82–84	Actividades, pp. 65–67

30 **Consejos**

Leamos/Hablemos Por lo general, ¿qué le dicen los padres a su hijo?

1. (Come/No comas) verduras.
2. (Compra/No compres) muchos dulces.
3. (Sal/No salgas) tarde para el colegio.
4. (Haz/No hagas) tu tarea.
5. (Pon/No pongas) los pies en la mesa.
6. (Vuelve/No vuelvas) tarde a casa.
7. (Ve/No vayas) al colegio.
8. (Sé/No seas) bueno.
9. (Arregla/No arregles) tu cuarto.

¡No corras, Lalo!

31 **¿Qué deben hacer?**

Escribamos Usando mandatos *(commands)*, dile a un amigo si *(if)* debe hacer las cosas indicadas entre paréntesis o no.

MODELO **Si siempre estás enfermo... (fumar/dormir lo suficiente)**
No fumes. Duerme lo suficiente.

1. Si quieres cuidarte la salud... (comer verduras/hacer ejercicio/pasar el día delante de la televisión)
2. Si te duelen los pies... (correr/descansar/ir a bailar)
3. Si siempre estás aburrido... (dormir tanto/salir con los amigos/buscar un pasatiempo)
4. Si no entiendes algo en la clase de matemáticas... (estudiar más/hacer la tarea/ver tanta televisión)
5. Si siempre estás cansado... (volver tarde a casa/dormir más/salir con los amigos todas las noches)

32 **En el colegio**

Escribamos Tu hermano menor va a ser estudiante en tu colegio el año que viene. Dale consejos sobre qué debe hacer y no hacer.

MODELO **comer en clase**
No comas en clase nunca.

1. correr en clase
2. participar en un deporte o club
3. interrumpir a los profesores
4. comprar el almuerzo en la cafetería
5. ser tímido
6. estudiar todos los días

Un colegio en Argentina

Comunicación

33 **Nuestros problemas**

Escribamos/Hablemos Escribe en una hoja de papel un problema real o imaginario. Luego, dale la hoja a tu profesor(a) para que escriba *(so that he/she writes)* algunos de los problemas en la pizarra. Con un(a) compañero(a), prepara consejos para los problemas.

MODELO **Siempre tengo sueño en mi primera clase.**
¡Duerme más en casa!

Gramática 2

TUTOR

Object and reflexive pronouns with commands

1 **Direct object pronouns** and **reflexive pronouns** are attached to the end of **affirmative commands**. A written accent mark goes over the stressed vowel of the verb, unless the verb is only one syllable long.

> **Levántate** y **ponte** los zapatos.
> *Get up and put your shoes on.*
> ¿El jabón? **Búscalo** en el baño.

2 **Direct object pronouns** and **reflexive pronouns** go in between **no** and the verb in **negative commands**.

> Este libro es pésimo. **No lo leas**.
> *This book is awful. Don't read it.*
>
> **No te levantes** muy tarde.
> *Don't get up too late.*

Online

| Vocabulario y gramática, pp. 82–84 | Actividades, pp. 65–67 |

¿Te acuerdas?

Words ending in a **vowel**, **-n,** or **-s** are normally stressed on the next-to-last syllable. If another syllable is stressed, there must be a written accent on its vowel.

> está   esta
> teléfonos   lentes
> jóvenes   joven

34 **Más consejos**

Leamos/Hablemos Escoge el consejo apropiado.

1. ¿Tienes sueño?
   a. ¡Acuéstate!
   b. ¡No te acuestes!
2. ¿Te duelen los pies?
   a. ¡No te quites los zapatos!
   b. ¡Quítate los zapatos!
3. Vamos a comer.
   a. ¡Lávate las manos!
   b. ¡No te laves las manos!
4. Necesitas dormir más.
   a. ¡Levántate!
   b. ¡No te levantes!
5. ¿Tienes frío?
   a. ¡Vístete!
   b. ¡No te entrenes!
6. ¿Estás nervioso?
   a. ¡Relájate!
   b. ¡No te estires!
7. ¿Tienes catarro?
   a. ¡No te cuides!
   b. ¡Cuídate!
8. Los libros son muy aburridos.
   a. ¡No los leas!
   b. ¡Léelos!
9. A mi hermano no le tocan los quehaceres.
   a. ¡No te enojes!
   b. ¡Limpia el baño!
10. ¿Te gusta este escritorio?
    a. ¡Cómpralo!
    b. ¡No lo compres!

35 El hombre prehistórico

Leamos/Escribamos Por un salto en el tiempo (*time warp*) un hombre prehistórico llega a tu casa y hace las siguientes cosas. Explícale cómo se hacen las cosas en el mundo moderno.

MODELO **Se baña en la cocina.**
¡No te bañes en la cocina! ¡Báñate en el baño!

1. Se pone el piyama para salir.
2. Se lava los dientes con una toalla.
3. Se levanta a las once de la noche.
4. Se lava con la pasta de dientes.
5. Se viste en el patio.
6. Se acuesta en la mesa.
7. Se peina con el jabón.
8. Se afeita con un cuchillo.

36 ¿Qué hago con esto?

Escribamos/Hablemos Sigue el modelo para decirle al hombre prehistórico qué debe hacer y qué no debe hacer con las cosas.

MODELO **los platos (poner en el piso/poner en la mesa)**
¡No los pongas en el piso! ¡Ponlos en la mesa!

1. la ropa (lavar en la casa/lavar en el carro)
2. los lentes (usar para cortar/usar para leer)
3. las ventanas (limpiar con jugo/limpiar con agua y jabón)
4. la aspiradora (pasar en la sala/pasar en el césped)
5. la computadora (poner en el escritorio/poner en el microondas)
6. los sándwiches (hacer con papel/hacer con pan)
7. el arroz con pollo (comer con los pies/comer con un tenedor)

Comunicación

37 La madre cansada

Hablemos Con un(a) compañero(a), dramatiza la conversación entre la madre y el hijo en los dibujos.

8

Vamos de compras

OBJETIVOS

In this chapter you will learn to
- ask for and give opinions
- ask for and offer help in a store
- say where you went and what you did
- talk on the phone

And you will use
- **costar** and numbers to one million
- demonstrative adjectives and comparisons
- **quedar**
- preterite of **-ar** verbs
- preterite of **ir**
- preterite of verbs with reflexive pronouns

¿Qué ves en la foto?

- ¿Cuántas personas hay? ¿Cómo están?

- ¿Qué toman?

- ¿Cómo es el edificio?

De compras en Miami

Vocabulario *en acción*

Video/DVD
ExpresaVisión

En la tienda de ropa

¿Qué le parece esta camisa?

Muy bien. También me gustaría comprar un suéter.

el cliente (la cliente)

el dependiente (la dependiente)

un suéter

una chaqueta

un abrigo

un par de pantalones vaqueros

Más vocabulario...

Es...

de algodón	*made of cotton*
de lana	*made of wool*
de seda	*made of silk*
para hombres	*for men*
para mujeres	*for women*
para niños	*for children*

▶ **Vocabulario adicional** — Ropa, p. R10

También se puede decir...

In Spain, you might hear **pantalones tejanos** as well as **pantalones vaqueros**. A sweater is called **un jersey** and tennis shoes are **zapatillas de tenis**.

Bluejeans are also known as **pantalones de mezclilla** and T-shirts are **playeras** in Mexico and Texas. Many Spanish speakers have borrowed the term **bluejeans** directly from English.

¿Qué ropa llevas hoy?

Voy al gimnasio. Llevo...

Voy a salir con amigos. Llevo...

Voy a clase. Llevo...

Voy a salir al teatro. Llevo...

un sombrero

un vestido

una blusa

una camisa

una camiseta

unos pantalones cortos

una falda

unos pantalones

unos zapatos de tenis

unas sandalias

unas botas

unos zapatos

unos calcetines

¿Qué color te gusta más?

| rojo | azul | verde | amarillo | morado | blanco | negro | anaranjado | gris | café |

¡Exprésate!

Interactive TUTOR

To ask for an opinion	To give your opinion
¿Qué te parece el traje de baño anaranjado?	**Me parece feo y cuesta mucho. ¡Es un robo!**
What do you think of the orange swimsuit?	*It's ugly and costs a lot. It's a rip-off!*
¿Cómo me queda el saco?	**Te queda muy bien. Y está a la (última) moda.**
How does the sport coat fit me?	*It looks good on you. And it's in (the latest) style.*
¿Y el/la...? ¡Cuesta ochenta dólares!	**¡Qué caro(a)! Además, está pasado(a) de moda.**
What about this . . .? It costs $80.00!	*How expensive! Besides, it's out of style.*
La bolsa es una ganga, ¿verdad?	**Tienes razón. Es muy barata.**
The purse is a bargain, isn't it?	*You're right. It's very inexpensive.*

Online
Vocabulario y gramática, pp. 85–87

Nota cultural

Most Spanish-speaking countries use the metric system, so clothing and shoe sizes are different from sizes in the United States. The word for "size" also varies, depending on what you're buying. If you're looking for clothing, use **talla**. For shoes, use **número**. Look at the chart and compare the different sizes. What size shirt would you wear in Spain? What size shoes?

Tallas para **hombres**			Tallas para **mujeres**		
	USA	**EUR**		**USA**	**EUR**
Camisas	14	36	Blusas	8	36
	15	38		10	38
	16	40		12	40
Zapatos	7	40	Zapatos	5	36
	8	41		6	37
	9	43		7	38

❶ ¿Les gustan?

 Escuchemos Basándote en los comentarios, decide si a las personas les gusta o no les gusta la ropa de que hablan.

1. la camisa
2. la blusa
3. el saco
4. el vestido
5. las botas
6. la chaqueta
7. el sombrero
8. el traje de baño
9. los pantalones vaqueros
10. el abrigo

❷ ¿Qué te parecen?

Hablemos Describe la ropa en cada dibujo. No te olvides de usar las formas correctas de los verbos y los adjetivos.

MODELO **Son unos calcetines rojos. Son bastante caros.**

Es bonito.	Es feo.
Es bastante barato.	Es bastante caro.
¡Es una ganga!	¡Es un robo!
Está a la última moda.	Está pasado de moda.

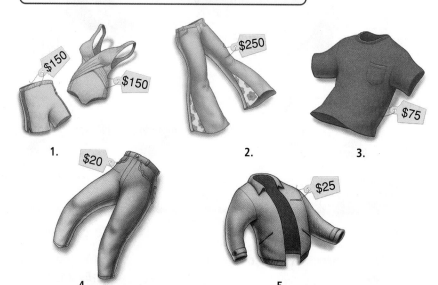

1.   2.   3.

4.   5.

❸ ¿Qué ropa llevas para...?

 Escribamos/Hablemos Di qué llevas en estas situaciones.

MODELO **Para ir a clase...**
         Para ir a clase, llevo pantalones, una camisa...

1. Para pasear por el parque en junio...
2. Para ir a un concierto...
3. Para salir con amigos...
4. Cuando hace frío...
5. Para nadar...
6. Para ir a clase...
7. Para ir a la playa...
8. Para jugar al fútbol...

¡Exprésate!

To offer and ask for help in a store	
¿En qué le puedo servir? *How can I help you?*	**Busco una camisa de seda.** *I'm looking for a silk shirt.* **Nada más estoy mirando.** *I'm just looking.* **Quiero devolver esta falda. La necesito en otro color.** *I want to return this skirt. I need it in another color.*
¿Qué número/talla usa? *What shoe/clothing size do you wear?*	**Uso el/la 8.** *I wear a size 8 in shoes/clothes.*
¿Cómo le queda la camisa? *How does the shirt fit you?*	**Me queda bien/mal. Necesito una talla más grande/pequeña.** *It fits well/poorly. I need a bigger/smaller size.*
¿A qué hora cierra la tienda? *What time does the store close?*	**Cierra a las siete.** *It closes at 7:00.*

Online
Vocabulario y gramática, pp. 85–87

Interactive TUTOR

Comunicación

4 Hablando de ropa

Hablemos Con un(a) compañero(a), túrnense para contestar las siguientes preguntas.

1. ¿Qué te parece la ropa de... *(famous designer)*? ¿Cómo te queda?
2. ¿Qué colores prefieres llevar?
3. ¿Qué ropa está a la última moda? ¿Qué está pasado(a) de moda?
4. ¿Qué ropa te gusta llevar a los bailes en el colegio?
5. ¿Qué ropa no te gusta?
6. ¿A qué hora cierran las tiendas donde te gusta ir de compras?
7. Si necesitas una talla más grande/pequeña, ¿te ayuda el(la) dependiente?

5 Busco...

Hablemos Quieres comprar un vestido o un traje nuevo para una fiesta, y tienes $100.00. Tu compañero(a) es dependiente en una tienda de ropa y te puede ayudar a encontrar algo. Túrnense para crear una conversación.

MODELO —Buenas tardes. ¿En qué le puedo servir?
            —Buenas tardes. Busco un...

Objetivos
costar and numbers to
one million, demonstrative
adjectives and
comparisons,
quedar

Gramática
en acción 1

GramaVisión

Costar, numbers to one million

Interactive
TUTOR

1 Use the verb **costar (o → ue)** to talk about what something costs.
Costar is usually only used in the third person.

La blusa **cuesta** treinta dólares. Las botas **cuestan** setenta dólares.

2 To tell what something costs, you may need to use larger numbers.

100 cien	600 seiscientos(as)
101 ciento uno(a)	700 setecientos(as)
102 ciento dos	800 ochocientos(as)
200 doscientos(as)	900 novecientos(as)
300 trescientos(as)	1.000 mil
400 cuatrocientos(as)	2.000 dos mil
500 quinientos(as)	1.000.000 un millón (de)

3 Use **uno** when counting. **Uno** at the end of a number, changes to **un**
before a masculine noun and **una** before a feminine noun: **veintiún
dólares, veintiuna faldas.**

Tengo **ciento un** dólares.   Tengo **veintiuna** bolsas.

4 **Cien(to)** is used with both masculine and feminine nouns, but 200, 300,
and so on agree with the noun they modify. **Mil** does not change.

cien dólares   **ciento** dos dólares   **doscientos** dos dólares   **mil** dólares

cien personas **ciento** dos personas **doscientas** dos personas **mil** personas

5 **Un millón** changes to **millones** in the plural. Use **de** after **millon(es)**
when it is followed by a noun.

3.520.312 = tres **millones,** quinientos veinte mil, trescientos doce

un millón de dólares   **dos millones de** personas

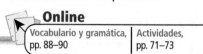

Online
| Vocabulario y gramática, pp. 88–90 | Actividades, pp. 71–73 |

Un supermercado en Miami

6 **¡Qué caro!**

 Escuchemos Escribe los números que corresponden a los
precios.

7 **Tenemos que pagar**

 Escribamos Escribe el valor de cada cifra *(number)*.

MODELO $354

trescientos cincuenta y cuatro dólares

1. $2.168
2. $1.319.672
3. $1.550
4. $213.434
5. $11.721
6. $1.946

8 **El inventario**

Escribamos/Hablemos Tienes que hacer un inventario de los artículos de ropa en la tienda donde trabajas. Usa el cuadro para decir cuántas cosas tienen.

MODELO botas 22.336
Tenemos veintidós mil, trescientos treinta y seis pares de botas.

zapatos	367.555	blusas	3.689
faldas	19.324	sombreros	475
pantalones	150.743	bolsas	2.079
camisas	4.597	camisetas	78.521

Comunicación

9 **¡Vamos de compras!**

Hablemos Con un(a) compañero(a), crea una conversación entre un(a) cliente y un(a) dependiente sobre las cosas que el(la) cliente quiere comprar de un catálogo.

MODELO —Quiero comprar el suéter rojo. ¿Cuánto cuesta?
—Cuesta doscientos nueve dólares.
—¡Es un robo! No voy a comprarlo.
(—Bueno. Voy a comprarlo.)

Gramática 1

Demonstrative adjectives and comparisons

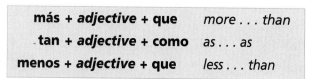

1 **Demonstrative adjectives** point out things. Use forms of **este** for things close to you. Use forms of **ese** for things farther away.

		Masculine	Feminine
this	SINGULAR	**este**	**esta**
these	PLURAL	**estos**	**estas**
that	SINGULAR	**ese**	**esa**
those	PLURAL	**esos**	**esas**

—¿Te gusta **este** vestido?   —Me gusta más **esa** falda.

2 Use these expressions with adjectives to compare things. The adjective agrees in gender and number with the object described.

más + *adjective* + **que**	*more . . . than*
tan + *adjective* + **como**	*as . . . as*
menos + *adjective* + **que**	*less . . . than*

Esta camiset**a** es **más bonit**a **que** esa camiset**a**.

Esta camiset**a** es **tan bonit**a **como** esa camiseta.

3 These adjectives have irregular comparative forms.

bueno(a)	*good*	malo(a)	*bad*
mejor(es)	*better*	**peor(es)**	*worse*
joven	*young*	viejo(a)	*old*
menor(es)	*younger*	**mayor(es)**	*older*

Este disco compacto es **malo,** pero ese disco es **peor.**

4 Use **más que, menos que,** and **tanto como** to say if someone does something *more than, less than* or *as much as* someone else.

Efraín compra **tanto como** Isabel.

Mis padres salen **menos que** mis abuelos.

📄 **Online**

| Vocabulario y gramática, pp. 88–90 | Actividades, pp. 71–73 |

Nota cultural

In Florida it is common to see men wearing **guayaberas,** embroidered short-sleeved cotton or linen shirts. These shirts originated in Cuba over 200 years ago. Ramón Puig, a Cuban immigrant in Miami, is famous for his guayabera shirts and has custom-made them for celebrities. What fashions were developed in the United States and exported to other countries?

---

10 **¿De qué habla?**

Escuchemos Escucha mientras estas personas dicen qué cosa prefieren. Escribe lo que prefieren en otro papel. Si les gustan las dos cosas igualmente, escribe **las dos.**

11 Julio y Nidia

Leamos Lee las descripciones de Julio y Nidia y completa las comparaciones con **más...que, menos...que** o **tan... como** y la forma correcta del adjetivo entre paréntesis.

Julio tiene 15 años. Es alto, guapo y muy simpático. Es bastante serio y estudia mucho. Le gusta ver películas de amor, pasar el rato solo y leer. No le gustan los deportes. Nidia tiene 17 años. Es baja, guapa y muy simpática. No le gusta estudiar. Es muy graciosa. Le gusta practicar deportes y salir con amigos.

Nidia y Julio

MODELO Julio es ═══ (romántico) ═══ Nidia.
Julio es más romántico que Nidia.

1. Julio es ═══ (alto) ═══ Nidia.
2. Nidia es ═══ (guapo) ═══ Julio.
3. Nidia es ═══ (simpático) ═══ Julio.
4. Nidia es ═══ (serio) ═══ Julio.
5. Julio es ═══ (gracioso) ═══ Nidia.
6. Nidia es ═══ (atlético) ═══ Julio.
7. Nidia es ═══ (extrovertido) ═══ Julio.

12 Comparaciones

Escribamos/Hablemos Ahora compárate con los dos muchachos de la Actividad 11. ♻ *¿Se te olvidó?* Adjective agreement, p. 50

MODELO **Soy menor que Julio. Él es más serio que yo...**

Comunicación

13 Prefiero...

Hablemos Con un(a) compañero(a), habla de estas cosas. Decide cuál de las dos prefieres y di por qué, comparando cada par de cosas.

MODELO —¿Prefieres estos zapatos blancos o esos...?
—Prefiero los zapatos blancos. Son menos caros...

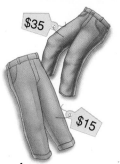

1.   2.   3.   4.

Interactive
TUTOR

Quedar

1 Use the verb **quedar** to say how something *fits* or *looks* on someone. **Quedar** works like **parecer** and **gustar**. Use **queda** when talking about one thing. Use **quedan** when talking about more than one thing.

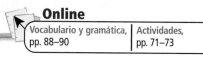

(a mí) me queda(n)	(a nosotros/as) nos queda(n)
(a ti) te queda(n)	(a vosotros/as) os queda(n)
(a Ud., a él, a ella) le queda(n)	(a Uds., a ellos, a ellas) les queda(n)

one thing
Esa blusa te **queda** bien. *That blouse looks good on you.*

more than one thing
Estas botas me **quedan** grandes. *These boots are too big for me.*

2 Adjectives like **grande** and **pequeño(a)**, as well as adverbs like **bien** and **mal**, can follow **quedar.** All adjectives must agree, but the adverbs don't change form.

agrees
Esta falda me queda **pequeña**. Me queda **mal**.
This skirt is too small for me. It fits me badly.

agrees
Estas botas me quedan **grandes**. No me quedan **bien**.
These boots are too big for me. They don't fit me well.

Online

Vocabulario y gramática, pp. 88–90	Actividades, pp. 71–73

Vocabulario y gramática, pp. 88–90 | Actividades, pp. 71–73

¡Te acuerdas?

The verb **parecer** *(to seem)* can be used like **gustar**.

Esa falda me **parece** fea.

¿Cómo te **parecen** estos pantalones?

14 **Comentarios**

Leamos Graciela y Leonora están de compras. Lee los comentarios de Graciela e indica las respuestas de Leonora.

1. Me gustan esos zapatos. ¿Vas a comprarlos?
   a. No, me quedan grandes.　　**b.** Sí, te quedan muy bien.

2. Esa blusa es una ganga, ¿no te parece?
   a. Me parece muy cara.　　**b.** Le queda pequeña.

3. Prefiero los pantalones vaqueros a los pantalones cortos.
   a. Les gustan los pantalones vaqueros.
   b. Te quedan mejor que los pantalones cortos.

4. ¿Están estos pantalones a la última moda?
   a. Te quedan pequeños.　　**b.** Me parecen pasados de moda.

5. Me encantan estas sandalias rojas. Son número 6.
   a. Te quedan pequeñas. Usas el número 7, ¿no?
   b. Les parecen bonitas.

6. Necesito un regalo para Joaquín. Voy a comprarle un libro.
   a. Le queda bien.　　**b.** Me parece aburrido.

15 ¿Cómo le queda?

Escuchemos Escucha mientras varias personas hablan de ropa en una tienda. Para cada comentario, indica si el artículo de ropa **a)** le queda bien o **b)** le queda mal a la persona.

16 ¿Es bonita la ropa?

Leamos/Escribamos Completa la conversación entre Daniela y su madre con la forma correcta de **quedar** o **parecer** y el pronombre correspondiente. ♻️ *¿Se te olvidó?* Parecer, p. 178

MODELO   A mí *me queda* grande esta falda. Además, *me parece* fea.

—Mamá, me gusta ese vestido. A ti ___1___ muy bien.

—Gracias, pero necesito otra talla. ___2___ pequeño. ¿Qué ___3___ esta blusa? Es bonita, ¿no?

—¡Uy!, ___4___ fea. Además, cuesta una fortuna.

—Daniela, ¿qué ___5___ estas botas? ¿Debo comprarlas para Raquel?

—Pero mamá, mira esas botas negras. No cuestan mucho y son muy bonitas. De verdad, ___6___ feas las botas amarillas. No me gusta ese color.

—Bueno, a nosotras no ___7___ bien nuestros zapatos viejos. ¿Quieres comprar unos nuevos?

—¡Ay, sí! Por ejemplo, estos zapatos negros ___8___ super bonitos.

Comunicación

17 ¿Qué te parece?

Hablemos En parejas, den sus opiniones sobre la ropa de Luisa y Tomás. ¿Les gusta? ¿Cómo es: bonita, fea, cara? ¿Cómo les queda a ellos? Túrnense para hacer comentarios.

MODELO   El sombrero de Luisa no me gusta. Es feo y caro. Le queda grande.

Video/DVD

Cultura

Comparaciones
Interactive TUTOR

De compras en la Pequeña Habana

¿Qué te gusta comprar cuando vas de compras?

Sin duda, vas de compras y tienes un lugar donde te encanta ir. ¿Qué diferencias hay entre un centro comercial, un almacén y un mercado al aire libre? En los países de habla hispana, la gente puede ir a grandes almacenes para comprar de todo. También es posible ir a tiendas pequeñas donde venden sólo un tipo de producto. De todos modos, parece que los jóvenes hispanohablantes van de compras con frecuencia. Estas personas nos dicen qué les gusta comprar y adónde van cuando tienen ganas de comprar algo nuevo. ¿Compras las mismas cosas?

Dayana
Miami, Florida

¿Qué te gusta comprar cuando vas de compras?

Cuando voy de compras, me gusta comprar CDs, zapatos, blusas, pantalones. Cosas así.

¿Adónde fuiste de compras la última vez?

La última vez que fui de compras fui a un centro comercial aquí en Miami.

¿Qué clase de tienda es?

El centro comercial es... hay varias tiendas. Hay tiendas de discos, tiendas de películas, tiendas de zapatos, de todo tipo de ropa, vestidos. Cosas así.

¿Qué compraste?

Cuando fui de compras, compré unos discos, una película, unos aretes. Compré unos zapatos, unos pantalones y un vestido.

¿Qué más hiciste allí?

Después de terminar las compras, fui a almorzar y después me compré un helado. Después me encontré con una de mis amigas y charlamos.

Georgia
FLORIDA
Golfo de México
Miami

Visit Holt Online

go.hrw.com
KEYWORD: EXP1 CH8
Online Edition

Miriam
Madrid, España

¿Qué te gusta comprar cuando vas de compras?

Pues, me gusta comprar pantalones ajustados, pantalones anchos, camisetas de colores y deportivas.

¿Adónde fuiste la última vez que fuiste de compras?

A «Tres Aguas», un centro comercial.

¿Qué clase de tienda es?

Pues, es de aire libre... muchas tiendas y mucho ocio.

¿Qué compraste?

Compré unos pantalones, una camiseta y unas deportivas.

¿Qué más hiciste allí?

Pues, después me fui con mis amigas al cine y a tomar una hamburguesa.

Cultura

Para comprender

1. ¿Qué compró Dayana la última vez que fue de compras?
2. ¿Qué compró Miriam la última vez que fue de compras?
3. ¿A quién le gusta comprar zapatos?
4. ¿Cómo es el centro comercial «Tres Aguas»?
5. ¿Quién fue a comer algo después de ir de compras?

Para pensar y hablar

Dayana and Miriam both enjoy shopping for clothes, among other things. When you go shopping, what do you like to buy? For both girls, a shopping trip means spending time with friends. With whom do you normally go shopping? Where do you go? What do you like or not like about shopping?

Cuaderno para hispanohablantes, pp. 81–92

Comunidad

Clothes from Around the Globe

Many products you buy are made and sold in other countries. To see the scale of this international commerce, go to a department store and read the labels of 10 articles of clothing. Note where the products were made and what languages are on the label. How many labels are in Spanish? Using the key word **ropa** and the name of your favorite store or brand, search the Web and write down how many of these stores and brands have a Web site in Spanish. Compare your list to those of your classmates. What conclusions can you draw from this information about international commerce in clothing?

Teens enjoy a shopping trip

Vocabulario *en acción* 2

Video/DVD

ExpresaVisión

Me gusta ir de compras...

a la joyería

un anillo

unos aretes

una pulsera

a la librería

unas tarjetas

unas revistas de tiras cómicas

al almacén

a la tienda de música

unos DVDs

unos audífonos

un disco compacto (en blanco)

▶ **Vocabulario adicional** — De compras, p. R7

Cuando voy de compras, me gusta...

ir a la zapatería

unos juguetes

ir a la juguetería

mirar las vitrinas

ir a la plaza de comida

Vocabulario 2

Más vocabulario...

ahorrar	*to save money*
el dinero	*money*
gastar	*to spend*
vender (de todo)	*to sell (everything)*

¡Exprésate!

To ask where someone went and what someone did	To respond
¿Adónde fuiste anoche/ayer/anteayer? *Where did you go last night/yesterday/the day before yesterday?*	**Fui a la heladería a tomar un batido.** *I went to the ice cream shop to have a milkshake.*
¿Qué hiciste el fin de semana pasado? *What did you do last weekend?*	**Fui al centro comercial y compré unos zapatos. Pagué una fortuna.** *I went to the mall and bought some shoes. I paid a fortune.*

Interactive TUTOR

Online
Vocabulario y gramática, pp. 91–93

18 ¿Adónde fuiste?

Leamos Ricardo fue *(went)* al centro comercial anoche. Completa lo que dice con las palabras apropiadas del cuadro.

una tarjeta	la joyería	la zapatería
una heladería	unas revistas de tiras cómicas	unos audífonos
la plaza de comida	unos DVDs	unos juguetes

Anoche fui al centro comercial a buscar varias cosas. El cumpleaños de mi hermano es el sábado, así que *(so)* fui a la librería a comprarle ___1___ . También compré ___2___ para leer. Después fui a ___3___ a comprarle unos aretes a mi madre. Vi *(I saw)* a mi amiga Tere y fuimos *(we went)* a comer algo en ___4___ . Hay ___5___ que me gusta, así que tomamos un batido de chocolate allí. A Tere le encantan las sandalias y ella fue a ___6___ a ver los nuevos estilos *(styles)*. Al final, pagué una fortuna por ___7___ en la tienda de música.

19 ¿Dónde están?

Escuchemos Escucha las conversaciones y determina dónde tiene lugar *(takes place)* cada una.

20 Fui de compras

Hablemos/Escribamos Di adónde fuiste y qué compraste *(you bought)*.

MODELO **Fui a la tienda de música esta semana. Compré unos discos compactos.**

1.

2.

3.

4.

5.

6.

7.

8.

¡Exprésate!

To talk on the phone	
Aló/Bueno/Diga. *Hello.*	**Hola. ¿Está Andrés?** *Hi. Is Andrés there?*
¿De parte de quién? *Who's calling?*	**Habla Felipe.** *Felipe speaking.*
Espera un momento, ya te lo (la) paso. *Hold on a moment. I'll get him (her).*	**Gracias, señor(a) León.** *Thanks, Mr.(Mrs.) León.*
Lo siento, no está. ¿Quieres dejarle un recado? *I'm sorry. He's not here. Would you like to leave a message?*	**No, gracias. Llamo más tarde.** *No, thanks. I'll call back later.* **Sí, por favor, que me llame después.** *Yes, please ask him to call me later.*

Interactive TUTOR

Online
Vocabulario y gramática, pp. 91–93

21 La llamada

Leamos Vanesa habla por teléfono con la madre de Emilio. Pon las siguientes oraciones en orden lógico para crear su conversación.

_____ Lo siento, no está. ¿Quieres dejarle un recado?

_____ Habla Vanesa.

_____ No gracias. Llamo más tarde.

_____ Diga.

_____ ¿De parte de quién?

_____ Hola. ¿Está Emilio?

Comunicación

22 Por teléfono

Hablemos Con dos compañeros(as), túrnense para crear una conversación. Llamas a un(a) amigo(a). Su padre (madre) contesta y le pasa el teléfono. Dile a tu amigo(a) que fuiste al centro comercial ayer. Dile qué compraste allí *(Tell him or her what you bought there).* Luego, cambien de papel *(switch roles).*

MODELO —¿Aló?
—Buenos días. Habla... Está...
—Un momento...

Objetivos

Preterite of -ar verbs, preterite of ir, preterite of verbs with reflexive pronouns

Gramática en acción 2

Preterite of -ar verbs

1 Use the **preterite** tense to talk about what happened or what someone did at a specific point in the past. To form the **preterite** of **-ar** verbs, like **comprar,** add these endings to the verb's stem.

yo compr**é**	nosotros(as) compr**amos**
tú compr**aste**	vosotros(as) compr**asteis**
Ud., él, ella compr**ó**	Uds., ellos, ellas compr**aron**

Compré un DVD ayer.　　　*I bought a DVD yesterday.*

2 Note that, in the **preterite**, the **nosotros** form of **-ar** verbs looks exactly like the present tense form. You will have to use context to decide whether the speaker is talking about the present or the past.

Isa y yo **gastamos** mucho ayer. Casi nunca gastamos tanto.

3 The stem-changing **-ar** verbs do not have stem changes in the **preterite**.

Encontré una camisa bonita y la compré.

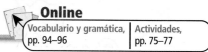

Online

Vocabulario y gramática, pp. 94–96	Actividades, pp. 75–77

Nota cultural

In most Spanish-speaking countries people often shop at open-air markets. Unlike department stores or malls, customers are expected to **regatear,** or bargain with vendors. Bargaining is an art form in these markets and successful shoppers may bring the price of an item down considerably. Are there any open-air markets where you live? Do you bargain with the vendors?

23 ¿Pasado o presente?

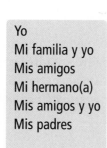

Escuchemos Escucha lo que dice Alicia y decide si habla **a)** del presente o **b)** del pasado.

24 Hicimos mucho este fin de semana

Escribamos Combina una palabra o frase de cada cuadro para hacer seis oraciones. Usa el pretérito de los verbos.

Yo	hablar por teléfono	en el centro comercial
Mi familia y yo	mirar vitrinas	en la tienda de__?__
Mis amigos	escuchar música	en casa
Mi hermano(a)	comprar __?__	en la biblioteca
Mis amigos y yo	bailar	en una fiesta
Mis padres	estudiar	en la plaza de comida
	tomar un refresco	en la juguetería

25 Hablando del pasado

Escribamos/Hablemos Di lo que hizo *(did)* cada persona. Luego di si hiciste lo mismo.

Tomás

MODELO Tomás cortó el césped ayer.
Yo también corté el césped.

1. tú/anteayer

2. ellos/el sábado pasado

3. tus amigas y tú/ayer

4. Pablo y Mila/anoche

5. Carmela/
el martes pasado

6. Luis/ayer por la tarde

Comunicación

26 Ayer por la noche

Hablemos En grupos de cuatro personas, pregunta quién hizo las siguientes cosas anoche.

MODELO —Miguel, ¿alquilaste un video anoche?
—Sí, alquilé uno.

alquilar un video *Miguel*	mirar televisión	estudiar
escuchar música	cenar con amigos	comprar ropa *Allison*
caminar	ayudar en casa	descansar

Gramática 2

Preterite of ir

1 To say where someone went at a certain time in the past, use **ir** *(to go)* in the **preterite**. Its preterite forms are irregular.

yo	**fui**	nosotros(as)	**fuimos**
tú	**fuiste**	vosotros(as)	**fuisteis**
Ud., él, ella	**fue**	Uds., ellos, ellas	**fueron**

2 Remember to use **adónde** to ask where someone went.

—¿**Adónde fuiste** ayer?　　*Where did you go yesterday?*
—**Fui** al cine.　　*I went to the movies.*

3 Use **a** + **infinitive** after **ir** to say why someone went somewhere.

Fuimos a la librería **a comprar** libros.
We went to the bookstore to buy books.

Online

Vocabulario y gramática, pp. 94–96	Actividades, pp. 75–77

En el Festival de la Calle Ocho, Miami

27 De tienda en tienda

Leamos Escoge la palabra correcta entre paréntesis para completar el párrafo.

Ayer (**1.** fui/fuimos) con mi familia al centro comercial. Mi hermana Delia (**2.** fuiste/fue) al almacén a comprar pantalones. Mis padres (**3.** fuimos/fueron) a la librería y mi hermano (**4.** fue/fuiste) a la juguetería. Por fin todos (**5.** fuimos/fuiste) a la heladería a tomar un batido.

28 ¿Fuiste al Festival este año?

Escribamos Combina una palabra o frase de cada cuadro para hacer seis oraciones. Di adónde fueron estas personas y qué hicieron.

MODELO **Fui al cine a ver una película.**

1	**2**	**3**	**4**
yo	ir	al cine	a comprar
tú		al parque	a leer
mi familia y yo		al estadio	a comer
mi mejor amigo(a)		al almacén	a ver
mis padres		al restaurante	a jugar
		a la biblioteca	a estudiar

29 **¿Adónde fueron? ¿Qué compraron?**

Escribamos/Hablemos María le cuenta a su madre adónde fueron todos de compras y qué compraron. Basándote en las fotos, completa sus oraciones.

MODELO Carlos y Carmen fueron a la juguetería. Compraron videojuegos.

Carlos y Carmen

1. nosotros   2. papá   3. mis amigas   4. yo   5. Gabi y Rebeca

Comunicación

30 **Tiendas y compras**

Hablemos En secreto, escribe tres tiendas adonde fuiste de compras y tres cosas que compraste. Tu compañero(a) debe adivinar (*guess*) las tiendas y las cosas en tu lista. Túrnense para adivinar y contestar.

MODELO —¿Fuiste a la tienda de música?
—Sí, fui a la tienda de música.
—¿Compraste un disco compacto?
—No.
—¿Compraste un DVD?
—No, compré unos audífonos.

Tiendas	Cosas que compré
Muy de Moda	falda
Ropa y Más	sandalias
Joyería Sánchez	pulsera

Gramática 2

Repaso Preterite of -ar verbs with reflexive pronouns

1 Use the **preterite** to talk about what happened at a particular point in the past and to narrate a sequence of events in the past.

> Ayer **fui** al cine con mis amigos, **regresé** tarde a casa y **me acosté**.

2 Remember to use the correct form of the **reflexive pronoun** when necessary.

levantarse

yo	**me** levanté	nosotros(as)	**nos** levantamos
tú	**te** levantaste	vosotros(as)	**os** levantasteis
Ud., él, ella	**se** levantó	Uds., ellos, ellas	**se** levantaron

Me levanté y **me** bañé.   *I got up and took a bath.*

Online
Vocabulario y gramática, pp. 94–96	Actividades, pp. 75–77

31 ¡Qué día más ocupado!

Escuchemos Escucha lo que hicieron Enrique y Lupita ayer. Según *(according to)* lo que oyes, pon los dibujos en orden cronológico *(chronological order).*

a.   b.   c.   d.

e.   f.   g.   h.

32 **La familia de Cristóbal**

Leamos/Escribamos Cristóbal y su familia hicieron las cosas de manera distinta *(did things differently)* esta semana. Completa las oraciones con el presente o el pretérito de los verbos.

1. Papá ═══ por la mañana, pero ayer no ═══. (afeitarse)

2. Siempre ═══ a las 8:00, pero el miércoles yo ═══ a las seis para estudiar. (despertarse)

3. Patricia y yo ═══ del colegio a las 3:30, pero anteayer ═══ a las 5:00. (regresar)

4. Papá y mamá ═══ la cena juntos, pero mamá trabajó tarde así que solamente la ═══ juntos el jueves y el viernes. (preparar)

5. Patricia, tú ═══ temprano por lo general, pero anoche ═══ después de la medianoche. (acostarse)

33 **En mi familia**

Escribamos Di qué hacen tu familia y tú por lo general, y qué hicieron de manera distinta esta semana. Usa las palabras del cuadro.

MODELO **Generalmente me levanto a las 7:00, pero hoy me levanté a las 8:00.**

levantarse	desayunar	ir a	cenar
hablar	bañarse	alquilar videos	acostarse

Comunicación

34 **¿Qué pasó?**

Hablemos Con un(a) compañero(a), mira los dibujos y di adónde fueron Felipe y Cristina y qué hicieron.

¿Quién será?
Episodio 8

ESTRATEGIA

Recognizing Different Points of View When the same story is told from different points of view, it is important to keep track of who is telling what. The same events can be interpreted in a completely different way by everyone who experienced them. The truth probably lies somewhere between the different versions. Watch or read the episode and keep track of whose view is being expressed, Sofía's or Celeste's. What do you think really happened?

En México

Celeste habla con Sofía. Celeste quiere ir de compras a buscar ropa y zapatos para la fiesta del sábado.

1

Celeste Hola, Sofía. Necesito comprar una falda, una blusa y unos zapatos para la fiesta del sábado.
Sofía Está bien.
Celeste Perfecto. ¿Por qué no nos encontramos en Kulte a las diez y media?

La versión de Sofía

Fui con Celeste a Kulte, una tienda de ropa.

Celeste ¿Qué te parece esta falda azul?
Sofía No te queda nada bien. Te debes probar otra.
Celeste ¡Qué bueno que estás de acuerdo! Es muy bonita.

2

No me hizo caso. Compró una falda horrible. Luego, se probó una blusa morada.

3

Celeste ¿Te gusta esta blusa morada? ¿Me queda bien?
Sofía No. ¡Está pasada de moda! Y debes probarte otra talla.
Celeste ¡Me queda perfecta! Y está a la última moda, ¿no crees?

Traté de convencerla. Pero nada. Gastó su dinero en una blusa fea. Luego fuimos a la sección de zapatos.

Celeste ¿Qué piensas de estos zapatos? ¿Van bien con la blusa y la falda?
Sofía ¿Sabes qué? ¡Estás más loca que un zapato!
Celeste ¡Perfecto! Me voy a llevar estos zapatos. Ahora estoy lista para la fiesta del sábado. ¡Voy a estar a la última moda!

4

Novela en video

Fui con Sofía a Kulte. No me gustó mucho la falda azul, pero le gustó tanto a Sofía que la compré.

Luego me probé una blusa morada. Gasté mi dinero en una blusa que no me queda bien.

Celeste ¿Qué te parece esta falda azul?

Sofía ¡Te queda muy bien! ¡Muy bonita! Definitivamente debes comprarla.

Celeste ¿Estás segura? No sé.

Sofía ¡Te lo juro! ¡Te ves increíble!

5

Celeste ¿Te gusta esta blusa morada? ¿Me queda bien?

Sofía ¡Claro que sí! ¡Está a la última moda! Y es una ganga. ¡Mira el precio!

Celeste Pues, sí, tienes razón. Es muy barata. Pero...

Sofía ¿Pero qué? Hazme caso. Debes comprarla.

6

Luego fuimos a la sección de zapatos.

Celeste ¿Qué piensas de estos zapatos? ¿Van bien con la blusa y la falda?

Sofía ¡Amiga! ¡Estos zapatos son más bonitos que todos los zapatos en todo el mundo!

Celeste ¿De veras? Bueno, si te gustan a ti, los voy a comprar.

7

8

Celeste Sofía, tengo que regresar a Kulte. Tengo que devolver la falda, la blusa y los zapatos. ¿Vas conmigo?

Sofía Sí, pero, ¿por qué tienes que devolver todo?

Celeste Mamá dice que me veo horrible en esa falda y esa blusa y que los zapatos son más horribles que la ropa. No sé por qué me dejaste comprarlos.

¿COMPRENDES?

1. ¿Adónde van Sofía y Celeste? ¿Para qué?

2. En la versión de Sofía, ¿qué piensan las dos chicas de la falda azul y la blusa morada? ¿Qué piensan ellas en la versión de Celeste?

3. ¿Qué piensa Sofía de su amiga? ¿Qué decide comprar Celeste?

4. ¿Qué dice Celeste que tiene que hacer con sus compras? ¿A quién le echa la culpa? *(Whom does she blame?)* ¿Cómo se siente Sofía?

Próximo episodio:
Marcos sale para otro país. ¿Adónde va? ¿Qué piensas tú?
PÁGINAS 332–333 ▶

Leamos y escribamos

ESTRATEGIA

para leer Visualizing what you read in a story will help you better understand it. As you read, create pictures in your mind of each scene or event. This will help you connect what you know to what you are reading as well as help you summarize the main events of the story.

A Antes de leer

Lee el primer párrafo del texto. Dibuja la imagen que tienes en la mente de esta escena. ¿Qué información te da esta imagen sobre el señor y su sirviente? Sigue leyendo el cuento y después de cada escena, dibuja la imagen que te imaginas.

Una moneda¹ de ¡Ay!

En un pueblo, como muchos otros pueblos, vive un gran señor con muchos sirvientes. Pedro, el sirviente más nuevo, es un muchacho que al señor le parece un poco tonto. Para burlarse de él², lo llama, le da dos monedas y le dice:

—Pedro, vete al mercado y cómprame una moneda de uvas y otra de ¡Ay!

El pobre Pedro va al mercado y compra las uvas, pero cada vez que pregunta por la moneda de ¡Ay!, todos los vendedores se ríen de él³.

Finalmente Pedro se da cuenta⁴ que el señor quiere burlarse de él. Entonces decide poner las uvas en una bolsa⁵ y sobre las uvas pone un manojo de espinos⁶.

Cuando regresa a casa el señor le pregunta:

—¿Fuiste al mercado?

—Sí, señor.

—¿Y lo traes todo?

—Sí, señor. Todo está en la bolsa.

El señor parece sorprendido. Rápidamente mete la mano⁷ en la bolsa y al tocar los espinos, exclama:

—¡Ay!

—Y debajo están las uvas— le dice Pedro.

1 coin **2** to make fun of him **3** the vendors laugh at him **4** he realizes
5 a bag **6** handful of thorns **7** puts his hand in

B Comprensión

Contesta las siguientes preguntas con oraciones completas.

1. ¿Quién es Pedro?
2. ¿Qué debe comprar Pedro en el mercado?
3. ¿Por qué se ríen los vendedores de Pedro?
4. ¿Qué hay en la bolsa que Pedro le da al señor?
5. ¿Cómo reacciona el señor cuando Pedro le dice que trae todo?
6. ¿Qué hace el señor cuando mete la mano en la bolsa?

C Después de leer

Summarize the story using the drawings you made while reading it. Explain how you visualized each scene. What did each scene reveal about the characters? Did you find the ending of the story humorous? Why?

Taller del escritor

Ropa	Lo que (no) me gusta	Lo que (no) le gusta a mi amigo(a)

ESTRATEGIA

para escribir When you write about differing opinions it helps to choose terms that show sharp, clear contrasts. Using charts can help you visualize and contrast differing perspectives.

A mí me parece perfecto...

Imagine that you are shopping for clothes with a friend. However, you and your friend can't agree about anything today! If you think something looks good and fits well, your friend says it looks awful. Write five items that you and your friend have different opinions about.

1 Antes de escribir

In a column, list at least five pieces of clothing. In the next column write what you like or don't like about each item. In a third column, write the contrasting opinions your friend has.

2 Escribir un borrador

Using your chart, write about your shopping trip. Include your and your friend's opinions about the clothes: how they fit, if they look good, or if they are in style. Include details to back up each opinion.

3 Revisar

Read your draft at least two times, comparing it with your chart. Are the contrasting opinions clear? Check spelling and punctuation.

4 Publicar

Share your paragraph with the class. Ask your classmates to respond by giving their opinions or preferences regarding the clothing.

Cuaderno para hispanohablantes, pp. 61–68

Leamos y escribamos

Repaso
capítulo 8

Interactive
TUTOR

1 Vocabulario 1
• asking for and giving opinions
• asking for and offering help in a store
pp. 272–275

2 Gramática 1
• **costar,** numbers to one million
• demonstrative adjectives and comparisons
• **quedar**
pp. 276–281

3 Vocabulario 2
• saying where you went and what you did
• talking on the phone
pp. 284–287

1 Buscas algunos regalos. Di qué quieres comprar. Luego di qué talla/número necesitas y qué color quieres.

1.
2.
3.
4.
5.
6.

2 Estás en un centro comercial. Compara lo que ves con las cosas que tienes en casa. Comienza con los precios y la forma correcta de **este.** Di cuánto cuestan.

1. mesa de plástico, $125/mi mesa
2. sofá de seda, $1.199/mi sofá
3. cama grande, $1.831/mi cama
4. plantas de seda, $45/mis plantas
5. refrigerador negro, ultra moderno, $2.057/mi refrigerador
6. teléfonos azules y verdes, $62 cada uno/mis teléfonos

3 Escoge la respuesta apropiada.

1. ¿Adónde fuiste el lunes por la noche?
2. Hola. ¿Está Andrés?
3. Compré aretes y un anillo.
4. Lo siento, no está. ¿Quieres dejarle un recado?
5. ¿Qué hiciste en la tienda de música?

> **a.** Espera un momento. Ya te lo paso.
> **b.** ¿Fuiste a una joyería o a un almacén?
> **c.** Fui a la biblioteca a estudiar.
> **d.** Escuché muchos discos compactos.
> **e.** Sí, por favor, que me llame después.

4 Completa la conversación entre Carolina y su mamá usando el pretérito del verbo entre paréntesis.

—Caro, te ___1___ (llamar) Luisa. Quiere ir de compras.

—¡Qué lástima! Ya ___2___ (ir) de compras.

—¿Ah, sí? ¿Con quién? ¿ ___3___ (comprar) algo?

—Sí, Maite y yo ___4___ (comprar) toda la joyería.

—Carolina, sé buena...

—Ay, mami, no ___5___ (gastar) nada de dinero. Maite nos ___6___ (comprar) batidos y ___7___ (mirar) vitrinas por dos horas.

5 Contesta las siguientes preguntas.

1. How do you refer to clothing and shoe sizes in Spanish-speaking countries?

2. What are **guayaberas** and where did they originate?

3. Where would you likely see customers bargaining with vendors? Where wouldn't you?

6 Escucha y escribe qué cosas te comprarías *(would buy)* y en qué tienda.

7 Describe lo que ves en los dibujos. En oraciones completas, di qué dicen Felipe y Cristina, y qué compraron.

4 Gramática 2
• preterite of **-ar** verbs
• preterite of **ir**
• preterite of verbs with reflexive pronouns
pp. 288–293

5 Cultura
• **Comparaciones**
  pp. 282–283
• **Notas culturales**
  pp. 274, 278, 286, 288
• **Geocultura**
  pp. 266–269

Repaso

Gramática 1
- **costar** and numbers to one million
  pp. 276–277
- demonstrative adjectives and comparisons
  pp. 278–279
- **quedar**
  pp. 280–281

Repaso de Gramática 1

100	cien	600	seiscientos(as)
101	ciento uno(un)	700	setecientos(as)
102	ciento dos	800	ochocientos(as)
200	doscientos(as)	900	novecientos(as)
300	trescientos(as)	1.000	mil
400	cuatrocientos(as)	2.000	dos mil
500	quinientos(as)	1.000.000	un millón (de+*noun*)

sing. subj.   *pl. subj.*

La bolsa cuest**a** cien dólares. Las botas cuest**an** ciento veintiún dólares.

este/ese saco	**más**+*adj.*+**que**	**mejor(es)/peor(es) que**
estos/esos sacos	**tan**+*adj.*+**como**	
esta/esa blusa	**menos**+*adj.*+**que**	**mayor(es)/menor(es) que**
estas/esas blusas		

The verb **quedar** is used to say how something fits and is conjugated like **gustar: me/te/le/nos/os/les queda(n)**+*adjective/adverb*.

Gramática 2
- preterite of regular **-ar** verbs
  pp. 288–289
- preterite of **ir**
  pp. 290–291
- preterite verbs with reflexive pronouns
  pp. 292–293

Repaso de Gramática 2

The verb **comprar** has regular preterite forms; the verb **ir** is irregular.

compr**é**	compr**amos**	fui	fuimos
compr**aste**	compr**asteis**	fuiste	fuisteis
compr**ó**	compr**aron**	fue	fueron

The preterite is used to say what happened at a specific point in the past and to narrate a sequence of events.

Ayer **fui** al cine con mis amigos, **regresé** tarde a casa y **me acosté.**

Letra y sonido

El acento ortográfico
- Words ending in a vowel, **-n,** or **-s** are usually stressed on the next-to-last syllable. Exceptions have an accent mark over the stressed vowel:
  ni<u>ñ</u>o, <u>j</u>oven, <u>com</u>pras, sem<u>á</u>foro, alma<u>cén</u>, j<u>ó</u>venes
- Words ending in a consonant other than **-n,** or **-s** are usually stressed on the last syllable. Exceptions have an accent mark over the stressed vowel:
  pap<u>el</u>, ciu<u>dad</u>, repe<u>tir</u>, <u>á</u>ngel, <u>lá</u>piz, <u>Héc</u>tor

Trabalenguas
El célebre cerebelo del cerebro celebrará con celeridad una celebérrima celebración.

Dictado
Escribe las oraciones de la grabación.

Repaso de Vocabulario 1

Asking for and giving opinions

a la (última) moda	*in (the latest) style*
además	*besides*
barato(a)	*inexpensive*
caro(a)	*expensive*
costar (ue)	*to cost*
¡Es un robo!	*It's a rip-off!*
ese(a)	*that*
este(a)	*this*
feo(a)	*ugly*
la ganga	*bargain*
pasado(a) de moda	*out of style*
pequeño(a)	*small*
quedar bien/mal	*to fit well/badly*
tener razón	*to be right*
Colors . . . . *See p. 273.*

Asking for and offering help in a store

el abrigo	*(over)coat*
la blusa	*blouse*
la bolsa	*purse*
las botas	*boots*
los calcetines	*socks*
la camisa	*shirt*
la camiseta	*T-shirt*
cerrar (ie)	*to close*
la chaqueta	*jacket*

el/la cliente	*client, customer*
de algodón/lana/seda	*(made of) cotton/wool/silk*
el/la dependiente	*salesclerk*
devolver (ue)	*to return something*
¿En qué le puedo servir?	*How can I help you?*
Nada más estoy mirando.	*I'm just looking.*
la falda	*skirt*
llevar	*to wear*
Me gustaría...	*I would like . . .*
el número	*(shoe) size*
los pantalones (cortos/vaqueros)	*pants (shorts/jeans)*
un par de...	*a pair of . . .*
para hombres/mujeres/niños	*for men/women/children*
el saco	*jacket, sports coat*
las sandalias	*sandals*
el sombrero	*hat*
el suéter	*sweater*
la talla	*(clothing) size*
la tienda de ropa	*clothing store*
el traje de baño	*swimsuit*
usar	*to use, to wear*
el vestido	*dress*
los zapatos (de tenis)	*(tennis) shoes*
Numbers to one million . . . . *See p. 276.*
Demonstrative adjectives and comparisons . . . .*See p. 278.*

Repaso de Vocabulario 2

Saying where you went and what you did

ahorrar	*to save money*
el almacén	*department store*
el anillo	*ring*
anoche	*last night*
anteayer	*day before yesterday*
los aretes	*earrings*
los audífonos	*headphones*
ayer	*yesterday*
comprar	*to buy*
el dinero	*money*
el disco compacto (en blanco)	*(blank) CD*
el DVD	*DVD*
gastar	*to spend*
la heladería	*ice cream shop*

la joyería	*jewelry store*
la juguetería	*toy store*
los juguetes	*toys*
la librería	*bookstore*
mirar las vitrinas	*to window-shop*
pagar (una fortuna)	*to pay (a fortune)*
la plaza de comida	*food court in a mall*
la pulsera	*bracelet*
la revista de tiras cómicas	*comic book*
la tarjeta (de cumpleaños)	*greeting card (birthday card)*
la tienda de...	*. . . store*
tomar un batido	*to have a milkshake*
vender (de todo)	*to sell (everything)*
la zapatería	*shoe store*
Talking on the phone . . . .*See p. 287.*

Integración
capítulos 1-8

1 Escucha el anuncio y escoge la respuesta más apropiada.

1. Los audífonos son ═══.
   a. de la más alta calidad   b. muy caros

2. Esta tienda vende ═══.
   a. pocos videos   b. muchos videos

3. Casa Electrónica tiene ═══.
   a. muchas cosas caras   b. pocas cosas caras

4. Casa Electrónica nunca ═══.
   a. tiene descuentos   b. cierra

5. Según el anuncio, vas a ═══.
   a. ahorrar dinero   b. pagar mucho

2 Con base en el anuncio, haz comparaciones entre las siguientes cosas, usando **más...que, menos...que** y **tan...como.**

1. sandalias para mujeres/sandalias para hombres
2. blusas de seda/blusas de algodón
3. sombreros para hombres/sombreros para mujeres
4. pulseras/anillos y aretes
5. blusas para mujeres/camisas para hombres

Las celebraciones

► **El Carnaval de Santo Domingo** Siempre hay carrozas y disfraces en el carnaval dominicano.

▼ **El Festival del Merengue** El merengue es el baile y la música nacional de la República Dominicana.

¿Sabías que...?
El deporte nacional de la República Dominicana es el béisbol, también llamado pelota.

◄ **El Festival de Jazz** Este festival se celebra cada año en Sosúa con la participación de músicos internacionales y dominicanos.

La comida

▲ **El moro** es un plato tradicional donde se combina el arroz con las habichuelas.

▲ **El sancocho** es uno de los platos típicos del país.

▲ **Puesto de yaniqueque** El yaniqueque es una comida parecida al pan que se vende en los kioskos de las playas.

Conexión Ciencias naturales

Casabe dominicano
En la República Dominicana se prepara un alimento llamado casabe. Investiga de qué planta se hace el casabe. ¿Qué otros nombres tiene y en qué países crece esta planta? ¿Cuáles son sus características?

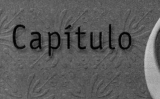
Capítulo 9

¡Festejemos!

OBJETIVOS

In this chapter you will learn to
- talk about plans
- talk about past holidays
- talk about preparing for a party
- greet, introduce others, and say goodbye

And you will use
- preterite of **-ar, -er,** and **-ir** verbs
- **pensar que** and **pensar** with infinitives
- direct object pronouns
- **conocer** and personal **a**
- present progressive

¿Qué ves en la foto?

- **¿Qué hacen estas personas?**

- **¿Dónde están?**

- **¿Qué ropa llevan las chicas?**

Festejando el Día de la Independencia en Santo Domingo

Objetivos
Talking about plans,
talking about past
holidays

Vocabulario
en acción 1

ExpresaVisión

Los días festivos

el Día de la Independencia

la Semana Santa

el Día de la Madre

el Día de los Enamorados

el Día del Padre

el Hanukah

la Navidad

la Nochevieja

el Día de Acción de Gracias

▶ **Vocabulario adicional** — Celebraciones, p. R7

recibir regalos

ver fuegos
artificiales

abrir regalos

¿Cómo lo festejaron?

reunirse con (toda) la familia

mandar
unas tarjetas

Más vocabulario...

el Año Nuevo	*New Year's Day*
celebrar	*to celebrate*
decorar la casa	*to decorate the house*
invitar	*to invite*
ir...	
a misa	*to Mass*
a la sinagoga	*to the synagogue*
al templo	*to the temple*

¡Exprésate!

Interactive TUTOR

To ask about plans	To respond
¿Qué vas a hacer el Día de la Independencia? *What are you going to do on Independence Day?*	**Pienso hacer una fiesta o tener un picnic.** *I plan to throw a party or have a picnic.*
¿Qué planes tienen para la Nochebuena? *What plans do you have for Christmas Eve?*	**Pensamos pasarla con mis abuelos, como siempre.** *We plan to spend it with my grandparents, as always.*

Online

Vocabulario y gramática,
pp. 97–99

La República Dominicana

trescientos once **311**

Celebrando un día festivo
en Santo Domingo

1 Días festivos

Leamos/Hablemos Lee las siguientes oraciones y decide qué día festivo le corresponde a cada una.

1. Papá Noel trae muchos regalos.
2. Decoramos con los colores azul, blanco y rojo.
3. Muchas personas salen para una cena romántica.
4. Compramos algo especial para nuestra madre.
5. Muchas personas van a la sinagoga.
6. La gente va a misa a la medianoche.
7. Nos reunimos con la familia en noviembre para una comida especial.
8. Hacemos algo para nuestro papá.
9. La gente sale a ver fuegos artificiales.
10. Festejamos el fin de año con una fiesta.

2 Celebraciones

 Escribamos Con base en las fotos, describe cómo estas personas van a pasar los días festivos. Escribe por los menos dos oraciones para cada foto.

1. mis padres

2. mi familia y yo

3. mis hermanas

4. mis amigos

¡Exprésate!

To ask about past holidays	To respond
¿Dónde pasaron la Navidad el año pasado? *Where did you spend Christmas last year?*	**La pasamos en casa de mis tíos.** *We spent it at my aunt and uncle's house.*
¿Qué tal estuvo? *How was it?*	**Estuvo a todo dar. Nos reunimos a comer.** *It was great. We got together to eat.*

Interactive TUTOR

Online
Vocabulario y gramática,
pp. 97–99

Vocabulario 1

3 Entre amigos

Leamos Pon en orden las oraciones de la siguiente conversación entre Lourdes y Manuel.

—¿Qué tal estuvo?

—¿Qué planes tienes para el Año Nuevo?

—Hola, Lourdes, ¿cómo estás? ¿Cómo pasaste la Navidad?

—Pues, la pasé con mi familia en casa de los abuelos.

—¡Hola, Manuel!

—No sé, pero creo que lo voy a pasar con mis primos.

—Estuvo bien. Nos reunimos a decorar la casa, comer y abrir regalos.

4 ¿Pasado o futuro?

Escuchemos Escucha la conversación entre Luis y Rosa. Indica si cada cosa ya *(already)* ocurrió el Día de Acción de Gracias o va a ocurrir el día de la Navidad.

	ya ocurrió	va a ocurrir
1. ir a casa de los abuelos		
2. almorzar en un restaurante		
3. ir al cine		
4. pasar la noche en casa		
5. decorar la casa		
6. ir a misa		
7. comer y abrir regalos		
8. dormir en casa de los abuelos		

5 Mi día festivo preferido

Escribamos Escribe un pequeño párrafo sobre tu día festivo preferido. Explica cómo y con quiénes celebras el día.

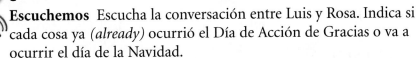

Comunicación

6 ¿Cómo lo van a pasar?

Hablemos Pregúntale a un(a) compañero(a) cuál es su día festivo preferido, cómo celebra el día y qué planes tiene para este año. Luego le toca a él o a ella hacerte preguntas.

MODELO —¿Cuál es tu día festivo preferido?
—Es la Nochevieja. Festejamos en casa con música y comida.

Nota cultural

On February 27th, Independence Day, Dominicans celebrate **Carnaval**. In Santo Domingo, children and adults gather to watch a parade along **El malecón**, one of the main streets. The parade includes floats, marching bands, dancers, and **diablos cojuelos**. These figures wear brightly-colored, horned masks and costumes covered with toys, mirrors, and shiny objects. What celebrations in the United States or in other countries are similar to the Dominican **Carnaval**?

Gramática
en acción 1

Video/DVD

GramaVisión

Interactive TUTOR

Preterite of -er and -ir verbs

1 The **preterite** is used to talk about what happened at a specific point in the past. To form the **preterite** of **-er** and **-ir** verbs, add these endings to the verb's stem.

volver		escribir	
yo	volv**í**	yo	escrib**í**
tú	volv**iste**	tú	escrib**iste**
usted, él, ella	volv**ió**	usted, él, ella	escrib**ió**
nosotros(as)	volv**imos**	nosotros(as)	escrib**imos**
vosotros(as)	volv**isteis**	vosotros(as)	escrib**isteis**
ustedes, ellos, ellas	volv**ieron**	ustedes, ellos, ellas	escrib**ieron**

—¿**Recibieron** la tarjeta?   —Sí, la **recibimos** ayer. Gracias.

2 Regular **-er** and **-ir** verbs have the same endings in the **preterite**. Stem-changing **-er** verbs don't have a stem change in the preterite.

3 The verb **ver** has regular **preterite** endings but without written accents.

yo	v**i**	nosotros(as)	v**imos**
tú	v**iste**	vosotros(as)	v**isteis**
usted, él, ella	v**io**	ustedes, ellos, ellas	v**ieron**

Online

Vocabulario y gramática, pp. 100–102	Actividades, pp. 81–83

¿Te acuerdas?

To form the **preterite** of a regular **-ar** verb, add these endings to the verb's stem.

merend**é**	merend**amos**
merend**aste**	merend**asteis**
merend**ó**	merend**aron**

No **-ar** verbs have stem changes in the preterite.

7 **La Navidad de Pablo**

Leamos Escoge el verbo correcto entre paréntesis.

Pablo y sus padres ___1___ (salimos/salieron) muy temprano para la casa de sus abuelos el día de Navidad, donde ___2___ (se reunieron/me reuní) con toda la familia. Pablo ___3___ (vimos/vio) a unos tíos que viven lejos. Primero todos ___4___ (comí/comieron) y Pablo ___5___ (bebiste/bebió) tres vasos de limonada. Después de la comida ellos ___6___ (abrimos/abrieron) los regalos. A las cuatro ___7___ (fuimos/fueron) a misa. Cuando ___8___ (volvieron/volviste), Pablo ___9___ (decidí/decidió) dormir un rato.

Gramática 1

8 **Ahora, ¿qué dice Pablo?**

Escribamos Vuelve a escribir el párrafo de la Actividad 7 desde el punto de vista *(point of view)* de Pablo. ¿Qué dice él?

9 **El Año Nuevo**

Escribamos/Hablemos Mira las fotos. Di quiénes hicieron estas cosas para celebrar el Año Nuevo según *(according to)* Marcos.

> MODELO   comer en un restaurante
> **Mis padres comieron en un restaurante.**

mi hermano y yo

mi abuela

mis padres

1. beber muchos refrescos
2. salir a un restaurante
3. beber café
4. comer pastel de chocolate
5. asistir a una fiesta
6. comer pizza
7. ver televisión
8. reunirse con la familia

Comunicación

10 **La semana pasada**

Hablemos Pregúntale a un(a) compañero(a) si hizo las cosas de la Actividad 9 la semana pasada.

> MODELO   —¿Comiste en un restaurante?
> —**Sí, comí en un restaurante la semana pasada.**

11 **¿Qué hiciste?**

Hablemos Usa las frases del cuadro para hacer cuatro preguntas sobre lo que hizo tu compañero(a) el año pasado para festejar algunos días festivos. Túrnense para contestar.

escribir tarjetas	reunirse con la familia	salir a comer
ver fuegos artificiales	recibir regalos	asistir a una fiesta

Interactive
TUTOR

Repaso The preterite

1 Compare the preterite forms of regular **-ar**, **-er**, and **-ir** verbs and the irregular verb **ir**.

	invitar	comer	salir	ir
yo	invit**é**	com**í**	sal**í**	**fui**
tú	invit**aste**	com**iste**	sal**iste**	**fuiste**
usted, él, ella	invit**ó**	com**ió**	sal**ió**	**fue**
nosotros(as)	invit**amos**	com**imos**	sal**imos**	**fuimos**
vosotros(as)	invit**asteis**	com**isteis**	sal**isteis**	**fuisteis**
ustedes, ellos, ellas	invit**aron**	com**ieron**	sal**ieron**	**fueron**

—¿**Saliste** con tus amigos? —Sí, **fuimos** a una fiesta.
Did you go out with your friends? *Yes, we went to a party.*

—¿A quiénes **invitaron** a la fiesta? —A todos. **Comimos** y
  bailamos mucho.
Whom did they invite to the party? *Everyone. We ate and
  danced a lot.*

Online

Vocabulario y gramática, pp. 100–102	Actividades, pp. 81–83

¿Te acuerdas?

Stem-changing **-ar** and **-er** verbs have no stem changes in the preterite.

El regalo c**o**stó veinte dólares.

No v**o**lvimos hasta *(until)* las once.

12 **¿Cuándo?**

Escuchemos Escucha las oraciones y decide si la joven habla de **a)** lo que su familia siempre hace o de **b)** lo que hizo.

13 **¿Qué tal estuvo?**

Escribamos Indica qué hicieron las siguientes personas en varias fiestas. Luego di qué tal estuvo cada fiesta—a todo dar o aburrida.

MODELO **nosotros (no salir hasta muy tarde)**
No salimos hasta muy tarde.
La fiesta estuvo a todo dar.

1. su tía (cantar ópera)
2. yo (bailar toda la noche)
3. nosotros (comer muy bien)
4. sólo *(only)* cuatro personas (ir a la fiesta)
5. Laura y José (jugar al ajedrez)
6. muchas personas interesantes (hablar conmigo)
7. nosotros (pasar una noche fenomenal)
8. todos (salir temprano de la fiesta)
9. yo (ver a muchos de mis amigos)
10. mis primos (contar chistes)

14 Padres especiales

Escribamos Escribe tres oraciones para cada foto y di cómo festejó cada familia el Día del Padre y el Día de la Madre.

MODELO **Pasaron el Día de la Madre con la abuela.**

el Día de la Madre

el Día del Padre

15 El calendario de Arturo

Leamos/Escribamos Usa la información del calendario para escribir por lo menos siete oraciones sobre lo que hizo Arturo para cada día festivo. Después compara sus actividades con las tuyas.

MODELO **El 14 de febrero Arturo mandó tarjetas.**
No mandé tarjetas, pero sí comí chocolates.

14 de febrero	4 de julio	25 de diciembre	31 de diciembre
mandar tarjetas	ir a la playa	abrir regalos	ir a una fiesta
abrir regalos	ver fuegos artificiales	reunirse con la familia	bailar
comer chocolates	comer en el parque	ir a la iglesia	reunirse con amigos

Comunicación

16 ¿Y tú?

Hablemos Pregúntale a tu compañero(a) cómo celebró los días festivos de la Actividad 15.

MODELO —¿Recibiste muchas tarjetas para el Día de los
Enamorados?
—Recibí muchas tarjetas y unos regalos también.

TUTOR

Pensar que and pensar with infinitives

1 The **e → ie** stem-changing verb **pensar** means *to think*. When it's followed by **que,** it means *to think that . . .*

yo **pie**nso	nosotros(as) pensamos
tu **pie**nsas	vosotros(as) pensáis
Ud., él, ella **pie**nsa	Uds., ellos(as) **pie**nsan

Pienso que los invitados van a hablar y bailar toda la noche. Va a ser una fiesta muy divertida.
I think that the guests are going to . . .

2 **Pensar** can also be followed by an **infinitive** to say what *someone plans* to do or *intends* to do.

—¿Qué **piensan hacer** para celebrar el Año Nuevo?
What do you plan to do to celebrate New Year's Eve?

—**Pensamos ir** a esquiar.
We plan to go skiing.

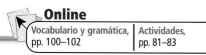
Online
| Vocabulario y gramática, pp. 100–102 | Actividades, pp. 81–83 |

Nota cultural

Celebrations call for special foods. In the Dominican Republic, a food served during the Christmas season is **pasteles en hoja.** This dish is prepared by boiling and mashing green plantains. The mashed plantains are then spread onto plantain leaves. Next, the leaves are stuffed with ground beef or chicken. Finally, the stuffed leaves are folded, tied with string, and placed in a pot of boiling water. Which other cultures have dishes similar to this?

17 **Este año pienso...**

Leamos/Escribamos Completa cada resolución de Año Nuevo *(New Year's resolution)* de manera lógica. Usa el verbo **pensar** en tus respuestas.

relajarse más	seguir una dieta más sana
gastar menos en regalos	tomar una clase de francés
volver a la universidad	hacer más ejercicio
ir a la casa de los abuelos	pasar más tiempo en casa

MODELO **Voy a comer más verduras.**
Pienso seguir una dieta más sana.

1. Mi madre va a estudiar mucho.
2. Mi hermano y yo vamos a mantenernos en mejor forma.
3. Mi padre va a tomar menos café y no va a trabajar hasta tarde.
4. Vamos a reunirnos con todos mis tíos para la Navidad.
5. Mi madre va a estudiar francés.
6. Mis padres van a ahorrar dinero este año.
7. No voy a salir con mis amigos todos los sábados.

18 El Día de la Independencia

Escribamos/Hablemos Mira los dibujos e indica cómo piensan pasar estas personas el 4 de julio. Luego usa **pienso que** para dar tu opinión sobre los planes.

MODELO **Pienso ir a la playa con mis amigos. Pienso que va a ser muy divertido. (Pienso que me voy a divertir mucho.)**

yo

1. mis amigos y yo

2. unos amigos

3. mis padres

4. mi hermana

5. por la noche, mis padres y yo

6. mis abuelos

Comunicación

19 ¡Ven a mi fiesta!

Hablemos Con un(a) compañero(a), habla de una fiesta que piensas hacer. Menciona el motivo de la fiesta, dónde va a ser, los invitados, la música y la comida. Tu compañero(a) puede usar las frases del cuadro para hacerte preguntas y reaccionar a tus respuestas.

Pienso que...	(No) estoy de acuerdo.	Prefiero...
fenomenal	pésimo(a)	divertido(a)
(No) me gusta(n).	¡Buena idea!	delicioso(a)

Gramática 1

Cultura

Comparaciones

Interactive TUTOR

Carnaval en la República Dominicana

¿Qué días festivos se celebran en tu país?

En los países hispanohablantes, los días festivos y los festivales son muy importantes. A veces los festivales son religiosos, y a veces son de sabor nacional o regional. De todos modos, toda la comunidad participa, y es común cerrar los colegios, tiendas y otros negocios para celebrar. Estas personas hablan de los días festivos en su país y de la manera en que se celebran. ¿Son días festivos que celebras también? ¿Los celebras igual que ellos? Si son festivales que no celebras, ¿te acuerdas de otros que sí celebras?

Waldemar
Santo Domingo, la República Dominicana

¿Me puedes decir cuáles son dos o tres días festivos que se celebran en República Dominicana, y en qué fechas son?

Celebramos la Semana Santa, que es la segunda semana de abril. Celebramos el Día de la Madre, catorce de mayo. Y también celebramos las Navidades.

¿Cuál es tu día festivo favorito?

Me gusta mucho la Semana Santa.

¿Qué significa para ti la Semana Santa?

Es una semana muy espiritual.

¿Cómo pasaste la Semana Santa el año pasado?

Muy común. Como todo el mundo, fuimos a la iglesia mucho. Pasé mucho tiempo con mi familia.

Océano Atlántico
REPÚBLICA DOMINICANA
★ Santo Domingo

Cultura

Diana
El Paso, Texas

¿Me puedes decir dos o tres días festivos que se celebran aquí en El Paso?

Claro, aquí en El Paso festejamos el Día de la Independencia de Estados Unidos, que es el cuatro de julio. También festejamos la Navidad, que es el veinticinco de diciembre, y el Día de Gracias, que es el último jueves de noviembre.

¿Qué día festivo es tu favorito?

Mi día festivo favorito es la Navidad.

¿Cómo pasaste la Navidad el año pasado?

Toda mi familia nos sentamos en la casa de los abuelos, y comimos pavo.

Para comprender

1. ¿Cuáles son tres días festivos que se celebran en la República Dominicana?
2. ¿Quién pasó su día festivo favorito con su familia?
3. ¿En qué día se celebra el Día de Acción de Gracias en Estados Unidos?
4. ¿Adónde fue Waldemar durante la Semana Santa?

Para pensar y hablar

Waldemar and Diana say that their favorite holidays are *Semana Santa* and *la Navidad.* Why do you think they chose those holidays as their favorites? What similarity is there in the way they spent the holidays? What are your favorite holidays? Why are those days important to you?

Cuaderno para hispanohablantes, pp. 93–104

Comunidad

Días festivos latinos en Estados Unidos

Many communities in the United States celebrate Mexican, Puerto Rican, Cuban, and other Latin American holidays. September 15–October 15, Hispanic Heritage Month, is the time in which Americans celebrate the contributions of Spanish-speakers to U.S. culture and society. Call the Chamber of Commerce or your public library and find out which holidays people in your community celebrate. Try to participate in one of the events your community has planned. If there are no events planned, get together with your classmates and plan a celebration for your school.

Cinco de Mayo Festival, Los Angeles

Vocabulario
en acción 2

Video/DVD
ExpresaVisión

mandar invitaciones

Ahora estamos haciendo preparativos para la fiesta sorpresa.

colgar (ue) decoraciones, decorar

Entremeses

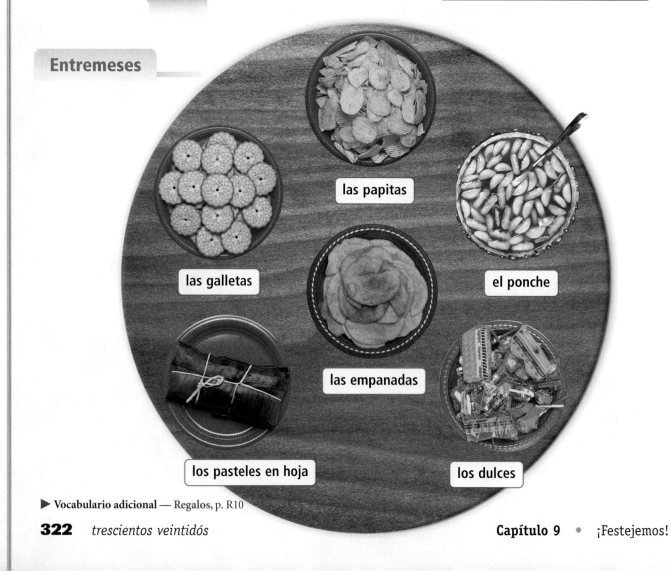

las galletas

las papitas

el ponche

las empanadas

los pasteles en hoja

los dulces

▶ **Vocabulario adicional** — Regalos, p. R10

Los invitados van a...

enseñar fotos

charlar

contar (ue) chistes

Más vocabulario...

Las fiestas

el aniversario	*anniversary*
la boda	*wedding*
el cumpleaños	*birthday*
el día de tu santo	*your saint's day*
la fiesta sorpresa	*surprise party*
la graduación	*graduation*
la quinceañera	*girl's fifteenth birthday*

También se puede decir...

In the Dominican Republic, finger foods are called **bocadillos** or **picaderas,** but they may also be called **tapas** in Spain, **botanas** in Mexico, **pasapalos** in Venezuela, or **bocas** in Costa Rica.

Some Spanish speakers in Mexico say **platicar** instead of **charlar.**

¡Exprésate!

Interactive TUTOR

To ask about preparing for a party	To respond
¿Está todo listo para la fiesta? ¿Ya terminaste con los preparativos? *Is everything ready for the party? Did you already finish the preparations?*	**Sí. Anoche compré las flores y preparé el ponche.** *Yes. Last night I bought the flowers and made the punch.*
¿Qué están haciendo los jóvenes ahora? *What are the young people doing now?*	**Están colgando la piñata.** *They are hanging the piñata.*

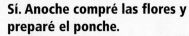

Online
Vocabulario y gramática, pp. 103–105

20 **¡Vamos a festejar!**

Leamos/Hablemos Completa las oraciones con la(s) palabra(s) apropiada(s).

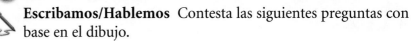

| decoraciones | ponche | está listo | invitados | fiesta sorpresa |
| empanadas | piñata | chistes | cumpleaños | pasteles en hoja |

1. Hoy es el ===== de mi primo Paco.
2. Esta noche hay una =====. Va a ser muy divertida.
3. Todo ===== para la fiesta.
4. Anteayer mi mamá, mis hermanos y yo preparamos los =====.
5. Esta mañana limpiamos la casa y luego colgamos las =====.
6. Ahora mi papá está colgando la ===== en el patio.
7. En unas horas, los ===== van a llegar a nuestra casa.
8. En la fiesta, vamos a beber ===== y comer muchas =====.
9. Voy a contar muchos ===== también.

21 **La fiesta de Mila**

Escribamos/Hablemos Contesta las siguientes preguntas con base en el dibujo.

1. ¿Qué ocasión especial festejaron?
2. ¿Qué preparativos hicieron *(did they make)* para la fiesta?
3. ¿Qué tal estuvo la fiesta?
4. ¿Qué pasó en la fiesta?

¡Exprésate!

To greet, introduce others, and say goodbye

Interactive
TUTOR

¡Qué gusto verte!	**¡Tanto tiempo sin verte!**
It's great to see you!	*Long time, no see!*
¿Qué hay de nuevo?	**Lo de siempre.**
What's new?	*Same as usual.*
Te presento a mis padres.	**Tanto gusto. ¡Feliz aniversario!**
I'd like you to meet my parents.	*So nice to meet you. Happy anniversary!*
Chao, te llamo más tarde.	**Vale. Que te vaya bien.**
Bye, I'll call you later.	*Okay. Hope things go well for you.*
	Cuídate.
	Take care.

Online
Vocabulario y gramática,
pp. 103–105

22 Saludos, despedidas y presentaciones

 Escuchemos Indica si cada expresión es **a)** un saludo *(a greeting)*, **b)** una despedida *(a farewell)*, o **c)** una presentación *(an introduction)*.

23 ¿Qué dices?

Leamos/Hablemos Decide qué expresiones de **¡Exprésate!** puedes usar en estas situaciones.

1. Ves a un amigo después de tres años.
2. Acaban de presentarte a dos amigos.
3. Estás con tus padres y ves a un amigo que no los conoce.
4. Vas a hablar por teléfono con un amigo más tarde.
5. Un amigo va a la República Dominicana por dos años.
6. Estás muy contento(a) de ver a un amigo.
7. Un amigo quiere saber qué hiciste el fin de semana, pero no hiciste nada nuevo.

Comunicación

24 Una reunión

Escribamos/Hablemos En grupos de tres, dramaticen la siguiente situación. Diez años después de tu graduación del colegio regresas con tu esposo(a) *(spouse)* para una reunión de tu clase. Preséntales tu esposo(a) a tus compañeros de clase. Luego hablen de sus familias, de dónde viven y de qué hicieron después de graduarse.

Video/DVD

Gramática *en acción* 2

GramaVisión

Repaso Direct object pronouns

Interactive TUTOR

1 Direct objects are people or things that receive the action of a verb. To avoid repetition, the **direct object pronouns** can take their place.

Subject	Direct Object		Subject	Direct Object
yo	**me** *me*		nosotros(as)	**nos** *us*
tú	**te** *you*		vosotros(as)	**os** *you*
usted (m.)	**lo** *you*		ustedes (m.)	**los** *you*
usted (f.)	**la** *you*		ustedes (f.)	**las** *you*
él	**lo** *him*		ellos	**los** *them*
ella	**la** *her*		ellas	**las** *them*

la stands for Paula

—¿Invitaste a **Paula**?   —Sí, **la** invité. Ella viene.
Did you invite Paula?   *Yes, I invited her. She's coming.*

2 When answering a question, remember to change the **direct object pronoun**, if necessary.

object me changes to te

—¿**Me** vas a llamar?   —Sí, **te** llamo más tarde.
Are you going to call me?   *Yes, I'll call you later.*

Online

| Vocabulario y gramática, pp. 106–108 | Actividades, pp. 85–87 |

¿Te acuerdas?

The direct object pronouns **lo** *(him, it)*, **la** *(her, it)*, **los** *(them)* and **las** *(them)* can stand for things as well as people.

—¿Ya compraste **las flores?**

—Sí, ya **las** compré.

---

25 **Invitaciones**

Escribamos Indica a qué celebración invitaste a las siguientes personas. Sigue el modelo.

MODELO **La invité a la quinceañera.**

Ana

1. a mis abuelos

2. a mi profesora

3. a mis amigas

4. a mi primo

Gramática 2

26 **Una fiesta sorpresa**

Escribamos/Hablemos Una amiga te ayuda con una fiesta para tu hermano José. Contesta las preguntas con un pronombre de complemento directo *(direct object pronoun).*

♻ ***¿Se te olvidó?*** Pronoun placement, p. 212

> **MODELO** Vas a llevar *a tu hermano* a la fiesta, ¿verdad? (sí)
> **Sí, voy a llevarlo. (Sí, lo voy a llevar.)**

1. *¿Me* vas a llamar antes de la fiesta, ¿verdad? (sí)
2. José no debe ver *a los invitados* antes de entrar, ¿verdad? (no)
3. ¿Debo poner *los regalos* en la mesa del patio? (sí)
4. ¿Invitaste *a los estudiantes de su clase?* (sí)
5. ¿Él no vio *las decoraciones?* (no)
6. ¿Tus padres *te* ayudaron a preparar todo? (sí)
7. *¿Me* necesitas para mañana? (no)

27 **¡No nos fastidies!**

Escribamos/Hablemos Usando un pronombre de complemento directo con el imperativo, dile a cada persona qué debe o no debe hacer.

♻ ***¿Se te olvidó?*** Object pronouns and informal commands, p. 254

> **MODELO** Hablas con tus amigos y tu hermano los interrumpe.
> —**¡No nos interrumpas!**

1. Un amigo que habla español nunca te ayuda a estudiar.
2. Hablas de algo secreto con un amigo y tu hermano los escucha.
3. El hermano menor de un amigo es antipático y tu amigo siempre lo trae cuando ustedes salen.
4. Tu mejor amigo no te llama.
5. Quieres comprar un regalo de cumpleaños para tu hermana y tu amigo la invita a ir de compras con ustedes.

Nota cultural

In most Spanish-speaking countries, including the Dominican Republic, dancing is an important part of any party. All kinds of music are played, food is served, and parties often do not end until the early morning hours. Spanish-speaking and Latin American countries have given us some of the most popular dances, including **merengue, salsa, samba, cha-cha-chá, tango, rumba,** and **cumbia.** Are these dances popular where you live?

Comunicación

28 **Planes para una fiesta**

Hablemos En parejas, hablen de los planes para una fiesta. ¿Cuándo quieren hacerla? Di quiénes te van a ayudar con los preparativos. ¿Qué van a servir? ¿Qué van a necesitar y dónde van a poner todo?

> **MODELO** —¿Cuándo quieres hacer tu fiesta de cumpleaños?
> —**Quiero hacerla en dos semanas.**

La República Dominicana

trescientos veintisiete **327**

Conocer and personal a

1 The verb **conocer** is used to say you know or meet people, or that you are familiar with a place or a thing. It is irregular in the **yo** form.

yo cono**zco**	nosotros(as) conocemos
tú conoces	vosotros(as) conocéis
Ud., él, ella conoce	Uds., ellos, ellas conocen

—Aquí viene mi prima Claudia. ¿Quieres conocerla?
—Ya la **conozco**.

—Conocen las obras de Calderón de la Barca?
—No, no las conocemos.

2 When a name or noun referring to a person is the **direct object** of **conocer** or other verbs, the word **a** comes before it. This **a** has no translation.

—¿**Conoces a mi hermano**?
—Sí, **conozco a toda tu familia**.

The preposition **a** combines with the definite article **el** to form the contraction **al**.

Online

Vocabulario y gramática, pp. 106–108	Actividades, pp. 85–87

29 **¿Conoces estas obras?**

 Escribamos Indica si conoces o no las obras *(works)* de estos hispanos famosos. Usa un pronombre de complemento directo.

MODELO **Sí, la conozco.**
(**No, no la conozco.**)

la música de
Andrés Segovia

las películas de Antonio Banderas

los libros de Isabel Allende

las canciones de Shakira

el arte de Pablo Picasso

30 **Presentaciones**

Leamos Completa la siguiente conversación con las formas correctas de **conocer,** los pronombres de complemento directo o la palabra **a.**

SONIA   Mario y Daniel, ¡qué gusto verlos! ¿ __1__ a mi hermano Carlos?

DANIEL   No, no lo __2__ .

SONIA   Carlos, te presento __3__ mis amigos Mario y Daniel. Mario y Daniel, les presento __4__ mi hermano Carlos.

CARLOS   Mario, ¿no eres el primo de Alberto Martínez?

MARIO   Sí, soy su primo. ¿ __5__ conoces?

CARLOS   Sí, lo __6__ muy bien. Está en mi clase de historia y a veces jugamos al tenis después de clases.

Un supermercado de la República Dominicana

31 **¿Se conocen?**

Leamos/Escribamos Lee cada oración. Indica si estas personas conocen a las personas o las cosas entre paréntesis. Repite la respuesta usando un pronombre de complemento directo.

MODELO **Mis padres siempre invitan a mi mejor amigo a nuestra casa. (mi mejor amigo)**
Mis padres conocen bien a mi mejor amigo.
Mis padres lo conocen bien.

1. Juan habla con Sara todos los días. (Sara)
2. Mi tía sabe dónde están las tiendas, los restaurantes, el colegio, el correo y el cine. (la ciudad)
3. Mis abuelos quieren venir a mi colegio pero no saben dónde está. (el pueblo)
4. Mi mejor amigo viene a mi casa los fines de semana. (mi casa)
5. Mi madre quiere hablar con mi profesor de español pero no sabe cómo se llama. (mi profesor de español)
6. Lola está en mi clase de inglés. Me parece muy simpática. (Lola)

Comunicación

32 **Un encuentro**

Hablemos Imaginen que están en una fiesta. En grupos de cuatro, túrnense para presentar a dos de sus compañeros a la otra persona. Luego hablen de sus pasatiempos. Pueden usar la Actividad 31 de modelo.

Interactive
TUTOR

Present progressive

1 To say what is happening right now, use the present progressive. To form the present progressive, combine a present tense form of **estar** with the present participle. Form the present participle by replacing **-ar** with **-ando** and **-er** or **-ir** with **-iendo**.

cantar ⟶ cant**ando**

Rosa **está** cant**ando**. *Rosa is singing.*

comer ⟶ com**iendo**

Estamos com**iendo**. *We are eating.*

2 When the stem of an **-er** or **-ir** verb ends in a vowel, form the present participle by changing the **i** of -iendo to **-y** (-yendo).

leer ⟶ le**y**endo

¿**Estás** le**y**endo? *Are you reading?*

3 The participles of stem-changing **-ir** verbs like **pedir, dormir,** and **servir** change **o** ⟶ **u** and **e** ⟶ **i**. There are no stem changes for **-ar** and **-er** verbs.

dormir ⟶ d**u**rmiendo   servir ⟶ s**i**rviendo

4 The verbs **ir** and **venir** are not usually used in the present progressive. Use the simple present tense instead.

—¿**Vienes** a la fiesta?   *Are you coming to the party?*

—No, **voy** a la biblioteca.   *No, I'm going to the library.*

5 **Direct object** and **reflexive pronouns** can go before the conjugated form of **estar** or can be attached to the end of the present participle. When you attach the direct object or reflexive pronoun to the end of the present participle, place an accent mark on the stressed vowel.

¿La tarea? **La** estoy haciendo. (Estoy haciéndo**la**)

¿Mis hijos? **Se** están bañando. (Están bañándo**se**.)

Online

| Vocabulario y gramática, pp. 106–108 | Actividades, pp. 85–87 |

Online
Vocabulario y gramática, pp. 106–108 | Actividades, pp. 85–87

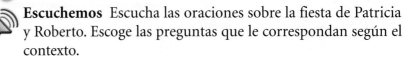

En inglés

In English, the present progressive can mean that something is happening right now, is going on regularly, or is going to happen.

Everyone *is celebrating* in the living room.

We *are spending* a lot of time together.

I *am leaving* tomorrow.

In Spanish, the present progressive can mean that something is happening right now or is going on regularly in the present. It is not used for what is going to happen. Instead, the simple present is used.

Todos **están celebrando** en la sala.

Estamos pasando mucho tiempo juntos.

Salgo mañana.

33 **¿Qué están haciendo?**

Escuchemos Escucha las oraciones sobre la fiesta de Patricia y Roberto. Escoge las preguntas que le correspondan según el contexto.

a. ¿Qué están haciendo ustedes?

b. ¿Qué están haciendo los invitados?

c. ¿Qué está haciendo tu madre?

34 **¿Dónde están?**

Escribamos/Hablemos Indica qué están haciendo las siguientes personas según el contexto. Menciona varias posibilidades.

> **MODELO** Consuelo está en su cuarto.
> **Está durmiendo. Está estudiando.**

1. Lupe está en la clase.
2. Juan y Carlos están en el parque.
3. Laura y José están en una fiesta de cumpleaños.
4. Mi hermana y yo estamos en la cocina.
5. Estás en una tienda.
6. Tu primo y tú están en un restaurante.

Comunicación

35 **Pantomimas**

Hablemos Cada estudiante va a representar una de las siguientes acciones sin hablar y la clase va a adivinar *(guess)* qué está haciendo.

hablar por teléfono	abrir un regalo	escribir una tarjeta
lavarse los dientes	secarse el pelo	maquillarse
peinarse	servir comida	acostarse

36 **Una fiesta**

Hablemos Con un(a) compañero(a), describe la fiesta que hizo Paco con su familia. Usa el primer dibujo para hablar de lo que pasó antes de la fiesta, el segundo para hablar de lo que está pasando, y el tercero para decir lo que las personas piensan hacer después.

A conocer Perú
La arquitectura

▲ **Machu Picchu,** la «ciudad perdida» de los incas, fue redescubierta en 1911. Demuestra lo avanzado de la cultura precolombina.

▲ **Cuzco** La combinación de los estilos colonial e incaico es notable en la Iglesia de Santo Domingo, construida encima del antiguo Templo del Sol del Inca, que también se conoce como Qoricancha.

▲ **Lima** La Catedral en la Plaza Mayor, el centro colonial de la capital, refleja la herencia española de la ciudad.

El arte

◀ **Los tejidos** de la región de los Andes son muy conocidos. Las campesinas quechuas son expertas tejedoras. Fabrican textiles preciosos de lana de alpaca.

▼ **Las famosas líneas de Nazca** se encuentran en el desierto de la costa del sur. Las formas talladas en la tierra se pueden observar solamente desde el aire.

▲ *Danza* fue pintado por el artista peruano Julio Quispe Virhues (1945–). El pintor, conocido como Quispejo, ha realizado exposiciones en muchos países, inclusive en Estados Unidos.

Las celebraciones

▼ **Durante la Semana del Andinismo** en la Cordillera Blanca se practican deportes como el alpinismo, esquí y kayaking.

¿Sabías que...?

Las paredes de los edificios incaicos están hechas de piedras talladas con extraordinaria precisión. Se cuenta que ni un cuchillo cabe entre las piedras.

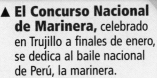

▲ **El Concurso Nacional de Marinera,** celebrado en Trujillo a finales de enero, se dedica al baile nacional de Perú, la marinera.

▶ **En el Concurso Nacional del Caballo Peruano de Paso** se celebra el caballo nacional de Perú. Es una gran fiesta con elegantes desfiles que dura una semana.

La comida

▲ **El ají,** un pimiento picante, es un ingrediente típico de la cocina peruana.

◀ **El ceviche** es un plato de pescado crudo preparado con jugo de limón, cebolla, ají y maíz o camote. Se sirve en cevicherías, restaurantes muy típicos de Perú.

Conexión Geografía

Perú tiene tres distintas regiones geográficas— la costa, la selva y la sierra. La comida de cada región es diferente. Investiga la comida típica de cada región y explica cómo y por qué son diferentes.

6960 metros

3000 metros
La sierra

1800 metros
La selva

900 metros
La costa

El nivel del mar

10

¡A viajar!

OBJETIVOS

In this chapter you will learn to
- ask for and give information
- remind and reassure others
- talk about a trip
- express hopes and wishes

And you will use
- preterite of regular verbs
- preterite of **-car, -gar, -zar** verbs
- preterite of **hacer**
- informal commands of spelling-change and irregular verbs
- direct object pronouns
- verbs followed by infinitives

¿Qué ves en la foto?

- ¿Cuántas personas hay en esta familia? ¿Cómo son?

- ¿Qué tiempo hace?

- ¿Qué ropa llevan estas personas?

De excursión en Machu Picchu, Perú

347

Vocabulario *en acción* 1

Video/DVD
ExpresaVisión

En el aeropuerto

la agente

el mostrador

facturar el equipaje

hacer cola

el pasajero

el control de
seguridad

la puerta

la sala de espera

esperar

el avión

Acabo de
desembarcar. ¿Dónde
puedo recoger las
maletas?

Allí, en el reclamo de
equipaje.

el reclamo de
equipaje

las maletas

la aduana

▶ **Vocabulario adicional** — Vacaciones, p. R11

Voy a abordar el avión ahora. Tengo todo. No quiero perder nada.

la billetera

la tarjeta de embarque

el boleto de avión

la bolsa

el carnet de identidad

el pasaporte

Más vocabulario...

cambiar dinero	to change money
comenzar (ie) un viaje	to begin a trip
encontrarse (ue) con (alguien)	to meet up with (someone)
hacer un viaje	to take a trip
irse	to leave
la llegada	arrival
la salida	departure
sentarse (ie)	to sit down
los servicios	restrooms

También se puede decir...

Some Latin American speakers say **la valija** instead of **la maleta**.

In Latin America, you will hear **chequear el equipaje** instead of **facturar el equipaje**.

El boleto is sometimes called **el billete, el ticket, la boleta, el tiquete,** or **el pasaje.**

¡Exprésate!

Interactive
TUTOR

To ask for information	To give information
¿Me puede decir dónde está la oficina de cambio? *Can you tell me where the money exchange is?*	**Está a la vuelta.** *It's around the corner.*
¿Sabe Ud. a qué hora sale el vuelo 954? No quiero perderlo. *Do you know at what time Flight 954 leaves? I don't want to miss it.*	**Lo puede ver allí en esa pantalla.** *You can see it there on that monitor.*
	Sí, sale a las cuatro en punto. *Yes, it leaves at four on the dot.*
¿Dónde se puede conseguir un mapa? *Where can I get a map?*	**Lo siento, no sé.** *I'm sorry, (but) I don't know.*

Online
Vocabulario y gramática, pp. 109–111

1 ¿Dónde están?

 Escuchemos Mira las fotos y escucha las conversaciones. Decide qué foto corresponde a cada conversación.

A **B** **C** **D**

2 Definiciones

Leamos/Escribamos Completa las oraciones.

reclamo	~~cambio~~	~~vuelo~~	desembarcar
~~cola~~	~~seguridad~~	aeropuerto	abordar
~~embarque~~	~~avión~~	~~salida~~	perder

1. Un ===== es donde llegan y salen los aviones.
2. Una ===== es una línea de personas que esperan.
3. Necesitas una tarjeta de ===== para abordar un =====.
4. En la pantalla está el número del ===== y la hora de la =====.
5. El agente abre el equipaje en el control de =====.
6. Puedes cambiar dólares por soles en la oficina de =====.
7. Puedes recoger tus maletas en el ===== de equipaje.
8. Cuando un avión llega al aeropuerto, los pasajeros tienen que =====.
9. Si llegas tarde, vas a ===== el vuelo.
10. Antes de =====, los pasajeros se sientan en la sala de espera.

3 Conversaciones

Leamos/Escribamos Completa las conversaciones con base en las fotos de la Actividad 1.

1. —¿Sabe Ud. dónde están =====?
   —Sí, cómo no. Están =====.
2. —¿Me puede decir a qué hora llega ===== 179?
   —Lo siento, =====. Pero lo puede ver allí en esa =====.
3. —¿Dónde puedo ===== el equipaje?
   —Tiene que ir a ese ===== y hacer =====.
4. —¿Sabe Ud. dónde ===== la aduana?
   —Lo =====, no sé.

¡Exprésate!

To remind and reassure

¿Ya sacaste el dinero?	**Sí, ya lo saqué.**
Did you already get the money?	*Yes, I already got it.*
	No, todavía no. Debo pasar por el cajero automático.
	No, not yet. I need to go by the automatic teller machine.
¿Ya hiciste la maleta?	**No, todavía tengo que hacerla.**
Did you already pack your suitcase?	*No, I still have to pack it.*
¡Ay, dejé la cámara en casa!	**No te preocupes. Puedes comprar una cámara desechable en cualquier tienda.**
Oh, I left the camera at home!	*Don't worry. You can buy a disposable camera at any store.*

Online
Vocabulario y gramática,
pp. 109–111

4 Preparativos para el viaje

Leamos/Escribamos Joaquín planeó muchas cosas (*planned many things*) esta semana. Indica si ya hizo (*did*) las cosas o si todavía tiene que hacerlas.

MODELO el lunes: Ya encontró el pasaporte.
Todavía tiene que conseguir un mapa.

lunes	martes	miércoles	jueves	viernes
6 conseguir un mapa encontrar el pasaporte X	**7** lavar la ropa X sacar dinero	**8** ir a la oficina de cambio X limpiar el cuarto	**9** escribir cartas X hacer la maleta	**10** comprar una cámara desechable X llamar a tío Paco

Comunicación

5 ¿Ya lo hiciste?

Hablemos Hablas con tu compañero(a) sobre un viaje. Contesta sus preguntas basándote en la lista.

MODELO —¿Ya sacaste la tarjeta de embarque?
—No, todavía no. Debo ir al mostrador.

Cosas por hacer:
- sacar la tarjeta de embarque
- √ encontrar el pasaporte
- √ sacar dinero
- √ comprar el boleto
- facturar el equipaje
- comprar revistas para el viaje

6 De viaje

Hablemos Con un(a) compañero(a), dramatiza una conversación entre dos personas que hacen un viaje a Perú. Pregúntense acerca de los pasaportes, los boletos, el aeropuerto y otras cosas.

Gramática
en acción 1

GramaVisión

Repaso   The preterite

1 Use the preterite to talk about what happened at a specific point in the past and to narrate a sequence of events in the past.

> **Me levanté** temprano, **me vestí** y **fui** al aeropuerto.

2 You know how to form the preterite of all regular verbs. Remember that **-ar** and **-er** verbs do not have stem changes in the preterite.

	esperar	**perder**	**abrir**
yo	esper**é**	perd**í**	abr**í**
tú	esper**aste**	perd**iste**	abr**iste**
Ud., él, ella	esper**ó**	perd**ió**	abr**ió**
nosotros(as)	esper**amos**	perd**imos**	abr**imos**
vosotros(as)	esper**asteis**	perd**isteis**	abr**isteis**
Uds., ellos, ellas	esper**aron**	perd**ieron**	abr**ieron**

Esperamos una hora.   *We waited an hour.*
Perdí mi boleto.   *I lost my ticket.*

Online

Vocabulario y gramática, pp. 112–114	Actividades, pp. 120–121

¿Te acuerdas?

To say where someone *went,* use **ir** *(to go)* in the preterite.

fui	fuimos
fuiste	fuisteis
fue	fueron

7 **¡Qué viaje más difícil!**

Escuchemos Jesse acaba de regresar de un viaje difícil. Escucha lo que dice y completa las oraciones con la respuesta correcta.

1. A las 8:00, Jesse ═══.
   a. llegó al aeropuerto en taxi   **b.** salió de la casa
2. Jesse regresó a casa porque ═══.
   a. dejó el boleto allí   **b.** olvidó sus lentes
3. Al llegar al aeropuerto, Jesse ═══.
   a. compró un libro   **b.** se encontró con sus amigos
4. En el control de seguridad, los agentes ═══.
   a. facturaron el equipaje   **b.** abrieron las maletas
5. Juan regresó al mostrador porque ═══.
   a. recogió el equipaje   **b.** perdió la tarjeta de embarque
6. Al fin, Carlos y Jesse ═══.
   a. abordaron el avión   **b.** perdieron el vuelo

8 ¿Qué pasó?

Escribamos/Hablemos Imagina que eres Daniela. Indica qué pasó el día en que ella y su familia comenzaron su viaje.

MODELO (yo) **Me levanté temprano.**

yo

1. nosotros

2. mi padre

3. mis padres

4. el agente

5. los agentes

6. yo

Comunicación

9 Un buen viaje

Hablemos En grupos de tres, dramaticen esta situación. Un(a) estudiante de intercambio llama a sus padres para decirles que está en Lima. Sus padres hacen preguntas sobre el viaje y el (la) estudiante se las contesta.

MODELO —¿Esperaste mucho tiempo antes de abordar?
   —No, no esperé mucho.

dejar	abordar	esperar	abrir
recoger	ir al mostrador	perder	encontrarse

Interactive TUTOR

Preterite of -car, -gar, -zar verbs

1 Verbs ending in **-car**, **-gar**, and **-zar** have spelling changes in the **yo** forms of the preterite.

In **-car** verbs, the **c** changes to **qu**.	In **-gar** verbs, the **g** changes to **gu**.	In **-zar** verbs, the **z** changes to **c**.
sa**qu**é	lle**gu**é	comen**c**é
sacaste	llegaste	comenzaste
sacó	llegó	comenzó
sacamos	llegamos	comenzamos
sacasteis	llegasteis	comenzasteis
sacaron	llegaron	comenzaron

Comencé mi viaje temprano. **Llegué** al aeropuerto y **saqué** dinero.
I started my trip early. I arrived at the airport and got money.

Online

Vocabulario y gramática, pp. 112–114	Actividades, pp. 91–93

10 **Cuando viajo...**

Escuchemos Indica si Carmen habla de **a)** lo que siempre hace cuando viaja *(travels)* o de **b)** lo que hizo *(did)* la última vez que viajó.

11 **La tarjeta postal**

Leamos/Escribamos Completa la tarjeta postal que recibió Liliana con la forma correcta del pretérito de los verbos.

encontrar	comenzar	buscar	llegar	almorzar
comprar	pagar	facturar	sacar	ir

Hola Liliana,

Ya sabes que __1__ el día a las 7:00 y que __2__ al aeropuerto en taxi. Cuando __3__, fui directamente al mostrador donde __4__ el boleto y __5__ el equipaje. Después, __6__ un mapa en la librería y __7__ dinero del cajero automático. __8__ un sándwich y __9__ una tienda para comprarte un regalo, pero no __10__ nada. Voy a buscarte algo en Cuzco.

Con cariño,
Tía Juana

PERÚ
PERÚ S/.6.00
AÑO INTERNACIONAL DE LOS OCÉANOS

12 ¿Quién?

Escribamos/Hablemos Escribe oraciones y di quién hizo las siguientes cosas.

Olivia

> **MODELO** llegar al aeropuerto
> Olivia llegó al aeropuerto a las siete.

llegar al aeropuerto	levantarse	sacar dinero
pagar el boleto	buscar los servicios	almorzar en un restaurante

1. Ana

2. Felipe

3. Maricela y yo

4. yo

5. Ricardo y Elena

6. yo

Comunicación

13 La fiesta de despedida

Hablemos Anoche hubo *(there was)* una fiesta para un compañero que se va a Perú, pero no pudiste ir. Pregúntale qué pasó a un(a) compañero(a) de clase, usando las palabras del cuadro.

colgar decoraciones	comenzar la fiesta	llegar	jugar juegos de mesa
tocar instrumentos	contar chistes	bailar	preparar la comida

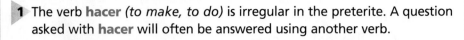

Preterite of hacer

TUTOR

1 The verb **hacer** *(to make, to do)* is irregular in the preterite. A question asked with **hacer** will often be answered using another verb.

yo	**hice**	nosotros(as)	**hicimos**
tú	**hiciste**	vosotros(as)	**hicisteis**
Ud., él, ella	**hizo**	Uds., ellos, ellas	**hicieron**

—¿Qué **hiciste** ayer? *What did you do yesterday?*
—**Fui** a la oficina de correo. *I went to the post office.*

2 To form the preterite of weather expressions with **hace**, replace **hace** with **hizo**. Use the preterite to say what the weather was like over a specific period or when telling how long conditions lasted. Use **nevó** for *it snowed* and **llovió** for *it rained.*

—¿Qué tiempo **hizo** ayer? —**Hizo** mal tiempo. **Llovió** todo el día.

El año pasado nunca **nevó**.

> **Online**
>
> | Vocabulario y gramática, pp. 112–114 | Actividades, pp. 91–93 |
> |---|---|

Nota cultural

The Incas called *quinoa* the Mother Grain. Every year the emperor planted the first seeds and on solstice, priests made quinoa offerings to Inti, the Sun. The Incan armies, which frequently marched for days at a time, ate war balls, a mix of quinoa and fat. Quinoa is still eaten in Peru and is imported to the United States for its high nutritional value. How do you think quinoa is used in recipes?

14 **Antes de comenzar el viaje**

Leamos Lee lo que dice Pablo e indica si **a)** habla de sí mismo *(himself)*, **b)** de sus padres, **c)** de él y sus amigos o **d)** del tiempo.

1. Antes de comenzar el viaje hicimos una fiesta en el Club Naval.
2. Hice planes para encontrarme con ellos al volver.
3. No hicieron las maletas hasta muy tarde.
4. Hice las maletas anteayer.
5. Hizo fresco e hizo sol.
6. Al llegar al aeropuerto, hicieron cola delante del mostrador.

15 **¿Qué hicieron ustedes?**

Escribamos Indica si estas cosas pasaron o no la última vez que hiciste un viaje con tu familia en carro.

MODELO **mi madre/hacer las maletas**
Mi madre (no) hizo las maletas.

1. (yo)/hacer la maleta
2. mi hermano/hacer las camas antes de irnos
3. mis amigos/hacer una fiesta antes del viaje
4. (yo)/hacer la tarea en el carro
5. mis padres/hacer sándwiches y nosotros/comer en el carro
6. hacer buen tiempo
7. hacer frío

16 De vacaciones

Hablemos Roberto y su amiga están mirando las fotos de sus vacaciones. Con un(a) compañero(a), túrnense para preguntar y contestar qué tiempo hizo y qué hicieron estas personas.

MODELO —¿Qué tiempo hizo el lunes?
—Hizo calor y mucho sol.
—¿Qué hicieron Alicia y tú?
—Jugamos al tenis.

lunes/Alicia y yo

1. lunes/yo

2. martes/mis hermanas

3. miércoles/mis padres

4. jueves/mi padre

5. viernes/María y Jorge

6. sábado/mis amigos y yo

7. sábado/mi hermano

8. domingo/mi madre

17 El fin de semana pasado

Hablemos En grupos de tres, túrnense para preguntar quién hizo las cosas de la lista el fin de semana pasado. Presenten los resultados del grupo a la clase.

MODELO —¿Hiciste un viaje el fin de semana pasado?
—Sí, hice un viaje./No, no hice ningún viaje.

hacer un viaje	hacer cola en una tienda
hacer planes para salir con amigos	hacer la tarea de español
hacer el almuerzo para llevar al colegio	hacer la cama

Cultura

Comparaciones

Terminal de autobuses, Lima, Perú

¿Adónde fuiste y qué hiciste la última vez que viajaste?

En Estados Unidos, la mayoría de la gente tiene carros, y es muy común viajar en coche. Si es un viaje de larga distancia, mucha gente va en avión. En Perú, es más común viajar en autobús, aunque *(although)* es posible ir en avión o en tren. Estas personas hablan de su último viaje y de lo que hicieron. ¿Cómo viajaron? ¿Qué hicieron al llegar a su destino *(destination)*? ¿Hacen las mismas cosas que tú haces cuando viajas? Compara sus viajes a tus propias experiencias.

Lisette
Lima, Perú

Cuando vas de vacaciones, ¿en qué medio de transporte viajas?

Bueno, cuando voy de vacaciones, a mí me encanta viajar en ómnibus porque en el camino veo los paisajes y los animales.

¿Qué haces cuando vas de vacaciones?

Cuando voy de vacaciones, voy [y] visito los lugares turísticos que me han recomendado.

¿Adónde fuiste de vacaciones la última vez?

Bueno, fui a Cajamarca.

¿Fuiste sola o fuiste con tu familia?

Fui con mi familia.

¿Qué hicieron allí?

Más que todo fuimos a visitar los lugares turísticos y a algunos familiares.

Paola
Lima, Perú

Cuando vas de vacaciones, ¿en qué medio de transporte viajas?

Voy en bus mirando los paisajes.

¿Qué haces cuando vas de vacaciones?

Cuando voy de vacaciones, visito a mi familia, a mis amigos y los lugares turísticos.

¿Adónde fuiste de vacaciones la última vez?

Fui al departamento de Ica.

¿Fuiste sola o fuiste con tu familia?

Fui con mi familia.

¿Qué hicieron allí?

Visitamos a mi abuelita, primos, amigos y los lugares turísticos.

Para comprender

1. ¿Cómo le gusta viajar a Lisette?
2. ¿Qué hizo Lisette en su último viaje?
3. ¿Con quién viajó Paola a Ica?
4. ¿Qué hicieron Paola y su familia en su último viaje?
5. ¿Qué hacen Lisette y Paola cuando viajan en bus?

Para pensar y hablar

Both Lisette and Paola travel their country by bus. Do people in your community normally take the bus or other ground transportation when they travel somewhere? What other forms of transportation are common? What are two advantages of ground as opposed to air travel? What are two disadvantages?

Cuaderno para hispanohablantes, pp. 105–116

 # Comunidad

Tourism and Spanish

United States residents as well as tourists visiting from other countries rely on buses and airlines, public transportation, and the tourist industry to meet their travel needs. Since many foreign visitors speak a language other than English, businesses involved in the tourist and transportation industries may hire bilingual staff and publish materials in other languages. Call or visit a local tourist bureau, hotel, airport, bus station, or public transportation company to see whether Spanish speakers are employed there and to learn what kind of information is available in Spanish. Report what you find to the class.

Oficina de turismo, Austin, Texas

Cultura

Vocabulario
en acción 2

Video/DVD
ExpresaVisión

De vacaciones

Durante las vacaciones
paseamos en lancha
en el lago.

¡Qué divertido!

acampar

pasear en canoa

esquiar en el agua

ir de excursión

ir de pesca

pasear en bote de vela en el lago

Lugares de interés

el museo

el centro

el zoológico

el parque de diversiones

▶ **Vocabulario adicional** — En las afueras y en la ciudad, p. R9

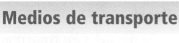
Medios de transporte

Vocabulario 2

Recorrí la ciudad en autobús. Luego tomé el tren a las ruinas.

el metro

También se puede decir...

Mexicans call *the bus* **el camión**. In Puerto Rico and the Dominican Republic, they say **guagua.** You'll hear **colectivo** in Bolivia, Peru, and Ecuador.

el tren

el taxi

Más vocabulario...

Expresiones

¡Ah, tuviste suerte!	*You were lucky!*
¡Qué bien!	*How great!*
¡Qué fantástico!	*How fantastic!*
¡Qué lástima!	*What a shame!*
¡Qué mala suerte!	*What bad luck!*

Actividades

quedarse en un hotel	*to stay in a hotel*
recorrer la ciudad/ el país/la isla	*to tour the city/ the country/ the island*
tomar el sol	*to sunbathe*

el autobús

el barco

¡Exprésate!

To talk about a trip

Interactive **TUTOR**

¿Qué tal el viaje?	**¡Fue estupendo!/¡Fue horrible!**
How was the trip?	*It was great!/It was horrible!*
¿Adónde fueron?	**Fuimos al campo y subimos a la montaña El Misti.**
Where did you go?	*We went to the countryside and went up Misti mountain.*
¿Qué hicieron?	**Conocimos las ruinas y sacamos muchas fotos.**
What did you do?	*We visited the ruins (for the first time) and took lots of pictures.*
	Luego pasamos por la oficina de correos y por fin regresamos al hotel.
	Afterwards we stopped at the post office and finally we came back to the hotel.

Online

Vocabulario y gramática, pp. 115–117

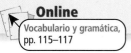

18 ¿Qué dices?

Escuchemos Escucha los comentarios y escoge la mejor respuesta.

1. **a.** ¡Qué lástima!   **b.** ¡Qué bien!
2. **a.** ¡Qué mala suerte!   **b.** ¡Ah, tuviste suerte!
3. **a.** ¡Qué lástima!   **b.** ¡Qué divertido!
4. **a.** ¡Qué bien!   **b.** ¡Qué lástima!
5. **a.** ¡Qué horrible!   **b.** ¡Qué fantástico!
6. **a.** ¡Qué mala suerte!   **b.** ¡Ah, tuviste suerte!

19 Analogías

Leamos Completa las analogías con las palabras del cuadro.

fotos	museo	montaña	estupendo
campo	autobús	oficina de cambio	

1. hacer : maleta :: sacar : =====
2. esquiar : lago :: acampar : =====
3. animales : zoológico :: arte : =====
4. mal : bien :: horrible : =====
5. pasear : barco :: subir : =====
6. ir de pesca : lancha :: recorrer la ciudad : =====
7. correo : mandar cartas :: cambiar dinero: =====

20 El viaje de Carlos

Leamos/Escribamos Lee la tarjeta de Carlos. Después pon en orden los elementos. Usa las expresiones **primero, luego** y **por fin.**

> Querida Carla,
>
> Aquí estoy en Perú. Es un país estupendo. Ayer me levanté temprano y desayuné en el hotel. Salí del hotel y fui al centro en autobús. Fui a una tienda para comprar una cámara y después recorrí el centro. Luego, almorcé en un restaurante. Después del almuerzo, tomé otro autobús y fui a las ruinas. Subí a la montaña y saqué muchas fotos. Regresé al hotel, cené en el restaurante de al lado y me acosté temprano. ¡Qué día tan magnífico!
>
> Abrazos,
> Carlos

MODELO desayunar/salir/levantarse
       Primero, se levantó, luego desayunó y por fin salió.

1. ir al centro/comprar una cámara/ir a una tienda
2. recorrer el centro/almorzar/llegar al centro
3. sacar fotos/visitar las ruinas/tomar el autobús a las ruinas
4. acostarse/cenar en un restaurante/regresar al hotel

¡Exprésate!

To express hopes and wishes	
Algún día me gustaría viajar a Perú.	**Quiero conocer las ruinas de Machu Picchu.**
One day I would like to travel to Peru.	*I want to see the ruins at Machu Picchu.*
Si tengo suerte, voy a visitar México.	**Espero ver las pirámides.**
If I'm lucky, I'm going to visit Mexico.	*I hope to see the pyramids.*

Interactive TUTOR

Online
Vocabulario y gramática,
pp. 115–117

21 Espero...

Escribamos Reacciona a estas actividades con una
expresión de ¡Exprésate!

MODELO **Me gustaría ir de excursión en las
montañas. Espero ver algunos animales.**

A	B	C	D

 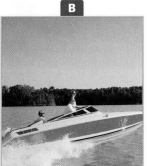  

22 ¿Qué te gustaría hacer para las vacaciones?

Hablemos Pregúntale a tu compañero(a) qué le gustaría hacer para
las vacaciones. Tu compañero(a) debe decir por lo menos tres cosas.

MODELO —Dime tres cosas que te gustaría hacer en tus vacaciones.
—Me gustaría ir al parque de diversiones, ir de pesca y
nadar todos los días.
—¡Qué divertido!

23 El viaje de tus sueños

Hablemos Entrevista a tu compañero(a). Pregúntale cuál es el
viaje de sus sueños *(dream trip)*, y qué quiere hacer. Túrnense
para responder.

Vocabulario 2

Objetivos
Using informal commands,
direct object pronouns,
verbs followed by
infinitives

Gramática
en acción **2**

GramaVisión

Informal commands of spelling-change and irregular verbs

Interactive
TUTOR

1 Verbs ending in **-ger, -gir, -guir, -car, -gar,** and **-zar** have spelling changes in some command forms.

	affirmative	negative
-ger, -gir	reco**g**e	*g changes to j* no reco**j**as
-guir	si**gu**e	*gu changes to g* no si**g**as
-car	bus**c**a	*c changes to qu* no bus**qu**es
-gar	lle**g**a	*g changes to gu* no lle**gu**es
-zar	empie**z**a	*z changes to c* no empie**c**es

Llega temprano al aeropuerto y **busca** a tus amigos. **No llegues** tarde.
Get to the airport early and look for your friends. Don't get there late.

2 Some verbs have irregular informal command forms.

	affirmative	negative
hacer	haz	no hagas
ir	ve	no vayas
poner	pon	no pongas
salir	sal	no salgas
ser	sé	no seas
tener	ten	no tengas
venir	ven	no vengas

Ve al aeropuerto en taxi.   **No dejes** nada en el taxi.
Go to the airport by taxi.   *Don't leave anything in the taxi.*

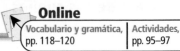

Online

Vocabulario y gramática, pp. 118–120	Actividades, pp. 95–97

¿Te acuerdas?

Do you remember how to form affirmative informal commands?

tú piensas ⟶ piensa

tú comes ⟶ come

tú escribes ⟶ escribe

Here's how to form negative informal commands.

yo pienso ⟶ no pienses

yo como ⟶ no comas

yo escribo ⟶ no escribas

yo vengo ⟶ no vengas

24 ¿Es lógico?

 Escuchemos Decide si los consejos que Enrique les da a sus amigos son lógicos o ilógicos.

25 Consejos para los compañeros de viaje

Escribamos Estás de vacaciones y tus compañeros no saben qué hacer. Lee sus comentarios y dales recomendaciones, usando mandatos afirmativos y negativos.

MODELO —Salimos para Perú en tres horas y no estoy lista.
—¡Sal inmediatamente! No llegues tarde al aeropuerto.

Las ruinas de Machu Picchu, Perú

desembarcar del avión sin nosotros	ir de excursión
ponerse el traje de baño	ser puntual *(punctual)*
buscar un café Internet	llegar tarde al aeropuerto
hacer cola en la aduana	salir inmediatamente
ir al centro	comenzar el viaje tarde
ir al zoológico	tener miedo

1. Por fin llegamos a Lima. ¿Qué hago ahora en el aeropuerto?
2. Quiero ver las ruinas mañana, pero el autobús sale muy temprano.
3. No quiero recorrer el centro. Hace calor y quiero tomar el sol.
4. Quiero fotos de los animales, pero me dan miedo *(they scare me)*.
5. Nuestros compañeros quieren leer correo electrónico, pero no tengo ganas. Prefiero acampar.

Comunicación

26 ¡Ayúdame, por favor!

Hablemos Basándose en las fotos, dramaticen la siguiente situación. Tu compañero(a) va de vacaciones por primera vez y no sabe qué hacer. Escucha sus preguntas y dale los consejos más apropiados.

MODELO —¿Cuándo hago la maleta?
—Hazla un día antes de viajar. No lleves mucha ropa.

Repaso Direct object pronouns

1 Direct object pronouns can go before the conjugated verb or be attached to the end of an infinitive.

—¿Ya conoces **la ciudad**?	*Do you already know the city?*
—No, todavía no **la** conozco.	*No, I don't know it yet.*
—¿Quieres recorrer**la** conmigo?	*Do you want to tour it with me?*

2 In affirmative commands, attach the pronoun to the end of the verb. Don't forget to add an accent mark when needed. In negative commands, place the pronoun before the conjugated verb.

Lláma**me** después de tu viaje, pero no **me** llames muy tarde.
Call me after your trip, but don't call me very late.

Online

Vocabulario y gramática, pp. 118–120	Actividades, pp. 95–97

¿Te acuerdas?

Use these pronouns in the place of direct object nouns.

me	nos
te	os
lo	los
la	las

27 Para el viaje

Escuchemos Héctor habla de lo que va a hacer mientras está de vacaciones con su familia. Escucha las oraciones y decide de qué o de quién habla: **a)** su padre, **b)** su tarjeta de embarque, **c)** sus hermanas, **d)** sus libros de texto.

28 ¡Vamos al centro!

Leamos/Escribamos Completa las oraciones de la conversación entre dos amigos que están viajando juntos.

me	te	lo	la	los	las

—Mañana voy a visitar la ciudad. Voy a recorrer ___**1**___ en autobús. Tengo ganas de visitar los museos del centro. ¿Quieres visitar ___**2**___ conmigo?

—Sí, pero necesito dinero para la visita.

—Sáca___**3**___ del cajero automático aquí en el hotel.

—También tengo que mandar estas tarjetas. Puedo mandar ___**4**___ mañana de la oficina de correos del centro, ¿no?

—Pues, ¿por qué no ___**5**___ mandas desde el hotel? Oye, ¿tienes hambre? Me gustaría invitar ___**6**___ a cenar conmigo.

—¡Con mucho gusto! ¿Quieres comer en el restaurante del hotel? No ___**7**___ conozco.

—Es bueno, pero me gustaría probar la cocina regional. ¿Qué tal si ___**8**___ probamos en el restaurante al lado del hotel?

29 **¿Conoces tu ciudad?**

Hablemos Construye oraciones y di si conoces estos lugares.

MODELO **el centro**
         Lo conozco (muy) bien.

1. el zoológico
2. los museos
3. el centro comercial más cerca de tu casa
4. la piscina más cerca de tu colegio
5. el lago más cerca de tu ciudad
6. las tiendas del centro

30 **Manito, llévame contigo**

Hablemos Tu hermanito te hace muchas preguntas. Contesta las preguntas usando pronombres de complemento directo.

MODELO **—¿Piensas visitar las ruinas de Machu Picchu? (sí)**
         —Sí, las voy a visitar. (Sí, voy a visitarlas.)

1. ¿Vas a visitar el Parque Nacional Manu? (sí)
2. ¿Me vas a llamar todos los días? (no)
3. ¿Vas a ver a los abuelos? (sí)
4. ¿Te puedo ayudar con las maletas? (sí)
5. ¿Vas a llevar tu cámara desechable? (sí)
6. Me vas a llevar contigo, ¿verdad? (no)

Nota cultural

Peru's Manu rainforest has more than 1,000 species of birds and 300 species of trees. Many indigenous tribes also live there. Today Manu is a Biosphere Reserve composed of three parts: the Manu National Park, protecting the natural flora and fauna; the Manu Reserve Zone, for research and tourism; and the Manu Cultural Zone, for human settlement. Research animal or plant life in the forest.

Gramática 2

Comunicación

31 **Las vacaciones de Araceli**

Hablemos Pregúntale a tu compañero(a) sobre el viaje que va a hacer Araceli. Tu compañero(a) debe responder usando pronombres de complemento directo.

MODELO **—¿Cuándo va a hacer la maleta?**
         —Ya la hizo anoche.

Interactive
TUTOR

Repaso Verbs followed by infinitives

1 You can use certain verbs followed by **infinitives** to express what some-one *wants, hopes, or plans to do.*

me (te, le...) gustaría + infinitive	*... would like to ...*
me (te, le...) gustaría más + infinitive	*... would prefer to ...*
querer (ie) + infinitive	*to want to ...*
esperar + infinitive	*to hope to ...*
pensar (ie) + infinitive	*to plan (intend) to ...*

Me gustaría ir al lago.	*I'd like to go to the lake.*
Quiero pasear en bote.	*I want to go boating.*
Espero salir con amigos.	*I hope to go out with friends.*
Pienso hacer un viaje este año.	*I plan to take a trip this year.*

2 Remember to use **tener que** to talk about what someone *has* to do.

tener que + infinitive   *to have to ..., must ...*

Me gustaría ir de vacaciones, pero **tengo que trabajar.**
I'd like to go on vacation, but I have to work.

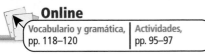

Online

| Vocabulario y gramática, pp. 118–120 | Actividades, pp. 95–97 |

32 Proyectos

Escribamos/Hablemos Escribe oraciones e indica qué actividades Roberto quiere hacer y qué tiene que hacer.

MODELO   viajar a Perú/estudiar
Quiere viajar a Perú. Tiene que estudiar.

1. acampar/trabajar
2. esquiar/limpiar el baño
3. hacer la tarea/ir al lago
4. tomar el sol/hacer la maleta
5. escribir cartas/salir con amigos

33 Lo que pensamos hacer es...

Leamos/Escribamos Completa el párrafo con la forma correcta del verbo más apropiado entre paréntesis.

Mi hermana mayor y su esposo ___**1**___ (pensar/le gustaría) ir a Alaska para las vacaciones. ___**2**___ (Tener ganas/Esperar) de ir de pesca y acampar. A mi padre ___**3**___ (querer/le gustaría) acom-pañarlos pero mi madre ___**4**___ (le gustaría/querer) viajar a Chile. El problema es que ella ___**5**___ (tener que/tener ganas) trabajar y no tiene tiempo para el viaje. Este año no es posible, pero algún día (yo) ___**6**___ (tener que/esperar) hacer un viaje a España.

Isla Tequile en el Lago Titicaca, Perú

34 Planes

 Escribamos Rosalinda habla de sus planes. Combina palabras de cada cuadro para hacer seis oraciones.

mis padres y yo	querer	ver los animales	en el lago
yo	esperar	pasear en bote	en el zoológico
mi hermana mayor	pensar	ir de excursión	del correo
mis abuelos	tener que	quedarse	en las montañas
¿Y tú?		mandar tarjetas	en el centro
		visitar el museo	en el hotel

35 Un día

Hablemos Con un(a) compañero(a), túrnense para contestar estas preguntas.

> **MODELO** —Un día me gustaría visitar Lima. ¿Y a ti?
> —A mí me gustaría más visitar Barcelona.

1. ¿Qué ciudad te gustaría visitar un día?
2. ¿Cómo quieres ir a esa ciudad?
3. ¿Con quién quieres hacer el viaje?
4. ¿Cuántos días quieres quedarte?
5. ¿Piensas acampar, quedarte en un hotel, o quedarte en la casa de un(a) amigo(a)?
6. ¿Qué piensas hacer en esa ciudad?

36 ¿Qué quieren hacer? ¿Qué deben hacer?

Hablemos Con un(a) compañero(a), mira los dibujos y dramatiza la conversación entre Ana y Luis.

Gramática 2

Comunicación

Novela en video

¿Quién será?
Episodio 10

ESTRATEGIA

Summarizing Before you watch the final episode of **¿Quién será?,** go back and summarize what has happened in the previous nine episodes. Pick only the most important moments that you think will help you understand the final episode. Write one or two sentences summarizing what happened in each episode. Do you see a pattern in your summary? Which characters appear the most often? Does summarizing in this way help you predict what might happen in the finale?

En España

La profesora está lista para tomar la decisión. ¿Quién será?

Más tarde...
Sofía y Nicolás reciben un e-mail.

1

2

Profesora Castillo Ahora sí, ya están los diez candidatos: ¿Dos deben recibir la beca para venir a estudiar en Madrid? Voy a tener que pensarlo muy bien.

Profesora Castillo Soy Aurelia Castillo Velasco. Soy la directora de la Fundación para Cultivar las Relaciones entre las Culturas de Habla Hispana. Mi asistente y yo identificamos a diez candidatos para las dos becas que vamos a otorgar este año.

En México

3

Es mi placer informarte de que vas a recibir una beca para estudiar en Madrid por un año.

¡Enhorabuena! Me da mucho gusto ver a alguien de tu inteligencia y dedicación conseguir sus sueños. Será un placer conocerte.

En Puerto Rico

4

En Puerto Rico

5

Nicolás ¿Lo pueden creer? Yo, ¿estudiando dibujo en Madrid?

Sra. Ortega ¡Hijo! ¡Qué bien! ¡Estoy muy orgullosa de ti!

Nicolás Gracias, mamá. Van a venir a visitarme, ¿verdad?

Sr. Ortega Claro que sí, hijo. Me encantaría conocer Madrid.

En México

6

Sofía ¿Pueden creerlo? Yo, ¿estudiando danza en Madrid?

Sra. Corona ¡Hija! ¡Qué bien! ¡Estoy muy orgullosa de ti!

Sofía Gracias, mamá. Van a venir a visitarme, ¿verdad?

Sr. Corona Claro que sí, hija. Me encantaría conocer Madrid.

En España

7

Profesora Castillo Marcos, ¡buen trabajo! Debes tomar unas vacaciones, viajar a una isla, tomar el sol, descansar… ¡Diviértete! Yo te llamo cuando estemos listos para empezar la investigación para el año próximo.

En Perú

Después de investigar al candidato peruano, Marcos recibe el mensaje de la profesora. ¿Quiere trabajar en la investigación del año próximo?

8

9

¿COMPRENDES?

1. ¿Quién es la profesora?

2. ¿Qué va a recibir Sofía? ¿y Nicolás?

3. ¿Cómo reacciona Sofía a las noticias? ¿y Nicolás?

4. ¿Qué dicen los padres de Sofía y Nicolás sobre Madrid?

5. Según la profesora, ¿qué debe hacer Marcos?

6. Piensa en los 10 episodios. En algún momento, ¿pensaste que Sofía y Nicolás eran *(were)* los candidatos favoritos? ¿Por qué sí o por qué no?

Episodio final: *Now that you know what the ten candidates were for, and which two of them won, can you understand the title of the video? Did the title ever help you predict what was going to happen?*

ESTRATEGIA

para leer When you read a brochure, it is important to read with a purpose. In other words, you need to decide beforehand what kind of information you want. If you want an overview, a quick, general reading may be all that is necessary. If you need specific information, however, a close reading will be required.

A **Antes de leer**

Lee el título y los subtítulos del siguiente folleto. ¿Qué clase de información contiene? ¿Qué datos específicos esperas encontrar debajo de cada subtítulo?

¡Bienvenidos a la ciudad de Lima!
Aeropuerto Internacional Chávez

Transporte El servicio de transporte del aeropuerto a la ciudad y viceversa, se realiza por medio del[1] transporte público. Las compañías de taxis estacionan[2] sus vehículos en un área limitada, frente a la salida de las terminales nacional e internacional. La mayoría de hoteles cuentan con su propio[3] servicio de transporte.

Bancos

La moneda nacional de Perú es el nuevo sol. En los pasillos encontrará cajeros automáticos, los cuales aceptan tarjetas de crédito en moneda nacional y extranjera[4]. Las casas de cambio se encuentran en el pasillo principal[5] y en la zona de vuelos internacionales.

Información turística

En diversos lugares del aeropuerto encontrará módulos[6] con información sobre el arrendamiento[7] de coches, restaurantes, sitios turísticos de interés y una guía telefónica a los hoteles principales.

Otros servicios

En los pasillos encontrará teléfonos públicos que funcionan con monedas y tarjetas, las cuales se pueden conseguir en los diferentes quioscos[8] situados por todo el aeropuerto. Si necesita guardar[9] su equipaje por horas o por días, puede hacer uso del servicio de guardianía de equipajes, localizado en el pasillo principal.

1 by means of   **2** park   **3** have their own   **4** foreign   **5** main corridor   **6** modules   **7** rental   **8** kiosk, stand   **9** store

B Comprensión

Basándote en la lectura, decide si las oraciones son **ciertas** o **falsas.**
Corrige las oraciones falsas.

1. Los cajeros automáticos no aceptan tarjetas de crédito.

2. Todas las casas de cambio están en la zona internacional.

3. Los taxis se encuentran en frente de las terminales nacionales
   e internacionales.

4. Hay información sobre los hoteles, las atracciones turísticas
   y el transporte público en los módulos de información.

5. Puedes dejar tu equipaje por un fin de semana en la
   guardianía de equipajes.

C Después de leer

Which services in the brochure might travelers arriving in Peru
use? Do you think these same services are available in airports in
the United States and other countries?

Taller del escritor

ESTRATEGIA

para escribir When narrating a series
of events, using transitional phrases makes
it easier to combine sentences and lends
coherence to the text. Some phrases are
primero, luego, and **por fin.**

Cartas del extranjero

You are writing home to friends to tell them
about your first few days traveling abroad.
Tell where you went and include five or six
events that made your trip interesting, narrating them in order. End by mentioning
your plans for the next day.

1 Antes de escribir

Make a list of the events you will report.
Then brainstorm some phrases that will link
them together logically (**primero, luego,
después**).

2 Escribir un borrador

Begin with a greeting, then tell about your
trip, focusing mainly on actions and events.
Work in the linking phrases, being careful
not to lose any clarity.

3 Revisar

Exchange letters with a classmate. Read
each other's letters checking for appropriate
use of transitions and correct use of grammar, spelling, and punctuation.

4 Publicar

Write your letter on a large piece of paper
or posterboard. On the other side illustrate
one of the places you visited. Put your postcard up on the bulletin board. Which trip
sounds most interesting to you?

Cuaderno para hispanohablantes,
pp. 105–116

Repaso
capítulo 10

Interactive TUTOR

1 Vocabulario 1
• asking for and giving information
• reminding and reassuring
pp. 348–351

1 Según las cosas o lugares dados *(given)*, di lo que tienes que hacer.

1.

2.

3.

4.

5.

6.

2 Gramática 1
• review of the preterite
• preterite of **-car, -gar, -zar** verbs
• preterite of **hacer**
pp. 352–357

2 Luis le escribe una carta a su prima Ana sobre su viaje. Complétala con los verbos correctos en el pretérito.

Querida Ana,

Por fin estoy en Lima. ¡El viaje fue horrible! __1__ (Pasar/Ir) en taxi hasta el aeropuerto y __2__ (salir/llegar) allí temprano, a las seis de la tarde. __3__ (Hacer/Ir) cola en el mostrador. __4__ (Ver/Comprar) el boleto y la agente __5__ (facturar/hacer) la maleta. También __6__ (sacar/salir) la tarjeta de embarque. __7__ (Ir/Pasear) a la sala de espera. Entonces __8__ (comenzar/comprar) a nevar. ¡Por eso no __9__ (abordar/salir) el avión hasta las once. ¡Qué viaje más largo!
Escribe pronto.

Tu primo, Luis

3 Vocabulario 2
• talking about a trip
• expressing hopes and wishes
pp. 360–363

3 Escoge la respuesta que mejor completa cada oración.

1. Quiero ir de compras. Vamos al (correo/centro).
2. Fuimos a las ruinas, pero llovió. ¡Fue (estupendo/horrible)!
3. Quiero ir al lago. ¿Qué tal si (paseamos en lancha/vamos al centro)?
4. Perdí el autobús. ¡Qué (bien/mala suerte)!
5. Ana piensa ir a las islas Bermudas. Va en (barco/taxi).

4 Completa la siguiente conversación con un mandato informal, un pronombre de complemento directo o un infinitivo.

　　—¿Conoces al profesor Augustino?

　　—No, no __1__ conozco. ¿Cómo es?

　　—Es interesante, pero tenemos que __2__ (estudiar) mucho. Hoy tengo que __3__ (leer) tres capítulos.

　　—Bueno, __4__ (empezar) a __5__ (leer) los capítulos.

　　—No tengo ganas de leer __6__ ahora. Tengo sueño.

　　—Pues, __7__ (descansar) y __8__ (leer) más tarde.

5 Contesta las siguientes preguntas.

1. What material is used to build houses on the Uros Islands?
2. Name one unusual feature on trains in Peru.
3. How is the Manu rainforest in Peru preserved?

6 Escucha las siguientes oraciones. Decide si cada persona **a)** da un mandato, **b)** describe algo en el pasado o, **c)** busca información.

7 Crea *(Create)* una conversación entre Ana y Luis sobre lo que hicieron durante las vacaciones.

Visit Holt Online

go.hrw.com
KEYWORD: EXP1 CH10
Chapter Self-test

Repaso

4 Gramática 2
- informal commands of spelling-change and irregular verbs
- review of direct object pronouns
- review of verbs followed by infinitives
  pp. 364–369

5 Cultura
- **Comparaciones**
  pp. 358–359
- **Notas culturales**
  pp. 350, 356, 362, 367
- **Geocultura**
  pp. 342–345

Gramática 1
- review of the preterite
  pp. 352–353
- preterite of **-car, -gar, -zar** verbs
  pp. 354–355
- preterite of **hacer**
  pp. 356–357

Repaso de Gramática 1

For a review of the regular preterite forms of **-ar, -er,** and **-ir** verbs, see page 352.

Verbs ending in **-car, -gar, -zar** have spelling changes before the preterite ending **-é** of the **yo** form: **saqué, llegué, comencé.**

hacer			
yo	**hice**	nosotros(as)	**hicimos**
tú	**hiciste**	vosotros(as)	**hicisteis**
Ud., él, ella	**hizo**	Uds., ellos, ellas	**hicieron**

Repaso de Gramática 2

Gramática 2
- informal commands of spelling-change and irregular verbs
  pp. 364–365
- review of direct object pronouns
  pp. 366–367
- review of verbs followed by infinitives
  pp. 368–369

For a review of informal commands of irregular verbs, see page 364. Verbs ending in **-ger, -gir, -guir, -car, -gar,** and **-zar** have spelling changes in some informal command forms.

	affirmative	negative
-ger, -gir	reco**g**e	no reco**j**as
-guir	si**gu**e	no si**g**as
-car	bus**c**a	no bus**qu**es
-gar	lle**g**a	no lle**gu**es
-zar	empie**z**a	no empie**c**es

For a review of **direct object pronoun** placement with conjugated verbs, infinitives, and informal commands, see page 366.

Use these verbs followed by **infinitives** to say what someone *wants, hopes, plans,* or *has* to do.

me (te, le...) gustaría + infinitive   **pensar (ie)** + infinitive

me (te, le...) gustaría más + infinitive   **esperar** + infinitive

querer (ie) + infinitive   **tener que** + infinitive

Letra y sonido

Las consonantes c, p, q, t
- The letters **c, p, q, t** are not pronounced with a puff of air as in English *cat, pen, ten, quit:*
  papa, **p**a**t**inar, **p**ar**q**ue, **c**ar**p**e**t**a, **q**ueso, **C**uz**c**o
- The letter **t** is pronounced with the tip of the tongue right behind the teeth:
  tía, **t**oalla, **t**ris**t**e, **t**raje, **t**engo, **t**arde

Trabalenguas
Pablito clavó un clavito. ¿Qué clavito clavó Pablito?

Dictado
Escribe las oraciones de la grabación.

Repaso de Vocabulario 1

Asking for information

abordar	to board	irse	to leave
la aduana	customs	la llegada	arrival
el aeropuerto	airport	Lo siento, no sé.	I'm sorry, (but) I don't know.
el (la) agente	agent	la maleta	suitcase
allí	there	el mapa	map
el avión	airplane	¿Me puede decir...?	Can you tell me . . .?
la billetera	wallet	el mostrador	counter
el boleto de avión	plane ticket	la oficina de cambio	money exchange
la bolsa	travel bag, purse	la pantalla	monitor, screen
cambiar dinero	to change money	el (la) pasajero(a)	passenger
el carnet de identidad	ID	el pasaporte	passport
comenzar (ie) un viaje	to begin a trip	perder (ie)	to miss, to lose
conseguir (i)	to get	la puerta	gate
el control de seguridad	security checkpoint	el reclamo de equipaje	baggage claim
desembarcar	to disembark, to deplane	recoger	to pick up
¿Dónde se puede...?	Where can I . . . ?	la sala de espera	waiting room
encontrarse (ue) con	to meet up with	la salida	departure
esperar	to wait	sentarse (ie)	to sit down
Está a la vuelta.	It's around the corner.	los servicios	restrooms
facturar el equipaje	to check luggage	la tarjeta de embarque	boarding pass
hacer cola	to wait in line	el vuelo	flight
hacer un viaje	to take a trip		

Reminding and reassuring . . . . See p. 351

Repaso de Vocabulario 2

Talking about a trip

acampar	to camp	el país	country
¡Ah, tuviste suerte!	You were lucky!	el parque de diversiones	amusement park
el autobús	bus	pasar por	to stop at/by
el barco	boat	pasear en bote de vela	to go out in a sailboat
la canoa	canoe	¡Qué bien!	How great!
el centro	downtown	¡Qué fantástico!	How fantastic!
durante	during	¡Qué lástima!	What a shame!
esquiar en el agua	to water-ski	¡Qué mala suerte!	What bad luck!
¡Fue estupendo!	It was great!	quedarse en...	to stay in . . .
ir de excursión	to go hiking	recorrer	to tour
ir de pesca	to go fishing	las ruinas	ruins
la isla	island	sacar fotos	to take pictures
el lago	lake	subir a la montaña	to go up a mountain
la lancha	motorboat	el taxi	taxi
los lugares de interés	places of interest	tomar el sol	to sunbathe
los medios de transporte	types of transportation	el tren	train
el metro	subway	viajar	to travel
el museo	museum	el viaje	trip
la oficina de correos	post office	el zoológico	zoo

Expressing hopes and wishes . . . . See p. 363

Integración
capítulos 1-10

1 Escucha las oraciones y escoge las fotos correspondientes.

A

B

C

D

2 Hay cinco personas que buscan información sobre vuelos. Con base en la información de la pantalla, contesta las preguntas.

LLEGADAS INTERNACIONALES

HORAS	AEROLÍNEA	VUELO	ORIGEN	DESTINO	PUERTA
9:00	IBERIA	350	DALLAS	CUZCO	7
18:00	MEXICANA	119	SAN ANTONIO	LIMA	9
15:00	DELTA	230	NUEVA YORK	LIMA	11

SALIDAS INTERNACIONALES

HORAS	AEROLÍNEA	VUELO	ORIGEN	DESTINO	PUERTA
12:00	IBERIA	112	LIMA	NUEVA YORK	2
13:00	MEXICANA	256	LIMA	CIUDAD DE MÉXICO	5
8:00	DELTA	987	CUZCO	MIAMI	10

1. Nora quiere saber el número del vuelo de su amiga que llega a las 3:00 de la tarde de Nueva York.

2. Riqui tiene que recoger a su mamá que llega de Dallas. ¿A qué puerta va?

3. Susana viaja a Cuzco. ¿En qué aerolínea y vuelo viaja?

4. Tomás quiere saber a qué hora sale el vuelo para Nueva York.

5. Rosa pregunta cuántos vuelos hay entre Lima y Estados Unidos.

3 Unos amigos regresaron de un viaje a Perú. Escribe un diálogo entre tú y ellos, en que les haces preguntas sobre el viaje y ellos te explican qué hicieron. Usa el pretérito de cinco verbos diferentes. Después, preséntenle su diálogo a la clase.

4 Estás de viaje en Cuzco y sacaste esta foto. Escribe un párrafo y describe qué está pasando, qué hacen las personas y qué piensan hacer esta noche.

28h x 36w, oil; Columbine Galleries, Loveland CO

La vendedora de anticuchos, de Juan de la Cruz Machicado

5 Un(a) amigo(a) que nunca ha viajado *(has never traveled)* quiere acompañarte a Perú. Usando mandatos afirmativos y negativos, escríbele una lista de las cosas que (no) debe hacer. Incluye información sobre la ropa, los preparativos antes del viaje, instrucciones para el aeropuerto y las cosas que (no) puede hacer en Perú.

6

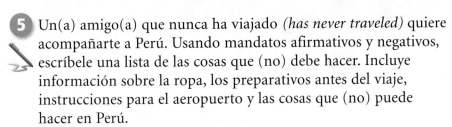

Situación Set up two tourist agencies in your classroom, with two travel agents in each one. Make signs and posters for different places to visit. Role-play tourists who want to travel to different destinations. Ask and answer questions about prices, necessary travel documents, transportation arrangements, schedules, baggage restrictions, etc.

Integración

379

Literatura y variedades

Leyendas indígenas de América

Poesía del Caribe

México lindo

Fábulas españolas

Cuentos juveniles

CHIL entre montañ y ma

Capítulo 1 • España 382–383
El Museo del Prado (folleto)

Capítulo 2 • Puerto Rico 384–385
El coquí (artículo)

Capítulo 3 • Texas 386–387
Obras de Carmen Lomas Garza
(comentarios)

Capítulo 4 • Costa Rica 388–389
La artesanía chorotega (entrevista)

Capítulo 5 • Chile 390–391
Las novelas de Isabel Allende
(comentario y fragmento)

Capítulo 6 • México 392–393
La comida de dos continentes
(artículo)

Capítulo 7 • Argentina 394–395
Juegos de palabras (adivinanzas)

Capítulo 8 • Florida 396–397
El amor a la poesía (poemas)

Capítulo 9 • La República Dominicana 398–399
El regalo de cumpleaños (cuento)

Capítulo 10 • Perú 400–401
Ollantaytambo (leyenda)

México

La comida de dos continentes

Much of the food that is consumed around the world today is made from ingredients that came originally from the Americas. Tomatoes, chocolate, corn, chile peppers, vanilla, pears, and potatoes are some of the foods that the Spanish conquistadors presented to the kings of Europe. Read the following article in order to learn more about the history of four of these foods.

ESTRATEGIA

When reading a text, look first for the main idea of each paragraph. After that, read carefully all the details that support the main idea. This will help you better understand the text.

El tomate

El tomate es originalmente de México. Cuentan[1] que cuando los exploradores llevan el tomate a Europa en el siglo XVI, ¡nadie lo quiere comer! Por su color rojo tan fuerte, todos piensan que es una fruta venenosa. Los exploradores aseguran que lo pueden comer sin problema y la gente poco a poco empieza a probarlo[2].

En la actualidad[3], el tomate es un ingrediente básico en la preparación de platos[4] alrededor del mundo.

El chocolate: ¿para beber o comerciar?

El chocolate es original de América Central. En México, los aztecas lo usaban (used) con varios propósitos[5]. Antes del trabajo, los hombres lo tomaban (would drink it) por la mañana, hervido[6] con miel, agua y vainilla, y otra vez, por la tarde, después de la comida. Para el Gran Moctezuma, líder de los aztecas, el chocolate era (was) su bebida diaria y además, un elemento importante en los ritos, en las ceremonias y para comerciar[7].

1 They say   2 to taste it   3 today   4 dishes   5 purposes   6 boiled   7 to trade

El maíz: sustancia del hombre

Se dice que el maíz empieza a cultivarse[1] en América desde hace 10,000 años. Todos los miembros de la cultura maya comen maíz, desde el esclavo[2] hasta el rey. El *Popol Vuh*, libro religioso de los mayas, cuenta que el hombre mismo[3] se hace de[4] maíz. Cuando los exploradores españoles vienen a México prueban el maíz por primera vez en forma de tortillas y tamales.

Hoy en día, el maíz constituye un 20% de las calorías consumidas mundialmente[5]. En Estados Unidos se produce el 45% del maíz del mundo (mucho de éste destinado al ganado[6]) y en el continente de África el maíz es el grano que más se cultiva.

Los chiles: el picante del mundo[7]

Los chiles, sin duda, son el ingrediente más representativo de la comida mexicana en el mundo. En México hay más de cien variedades de chiles con nombres y sabores[8] diferentes. Algunos de los chiles más típicos son el serrano, el chipotle, el guajillo y el habanero, nativo de Yucatán y ¡muy picante!

Los grupos indígenas usan el chile para añadir sabor a los frijoles, las salsas, los arroces[9] y los moles.[10] Aunque el uso del chile no es tan popular entre los europeos, la llegada de éste a Asia cambia la cocina de la región para siempre. Hoy día se consumen más chiles en Tailandia que en cualquier otro país del mundo.

---

1 to grow   **2** slave   **3** man himself   **4** is made of   **5** worldwide   **6** livestock
7 world's hot spice   **8** tastes   **9** rice dishes   **10** sauces

Después de leer

1. Al principio, ¿por qué creen los europeos que el tomate es venenoso?
2. ¿Qué usos tienen los aztecas para el chocolate?
3. ¿En qué comidas prueban los europeos el maíz?
4. ¿De qué está hecho el hombre según los mayas?
5. ¿En qué país del mundo se consume la mayor cantidad de chiles?

![Argentina flag] # Argentina

Juegos de palabras 🔊

In Argentina, as in many places, word games are one of the favorite types of entertainment among children and adults. Here, two Argentinian authors present four easy riddles about common, everyday things. The first one and the last one are from the book *Adivinanzas (Riddles)* by Carlos Silveyra, teacher and author. The other two are riddles from the book *Los rimaqué* by Ruth Kaufman, who is also a teacher. See if you can guess the riddles.

ESTRATEGIA

Read the riddles aloud and think about the images that occur to you. Creating visual images in your mind will help you understand the text.

1 Dos buenas piernas tenemos
y no podemos andar,
pero el hombre sin nosotros
no se puede presentar.

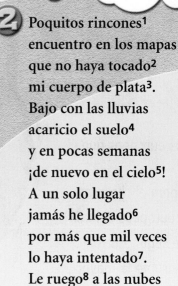

2 Poquitos rincones[1]
encuentro en los mapas
que no haya tocado[2]
mi cuerpo de plata[3].
Bajo con las lluvias
acaricio el suelo[4]
y en pocas semanas
¡de nuevo en el cielo[5]!
A un solo lugar
jamás he llegado[6]
por más que mil veces
lo haya intentado[7].
Le ruego[8] a las nubes
le suplico[9] al viento
¿por qué nadie quiere
llevarme al desierto?

---
1 corners
2 has not touched
3 silver
4 I touch the ground
5 sky
6 have never arrived
7 have tried
8 I beg
9 I implore

394

3 Se ponen las nubes
redondas y negras
de la tierra[1] sube
olor a tormenta[2].
Un fuerte estallido[3]
y volamos los dos:
hermanos mellizos[4]
relámpago[5] y yo.
Si juntos salimos
a andar por el mundo
¿por qué llego yo
siempre segundo?

1 earth   **2** storm   **3** crackling
4 twins   **5** lightning

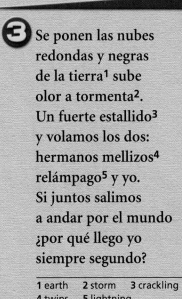

**¡Yo primero,
yo primero!**

4 Siempre quietas[6],
siempre inquietas[7],
dormidas de día,
de noche despiertas[8].

6 still   **7** restless   **8** awake

Después de leer

1. En la primera adivinanza, ¿qué necesita el hombre?

2. ¿Adónde vuelven las lluvias que bajan a la tierra según la segunda adivinanza?

3. La segunda adivinanza habla de poca agua en un lugar. ¿Cuál es?

4. En la tercera, ¿cuál es el compañero del relámpago?

5. En la cuarta, ¿qué dice sobre el día y la noche?

Florida

El amor a la poesía

Maricel Mayor Marsán was born in Cuba but has spent most of her life living in exile in the United States. She studied history and political science at the International University of Florida and discovered that she wanted to dedicate herself to writing. Even though she writes short stories and theatrical works, her true passion is poetry. She has published five books of poetry, including *Un corazón dividido* (1998), where she speaks of being bilingual and the difficulties of belonging to two cultures. Marsán lives in Miami.

Apuntes° de un hogar° posmoderno

Yo como a las siete,

tú comes a las ocho,

el niño come a las seis

y la niña come a las nueve.

5   Queremos ser felices a toda costa°,

todos vemos televisión separados

en nuestras respectivas
    habitaciones

siempre a la misma hora,

siempre a las diez.

Title: Notes
        home
5 no matter what

Un corazón dividido

El mío es un corazón de dudas°,
esfuerzos° que luchan entre el aquí y el allá.
Es el grito° continuo de mi ser interior.
Es "estar aquí" en sustancia°
5 pero el "estar allá" siguiéndote° a todas
      partes.
Es como una canción sin ritmo definido
que se va contigo sin terminar la tonada°.

Es ser una y otra a la vez.
Es ser una queriendo ser la otra
10 y la otra deseando ser la primera.
Es saber muy poco acerca
de aquellas cosas en las cuales crees.
Es saber menos acerca

de otras cosas que quieres expresar
15 pero tienes miedo reclamar°.
Es la transpiración de mi olor° caribeño
encima de la superficie de mi gel°
      norteamericano.

Es solamente mi corazón que late°
rápido e incesante
20 como las corrientes constantes del
      Golfo de México.

Es mi corazón dividido
secando° los finales del tiempo
como el agua de esas corrientes
sobre el Estrecho de la Florida.

---

1 doubts   15 to remember
2 efforts   16 *fig.* my soul
3 scream   17 *fig.* my shell
4 physically   18 beats
5 following you   22 drying
7 tune

Después de leer

1. En el primer poema, ¿qué es lo que más quieren los miembros de la familia?

2. En el segundo poema, ¿dónde crees que está el "allá" referido en las líneas dos y cinco?

3. ¿Quién crees que es "la una" y "la otra"?

4. ¿Por qué crees que su corazón está dividido? Explica tu respuesta.

397

La República Dominicana

El regalo de cumpleaños

Diógenes Valdez is a Dominican author who has written many acclaimed novels and short stories. In this story, the mother of David, a young Dominican, has spent years working in New York. In a letter to his mother, David tells her that everyone thinks that he should have more fun, that it is not good to be so sad, and that he must learn to smile. Read his mother's response and discover what the best gift is that she can give him.

ESTRATEGIA

In order to better understand a story, think about the culture that it represents. What do you know about the Dominican culture that can help you?

Querida mamá:

La abuela me ha dicho[1] que vendrás[2] pronto. Sé que dice esto para verme feliz, porque me paso mucho rato mirando tu fotografía y a veces los ojos se me llenan de lágrimas[3]. Comprendo que te fuiste a Nueva York a trabajar porque aquí cuesta mucho conseguir[4] un empleo.

En casa todos estamos bien, únicamente me preocupa[5] la abuela. Se pasa todo el día diciéndome que me divierta, que salga con los amigos, pero yo no siento deseos de hacerlo. Ha llegado a decirme que hace tiempo que no me ve sonreír[6], que parezco un niño viejo.

Sé que Nueva York es una gran ciudad y que allá se consigue de todo. Quiero que me traigas una sonrisa[7]. Estoy cansado de que me digan que no parezco feliz, sólo porque no sé sonreír.

Te quiere, tu hijo

David

Querido hijo:

Creo que tengo buenas noticias para ti. Voy a regresar pronto y aunque me pides algo que es difícil de conseguir[8], voy a hacer todo lo posible para complacerte[9]. Sé que costará mucho el conseguir esa sonrisa, pero puedes estar tranquilo. Espero estar contigo el mismo día de tu cumpleaños.

Tu madre que no te olvida,

Rebeca

1 has told me	4 to get	7 a smile
2 you will come	5 I worry about	8 to get
3 tears	6 to smile	9 to make you happy

Hoy es sábado 15 de agosto. Es el día del cumpleaños de David. En el aeropuerto, el niño mira los aviones[1] que despegan o aterrizan[2]. No se siente nervioso, ni emocionado. Contempla a su madre y tiene la esperanza de que en la cartera[3], envuelta primorosamente[4], venga esa sonrisa. La ve salir y un nudo[5] se le forma en la garganta. Ella corre a abrazarlo[6] y por un momento David se olvida de todo.

¡Mamá!—exclama David.

¡Hijo mío! —responde la madre.

¿Has traído[7] mi sonrisa? —se atreve a preguntarle.

Ella abre la cartera y le entrega un paquetito primorosamente envuelto.

¡Aquí está!—le dice—¡Ábrelo!

David lo toma entre sus manos temblorosas[8] y con los ojos llenos de lágrimas, responde:

¡Tengo miedo de hacerlo!

David comienza a abrir el pequeño paquete. Las manos le tiemblan cuando le quita la envoltura[9]. Abre la cajita, pero dentro tan sólo hay un papelito cuidadosamente doblado. Lo abre y lee:

"Querido hijo:

Mamá ha venido a quedarse definitivamente. Ya nunca más volverá a marcharse[10]."

Entonces David abrió los ojos y abrazó a su madre nuevamente. Sin darse cuenta comenzó[11] a sonreír.

---

1 airplanes
2 take off or land
3 purse
4 carefully wrapped
5 knot
6 to hug him
7 Have you brought
8 shaking
9 takes off the wrapping
10 She'll never go away again
11 he began

Después de leer

1. ¿Por qué se fue a Nueva York la madre de David?

2. Según la abuela, ¿por qué debe divertirse David más? ¿Qué parece David, en su opinión?

3. ¿Qué le pide David a su madre?

4. En su carta, ¿cuándo dice que va a venir la madre de David?

5. ¿Cuál es el regalo que la madre le trae? Explica.

Perú

Ollantaytambo

The Incan warrior Ollanta was made immortal thanks to the famous Peruvian writer Juan Espinoza Medrano, who wrote the drama *Ollantay* during the colonial period. Many years later, in 1780, the story was presented to the public with great success. Read about the Incan people and this famous warrior for whom the legend is named.

ESTRATEGIA

Making predictions helps prepare you to read a passage. Read the first four lines of the text and, thinking about other legends that you know, try to guess what is going to happen in this Inca legend.

Ollantay es el mejor guerrero[1] del imperio inca. Conquista regiones de la selva y lleva riquezas[2] al Inca Pachacútec.

Su casco de oro[3] le distingue como el más valiente. Todos lo admiran pero su corazón es de la princesa Cusi Coyllur.

Cuando Pachacútec se entera del amor entre el guerrero y la princesa se pone rojo de ira[4]. Castiga[5] a Ollantay y encierra a la princesa en una cueva[6].

Un día Ollantay se escapa y se convierte en jefe de los pueblos de los Andes. Gana todos los combates contra Rumiñahui, el general de Pachacútec.

Rumiñahui busca venganza[7]. Durante una fiesta emborracha[8] a los hombres de Ollantay y los hace prisioneros. El guerrero está ahora en manos del malvado Rumiñahui.

Pero en Cuzco hay un nuevo Inca, Tupac Yupanqui. Tupac es bueno y justo. Cusi Coyllur y Ollantay se casan al fin y viven en Tambo, una magnífica ciudad de piedra[9], levantada[10] al pie de la selva.

1 warrior   **2** riches   **3** golden helmet   **4** hatred   **5** He punishes
6 cave   **7** revenge   **8** he intoxicates   **9** rock   **10** raised

Datos geográficos

Ollantaytambo es un pueblo de la provincia de Urubamba, muy cerca de las famosas ruinas de Machu Picchu, al sur de Perú. En este pueblo todo ha permanecido[1] intacto y en sus casas siguen viviendo[2] los descendientes de sus primeros ocupantes. Allí se encuentra una antigua fortaleza inca, uno de los mejores ejemplos de la asombrosa[3] arquitectura de esta civilización. Muchas de las piedras en su construcción, de más de 96 toneladas[4], fueron transportadas desde lugares lejanos, pero aún no se sabe cómo.

1 has remained **2** continue to live **3** astonishing **4** tons

Después de leer

1. ¿De quién está enamorado Ollantay?

2. ¿Qué hace el Inca Pachacútec al saber de ese amor?

3. ¿Qué hace Ollantay cuando se escapa de Pachacútec?

4. ¿Cómo se salva Ollantay del malvado Rumiñahui?

5. ¿Por qué es famoso hoy en día el pueblo Ollantaytambo?

6. ¿Cuál es el misterio de su construcción?

La Península Ibérica

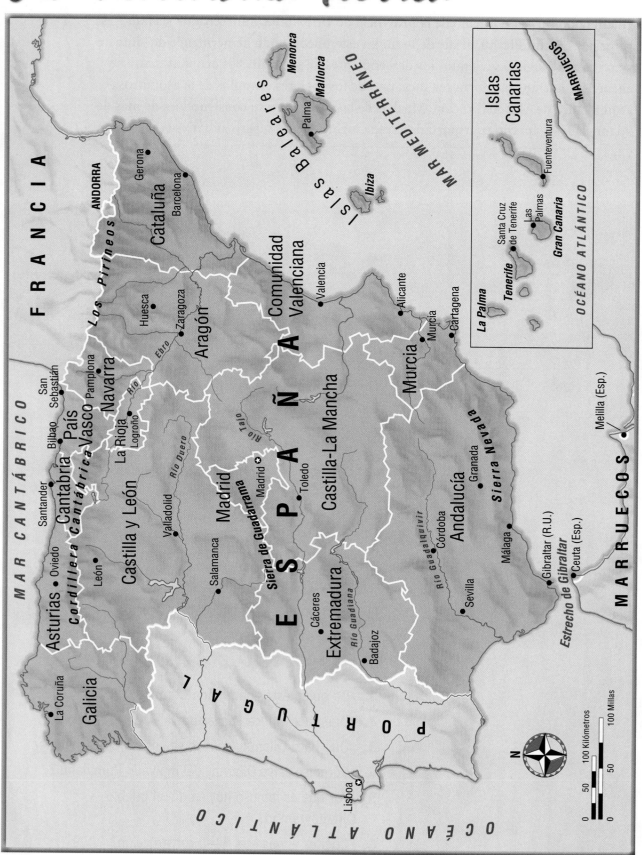

FRANCIA

ANDORRA

Gerona
Barcelona
Cataluña

Los Pirineos

Menorca

Mallorca
Palma

Islas Baleares

Ibiza

MAR MEDITERRÁNEO

Islas Canarias

MARRUECOS

Fuenteventura

Santa Cruz
de Tenerife
Las Palmas
Gran Canaria

La Palma

Tenerife

OCÉANO ATLÁNTICO

MAR CANTÁBRICO

San Sebastián
Santander
Bilbao
Cantabria
País Vasco
Cordillera Cantábrica
Asturias
Oviedo

Pamplona
Navarra
La Rioja
Logroño

Huesca
Zaragoza
Río Ebro
Aragón

Comunidad
Valenciana
Valencia

Alicante

Murcia
Murcia
Cartagena

Melilla (Esp.)

Sierra Nevada

Granada
Córdoba
Andalucía

León
Castilla y León
Valladolid
Salamanca

Río Duero

Madrid
Sierra de Guadarrama
Madrid
Toledo

Río Tajo

E S P A Ñ A

Castilla-La Mancha

Río Guadalquivir

Sevilla

Málaga
Gibraltar (R.U.)
Estrecho de Gibraltar
Ceuta (Esp.)

MARRUECOS

La Coruña
Galicia

PORTUGAL

Cáceres
Extremadura
Río Guadiana
Badajoz

Lisboa

OCÉANO ATLÁNTICO

N

100 Kilómetros   100 Millas
50   50
0   50   0   50
0   0

R2

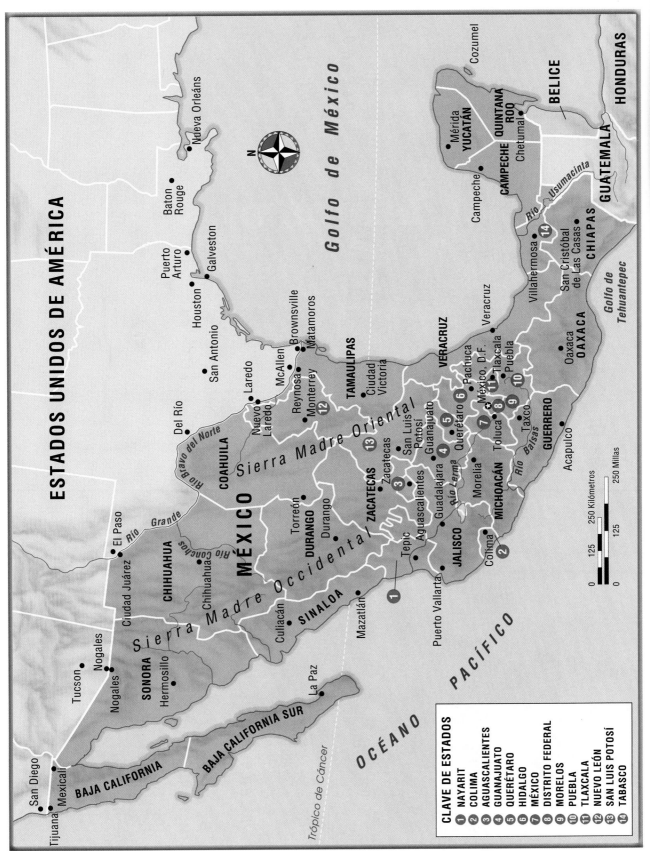

México

ESTADOS UNIDOS DE AMÉRICA

San Diego
Tijuana
Mexicali
Nogales
Tucson
Nogales
El Paso
Ciudad Juárez
Chihuahua
Del Río
Puerto Arturo
Galveston
Houston
Nueva Orleáns
Baton Rouge
San Antonio
Laredo
McAllen
Brownsville
Matamoros
Nuevo Laredo
Reynosa
Monterrey

Golfo de México

Cozumel
BELICE
HONDURAS
Mérida
YUCATÁN
QUINTANA ROO
Chetumal
CAMPECHE
Campeche
GUATEMALA
Río Usumacinta
San Cristóbal de Las Casas
CHIAPAS
Villahermosa
Golfo de Tehuantepec

Río Bravo del Norte

COAHUILA
Sierra Madre Oriental
Torreón
DURANGO
Durango
ZACATECAS
Zacatecas
San Luis Potosí
Guanajuato
Aguascalientes
MÉXICO
CHIHUAHUA
Río Grande
Río Conchos
Chihuahua
SONORA
Hermosillo
La Paz
BAJA CALIFORNIA
BAJA CALIFORNIA SUR
Sierra Madre Occidental
Tepic
SINALOA
Culiacán
Mazatlán
Puerto Vallarta
OCÉANO PACÍFICO
Trópico de Cáncer

TAMAULIPAS
Ciudad Victoria
VERACRUZ
Pachuca
Veracruz
Querétaro
México, D.F.
Tlaxcala
Puebla
OAXACA
Oaxaca
Toluca
Taxco
GUERRERO
Acapulco
Morelia
MICHOACÁN
Río Lerma
Río Balsas
JALISCO
Guadalajara
Colima

N

CLAVE DE ESTADOS

1. NAYARIT
2. COLIMA
3. AGUASCALIENTES
4. GUANAJUATO
5. QUERÉTARO
6. HIDALGO
7. MÉXICO
8. DISTRITO FEDERAL
9. MORELOS
10. PUEBLA
11. TLAXCALA
12. NUEVO LEÓN
13. SAN LUIS POTOSÍ
14. TABASCO

0   125   250 Kilómetros
0   125   250 Millas

Estados Unidos de América

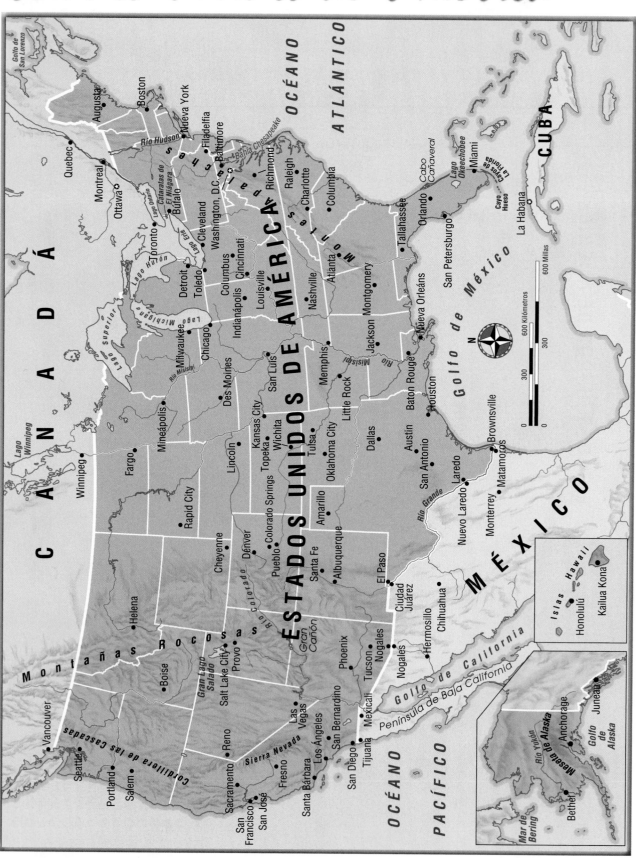

América Central y las Antillas

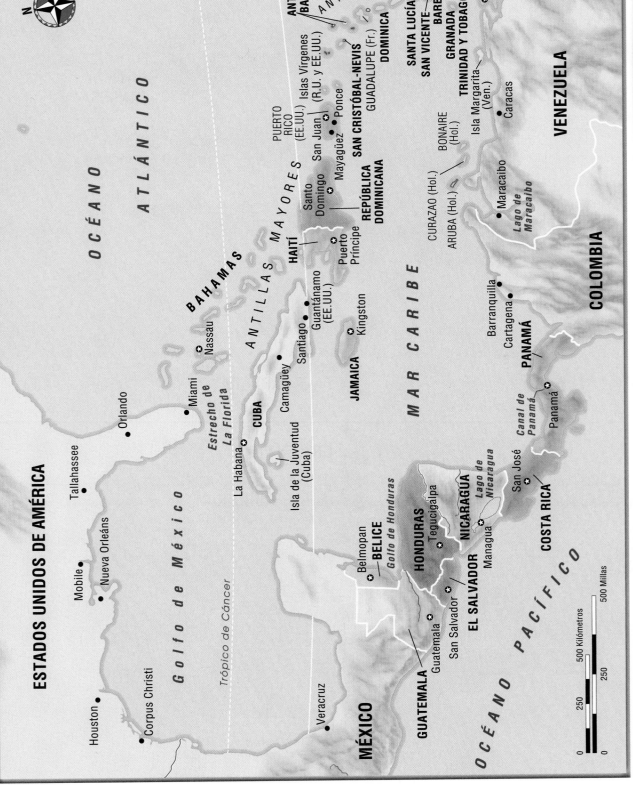

ESTADOS UNIDOS DE AMÉRICA

Houston

Corpus Christi

Mobile
Nueva Orleáns

Tallahassee

Orlando

Miami

Golfo de México

Trópico de Cáncer

Estrecho de La Florida

Veracruz

MÉXICO

OCÉANO ATLÁNTICO

N

La Habana

Isla de la Juventud (Cuba)

CUBA

Camagüey

Santiago

BAHAMAS

Nassau

ANTILLAS MAYORES

JAMAICA

Kingston

Guantánamo (EE.UU.)

HAITÍ

Puerto Príncipe

Santo Domingo

REPÚBLICA DOMINICANA

Mayagüez

San Juan

Ponce

PUERTO RICO (EE.UU.)

Islas Vírgenes (R.U. y EE.UU.)

SAN CRISTÓBAL-NEVIS

GUADALUPE (Fr.)

DOMINICA

ANTILLAS MENORES

ANTIGUA Y BARBUDA

SANTA LUCÍA

SAN VICENTE

BARBADOS

GRANADA

TRINIDAD Y TOBAGO

Isla Margarita (Ven.)

Puerto España

Caracas

VENEZUELA

BONAIRE (Hol.)

CURAZAO (Hol.)

ARUBA (Hol.)

Maracaibo

Lago de Maracaibo

COLOMBIA

Barranquilla

Cartagena

PANAMÁ

Canal de Panamá

Panamá

San José

COSTA RICA

MAR CARIBE

ANTILLAS MENORES

Belmopan

BELICE

Golfo de Honduras

HONDURAS

Tegucigalpa

Managua

NICARAGUA

Lago de Nicaragua

GUATEMALA

Guatemala

San Salvador

EL SALVADOR

OCÉANO PACÍFICO

0   250   500 Kilómetros

0   250   500 Millas

América del Sur

MAR DE LAS ANTILLAS

OCÉANO ATLÁNTICO

América Central

Cartagena

Maracaibo

Caracas

VENEZUELA

GUYANA

SURINAM

Medellín

Orinoco

Río

Ciudad
Bolívar

Georgetown

Paramaribo

Cayena

COLOMBIA

Bogotá

GUAYANA
FRANCESA

Islas
Galápagos
(Ecuador)

Quito

Río Putumayo

Ecuador

ECUADOR

Río

Manaus

Amazonas

Belén

Guayaquil

Cuenca

B R A S I L

PERÚ

Recife

Andes

Lima

Cuzco

Salvador

Lago
Titicaca

La Paz

Brasilia

BOLIVIA

Sucre

Cordillera de los

OCÉANO

PARAGUAY

Paraná

Río de Janeiro

Asunción

San Pablo

Trópico de Capricornio

CHILE

Tucumán

Río

PACÍFICO

ARGENTINA

Córdoba

URUGUAY

Valparaíso

Mendoza

Montevideo

Santiago

Buenos Aires

Río de la Plata

N

Bariloche

OCÉANO

ATLÁNTICO

0   500   1.000 Kilómetros

0   500   1.000 Millas

Cordillera de los Andes

Estrecho de Magallanes

Islas
Malvinas
(R.U.)

Punta Arenas

Tierra del Fuego

Cabo de
Hornos

Vocabulario adicional

This list includes additional vocabulary that you may want to use to personalize activities. If you can't find a word you need here, try the Spanish-English and English-Spanish vocabulary sections, beginning on page R24.

Materias (School Subjects)

el álgebra	algebra
el cálculo	calculus
la contabilidad	accounting
la física	physics
la geometría	geometry
el italiano	Italian
el japonés	Japanese
el latín	Latin
la literatura	literature
el ruso	Russian

Celebraciones (Celebrations)

el bautizo	baptism
la canción	song
El Día de los Reyes	Three Kings Day
la Pascua Florida	Easter
las Pascuas	Christmas
el Ramadán	Ramadan
Rosh Hashaná	Rosh Hashanah

Comida (Food)

el ají picante (el chile)	hot pepper
el aguacate	avocado
las arvejas	peas
el azúcar	sugar
la banana (el guineo)	banana
el batido	milkshake
la cereza	cherry
la coliflor	cauliflower
el champiñón (el hongo)	mushroom
los condimentos	seasonings
los fideos	noodles
el filete de pescado	fish fillet
la lechuga	lettuce
la mayonesa	mayonnaise
el melón	cantaloupe
la mostaza	mustard
la pimienta	pepper
la piña	pineapple
el plátano	plantain
la sal	salt
el yogur	yogurt

Computadoras (Computers)

arrastrar	to drag
la búsqueda	search
buscar	to search
comenzar la sesión	to log on
la contraseña, el código	password
el disco duro	hard drive
en línea	online
grabar	to save
hacer clic	to click
la impresora	printer
imprimir	to print
el marcapáginas, el separador	bookmark
el ordenador	computer
la página Web inicial	homepage
el ratón	mouse
la Red	the Net
la tecla de aceptación	return key
la tecla de borrar, la tecla correctora	delete key
el teclado	keyboard
terminar la sesión	to log off
la unidad de CD-ROM	CD-ROM drive
el Web, la Telaraña Mundial	World Wide Web

De compras (Shopping)

cobrar	to charge
el dinero en efectivo	cash
el descuento	discount
en venta	for sale
la rebaja	sale, sale price
regatear	to bargain
la tarjeta de crédito	credit card
el (la) vendedor, -ora	salesperson

Deportes y pasatiempos
(Sports and Hobbies)

el anuario	yearbook
las artes marciales	martial arts
la astronomía	astronomy
el ballet	ballet
el boxeo	boxing
coleccionar sellos (monedas, muñecas)	to collect stamps (coins, dolls)
coser	to sew
el drama	drama
la fotografía	photography
la gimnasia	gymnastics
jugar a las cartas	to play cards
jugar a las damas	to play checkers
la orquesta	orchestra
el patinaje en línea, (sobre hielo)	inline (ice) skating

En el cine o el teatro
(At the Movies or Theater)

el actor	actor
actuar	to act
la actriz	actress
aplaudir	to applaud
la butaca	box seat
la escena	scene
el escenario	stage
el espectáculo	performance, show
la estrella	star
la pantalla	screen
el telón	curtain

En el consultorio (At the Clinic)

la alergia	allergy
el antibiótico	antibiotic
ponerle a alguien una inyección	to give someone a shot
el dolor	pain
los escalofríos	chills
estornudar	to sneeze
la gripe	flu
la medicina	medicine
las pastillas, las píldoras	pills, tablets
el síntoma	symptom
la tos	cough
toser	to cough

En el zoológico (At the Zoo)

el ave, las aves	bird, birds
el canguro	kangaroo
la cebra	zebra
el cocodrilo	crocodile
el delfín	dolphin
el elefante	elephant
el gorila	gorilla
el hipopótamo	hippopotamus
la jirafa	giraffe
el león	lion
la foca	seal
el mono, el chango	monkey
el oso	bear
el oso polar	polar bear
el pingüino	penguin
la serpiente	snake
el tigre	tiger

En la casa (Around the House)

la alfombra	rug, carpet
el ático	attic
el balcón	balcony
las cortinas	curtains
el despertador	alarm clock
las escaleras	stairs
el espejo	mirror
el estante	bookcase
el fregadero	kitchen sink
la galería	porch
la lámpara	lamp
el lavamanos	bathroom sink
la lavadora	washing machine
la mesita de noche	nightstand
los muebles	furniture
la secadora	dryer

el sillón	*easy chair*
el sótano	*basement*
el timbre	*doorbell*
el tocador	*dresser*

En las afueras y en la ciudad
(Places around Town)

la autopista	*highway*
el banco	*bank*
la esquina	*street corner*
la estación de autobuses (trenes)	*bus (train) station*
la fábrica	*factory*
la ferretería	*hardware store*
la farmacia	*drugstore*
la gasolinera	*gas station*
el hospital	*hospital*
la mezquita	*mosque*
el mercado	*market*
la oficina	*office*
la parada de autobuses	*bus stop*
la peluquería	*barbershop*
el puente	*bridge*
el rascacielos	*skyscraper*
el salón de belleza	*beauty salon*
el semáforo	*traffic light*
el supermercado	*supermarket*

Instrumentos musicales
(Musical Instruments)

el acordeón	*accordion*
el arpa	*harp*
la armónica	*harmonica*
el bajo	*bass*
la batería	*drum set*
el clarinete	*clarinet*
la flauta dulce	*recorder*
la flauta	*flute*
la guitarra	*guitar*
la mandolina	*mandolin*
las maracas	*maracas*
el oboe	*oboe*
el saxofón	*saxophone*
el sintetizador	*synthesizer*
el tambor	*drum*
el trombón	*trombone*
la trompeta	*trumpet*
la tuba	*tuba*
la tumbadora	*conga drum*
la viola	*viola*
el violín	*violin*

La familia *(Family)*

el (la) ahijado(a)	*godson, goddaughter*
el (la) bisabuelo(a)	*great-grandfather, great-grandmother*
el (la) biznieto(a)	*great-grandson, great-granddaughter*
el (la) cuñado(a)	*brother-in-law, sister-in-law*
el (la) hijastro(a)	*stepson, stepdaughter*
la madrina	*godmother*
la madrastra	*stepmother*
la nuera	*daughter-in-law*
el padrino	*godfather*
el padrastro	*stepfather*
el (la) suegro(a)	*father-in-law, mother-in-law*
el yerno	*son-in-law*

Palabras descriptivas
(Descriptive Words)

amistoso(a)	friendly
la barba	beard
bien educado(a)	well-mannered
el bigote	mustache
calvo(a)	bald
la estatura	height
flaco(a)	skinny
lindo(a)	pretty
las pecas	freckles
las patillas	sideburns
el pelo lacio	straight hair
el pelo rizado	curly hair
pesar	to weigh
tranquilo(a)	quiet

Partes del cuerpo (Parts of the Body)

la barbilla	chin
las cejas	eyebrows
la cintura	waist
el codo	elbow
la frente	forehead
los labios	lips
la muñeca	wrist
el muslo	thigh
las pestañas	eyelashes
la rodilla	knee
la sien	temple
el tobillo	ankle
la uña	nail

Profesiones (Professions)

el (la) abogado(a)	lawyer
el (la) arquitecto(a)	architect
el (la) bombero(a)	firefighter
el (la) cartero(a)	mail carrier
el (la) cocinero(a)	cook
el (la) conductor, -ora	driver
el (la) constructor, -ora	builder
el (la) decorador, -ora	interior decorator

el (la) dentista	dentist
el (la) detective	detective
el (la) enfermero(a)	nurse
el (la) escritor, -ora	writer
el hombre (la mujer) de negocios	businessman, businesswoman
el (la) ingeniero(a)	engineer
el (la) médico(a)	doctor
el (la) piloto(a)	pilot
el (la) (mujer) policía	police officer
el (la) secretario(a)	secretary

Regalos (Gifts)

la agenda	agenda, daily planner
el álbum	album
el animal de peluche	stuffed animal
los bombones	chocolates
el calendario	calendar
los claveles	carnations
la colonia	cologne
las flores	flowers
el llavero	key chain
el perfume	perfume
el rompecabezas	puzzle
las rosas	roses

Ropa (Clothes)

la bata	robe
la bufanda	scarf
el chaleco	vest
las chancletas	flip-flops
la corbata	tie
los guantes	gloves
las medias	socks, stockings, hose
las pantuflas, las zapatillas	slippers
el pañuelo	handkerchief
el paraguas	umbrella
la ropa interior	underwear
los tacones, los zapatos de tacón	high heels

Temas de actualidad (Current Issues)

el bosque tropical	rain forest
la contaminación	pollution
el crimen	crime
los derechos humanos	human rights
la economía	economy
la educación	education
la guerra	war

el medio ambiente	environment
el mundo	world
las noticias	news
la paz	peace
la política	politics
la tecnología	technology
la violencia	violence

Vacaciones (Vacation)

la agencia de viajes	travel agency
el andén	train platform
el asiento	seat
los cheques de viajero	traveler's checks
hacer una reservación	to make a reservation
el horario	schedule, timetable
el mar	sea

la parada	stop
el pasillo	aisle
reservado(a)	reserved
la ventanilla	window
la visa	visa
visitar los lugares de interés	to sightsee
volar	to fly

Refranes (Proverbs)

Más vale pájaro en mano que cien volando.
A bird in the hand is worth two in the bush.

Hijo no tenemos y nombre le ponemos.
Don't count your chickens before they're hatched.

A quien madruga, Dios le ayuda.
The early bird catches the worm.

Más vale tarde que nunca.
Better late than never.

El hábito no hace al monje.
Clothes don't make the man.

Más ven cuatro ojos que dos.
Two heads are better than one.

Querer es poder.
Where there's a will, there's a way.

Ojos que no ven, corazón que no siente.
Out of sight, out of mind.

No todo lo que brilla es oro.
All that glitters is not gold.

Caras vemos, corazones no sabemos.
You can't judge a book by its cover.

Donde una puerta se cierra, otra se abre.
Every cloud has a silver lining.

En boca cerrada no entran moscas.
Silence is golden.

Dime con quién andas y te diré quién eres.
Birds of a feather flock together.

Al mal tiempo buena cara.
When life gives you lemons, make lemonade.

Antes que te cases mira lo que haces.
Look before you leap.

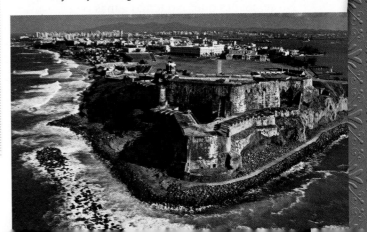

Expresiones de ¡Exprésate!

Functions are the ways in which you use a language for particular purposes. In specific situations, such as in a restaurant, in a grocery store, or at school, you will want to communicate with those around you. In order to do that, you have to "function" in Spanish: you place an order, make a purchase, or talk about your class schedule.

Here is a list of the functions presented in this book along with the Spanish expressions you'll need to communicate in a wide range of situations. Following each function is the chapter and page number from the book where it is introduced.

Socializing

Greetings
Ch. 1, p. 8
> Buenos días, señor.
> Buenas noches, señora.
> Buenas tardes, señorita.

Saying Goodbye
Ch. 1, p. 8
> Adiós.   Hasta mañana.
> Tengo que irme.   Nos vemos.
> Hasta luego.   Hasta pronto.
> Buenas noches.

Asking how someone is and saying how you are
Ch. 1, p. 8
> Hola, ¿cómo estás?   Estoy bien/regular/mal.
> ¿Cómo está usted?
> ¿Qué tal?   Más o menos.

Introducing people
Ch. 1, p. 10
> Éste(a) es... Es un(a)   Encantado(a).
>   compañero(a)   Mucho gusto.
>   de clase.   Igualmente.
> Ésta es... (Ella) es   Éste es... (Él) es
>   mi profesora de...   mi profesor de...

Inviting others to do something
Ch. 4, p. 134
> ¿Qué tal si vamos a...?
> No sé. ¿Sabes qué? No tengo ganas.
> Vienes conmigo a..., ¿no?
> ¡Claro que sí! Tengo mucha hambre.
> Hay un concierto...
>   Vas a ir, ¿verdad?
> No, no voy a ir. Tengo que...

Talking on the phone
Ch. 8, p. 287
> Aló/Bueno/Diga.
> Hola. ¿Está...?
> ¿De parte de quién?
> Habla...
> Espera un momento, ya te lo (la) paso.
> Lo siento, no está. ¿Quieres dejarle un recado?
> No, gracias. Llamo más tarde.
> Sí, por favor, que me llame después.

Greetings, introducing others, and saying goodbye
Ch. 9, p. 325
> ¡Qué gusto verte!   ¡Tanto tiempo sin verte!
> ¿Qué hay de nuevo?   Lo de siempre.
> Te presento a...   Tanto gusto.
> ¡Feliz...!   Chao, te llamo más tarde.
> Cuídate.   Vale. Que te vaya bien.

Exchanging Information

Asking and giving names
Ch. 1, p. 6
> ¿Cómo te llamas?
> ¿Cómo se llama usted?
> Me llamo...
> Soy...
> ¿Quién es...?
> Él (Ella) es...
> ¿Cómo se llama (él/ella)?
> (Él/Ella) se llama...

Saying where you and others are from
Ch. 1, p. 11
> ¿De dónde eres?   ¿De dónde es usted?
> Soy de...   ¿De dónde es...?
> Es de...

Asking and giving phone numbers
Ch. 1, p. 19
¿Cuál es tu teléfono?
Es tres-dos-cinco-uno-dos-tres-uno.
¿Cuál es el teléfono de...?
Es...

Saying what time it is
Ch. 1, p. 20
¿Qué hora es?
Son las... y cuarto de la mañana.
Es la una en punto.
Son las... y trece de la tarde.
Son las... y media de la tarde.
Son las... menos cuarto.
Son las... menos diez de la noche.
Es mediodía.
Es medianoche.

Asking and giving the date and the day
Ch. 1, p. 21
¿Qué fecha es hoy?
Es el primero (dos, tres...) de enero.
¿Qué día es hoy?
Hoy es...

Asking how words are spelled and giving e-mail addresses
Ch. 1, p. 23
¿Cómo se escribe...?
Se escribe...
¿Cuál es tu correo electrónico?
Es...
¿Cuál es el correo electrónico de...?
Es eme punto ge-o-ene-zeta-a-ele-o arroba
   ere-e-de punto a-ere.

Describing people
Ch. 2, p. 45
¿Cómo es...?
... es moreno(a). También es... y un poco...
¿Cómo eres? ¿Eres cómico(a)?
Sí, soy bastante cómico(a).

Asking and saying how old someone is
Ch. 2, p. 47
¿Cuántos años tienes?
Tengo ... años.
¿Cuántos años tiene...?
... tiene ... años.
¿Cuándo es tu cumpleaños?
Es el 6 de mayo.
¿Cuándo es el cumpleaños de...?
Es el...

Describing things
Ch. 2, p. 58
¿Cómo es...?   Es...
Es (muy)...   Es algo...
Es bastante...

Talking about what you and others want to do
Ch. 3, p. 85
¿Qué quieres hacer hoy?
Ni idea.
¿Quieres ir a... conmigo?
Está bien.
No, gracias. No quiero ir a... hoy.

Talking about everyday activities
Ch. 3, p. 95
¿Qué haces los fines de semana?
Los sábados, cuando hace buen tiempo, voy...
¿Qué hace... cuando hace mal tiempo?
Le gusta...
No va a ninguna parte.

Asking and saying how often
Ch. 3, p. 96
¿Con qué frecuencia vas a...?
Casi nunca. No me gusta...
¿Te gusta...?
Sí. Después de clases, casi siempre vamos a...
A veces vamos también a...

Talking about what you and others have or need
Ch. 4, p. 121
¿Necesitas algo para el colegio?
Sí, necesito muchas cosas.
No, no necesito nada.
¿Necesitas...?
Sí, necesito...
¿Tienes...?
Sí, tengo un montón.
No, no tengo.

Talking about classes
Ch. 4, p. 122
¿Qué clases tienes...?
Primero tengo... y después tengo...
¿Cuál es tu materia preferida?
Mi materia preferida es... Es fácil.
No me gusta la clase de... porque es difícil.

Talking about plans
Ch. 4, p. 133
¿Vas a ir a... el... por la...?
No. Tengo...
¿Qué vas a hacer el... próximo?
Voy a..., y después...
   Luego regreso a...

Expresiones de ¡Exprésate!

¿A qué hora vas a llegar a...?
Voy a llegar temprano (a tiempo).
    No me gusta llegar tarde.

Describing people and family relationships
Ch. 5, p. 159
¿Cuántas personas hay en tu familia?
En mi familia somos... personas.
¿Cómo es tu familia?
Somos... y tenemos... Todos usamos lentes.
    Mi... está en una silla de ruedas.
¿Cómo es tu...?
Es... Es una persona... (Él/Ella) y mi...
    tienen... hijos pero no tienen...

Describing where someone lives
Ch. 5, p. 171
¿Dónde viven ustedes?
Vivimos en un apartamento. Está en un
    edificio... de... pisos.
¿Cuál es tu dirección?
Es calle..., número...
¿Cómo es tu casa?
Es bastante... Tiene... habitaciones,...

Talking about your responsibilities
Ch. 5, p. 172
¿Qué te parece tener que ayudar en casa?
A veces tengo que..., pero me parece bien.
    No es gran cosa.
A mí siempre me toca... ¡Qué lata!
¿Qué te toca hacer a ti?
A menudo tengo que...
A... nunca le toca... Me parece injusto.

Commenting on food
Ch. 6, p. 197
¿Qué tal si pruebas...? Son muy buenos(as)
    aquí.
¡Ay, no! Nunca pido... No me gusta.
Aquí preparan muy bien (mal)...
 (No) estoy de acuerdo.
¡Qué ricos(as) están...!
Sí, me encantan.
¿Qué tal está(n)...?
Está(n) un poco...

Talking about meals
Ch. 6, p. 209
¿Qué desayunas?
Siempre desayuno...
¿Qué quieres hoy de almuerzo?
¿Qué tal si almorzamos...?
¿Qué hay de cena? Tengo mucha hambre.
Vamos a cenar...

Talking about your daily routine
Ch. 7, p. 235
¿Estás listo(a)? ¿Qué te falta hacer?
¡Ay, no! Acabo de levantarme. Tengo que... antes
    de...
¿Qué tienes que hacer para prepararte?
Tengo que..., pero no encuentro...

Talking about staying fit and healthy
Ch. 7, p. 237
¿Cómo te mantienes en forma?
... y... Entreno...
¿Qué haces para relajarte?
... También... o...

Offering and asking for help in a store
Ch. 8, p. 275
¿En qué le puedo servir?
Busco...
Nada más estoy mirando.
Quiero devolver... Lo/La necesito en otro(a)...
¿Qué número/talla usa?
Uso el/la...
¿Cómo le queda(n)...?
Me queda(n) bien/mal.
Necesito una talla más grande/pequeña.
¿A qué hora cierra la tienda?
Cierra a las...

Saying where you went and what you did
Ch. 8, p. 285
¿Adónde fuiste anoche/ayer/anteayer?
Fui a... a...
¿Qué hiciste el fin de semana pasado?
Pagué una fortuna.

Talking about your plans
Ch. 9, p. 311
¿Qué vas a hacer...?
Pienso... o...
¿Qué planes tienen para...?
Pensamos pasarlo(la) con..., como siempre.

Talking about past holidays
Ch. 9, p. 312
¿Dónde pasaron... el año pasado?
Lo (La) pasamos en casa de...
¿Qué tal estuvo?
Estuvo a todo dar. Nos reunimos a...

Preparing for a party
Ch. 9, p. 323
¿Está todo listo para la fiesta?
¿Ya terminaste con los preparativos?
Sí. Anoche compré... y preparé...
¿Qué están haciendo...?
Están colgando...

Asking for and giving information
Ch. 10, p. 349

¿Me puede decir dónde está(n)...?

Está(n) a la vuelta.

¿Sabe Ud. a qué hora sale el vuelo...? No quiero perderlo.

Lo puede ver allí en esa pantalla.

Sí, sale/llega a las...

¿Dónde se puede conseguir...?

Lo siento, no sé.

Reminding and reassuring
Ch. 10, p. 351

¿Ya sacaste el dinero?

Sí, ya lo saqué.

No, todavía no. Debo pasar por el cajero automático.

¿Ya hiciste la maleta?

No, todavía tengo que hacerla.

¡Ay, dejé... en casa!

No te preocupes. Puedes comprar... en cualquier tienda.

Talking about a trip
Ch. 10, p. 361

¿Qué tal el viaje?

¡Fue estupendo!

¡Fue horrible!

¿Adónde fueron?

Fuimos a...

¿Qué hicieron?

Conocimos... y sacamos muchas fotos.

Luego pasamos por... y por fin...

Expressing Attitudes and Opinions

Talking about what you and others like
Ch. 2, p. 57

¿Te gusta(n)...? Sí, me gusta(n) mucho.

No, no me gusta(n). ¿Te gusta(n) más... o...?

Me gusta(n) más... Me da igual.

Talking about what you and others like to do
Ch. 3, p. 83

¿Qué te gusta hacer? A mí me gusta...

¿A... les gusta...? Sí, porque les gusta...

Asking for and giving opinions
Ch. 8, p. 273

¿Qué te parece el (la)...?

Me parece... y cuesta mucho. ¡Es un robo!

¿Cómo me queda el (la)...?

Te queda muy bien. Y está a la (última) moda.

¿Y el (la)...? Cuesta... dólares.

¡Qué caro(a)! Además, está pasado(a) de moda.

El (La)... es una ganga, ¿verdad?

Tienes razón. Es muy barato(a).

Expressing hopes and wishes
Ch. 10, p. 363

Algún día me gustaría...

Si tengo suerte, voy a...

Quiero conocer...

Espero ver...

Expressing Feelings and Emotions

Talking about how you feel
Ch. 7, p. 247

Te veo mal.

Es que estoy enfermo(a). Tengo catarro.

¿Qué te pasa? ¿Te duele algo?

Me siento (un poco)... y me duele...

¿Qué tiene...? ¿Está...?

Le duele...

Persuading

Taking someone's order and requesting something
Ch. 6, p. 198

¿Qué desea (usted)?

Quisiera...

¿Y para tomar?

Para tomar, quiero...

¿Desea algo de postre?

Sí, ¿me trae...?

¿Algo más?

¿Nos trae..., por favor?

Offering help and giving instructions
Ch. 6, p. 211

¿Necesitas ayuda?

Sí, saca... y ponlo(a) en el horno (el microondas).

¿Puedo ayudar?

Saca... del refrigerador.

¿Por qué no preparas...?

¿Pongo la mesa?

Sí, ponla, por favor.

Giving advice
Ch. 7, p. 248

¿Sabes qué? Comes muy mal. No debes comer tanto dulce ni grasa.

Para cuidarte mejor, debes... ¿Por qué no... más temprano?

No debes...

Síntesis gramatical

NOUNS AND ARTICLES

Gender of Nouns

In Spanish, nouns (words that name a person, place, or thing) are grouped into two classes or genders: masculine and feminine. All nouns, both persons and objects, fall into one of these groups. Most nouns that end in **-o** are masculine, and most nouns that end in **-a, -ción, -tad,** and **-dad** are feminine. Some nouns, such as **estudiante** and **cliente,** can be either masculine or feminine.

Masculine Nouns	Feminine Nouns
libro	casa
chico	universidad
cuaderno	situación
bolígrafo	mesa
vestido	libertad

FORMATION OF PLURAL NOUNS

	Add **-s** to nouns that end in a vowel.		Add **-es** to nouns that end in a consonant.		With nouns that end in **-z,** the **-z** changes to a **-c.**	
SINGULAR	libro	casa	profesor	papel	vez	lápiz
PLURAL	libro**s**	casa**s**	profesor**es**	papel**es**	ve**ces**	láp**ices**

Definite Articles

There are words that signal the gender of the noun. One of these is the *definite article.* In English, there is one definite article: *the.* In Spanish, there are four: **el, la, los, las.**

SUMMARY OF DEFINITE ARTICLES

	Masculine	Feminine
SINGULAR	**el** chico	**la** chica
PLURAL	**los** chicos	**las** chicas

CONTRACTIONS

a + el → **al**
de + el → **del**

Indefinite Articles

Another group of words that are used with nouns are the *indefinite articles:* **un, una,** (*a* or *an*) and **unos, unas** (*some* or *a few*).

	Masculine	Feminine
SINGULAR	**un** chico	**una** chica
PLURAL	**unos** chicos	**unas** chicas

Pronouns

Subject Pronouns	Direct Object Pronouns	Indirect Object Pronouns	Objects of Prepositions	Reflexive Pronouns
yo	me	me	mí	me
tú	te	te	ti	te
él, ella, usted	lo, la	le	él, ella, usted	se
nosotros, nosotras	nos	nos	nosotros, nosotras	nos
vosotros, vosotras	os	os	vosotros, vosotras	os
ellos, ellas, ustedes	los, las	les	ellos, ellas, ustedes	se

ADJECTIVES

Adjectives are words that describe nouns. The adjective must agree in gender (masculine or feminine) and number (singular or plural) with the noun it modifies. Adjectives that end in -**e** or a consonant only agree in number.

		Masculine	Feminine
Adjectives that end in -**o** or -**a**	SINGULAR	chico alt**o**	chica alt**a**
	PLURAL	chicos alt**os**	chicas alt**as**
Adjectives that end in -**e**	SINGULAR	chico inteligent**e**	chica inteligent**e**
	PLURAL	chicos inteligent**es**	chicas inteligent**es**
Adjectives that end in a consonant	SINGULAR	examen difícil	clase difícil
	PLURAL	exámenes difícil**es**	clases difícil**es**

Demonstrative Adjectives

	Masculine	Feminine		Masculine	Feminine
SINGULAR	**este** chico	**esta** chica	SINGULAR	**ese** chico	**esa** chica
PLURAL	**estos** chicos	**estas** chicas	PLURAL	**esos** chicos	**esas** chicas

When demonstratives are used as pronouns, they match the gender and number of the noun they replace and are written with an accent mark: **éste, éstos, ésta, éstas, ése, ésos, ésa, ésas.**

Possessive Adjectives

These words also modify nouns and show ownership or relationships between people (*my* car, *his* book, *her* mother).

Singular		Plural	
Masculine	Feminine	Masculine	Feminine
mi libro	**mi** casa	**mis** libros	**mis** casas
tu libro	**tu** casa	**tus** libros	**tus** casas
su libro	**su** casa	**sus** libros	**sus** casas
nuestro libro	**nuestra** casa	**nuestros** libros	**nuestras** casas
vuestro libro	**vuestra** casa	**vuestros** libros	**vuestras** casas

Comparatives

Comparatives are used to compare people or things. With comparisons of inequality, the same structure is used with adjectives, adverbs, or nouns. With comparisons of equality, **tan** is used with adjectives and adverbs, and **tanto/a/os/as** with nouns.

COMPARISONS OF INEQUALITY

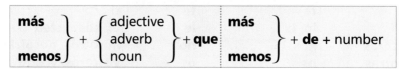

$$\left. \begin{array}{l} \textbf{más} \\ \textbf{menos} \end{array} \right\} + \left\{ \begin{array}{l} \text{adjective} \\ \text{adverb} \\ \text{noun} \end{array} \right\} + \textbf{que} \quad \left. \begin{array}{l} \textbf{más} \\ \textbf{menos} \end{array} \right\} + \textbf{de} + \text{number}$$

COMPARISONS OF EQUALITY

tan + adjective or adverb + **como**
tanto/a/os/as + noun + **como**

These adjectives have irregular comparative forms.

bueno(a) *good*	malo(a) *bad*	joven *young*	viejo(a) *old*
mejor(es) *better*	**peor(es)** *worse*	**menor(es)** *younger*	**mayor(es)** *older*

Ordinal Numbers

Ordinal numbers are used to express ordered sequences. They agree in number and gender with the noun they modify. The ordinal numbers **primero** and **tercero** drop the final **o** before a singular, masculine noun. Ordinal numbers are seldom used after 10. Cardinal numbers are used instead: **Alfonso XIII, Alfonso Trece.**

1st	primero/a	5th	quinto/a	9th	noveno/a
2nd	segundo/a	6th	sexto/a	10th	décimo/a
3rd	tercero/a	7th	séptimo/a		
4th	cuarto/a	8th	octavo/a		

Affirmative and Negative Expressions

Affirmative	Negative
algo	nada
alguien	nadie
alguno (algún), -a	ninguno (ningún), -a
o ... o	ni ... ni
siempre	nunca

Interrogative words

¿Adónde?	¿Cuándo?	¿De dónde?	¿Qué?
¿Cómo?	¿Cuánto(a)?	¿Dónde?	¿Quién(es)?
¿Cuál(es)?	¿Cuántos(as)?	¿Por qué?	

Adverbs

Adverbs make the meaning of a verb, an adjective, or another adverb more definite. These are some common adverbs of frequency.

siempre	*always*	**casi nunca**	*almost never*
nunca	*never*	**a veces**	*sometimes*
todos los días	*every day*		

Prepositions

Prepositions are words that show the relationship of a noun or pronoun to another word. These are common prepositions in Spanish.

a	*to*	**debajo de**	*under*	**hacia**	*toward*
al lado de	*next to*	**delante de**	*before*	**hasta**	*until*
antes de	*before*	**desde**	*from*	**para**	*for, in order to*
arriba	*over, above*	**detrás de**	*behind*	**por**	*for, by*
con	*with*	**en**	*in, on*	**sin**	*without*
de	*of, from*	**encima de**	*over, on top of*		

VERBS

Present Tense of Regular Verbs

In Spanish, we use a formula to conjugate regular verbs. The endings change in each person, but the stem of the verb remains the same.

Infinitive	habl**ar**		com**er**		escrib**ir**	
Present	habl**o**	habl**amos**	com**o**	com**emos**	escrib**o**	escrib**imos**
	habl**as**	habl**áis**	com**es**	com**éis**	escrib**es**	escrib**ís**
	habl**a**	habl**an**	com**e**	com**en**	escrib**e**	escrib**en**

Verbs with Irregular *yo* Forms

hacer		poner		saber		salir		traer	
hago	hacemos	**pongo**	ponemos	**sé**	sabemos	**salgo**	salimos	**traigo**	traemos
haces	hacéis	pones	ponéis	sabes	sabéis	sales	salís	traes	traéis
hace	hacen	pone	ponen	sabe	saben	sale	salen	trae	traen

tener		venir		ver		conocer	
tengo	tenemos	**vengo**	venimos	**veo**	vemos	**conozco**	conocemos
tienes	tenéis	vienes	venís	ves	veis	conoces	conocéis
tiene	tienen	viene	vienen	ve	ven	conoce	conocen

Verbs with Irregular Forms

ser		estar		ir	
soy	somos	estoy	estamos	voy	vamos
eres	sois	estás	estáis	vas	vais
es	son	está	están	va	van

Present Progressive

The present progressive in English is formed by using the verb *to be* plus the *-ing* form of another verb. In Spanish, the present progressive is formed by using the verb **estar** plus the -**ndo** form of another verb.

-ar verbs	**-er** and **-ir** verbs
hablar → estoy habl**ando** trabajar → está trabaj**ando**	comer → estamos com**iendo** escribir → estás escrib**iendo**

For **-er** and **-ir** verbs with a stem that ends in a vowel, the **-iendo** changes to **-yendo**:

leer → están le**yendo**

Stem-Changing Verbs

In Spanish, some verbs have an irregular stem in the present tense. The final vowel of the stem changes from **e → ie, o → ue, u → ue,** and **e → i** in all forms except **nosotros** and **vosotros**.

e → ie		o → ue		u → ue		e → i	
preferir		**poder**		**jugar**		**pedir**	
pref**ie**ro	preferimos	p**ue**do	podemos	j**ue**go	jugamos	p**i**do	pedimos
pref**ie**res	preferís	p**ue**des	podéis	j**ue**gas	jugáis	p**i**des	pedís
pref**ie**re	pref**ie**ren	p**ue**de	p**ue**den	j**ue**ga	j**ue**gan	p**i**de	p**i**den

Some **e → ie** stem-changing verbs are:		Some **o → ue** stem-changing verbs are:		Some **e → i** stem-changing verbs are:
empezar	**venir**	**almorzar**	**dormir**	**vestirse**
pensar	**merendar**	**llover**	**probar**	**servir**
querer	**calentar**	**encontrar**	**acostarse**	
nevar	**tener**	**volver**	**costar**	

The Verbs *gustar* and *encantar*

The verb endings for **gustar** and **encantar** always agree with what is liked or loved. The indirect object pronouns always precede the verb forms.

gustar (to like)		encantar (to really like or love)	
one thing:	**more than one:**	**one thing:**	**more than one:**
me te le } **gusta** nos os les	me te le } **gustan** nos os les	me te le } **encanta** nos os les	me te le } **encantan** nos os les

Verbs with Reflexive Pronouns

If the subject and object of a verb are the same, include the reflexive pronoun with the verb.

lavarse		ponerse		vestirse	
me lavo	**nos** lavamos	**me** pongo	**nos** ponemos	**me** visto	**nos** vestimos
te lavas	**os** laváis	**te** pones	**os** ponéis	**te** vistes	**os** vestís
se lava	**se** lavan	**se** pone	**se** ponen	**se** viste	**se** visten

Here are other verbs with reflexive pronouns.

acostarse	**bañarse**	**maquillarse**	**secarse**
afeitarse	**levantarse**	**peinarse**	**sentirse**

Preterite of Regular and Irregular Verbs

The preterite is used to talk about what happened at a specific point in time.

Infinitive	Preterite of Regular Verbs	
habl**ar**	habl**é** habl**aste** habl**ó**	habl**amos** habl**asteis** habl**aron**
com**er**	com**í** com**iste** com**ió**	com**imos** com**isteis** com**ieron**
escrib**ir**	escrib**í** escrib**iste** escrib**ió**	escrib**imos** escrib**isteis** escrib**ieron**

hacer	ir	ser	ver
hice	fui	fui	vi
hiciste	fuiste	fuiste	viste
hizo	fue	fue	vio
hicimos	fuimos	fuimos	vimos
hicisteis	fuisteis	fuisteis	visteis
hicieron	fueron	fueron	vieron

sacar	llegar	comenzar
saqué	llegué	comencé
sacaste	llegaste	comenzaste
sacó	llegó	comenzó
sacamos	llegamos	comenzamos
sacasteis	llegasteis	comenzasteis
sacaron	llegaron	comenzaron

Imperative Mood

The imperative is used to tell people to do things. Its forms are sometimes referred to as *commands*. Regular affirmative commands are formed by dropping the **s** from the end of the **tú** form of the verb. For negative commands, switch the -**as** ending to -**es** and the -**es** ending to -**as.**

(tú) hablas → habla (no hables)	you speak → speak (don't speak)
(tú) escribes → escribe (no escribas)	you write → write (don't write)
(tú) pides → pide (no pidas)	you ask for → ask for (don't ask for)

Some verbs have irregular **tú** imperative forms.

tener → ten (no tengas)	ser → sé (no seas)
venir → ven (no vengas)	hacer → haz (no hagas)
poner → pon (no pongas)	salir → sal (no salgas)
ir → ve (no vayas)	decir → di (no digas)

The Verbs *ser* and *estar*

Both **ser** and **estar** mean *to be*, but they differ in their uses.

Use **ser:**
1. with nouns to identify and define the subject
   La mejor estudiante de la clase es Katia.
2. with **de** to indicate place of origin, ownership, or material
   Carmen es de Venezuela.
   Este libro es de mi abuela.
   La blusa es de algodón.
3. to describe identifying characteristics, such as physical and personality traits, nationality, religion, and profession
   Mi tío es profesor. Es simpático e inteligente.
4. to express the time, date, season, or where an event is taking place
   Hoy es sábado y la fiesta es a las ocho.

Use **estar:**
1. to indicate location or position of the subject (but not events)
   Lima está en Perú.
2. to describe a condition that is subject to change
   Maricarmen está triste.
3. with the present participle (-**ndo** form) to describe an action in progress
   Mario está escribiendo un poema.
4. to convey the idea of *to look, to feel, to seem, to taste*
   Tu hermano está muy guapo hoy.
   La sopa está deliciosa.

Common Expressions

EXPRESSIONS WITH *TENER*

tener ... años	*to be . . . years old*	**tener (mucha) prisa**	*to be in a (big) hurry*
tener mucho calor	*to be very hot*	**tener que**	*to have to*
tener ganas de...	*to feel like . . .*	**tener (la) razón**	*to be right*
tener mucho frío	*to be very cold*	**tener mucha sed**	*to be very thirsty*
tener mucha hambre	*to be very hungry*	**tener mucho sueño**	*to be very sleepy*
tener mucho miedo	*to be very afraid*	**tener mucha suerte**	*to be very lucky*

EXPRESSIONS OF TIME

To ask how long someone has been doing something, use:
¿Cuánto tiempo hace que + present tense?

To say how long someone has been doing something, use:
Hace + quantity of time + **que** + present tense.
Hace **seis meses** que **vivo en Los Ángeles.**
You can also use:
present tense + **desde hace** + quantity of time
Vivo en Los Ángeles desde hace **seis meses.**

WEATHER EXPRESSIONS

Hace muy buen tiempo.	*The weather is very nice.*
Hace mucho calor.	*It's very hot.*
Hace fresco.	*It's cool.*
Hace mucho frío.	*It's very cold.*
Hace muy mal tiempo.	*The weather is very bad.*
Hace mucho sol.	*It's very sunny.*
Hace mucho viento.	*It's very windy.*
But:	
Está lloviendo mucho.	*It's raining a lot.*
Hay mucha neblina.	*It's very foggy.*
Está nevando.	*It's snowing.*
Está nublado.	*It's overcast.*

Vocabulario español-inglés

This vocabulary includes almost all words in the textbook, both active (for production) and passive (for recognition only). An entry in **boldface** type indicates that the word or phrase is active. Active words and phrases are practiced in the chapter and are listed on the **Repaso de gramática** and **Repaso de vocabulario** pages at the end of each chapter. You are expected to know and be able to use active vocabulary.

All other words are for recognition only. These words are found in exercises, in optional and visual material, in **Instrucciones** on page xxii, in **Geocultura,** which is referenced by chapter (1G), **Comparaciones, Leamos y escribamos, También se puede decir,** and **Literatura y variedades.** You can usually understand the meaning of these words and phrases from the context or you can look them up in this vocabulary index. Many words have more than one definition; the definitions given here correspond to the way the words are used in *¡Exprésate!*.

Nouns are listed with definite articles and plural forms when the plural forms aren't formed according to general rules. The number after each entry refers to the chapter where the word or phrase first appears or where it becomes an active vocabulary word. This vocabulary index follows the rules of the **Real Academia,** with **ch** and **ll** in the same sequence as in the English alphabet.

Stem changes are indicated in parentheses after the verb: **poder (ue).**

a *to,* 3; *on,* 4; *at,* 8; a base de *based on,* 6; a continuación *that follows,* 7; a finales *at the end,* 10G; **a la (última) moda** *in the (latest) style,* 8; a la vez *at the same time,* 8; **a la vuelta** *around the corner,* 10; **A ...les gusta...** *They like to . . .,* 3; **a menudo** *often,* 5; **¿A qué hora vas a...?** *What time are you going to . . .?,* 4; **a tiempo** *on time,* 4; **a todo dar** *great,* 9; **Estuvo a todo dar.** *It was great.,* 9; a través de *through,* 5G; **a veces** *sometimes,* 3
- **abordar** *to board,* 10
- abrazar *to hug,* 9
- el abrazo *hug,* 9
- **el abrigo** *(over)coat,* 8
- **abril** *April,* 1
- **abrir** *to open,* 4; **abrir regalos** *to open gifts,* 9
- **la abuela** *grandmother,* 5
- **el abuelo** *grandfather,* 5
- **los abuelos** *grandparents,* 5
- **aburrido(a)** *boring,* 2; **estar aburrido(a)** *to be bored,* 7
- acabar de *to just have done something,* 7
- **acampar** *to camp,* 10
- acariciar *to caress,* 7

la acción *action,* 2
el aceite de oliva *olive oil,* 1G
el acento *accent,* 1; el acento ortográfico *written accent,* 8
acerca de *about,* 8
acompañar *to go with,* 6; *to accompany,* 1G; estar acompañada *to be accompanied,* 3
acordarse (ue) *to remember,* 9
acostarse (ue) *to go to bed,* 7
la actividad *activity,* 3
activo(a) *active,* 2
la actualidad *present time,* 6
el acuerdo *agreement;* **Estoy de acuerdo.** *I agree.,* 6; **No estoy de acuerdo.** *I disagree.,* 6
adaptado(a) *adapted,* 5G
además *besides,* 8
Adiós. *Goodbye.,* 1
adivinar *to guess,* 2
el adjetivo *adjective,* 5
la admiración *admiration,* 1
admirar *to admire,* 10
el adolescente *adolescent,* 3
¿adónde? *where?,* 8; **¿Adónde fuiste?** *Where did you go?,* 8; **¿Adónde vas...?** *Where do you go . . .?,* 3
la aduana *customs,* 10
el adulto *adult,* 7
los aeróbicos *aerobics,* 7; hacer aeróbicos *to do aerobics,* 7
el aeropuerto *airport,* 10
afeitarse *to shave,* 7
afuera *outside,* 3

las afueras *suburbs,* 5
la agencia inmobiliaria *real estate agency,* 5
el agente, la agente *agent,* 10
agitar *to shake,* 3
agosto *August,* 1
el agua *water,* 6
el águila *eagle,* 7
ahí *there,* 4
ahora *now,* 9
ahorrar *to save money,* 8
el aire *air,* 3; el aire central *central air conditioning,* 5; el aire libre *open air,* 8
el ajedrez *chess,* 2
el ají *hot pepper,* 10G
el ajo *garlic,* 6
ajustado(a) *tight-fitting,* 8
al (a + el) *to, to the,* 3; *upon,* 6; al fin *finally,* 10; **al lado de** *next to,* 5
la alberca *swimming pool,* 3
alcanzar *to reach,* 7G
la alcoba *bedroom,* 5
alegre *happy,* 2
el alemán *German,* 4
el alfabeto *alphabet,* 1
algo *something, anything,* 4; **algo +** adjective *kind of +* adjective, 2
el algodón *cotton,* 8; **de algodón** *made of cotton,* 8
algún día *one day,* 10
algunas *some,* 2
el alimento *food,* 6
alistarse *to get ready,* 7

allá   *there,* 8
allí   *there,* 10
el almacén   *department store,* 8
el almanaque   *almanac,* 1G
almorzar (ue)   *to have lunch,* 5
el almuerzo   *lunch,* 4
Aló   *Hello. (telephone greeting),* 8
el alpinismo   *mountain climbing,* 7
alquilar   *to rent,* 3; **alquilar videos**   *to rent videos,* 3
alrededor   *around,* 6
el altiplano   *high plateau,* 10G
alto(a)   *tall,* 2
la altura   *height,* 6G
amanecer   *to dawn,* 9
el amarillo   *yellow,* 1G
amarillo(a)   *yellow,* 8
el ambiente   *atmosphere,* 5G
ambos   *both,* 5G
amigable   *friendly,* 2
el amigo(a)   *friend,* 1; **mi mejor amigo(a)**   *my best friend,* 1
el amor   *love,* 8; **de amor**   *romance,* 2
amueblado(a)   *furnished,* 5
analítico(a)   *analytical,* 2
anaranjado(a)   *orange,* 8
ancho   *width,* 5G; *wide,* 8
andar   *to walk, to go,* 2; andar en bicicleta   *to ride a bike,* 3; dime con quien andas y te diré quien eres   *a person is known by the company he/she keeps,* 2
andino(a)   *of the Andes,* 7G
el anfibio   *amphibian,* 2G
la anguila   *eel,* 7
el ángulo   *angle,* 7
el anillo   *ring,* 8
el animal   *animal,* 2
el aniversario   *anniversary,* 9
el año   *year,* 2; **el Año Nuevo**   *New Year,* 9; **el año pasado**   *last year,* 9; **¿Cuántos años tiene...?**   *How old is...?,* 2; **¿Cuántos años tienes?**   *How old are you?,* 2
anoche   *last night,* 8
anteayer   *day before yesterday,* 8
anterior   *previous,* 9
antes   *before,* 1; **antes de**   *before,* 7; de antes   *from before,* 4
antiguo(a)   *old,* 6G
antipático(a)   *unfriendly,* 2
añadir   *to add,* 6
aparecer   *to appear,* 6
el apartamento   *apartment,* 5
apasionado(a)   *passionate,* 2
apellido   *last name,* 2
apetecer   *to appeal,* 6
aplicar   *to apply,* 2
aportar   *to contribute,* 8G
aprender   *to learn,* 1
apropiado(a)   *appropriate,* 7
aproximadamente   *approximately,* 2
los apuntes   *notes,* 8

aquella   *that,* 6
aquello   *that,* 4
aquí   *here,* 6
árabe   *Arab,* 5G
el árbol   *tree,* 1; la copa del árbol   *top of the tree,* 4G
los aretes   *earrings,* 8
la argamasa   *mortar,* 10G
argentino(a)   *Argentine,* 7
árido(a)   *dry,* 10G
la armonía   *harmony,* 2
armonizar   *to harmonize,* 7G
el arquitecto   *architect,* 3G
arquitectónico(a)   *architectural,* 10G
la arquitectura   *architecture,* 2G
arreglar   *to pick up,* 5; **arreglar el cuarto**   *to pick up the room,* 5
el arrendamiento   *rental,* 10
la arroba   *@,* 1
el arroz   *rice,* 6
el arte   *art,* 4; las artes plásticas   *sculpture,* 2
la artesanía   *crafts,* 4
el artista, la artista   *artist,* 1
artístico(a)   *artistic,* 2
asegurar   *to reassure,* 6
el asentamiento   *colony, settlement,* 8G
el aseo   *restroom,* 10
así   *like this;* así que   *so,* 8; Así es, *That's how it is.,* 2
asistente   *assistant,* 10
asistir(a)   *to attend,* 4
asomar   *to peek out,* 9
el asterisco   *asterisk,* 7
atlético(a)   *athletic,* 2
el atole   *Mexican drink made of cornmeal, milk or water, and flavoring,* 6
atraer   *to attract,* 1G
atravesar   *to cross,* 10G
atreverse   *to dare,* 9
el atún   *tuna,* 6
los audífonos   *headphones,* 8
el auditorio   *auditorium,* 4
aun   *even,* 2
aún   *still,* 10
aunque   *even though,* 6
el autobús   *bus,* 10
el autor   *author,* 7
el autorretrato   *self-portrait,* 6G
avanzado(a)   *advanced,* 10G
el ave (pl. las aves)   *bird,* 4G
la aventura   *adventure,* 2
averiguar   *to find out,* 10
el avión   *airplane,* 10; por avión   *by plane,* 10
¡Ay no!   *Oh, no!,* 6
¡ay!   *ouch!,* 8
ayer   *yesterday,* 8
el aymara   *indigenous language in Peru,* 10G
la ayuda   *help,* 6
ayudar   *to help,* 5; **ayudar en casa**

to help out at home, 5; estamos ayudando   *we are helping,* 3
el azúcar   *sugar,* 6
el azul   *blue,* 1G
azul   *blue,* 5

la bahía   *bay,* 8G
bailar   *to dance,* 3; bailando   *dancing,* 1; ponerse a bailar   *to start dancing,* 3
la bailarina   *dancer (fem.),* 3
el baile   *dance,* 3
bajar de peso   *to lose weight,* 7
bajo(a)   *short,* 2
balanceado(a)   *balanced,* 6
el balcón   *balcony,* 5
el ballet   *ballet,* 1
el baloncesto   *basketball,* 3
bañarse   *to bathe,* 7
la bandeja   *platter,* 7G
la bandera   *banner,* 9
el baño   *bathroom,* 5; *restroom,* 10
barato(a)   *inexpensive,* 8
la barbacoa   *barbecue,* 3G
el barco   *boat,* 10; el barquito   *little boat,* 5
la barranca   *cliff,* 6G
el barrio   *neighborhood,* 7G
básico(a)   *basic,* 6
el básquetbol   *basketball,* 3
basta   *it's enough,* 5
bastante + adjective   *quite, pretty* + adjective, 2
la basura   *trash,* 5; sacar la basura   *to take out the trash,* 5
la batalla   *battle,* 3G
el batido   *milkshake,* 8
el bebé, la bebé   *baby,* 1
beber   *to drink,* 4; **beber algo**   *to drink something,* 4
la bebida   *drink,* 6
la beca   *scholarship,* 10
el béisbol   *baseball,* 3
bello(a)   *beautiful,* 2G
la biblioteca   *library,* 4
la bicicleta   *bike,* 3; **montar en bicicleta**   *to ride a bike,* 3
bien   *all right, fine,* 1; *really,* 2; bien dicho   *well said,* 6; **está bien**   *it's okay,* 3; **Estoy bien.**   *I'm fine.,* 1; **me parece bien**   *it's all right/seems fine to me,* 5; **quedar bien**   *to fit well,* 8; **Que te vaya bien.**   *Hope things go well for you.,* 9
bienvenido   *welcome,* 10
el billete   *ticket,* 10
la billetera   *wallet,* 10

la biología *biology*, 4
blanco(a) *white*, 8; **en blanco**
   blank, 8
el **blanquillo** *egg*, 6
la blusa *blouse*, 8
la boca *mouth*, 7
el **bocadillo** *sandwich (Spain)*, 6,
   finger food (Dom. Rep.), 9
el **bocadito** *small servings of food*, 7G
las **bocas** *finger food (Costa Rica)*, 9
la boda *wedding*, 9
la **boleta** *ticket*, 10
el boleto de avión *plane ticket*, 10
el bolígrafo *pen*, 4
la bolsa *purse*, 8; *bag*, 8; *travel bag*, 10
la **bomba** *music and dance style*, 2G
la **bombilla** *straw used for sipping*
   mate, 7
   bonito(a) *pretty*, 2
el **borde** *edge*, 7G
el **borrador** *rough draft*, 1
el **bosque** *forest*, 2G; el bosque
   húmedo *rain forest*, 4G
la **botana** *finger food (Mex.)*, 9
   botar *to throw out*, 5
las botas *boots*, 8
el **bote** *boat*, 9G; **el bote de vela**
   sailboat, 10; **pasear en bote de vela**
   to go out in a sailboat, 10
el brazo *arm*, 7
   brillar *to shine*, 7
   brindar *to offer*, 5
el brócoli *broccoli*, 6
   bueno(a) *good*, 2; **Buenas noches.**
   Good evening., Good night., 1;
   Buenas tardes. *Good afternoon.*,
   1; **Buenos días.** *Good morning.*, 1
   Bueno. *Hello. (telephone greeting)*, 8
   burlarse de *to make fun of*, 8
el **burro** *donkey*, 1
   buscar *to look for*, 7; **buscar un**
   pasatiempo *to find a hobby*, 7;
   búsquenme *look for me*, 3

el **caballo de paso** *horse with high-*
   stepping gait, 10G
   caber *to fit*, 10G
la cabeza *head*, 7
el **cacao** *cocoa*, 6G
   cada *each*, xxii; cada uno(a) *each*
   one, 6; cada vez *each time*, 8
el café *coffee*, 6; **el café (con leche)**
   coffee (with milk), 6; *brown*, 1G; **de**
   color café *brown*, 5
la cafetería *cafeteria*, 4; *coffee shop*, 6
la **caída de agua** *waterfall*, 7G
el **caimán** *caiman (reptile)*, 7G

la **caja** *box*, 9
el cajero automático *automatic teller*
   machine, 10
la **calabaza** *squash, pumpkin*, 6G; la
   calabacita *gourd used for **mate***
   tea, 7G
los calcetines *socks*, 8; **un par de**
   calcetines *a pair of socks*, 8
la calculadora *calculator*, 4
la **calefacción** *heating*, 5; la
   calefacción central *central*
   heating, 5
el **calendario** *calendar*, 1
   calentar (ie) *to heat up*, 6
   caliente *hot*, 6
   callado(a) *quiet*, 5
la calle *street*, 5
el **calor** *heat*, 3; **Hace calor.** *It's hot.*,
   3; **tener calor** *to be hot*, 7
la **caloría** *calorie*, 6
la cama *bed*, 5; **hacer la cama** *to*
   make the bed, 5
la cámara *camera*, 10; **la cámara**
   desechable *disposable camera*, 10
el **camarero** *waiter*, 6
   cambiar *to change*, 4
   cambiar dinero *to change money*, 10
el **cambio** *change*, 9
   caminar *to walk*, 7
el **camino** *path*, 10G
el **camión** *bus (Mex.)*, 10
la camisa *shirt*, 8
la camiseta *T-shirt*, 8; la camiseta
   deportiva *sport shirt*, 8
el **camote** *sweet potato*, 4G
el campo *countryside*, 5
la **canción** *song*, 8
   candidato(a) *candidate*, 4
la canoa *canoe*, 10
el **cañón** *canyon*, 6G
   canoso(a) *gray-haired*, 5
   cansado(a) *tired*, 7; **estar**
   cansado(a) *to be tired*, 7
   cantar *to sing*, 3; cantaba *he sang*, 9
el **cantar** *singing*, 2
la **cantidad** *amount*, 2; *quantity*, 6; las
   cantidades *large numbers*, 6
el **canto** *song*, 1G
la **capilla** *chapel*, 3G
la **capital** *capital*, 1G
el **capítulo** *chapter*, 1
la cara *face*, 7; cara de tortilla *tortilla*
   face, 1
el **carácter** *character*, 5
la **característica** *characteristic*, 6
   caracterizar *to characterize*, 5G
la **cárcel** *jail*, 8
   caribeño(a) *Caribbean*, 4G
el **cariño** *affection; (addressing*
   someone) dear, 3; con cariño
   affectionately, 10
la carne *meat, beef*, 6; la carne de res
   beef, 6; la carne molida *ground*

beef, 6
el carnet de identidad *ID*, 10
   caro(a) *expensive*, 8
la carpeta *folder*, 4
la **carreta** *cart*, 4G
el carro *car*, 2
la **carroza** *float*, 9G
la carta *letter*, 3
la casa *house*, 5; **ayudar en casa** *to*
   help out at home, 5; **la casa de...**
   ...'s house, 3; **decorar la casa**
   to decorate the house, 9
el **casabe** *flat, dry bread made from*
   manioc, 9G
   casarse *to get married*, 10
la **cascada** *waterfall*, 2G
la **cáscara** *shell*, 2G
   casi *almost*, 3; **casi nunca** *almost*
   never, 3; **casi siempre** *almost*
   always, 3
el **caso** *case*, 2
   castaño(a) *dark brown*, 5
las **castañuelas** *castanets*, 1G
el **castellano** *Spanish*, 1G
el **castillo** *castle*, 2G
el **catalán** *language from Catalonia,*
   Spain, 1G
el **catálogo** *catalog*, 8
la **catarata** *cataract, waterfall*, 7G
la **catedral** *cathedral*, 1G
   catorce *fourteen*, 1
el **cayo** *key (island)*, 8G
el **cazador** *hunter*, 7G
la **cebolla** *onion*, 10G
   celebérrimo(a) *most famous*, 8
la **celebración** *celebration*, 1
   celebrar *to celebrate*, 9; celebrará
   will celebrate, 8; se celebra *is*
   celebrated, 2G
   célebre *famous*, 8
   celeridad *speed*, 8
   celta *Celtic*, 1G
la cena *dinner*, 6
   cenar *to eat dinner*, 6
el centro *downtown*, 10; *center*, 3G
el centro comercial *mall*, 3
el cepillo de dientes *toothbrush*, 7
la **cerámica** *pottery*, 4
   cerca de *close to, near*, 5
   cercano(a) *close*, 5
los cereales *cereal*, 6
el **cerebelo** *cerebellum*, 8
el **cerebro** *brain*, 8
la **ceremonia** *ceremony*, 6
   cero *zero*, 1
   cerrado(a) *closed*, 1
   cerrar (ie) *to close*, 8
el césped *grass*, 5
la **cesta de paja** *straw basket*, 8G
el **ceviche** *dish made with seafood,*
   lemon, and seasonings, 10G
   chao *Bye*, 9
la chaqueta *jacket*, 8

charlar *to talk, chat,* 9
el chayote *type of squash,* 4G
la chica *girl,* 8
chicano(a) *Mexican that has emigrated to the United States,* 3G
el chile *pepper,* chile en nogada *peppers in walnut and spice sauce,* 6
el chileno *Chilean,* 5
la chimenea *fireplace,* 5
el chiste *joke,* 9
el choclo *corn on the cob,* 5G
el chocolate *chocolate,* 6; *hot chocolate,* 6
el churro *sugar-coated fritter,* 6
el ciclismo *cycling,* 1
ciego(a) *blind,* 5
el cielo *heaven,* 3
cien *one hundred,* 2
la ciencia ficción *science fiction,* 2
las ciencias *science,* 4; **...de ciencias** *science ...,* 1
el científico *scientist,* 6
ciento un(o) *one hundred one,* 8
cierto(a) *true,* xxii
la cifra *number,* 8
la cima *mountain top,* 7G
cinco *five,* 1
cincuenta *fifty,* 2
el cine *movie theater,* 3
el cinturón *belt,* 8
el círculo *circle,* 3
el citrón *lemon,* 6
la ciudad *city,* 5
¡Claro que sí! *Of course!,* 4
claro(a) *clear,* 6G
la clase *class,* 3; **después de clases** *after class,* 3
clasificar *to classify,* 6
clavar *to nail,* 10
el clavo *nail,* 10
el cliente, la cliente *client,* 8
el club de... *the ... club,* 4
el cobre *copper,* 6G
cocer *to cook,* 3
el coche *car,* 10
la cocina *kitchen,* 5; *cooking,* 3G
cocinar *to cook,* 5
el coco *coconut,* 2
el cocodrilo *crocodile,* 8G
el código *code,* 2G
cohabitar *to live together,* 8G
la cola: **hacer cola** *to wait in line,* 10
el colectivo *bus* (Bol., Perú, Ecuador), 10
el colegio *school,* 3
colgar (ue) *to hang,* 9
la colina *hill,* 9G
la colonia *colony,* 7G
el colonizador *colonist,* 6G
el color *color,* 5
el colorido *coloring,* 7G
colorido(a) *colorful,* 4G
la columna *column,* xxii
los combates *battles,* 10

la combinación *combination,* 1
combinar *to combine,* 5G
el comedor *dining room,* 5
comenzar (ie) *to start,* 10; **comenzar un viaje** *to begin a trip,* 10; comiencen *begin,* 8
comer *to eat,* 3; se comen *are eaten,* 2G
el comercio *commerce,* 3G
el comestible *food,* 3
cómico(a) *funny,* 2
la comida *food,* 2, *lunch,* 6; **la comida china (italiana, mexicana)** *Chinese (Italian, Mexican) food,* 2; la comida típica *traditional food,* 6
como *like,* 2; *as,* 9; **como siempre** *as always,* 9
¿cómo? *how?, what?,* 1; **¿Cómo eres?** *What are you like?,* 2; **¿Cómo es...?** *What is ... like?,* 2; **¿Cómo está(s)?** *How are you?,* 1; **¿Cómo me queda(n)...?** *How does ... look?,* 8; **¿Cómo se escribe...?** *How do you spell ...?,* 1; **¿Cómo se llama?** *What's his (her/your) name?,* 1; **¿Cómo te llamas?** *What's your name? (fam.),* 1
la compañera de clase *classmate (female),* 1; **una compañera de clase** *a (female) classmate,* 1
el compañero de clase *classmate (male),* 1; **un compañero de clase** *a (male) classmate,* 1
la comparación *comparison,* 1
comparar *to compare,* 8
compasivo(a) *compassionate,* 6
el complemento directo *direct object,* 6
completar *to complete,* xxii
completo *complete,* 6; por completo *completely,* 6
comprar *to buy,* 8; comprarías *you would buy,* 8
las compras *shopping,* 2; estar de compras *to be on a shopping trip,* 8; **ir de compras** *to go shopping,* 3
la comprensión *comprehension,* 10
comprender *to understand,* 2; nos comprendemos *we understand each other,* 2
la computación *computer science,* 4
la computadora *computer,* 4
común *common,* 9
comunicar *to communicate,* 5
la comunidad *community,* 1
con *with,* 3; con base en *based on,* xxii; **con mis amigos** *with my friends,* 3; **con mi familia** *with my family,* 3; con motivo de *on the occasion of,* 9; **¿Con qué frecuencia vas...?** *How often do you go ...?,* 3; con relación a *in relation to,* 5

el concierto *concert,* 4
el concurso *competition,* 9G
el condominio *condominium,* 5
conectar *to connect,* 8G
confundido(a) *confused,* 4
confundir *to confuse,* 10
el conjunto *musical group,* 3G
conmemorar *commemorate,* 3G
conmigo *with me,* 3
conocer *to know, to meet, to be familiar with,* 9; **conocimos...** *we visited ...,* 10; **quiero conocer...** *I want to see ...,* 10; se conoce *is known,* 2G
conocido(a) *known,* 2G
el conocimiento *knowledge,* 7
conquistar *to conquer,* 10
conseguir (i, i) *to get,* 10
el consejo *advice,* 7
conservar *to preserve,* 2G
considerar *to consider,* 2; *to regard,* 9
constituir *to make up,* 6
construir *to build,* 3G; construye *construct,* 10; fue construido *was built,* 3G
el consultorio médico *doctor's office,* 7
consumir *to consume,* 6; se consumen *are consumed,* 6
el consumo *consumption,* 6
contar (ue) *to count,* 1; *to tell,* 4; contando *counting,* 1; **contar chistes** *to tell jokes,* 9; contar con *to count on,* 10; cuenta *tells,* 6; cuentan *it is told,* 6
contemplar *to contemplate,* 9
contemporáneo *contemporary,* 1G
contener (ie) *to contain,* 10G; que contengan *that contain,* 10
contento(a) *happy,* 7; **estar contento(a)** *to be happy,* 7
contestar *to answer,* xxii
contigo *with you,* 3
el continente *continent,* 6
continuo *continual,* 8
contra *against,* 10
al contrario *to the contrary,* 6
la contribución *contribution,* 2G
contribuir *to contribute,* 8G
el control de seguridad *security checkpoint,* 10
controlar *to control,* 3G
el convento *convent,* 3G
la conversación *conversation,* xxii
convertirse (ie) *to become,* 10
la copa *treetop,* 4G
el coquí *small tree frog,* 2G
el corazón *heart,* 7G
la cordillera *mountain range,* 2G
el coro *chorus,* 2
correcto(a) *right, correct,* xxii
corregir *to correct,* xxii
el correo electrónico *e-mail address,* 1; **¿Cuál es el correo electrónico**

de...? *What is ...'s e-mail address?*, 1; **¿Cuál es tu correo electrónico?** *What's your e-mail address?*, 1

correr *to run*, 3

la **correspondencia** *correspondence*, 1

corresponder *to correspond*, xxii; **le corresponde** *it falls to him*, 5; **que le correspondan** *that correspond to it*, 9

correspondiente *corresponding*, 8

la **corriente** *current*, 8

cortar *to cut*, 5; **cortar el césped** *to cut the grass*, 5

la **Corte Suprema** *Supreme Court*, 6

corto(a) *short*, 5

la **cosa** *thing*, 4; **Necesito muchas cosas.** *I need lots of things.*, 4; **no es gran cosa** *it's not a big deal*, 5

coser *to sew*, 4

la **costa** *coast*, 3G

costar (ue) *to cost*, 8; **costará** *will cost*, 9

costeño(a) *coastal*, 10G

la **costumbre** *custom*, 5G

la **creación** *creation*, 3

crear *to create*, 7; **creado por** *created by*, 7G; **fue creado** *was created*, 3G

la **creatividad** *creativity*, 6G

creativo(a) *creative*, 2

crecer *to grow*, 9G; **crecí** *I grew up*, 3

creer *to believe*, 6; *to think*, 9

la **crema** *cream*, 6

la **criatura** *child*, 3

crudo(a) *raw*, 10G

el **cuaderno** *notebook*, 4

la **cuadra** *block*, 5

cual: los cuales *which*, 10

el **cuadro** *box, chart*, xxii; *painting*, 1

¿cuál? *what?, which?*, 4; **¿Cuál es el correo electrónico de...?** *What is ...'s e-mail address?*, 1; **¿Cuál es el teléfono de...?** *What is ...'s telephone number?*, 1; **¿Cuál es tu correo electrónico?** *What's your e-mail address?*, 1; **¿Cuál es tu materia preferida?** *What's your favorite subject?*, 4; **¿Cuál es tu teléfono?** *What's your telephone number?*, 1

cualquier *any*, 10

cualquiera *whichever*, 6G

cuando *when*, 3

¿cuándo? *when?*, 2; **¿Cuándo es el cumpleaños de...?** *When is ...'s birthday?*, 2; **¿Cuándo es tu cumpleaños?** *When is your birthday?*, 2

¿cuánto(a)? *how much?*, 4

¡cuántos! *so many!*, 4

¿cuántos(as)? *How many ...?*, 2; **¿Cuántos años tiene...?** *How old*

is ...?*, 2; **¿Cuántos años tienes?** *How old are you?*, 2

cuarenta *forty*, 2

cuarto *quarter*, 4; **menos cuarto** *a quarter to (the hour)*, 1; **y cuarto** *quarter past*, 1

el **cuarto** *room*, 5; **arreglar el cuarto** *to pick up the room*, 5

cuatro *four*, 1

cuatrocientos *four hundred*, 8

cubierto(a) *covered*, 3

la **cuchara** *spoon*, 6

el **cuchillo** *knife*, 6

el **cuello** *neck*, 7

la **cuenta** *bill*, 6

el **cuento** *story*, 4

el **cuerno** *horn*, 2G

el **cuerpo** *body*, 7

el **cuerpo de bomberos** *fire department*, 2G

cuesta(n)... *cost(s) ...*, 8

la **cueva** *cave*, 1G

el **cuidado** *care*, 1; **ten cuidado** *take care*, 6

cuidadosamente *carefully*, 9

cuidar *to take care of*, 5; **cuidar a mis hermanos** *take care of my brothers and sisters*, 5

cuidarse *to take care of oneself*, 7; **cuidarse la salud** *to take care of one's health*, 7; **para cuidarte la salud debes...** *to take care of your health, you should ...*, 7; **Para cuidarte mejor, debes...** *To take better care of yourself, you should ...*, 7; **Cuídate.** *Take care.*, 9

culinario(a) *culinary*, 6

cultivar *to cultivate*, 6

el **cultivo** *crop*, 4G

la **cultura** *culture*, 1

el **cumpleaños** *birthday*, 9; **¿Cuándo es el cumpleaños de...?** *When is ...'s birthday?*, 2; **¿Cuándo es tu cumpleaños?** *When is your birthday?*, 2; **el cumpleaños de...** *birthday of ...*, 2; **la tarjeta de cumpleaños** *birthday card*, 8

curioso(a) *odd, unusual*, 1

la **curva** *curve*, 3G

dado(a) *given*, 7

la **danza** *dance*, 1G

dar *to give*, 7; **le dan** *they give*, 7; **no des** *don't give*, 7; **se da** *is held*, 8G

darse cuenta *to realize*, 8

el **dato** *fact*, 10

de *of, from, in, by*, 1; *made of*, 8;

...de ciencias *science ...*, 1; **de color café** *brown*, 5; **¿De dónde eres?** *Where are you from? (fam.)*, 1; **¿De dónde es usted?** *Where are you from? (formal)*, 1; **¿De dónde es...?** *Where is ... from?*, 1; **de...en...** *from ... to ...*, 8; **... de español** *Spanish ...*, 1; **de la mañana** *in the morning*, 1; **de la noche** *at night*, 1; **de la tarde** *in the afternoon, evening*, 1; **de nuevo** *again*, 7; **de nada** *you're welcome*; **¿De parte de quién?** *Who's calling?*, 8; **¿de quién?** *about whom?*, 1; **de todo** *everything*, 8; **de todo tipo** *all kinds*, 8; **de todos modos** *in any event*, 8; **de veras** *really*, 8

debajo *underneath*, 8; **debajo de** *underneath*, 5

deber *should*, 6; **¿Debo...?** *Should I ...?*, 8; **No debes...** *You shouldn't ...*, 7; **se debe hacer** *should be done*, 6

los **deberes** *chores*, 5; *responsibilities*, 5

debido a *due to*, 7G

el **decibel** *decibel*, 2

decidir *to decide*, xxii

decir *to say*, 3; **bien dicho** *well said*, 6; **di** *say*, 4; **dice** *says*, 3; **diciéndome** *telling me*, 9; **me han dicho** *they have told me*, 6; **se dicen adiós** *they say goodbye*, 3; **si lo hubiera dicho** *if I had said it*, 6; **te diré** *I'll tell you*, 2; **yo he dicho** *I have said*, 6

declarar *to declare*, 6

la **decoración** *decoration*, 9

decorar *to decorate*, 9; **decorar la casa** *to decorate the house*, 9

dedicado(a) a *dedicated to*, 2G

dedicar *to dedicate*, 4; **es dedicada** *is dedicated*, 5; **dedicación** *dedication*, 10; **se dedica** *is dedicated*, 2G

el **dedo** *finger*, 7; **el dedo del pie** *toe*, 4G

deducir *to deduce*, 7

la **definición** *definition*, 10

definido(a) *defined*, 8

definitivamente *definitely*, 8; *permanently*, 9

dejar *to allow*, 3; *to leave*, 10; **dejar un recado** *to leave a message*, 8

dejar de + infinitive *to stop doing something*, 7; **dejar de fumar** *to stop smoking*, 7

del (de + el) *of the*, 2

delante de *in front of*, 5

delgado(a) *thin*, 5

delicioso(a) *delicious*, 2

demasiado(a) *too much*, 7

demostrar (ue) *to show*, 10G

dentro *inside,* 9

el departamento *apartment (Mexico),* 5; *district (Peru),* 10

el dependiente, la dependiente *salesclerk,* 8

los deportes *sports,* 2

deportivo(a) *(adj.) sports,* 8

la derecha *right,* 1

el desarrollo *development,* 7G

desarrollar *to develop,* 4

el desastre *disaster,* 9

desayunar *to eat breakfast,* 6

el desayuno *breakfast,* 6

descansar *to rest,* 3

el descendiente *descendant,* 10

describir *to describe,* 5

descubrir *to discover,* 8; fue descubierto *was discovered,* 7G

desde *since,* 4; *from,* 10; ¿desde cuándo? *since when?,* 4; desde hace *since,* 6; desde joven *since her youth,* 8; desde luego *of course,* 7

desear *to want, to wish for, to desire,* 6; deseando *wanting to,* 8

desembarcar *to disembark, to deplane,* 10

desembocar *to flow,* 10G

el deseo *desire,* 9

desesperado(a) *desperate,* 6

el desfile *parade, procession,* 4G

el desierto *desert,* 5G

la despedida *farewell,* 9; la fiesta de despedida *goodbye party,* 10

despertarse (ie) *to wake up,* 7

despierto(a) *awake,* 7

después *after,* 3; *afterwards,* 4; **después de** *after,* 7; **después de clases** *after class,* 3

destinado(a) *destined,* 6

el destino *destination,* 10

el detalle *detail,* 7

determinar *to determine,* 7

detrás de *behind,* 5

devolver (ue) *to return something,* 8

di *say,* 8

el día *day,* 1; **algún día** *someday,* 10; **el Día de Acción de Gracias** *Thanksgiving Day,* 9; **el Día de la Independencia** *Independence Day,* 9; **el Día de la Madre** *Mother's Day,* 9; **el día de la semana** *day of the week,* 1; **el Día de los Enamorados** *Valentine's Day,* 9; **el Día del Padre** *Father's Day,* 9; **el día de tu santo** *your saint's day,* 9; **el día festivo** *holiday,* 9; **¿Qué día es hoy?** *What day is today?,* 1

diablado(a) *devilish,* 5G

el diablo *devil,* 7G

el diálogo *dialog,* xxii

diario(a) *daily,* 3G

dibujar *to draw,* 3

el dibujo *drawing,* xxii

el diccionario *dictionary,* 4

dice (inf. decir) *(he/she) says,* 4

la dicha *happiness,* 9

diciembre *December,* 1

el dictado *dictation,* 1

diecinueve *nineteen,* 1

dieciocho *eighteen,* 1

dieciséis *sixteen,* 1

diecisiete *seventeen,* 1

los dientes *teeth,* 7

la dieta *diet,* 7; **seguir una dieta sana** *to eat a balanced diet,* 7

diez *ten,* 1

diferente *different,* 2

difícil *difficult,* 4; **Es difícil.** *It's difficult.,* 4

Diga. *Hello. (telephone greeting),* 8

el dinero *money,* 8

el dinosaurio *dinosaur,* 1

el dios *god,* 6; gracias a Dios *thank goodness,* 6

la dirección *address,* 5; **Mi dirección es...** *My address is . . .,* 5

directamente *directly,* 4

director (-a) *director,* 10

el directorio de teléfono *phone book,* 1

disciplinado(a) *disciplined,* 2

el disco *record,* 8

el disco compacto (en blanco) *(blank) compact disc,* 8

diseñar *to design,* 3G; fue diseñado(a) *was designed,* 3G

el diseño *design,* 5G

el disfraz *costume,* 9G

disfrazar *to wear a costume,* 4G

disfrutar *to enjoy,* 2G

disponible *available,* 7

dispuesto(a) *willing,* 6G

la distancia *distance,* 10

distinguirse *to distinguish oneself,* 10

distinto(a) *different,* 6G

la diversión *fun,* 2

diverso(a) *diverse,* 6

divertido(a) *fun,* 2; **¡Qué divertido!** *What fun!,* 10

divertirse (ie) *to have fun,* 1; diviértanse *have a good time (pl.),* 1; que me divierta *to have fun,* 9

doblado(a) *folded,* 9

doble *double,* 5

doce *twelve,* 1

el documento *document,* 1

el dólar *dollar,* 8

doler (ue) *to hurt,* 7; **Me duele(n)...** *My . . . hurt(s).,* 7; **¿Te duele algo?** *Does something hurt?,* 7

el domingo *Sunday,* 1; **los domingos** *on Sundays,* 3

dominicano(a) *Dominican,* 9

donde *where,* 8; *to the house of,* 9

¿dónde? *where?,* 5; **¿Dónde se puede...?** *Where can I . . .?,* 10

dorado(a) *golden,* 2

dormido(a) *asleep,* 7

dormir (ue) *to sleep,* 5; **dormir lo suficiente** *to get enough sleep,* 7

el dormitorio *bedroom,* 5

dos *two,* 1

dos mil *two thousand,* 8

dos millones (de) *two million,* 8

doscientos *two hundred,* 8

dramatizar *to dramatize, to role-play,* xxii

la duda *doubt,* 6; sin duda *without a doubt,* 6

dulce *sweet,* 7

el dulce *candy,* 9

la duración *duration,* 7

durante *during,* 10; *throughout,* 6G

durar *to last,* 10G

el durazno *peach,* 6

el DVD *DVD,* 8

e *and,* 5

la economía *economy,* 3G; la economía doméstica *home economics,* 6G

la edad *age,* 2G; de más edad *the oldest,* 5

el edificio *building,* 5; **el edificio de... pisos** *. . . story building,* 5

la educación física *physical education,* 4

eficaz *efficient,* 10G

eficiente *efficient,* 2

el ejemplo *example,* 3G

el ejercicio *exercise,* 3; **hacer ejercicio** *to exercise,* 3

el *the* (masc.), 2

él *he,* 1; **Él es...** *He is . . .,* 1; **Él se llama...** *His name is . . .,* 1

el elefante *elephant,* 1

la elegancia *elegance,* 5G

elegante *elegant,* 2

el elemento *element,* 1

elevar *to raise,* 5G

la elite *elite,* 6

ella *she,* 1; **A ella le gusta +** infinitive *She likes to . . .,* 3; **Ella es...** *She is . . .,* 1; ella misma *herself,* 6; **Ella se llama...** *Her name is . . .,* 1

ellas *they (f.),* 1

ellos *they (m.),* 1

el elote *corn on the cob (Mexico),* 6

emitir *to emit,* 2

emocionado(a) *excited,* 9

la empanada *turnover-like pastry,* 9

el emparedado *sandwich,* 6
 empezar (ie) *to start,* 5
el empleado, la empleada *employee,* 7
el empleo *job,* 9
emplumado(a) *feathered,* 6
en *on, in, at,* 1; en frente *in front,* 3G; **en blanco** *blank,* 8; en las cuales *about which,* 8; **en negrilla** *bold,* 9; **en punto** *on the dot,* 1; en que *in which,* 8; **¿En qué le puedo servir?** *How can I help you?,* 8
enamorado(a) *in love,* 10
Encantado(a). *Pleased to meet you.,* *Nice to meet you.,* 1
encantar *to really like, to love,* 6
encerrar *to lock up,* 10
encima de *on top of, above,* 5
encontrar (ue) *to find,* 7; encontrará *will find,* 10; se encuentra *is/it's located* 1G; se encuentran *they can be found,* 6
encontrarse (ue) con alguien *to meet up with someone,* 10
energético(a) *energetic,* 2
la energía *energy,* 2
enero *January,* 1
la enfermera *nurse,* 5
enfermo(a) *sick,* 7
en frente *in front,* 10
enhorabuena *congratulations,* 10
enojado (a) *angry,* 7
enojarse *to get angry,* 7
enrollado(a) *rolled up,* 3
la ensalada *salad,* 6
el ensayo *rehearsal,* 3
enseñar *to show, to teach,* 4; **enseñar fotos** *to show photos,* 9
entender *to understand,* 5
enterarse *to find out,* 10
entonces *then,* 4
entrar *to enter,* 4
entre *between,* 2; *in, within,* 6; *among,* 7
entregar *to hand over,* 9
los entremeses *appetizers,* 9
la entrenadora *trainer,* 7
el entrenamiento *practice,* 3
entrenarse *to work out,* 7
la entrevista *interview,* 2
entrevistar *to interview,* 2
enviar *to send,* 1
la envoltura *wrapping,* 9
la época *era,* 6; la época colonial *Spanish colonial era,* 2G
el equipaje *luggage,* 10
el equipo *equipment,* 3G; *team,* 9G; el equipo de transporte *transportation equipment,* 3G
¿Eres...? *Are you . . .?,* 2
la erupción *eruption,* 6G
Es... *He (She, It) is . . .,* 2; **Es algo divertido.** *It's kind of fun.,* 2; **Es bastante bueno.** *It's pretty good.,*

2; **Es de...** *He (She) is from . . .,* 1; **Es delicioso.** *It's delicious.,* 2; **Es el... de...** *It's the . . . of . . .,* 2; **Es el primero (dos, tres) de...** *It's the first (second, third) of . . .,* 1; **Es la una.** *It is one o'clock.,* 1; **Es pésimo.** *It's awful.,* 2; **Es que...** *It's because; It's just that . . .,* 7; **¡Es un robo!** *It's a rip-off!,* 8
ese(a) *that,* 5
escapar *to escape,* 5
la escena *scene,* 3
escoger *to pick,* 9; *to choose,* 6
escolar *school (adj.),* 4
esconder *to hide,* 4
escribir *to write,* 1; **¿Cómo se escribe...?** *How do you spell . . .?,* 1; escribamos *let's write,* 1; **escribir cartas** *to write letters,* 3; **Se escribe...** *It's spelled . . .,* 1
el escritor, la escritora *writer,* 1
el escritorio *desk,* 5
escuchar *to listen,* 3; **escuchar música** *to listen to music,* 3; escuchemos *let's listen,* 1; has escuchado *have you heard,* 2; he escuchado *I have heard,* 2
la escuela *school,* 2; la escuela primaria *elementary school,* 5; la escuela secundaria *high school,* 9
el escultor *sculptor,* 4G
la escultura *sculpture,* 2G
ese(a) *that,* 8
eso *that,* 2
esos(as) *those,* 8
espacial *space,* 8G
la espalda *back,* 7
el español *Spanish,* 1
el español *Spaniard,* 6
esparcir *to spread,* 3; está esparciendo *is spreading,* 3
la especia *spice,* 8G
la especialidad *specialty,* 6
la especie *species,* 2G
específico(a) *specific,* 10
los espejuelos *glasses,* 5
la esperanza *hope,* 9
esperar *to wait,* 8; *to hope,* 10; *to expect,* 10; **Espera un momento.** *Hold on a moment.,* 8; **espero ver...** *I hope to see . . .,* 10
las espinacas *spinach,* 6
el espino *thorn,* 8
espiritual *spiritual,* 9
espontáneo(a) *spontaneous,* 2
la esposa *wife,* 9
el esposo *husband,* 5
esquiar *to ski,* 10; **esquiar en el agua** *to water-ski,* 10
Está a la vuelta. *It's around the corner.,* 10
ésta, éste *this (pron.),* 1; **Ésta es... la señora...** *This is . . . Mrs. . . .,* 1;

Éste es... el señor... *This is . . . Mr. . . .,* 1
establecer *to establish,* 8G, fue establecido *was established,* 8G
el establecimiento *colony,* 8G
estacionar *to park,* 10
el estadio *stadium,* 4
el estado *state,* 2G
los Estados Unidos *United States,* 1
estadounidense *pertaining to the United States,* 7
estar *to be,* 1; **¿Cómo está(s)?** *How are you?,* 1; **¿Está...?** *Is . . . there?,* 8; **Está bien.** *All right,* 3; **estar aburrido(a)** *to be bored,* 7; **estar bien** *to be (doing) fine,* 7; **estar cansado(a)** *to be tired,* 7; **estar contento(a)** *to be happy,* 7; **estar enfermo(a)** *to be sick,* 7; **estar enojado(a)** *to be angry,* 7; **estar en una silla de ruedas** *to be in a wheelchair,* 5; **estar listo(a)** *to be ready,* 7; **estar nervioso(a)** *to be nervous,* 7; **estar triste** *to be sad,* 7; **¿Está todo listo?** *Is everything ready?,* 9; **Estoy bien, gracias.** *I'm fine, thanks.,* 1; **Estoy de acuerdo.** *I agree.,* 6; **Estoy mal.** *I'm not so good.,* 1; **Estoy regular.** *I'm all right.,* 1; **No está.** *He/She is not here.,* 8; **Estuvo a todo dar.** *It was great.,* 9; **No estoy de acuerdo.** *I disagree.,* 6
estas, estos *these (adj.),* 6
la estatua *statue,* 5G
éste *this (pron.),* 6
este(a) *this,* 8
el estilo *style,* 3G
estirarse *to stretch,* 7
el estómago *stomach,* 7
el Estrecho de la Florida *Strait of Florida,* 8
la estrella *star,* 5
el estrés *stress,* 7
estricto(a) *strict,* 4
el estruendo *noise,* 10
el estudiante, la estudiante *student,* 1; el estudiante de intercambio *exchange student,* 10
estudiar *to study,* 3
los estudios *studies,* 5; los estudios sociales *social studies,* 4
estupendo(a) *great,* 10; **Fue estupendo.** *It was great.,* 10
la etapa *stage,* 2
el europeo *European,* 6G
el evento deportivo *sporting event,* 1
el examen *test,* 4; **presentar el examen de...** *to take a . . . test,* 4
exclamar *to exclaim,* 9
exclusivamente *exclusively,* 4
la excursión: **ir de excursión** *to go on a hike,* 10

la excursión turística   *to go on a trip*, 1
  exigente   *strict*, 5
  existir   *to exist*, 7
el éxito   *success*, 10
la experiencia   *experience*, 6
el explorador   *explorer*, 5G
  exponer   *to display*, 4G
el exportador   *exporter*, 8G
  exportar   *to export*, 1G
la exposición   *exposition*, 5G;
    exhibition, 10G
  expresar   *to express*, 6G
la expresión   *expression*, xxii; *saying*, 2
  extender   *to cover*, 3G; se extiende
    it extends, 5G
la extensión   *length*, 10G
  extranjero(a)   *foreign*, 10
el extranjero   *abroad*, 10
  extraño(a)   *strange*, 7G
  extremo(a)   *far*, 7G
  extrovertido(a)   *outgoing*, 2

fabuloso(a)   *fabulous*, 6
fácil   *easy*, 4; **Es fácil.**   *It's easy.*, 4
facturar   *to check*, 10; **facturar el
  equipaje**   *to check luggage*, 10
la falda   *skirt*, 8
  falso(a)   *false*, xxii
  faltar   *to be missing*, 1; nos faltan
    we're missing, 3
la fama   *fame*, 5G
la familia   *family*, 3; **En mi familia
  somos...**   *There are ... people in
  my family.*, 5; la Familia Real
    Royal Family, 1
  familiar   *pertaining to the family*, 7
  famoso(a)   *famous*, 2
  fascinar   *to love, to like very much*, 2
  fastidiar   *to annoy*, 9
  favorito(a)   *favorite*, 1
  febrero   *February*, 1
la fecha   *date*, 1
la felicidad   *happiness*, 9
  felicitar   *to congratulate*, 9
el felino   *cat*, 10G
  feliz (pl. felices)   *happy*, 8; **¡Feliz...!**
    Happy (Merry) . . ., 9
  fenomenal   *awesome*, 2
  feo(a)   *ugly*, 8
  festejar   *to celebrate*, 9
  festivo   *holiday* (adj), 9
la fibra de vidrio   *fiberglass*, 3G
la fiesta   *party*, 2; la fiesta patria
    national holiday, 5G; la fiesta
    patronal   *feast celebrating the
    patron saint*, 4G; **la fiesta sorpresa**
    surprise party, 9; **hacer una fiesta**

to have a party, 9
la figurita   *shape, figurine*, 4
  fijarse   *to notice*, 7
el fin   *end*, 9; al fin   *finally*, 10
el fin de semana   *weekend*, 3; **este fin
  de semana**   *this weekend*, 4; **los
  fines de semana**   *weekends*, 3
  finales: a finales   *at the end*, 10G
  finalmente   *finally*, 8
  financiar   *to finance*, 5
  fino(a)   *fine*, 2G
el flan   *flan, custard*, 6
las flautas   *rolled tortillas that are
    stuffed and fried*, 9
la flor   *flower*, 1
las flores   *flowers*, 9
las fogatas   *campfires*, 3
el folleto   *pamphlet*, 7
la forma   *form*, xxii
  formaba   *formed*
la formación geológica   *geological
    formation*, 7G
  formar   *to form*, 3
  formidable   *great*, 2
la fortaleza   *fortress*, 10
la fortuna   *fortune*, 8
la foto   *photo*, xxii; **enseñar fotos**   *to
  show photos*, 9; **sacar fotos**   *to take
  photos*, 10
la fotografía   *photograph*, 8
el fragmento   *excerpt*, 5
el francés   *French*, 4
la frase   *phrase*, 8; *sentence*, 9
la frecuencia   *frequency*, 8; con
    frecuencia   *often*, 8; **¿Con qué
    frecuencia vas...?**   *How often do
    you go?*, 3
  frecuentado(a)   *visited*, 1G
  frente   *front*; al frente   *to the front*,
    xxii; en frente   *in front*, 3G
fresco(a)   *cool*, 3; **Hace fresco.**   *It's
    cool.*, 3
el frijol   *bean*, 2G
  frío(a)   *cold*, 6; **Hace frío.**   *It's cold.*,
    3; **tener frío**   *to be cold*, 7
la frontera   *border*, 7G
la fruta   *fruit*, 2; la fruta cítrica   *citrus
    fruit*, 8G
el fuego   *fire*, 3
  ¡Fue estupendo!   *It was great!*, 10
los **fuegos artificiales**   *fireworks*, 9; **ver
  fuegos artificiales**   *to see
  fireworks*, 9
  fuera   *outside*, 7G
  fuera (inf. ser)   *was*, 6G
  fuerte   *loud*, 2; *strong*, 3G
  fumar   *to smoke*, 7; **dejar de fumar**
    to stop smoking, 7
el funcionalismo   *functional
    architectural style*, 6G
  funcionar   *to work*, 10
  fundado(a)   *founded*, 2G
el fútbol   *soccer*, 3

el fútbol americano   *football*, 3
el futuro   *future*, 3
  futuro(a)   *future*, 5

el gabinete   *cabinet*, 9
las gafas   *glasses*, 5
el gallego   *romance language from
    Galicia, Spain*, 1G
la galleta   *cookie*, 9
la gana   *desire*; **tener ganas de** +
    infinitive   *to feel like doing
    something*, 4
la ganadería   *cattle raising*, 7G
el ganado   *cattle*, 3G
  ganar   *to win*, 5G
la ganga   *bargain*, 8
el garaje   *garage*, 5
la garganta   *throat*, 7
la garita   *sentry box*, 2G
  gastar   *to spend*, 8
el gato, la gata   *cat*, 5
el gazpacho   *cold tomato soup*
la generación   *generation*, 5
  generalmente   *generally*, 8
el género   *genre*, 8G
  generoso(a)   *generous*, 6
la gente   *people*, 3
la geografía   *geography*, 1
  geográfico(a)   *geographical*, 10
  geometría   *geometry*, 4
  gigante   *giant*, 6
el gimnasio   *gym*, 3
el glaciar   *glacier*, 5G
la gloria   *heaven*, 3
  glorioso   *glorious*, 9
el gobierno   *government*, 1G
el Golfo de México   *Gulf of Mexico*, 8G
  gordo(a)   *fat*, 5
la gorra   *cap*, 7
  gótico(a)   *gothic*, 3G
la grabación   *recording*, 1
  gracias   *thank you*, 1, **Estoy bien,
    gracias.**   *I'm fine, thanks.*, 1; **no,
    gracias**   *no thank you*, 8
  gracioso(a)   *witty*, 2
la graduación   *graduation*, 9
  gran   *big*, 5; *great*, 5; *large*, 3
la granada   *pomegranate*, 6
  grande   *big, large*, 5
el grano   *grain*, 6
la grasa   *fat*, 7
  gratuito   *free*, 1
  gris   *gray*, 8
  gritar   *to yell*, 7
la grúa   *tow truck*, 9
el grupo   *group*, 6

la guagua *bus (P.R., Dom. Rep.)*, 10
los guandules *pigeon peas*, 6
  guapo(a) *good-looking*, 2
  guardar *to store*, 10
la guayabera *man's short-sleeved shirt*, 8
la guerra *war*, 7
la guía telefónica *telephone directory*, 10
  guiar *to guide*, 10; *to drive*, 10
la güira *percussive instrument played by scratching with a stick across a rough surface*, 9G
el guiso *stew*, 6
la guitarra: la guitarra eléctrica *electric guitar*, 2
  gustar *to like*, 2; **A ellos/ellas les gusta...** *They like . . .*, 3; **le gusta...** *he/she likes . . .*, 3; **Me gusta(n)...** *I like . . .*, 2; **Me gusta(n)... mucho.** *I like . . . a lot.*, 2; me gustaba *I liked*, 4; **Me gusta(n) más...** *I like . . . more.*, 2; **Me gustaría...** *I would like . . .*, 8; **Me gustaría más...** *I would prefer . . .*, 10; Me ha gustado... *I have liked . . .*, 4; **No, no me gusta(n)...** *No, I don't like . . .*, 2; **¿Te gusta(n)...?** *Do you like . . .?*, 2; **¿Te gusta(n) más... o...?** *Do you like . . . or . . . more?*, 2
  el gusto *pleasure*, 9
los gustos *likes*, 2

  haber: hubo *there was*, 10
las habichuelas *beans*, 2G
  la habitación *bedroom*, 5
  habitar *to inhabit*, 7G
el habla *speech*, 8
  hablar *to talk, to speak*, 3; **Habla... *. . . speaking (on the telephone)*, 8; **hablar por teléfono** *to talk on the phone*, 3; Hablemos. *Let's talk.*, 1
  hacer (-go) *to make, to do*, 4; **estamos haciendo** *we are making/doing*, 9; están haciendo *are making*, 3; **Hace buen (mal) tiempo.** *The weather is good (bad).*, 3; **Hace calor.** *It's hot.*, 3; **Hace fresco.** *It's cool.*, 3; **Hace frío.** *It's cold.*, 3; Hace más de... años *It's more than . . . years ago*, 7G; **Hace sol.** *It's sunny.*, 3; Hace tanto... que... *It's so . . . that . . .*, 3; Hace tiempo. *It's been a long time.*, 9; **Hace viento.** *It's windy.*, 3; **hacer cola** *to wait in line*, 10; **hacer ejercicio** *to exercise*, 3; **hacer la cama** *to make the bed*, 5; **hacer la maleta** *to pack your

suitcase, 10; **hacer la tarea** *to do homework*, 3; **hacer los quehaceres** *to do the chores*, 5; **hacer una fiesta** *to have a party*, 9; **hacer un viaje** *to take a trip*, 10; **hacer yoga** *to do yoga*, 7; hacían *they made*, 4; **haz** *make, do*, 6; hizo *he/she did*, 9; **no hagas** *don't do*, 10; **¿Qué están haciendo?** *What are they doing?*, 9; qué hicieron *what they did*, 9; **¿Qué hiciste?** *What did you do?*, 8; se hace *is made*, 6
  hallar *to find*, 7G
el hambre *hunger*, 4; **tener hambre** *to be hungry*, 4
la hamburguesa *hamburger*, 2
el Hanukah *Hanukkah*, 9
  hasta *until*, 5; *up to*, 5; **Hasta luego.** *See you later.*, 1; **Hasta mañana.** *See you tomorrow.*, 1; **Hasta pronto.** *See you soon.*, 1
  hay (inf. **haber**) *there is, there are*, 4; **Hay un(a)...** *There's a . . .*, 4
  haz *make, do*, 6; Hazme caso. *Pay attention to me.*, 8
  hecho(a) *made*, 2G
la heladería *ice cream shop*, 8
el helado *ice cream*, 2
la hembra *female*, 2
el hemisferio *hemisphere*, 7G
la herencia *inheritance*; la herencia alemana *German cultural tradition*, 7G; la herencia española *Spanish cultural tradition*, 10G
la hermana *sister*, 5
el hermano *brother*, 5
los hermanos *brothers, brothers and sisters*, 5
el héroe *hero*, 4G
la hierba *grass*, 8G; la hierba fina *herb*, 8G
la hija *daughter*, 5
el hijo *son*, 5
los hijos *sons, children*, 5
el hipo *hiccup*, 3; estar con hipo *to have hiccups*, 3
el hipopótamo *hippopotamus*, 1
  hispano(a) *Hispanic*, 1
  hispanohablante *Spanish-speaking*, 6
la historia *history*, 4
el hogar *home*, 3G
las hojas de maíz *cornhusks*, 3
  hola *hi, hello*, 1
el **hombre** *man*, 8; el hombre de negocios *businessman*, 5, los hombres *men, humans*, 6; **para hombres** *for men*, 8
el hombro *shoulder*, 7
el homenaje *tribute*, 1G
  hondo(a) *deep*, 8G
el honor *honor*, 3
la hora *hour*, 1; **¿A qué hora vas a...?** *What time are you going to . . .?*, 4;

¿Qué hora es? *What time is it?*, 1
el horario *schedule*, 3
la horchata mexicana *sweet rice drink*, 6
la hormiga *ant*, 6
el horno *oven*, 6; el horno microondas *microwave oven*, 6
  horrible *horrible*, 2; **¡Fue horrible!** *It was horrible!*, 10
el hotel *hotel*, 10; **quedarse en un hotel** *to stay in a hotel*, 10
  hoy *today*, 1; hoy en día *nowadays*, 6G; **Hoy es...** *Today is . . .*, 1; **¿Qué día es hoy?** *What day is today?*, 1
el huevo *egg*, 6
  húmedo(a) *damp*; el bosque húmedo *rainforest*, 4G
el huracán *hurricane*, 3

la idea *idea*, 6; la idea principal *main idea*, 6
el idioma *language*, 1G; idioma oficial *official language*, 1G
  identificar *to identify*, 10
la iglesia *church*, 3
  igual que *same as*, 2
  igualmente *equally*, 8
  Igualmente. *Likewise.*, 1
la iguana *iguana*, 1
  ilustrar *to illustrate*, 5
  imaginar *to imagine*, 2
el imperativo *imperative*, 9
el imperio *empire*, 10G
  imponente *imposing*, 6
  importado(a) *imported*, 5G
la importancia *importance*, 6
  impresionante *impressive*, 7G
  incaico(a) *Incan*, 10G
  incesante *without stopping*, 8
  inclusive *including*, 8
  incluso *including*, 8G
  incomparable *incomparable*, 5
la independencia *independence*, 6G
  independiente *independent*, 2
  indicar *to indicate*, xxii
  indígena *indigenous*, 6G
la Infanta *princess*, 10
la influencia *influence*, 1G
  Inglaterra *England*, 7G
el inglés *English*, 4
  injusto *unfair*, 5; **Me parece injusto.** *I don't think that's fair.; It seems unfair to me.*, 5
  inmediato(a) *immediate*, 10G
  inmenso(a) *immense*, 6
el inmigrante *immigrant*, 7G
  inmigrar *to immigrate*, 7G
el insecto *insect*, 2

inseparable   *inseparable*, 3
inspirar   *to inspire*, 1G
el instrumento   *instrument*, 8G
intacto(a)   *intact*, 10
intelectual   *intellectual*, 2
inteligente   *intelligent*, 2
la intensidad   *intensity*, 7
el interés   *of interest*, 10
interesante   *interesting*, 2
internacional   *international*, 6
interrumpir   *to interrupt*, 4
el invasor   *invader*, 4G
inventar   *to invent*, 4
el inventario   *inventory*, 8
inventivo(a)   *inventive*, 2
la investigación   *research*, 4G
el invierno   *winter*, 1
inviolable   *inviolable*, 5
la invitación   *invitation*, 9; **mandar invitaciones**   *to send invitations*, 9
el invitado   *guest*, 9; el invitado de honor   *guest of honor*, 9
invitar   *to invite*, 9
ir   *to go*, 2; **¿Adónde fuiste?**   *Where did you go?*, 8; fue   *went*, 8; fuimos   *we went*, 8; **ir a** + infinitive   *to be going to (do something)*, 4; **ir de compras**   *to go shopping*, 3; **ir de excursión**   *to go hiking*, 10; **ir de pesca**   *to go fishing*, 10; **no vayas**   *don't go*, 7; **quiero ir...**   *I want to go . . .*, 2; se va   *leaves*, 6; **¿Vas a...?**   *Are you going to . . .?*, 4; **Vas a ir, ¿verdad?**   *You're going to go, aren't you?*, 4; **ve**   *go*, 6
irse   *to leave*, 10
la isla   *island*, 10
italiano(a)   *Italian*, 6
la izquierda   *left*

el jabón   *soap*, 7
el jamón   *ham*, 6
el jardín   *garden*, 5
el jefe   *chief*, 10
el jersey   *sweater*, 8
la jirafa   *giraffe*, 1
joven   *young*, 5
el joven, la joven   *young person*, 9; **los jóvenes**   *young people*, 9
la joyería   *jewelry store*, 8
el juego   *game*, 3; **el juego de mesa**   *board game*, 3; el juego de palabras   *word game*, 7
el jueves   *Thursday*, 1; **los jueves**   *on Thursdays*, 3
el jugador   *player*, 2G
jugar (ue)   *to play*, 3
el jugo   *juice*, 6; **el jugo de...**   *... juice*, 6

el juguete   *toy*, 8
la juguetería   *toy store*, 8
el juicio   *judgment*, 6
julio   *July*, 1
junio   *June*, 1
juntos(as)   *together*, 1
justo(a)   *fair, just*, 10

el karate   *karate*, 1
el kilómetro   *kilometer*, 3
el kiosko   *stand or stall*, 9G

L

la   *the* (fem. article), 2
la   *you, it,* (pronoun), 6; *you*, 9
las labores   *chores*, 5
el lado: por todos lados   *everywhere*, 8G
el lago   *lake*, 10
la lágrima   *tear*, 9
la lana   *wool*, 8; **de lana**   *made of wool*, 8
la lancha   *motorboat*, 10; **pasear en lancha**   *to go out in a motorboat*, 10
el lápiz (pl. los lápices)   *pencil*, 4
largo(a)   *long*, 5
las   *the* (pl. fem. article), 2
las   *you, them* (pronoun), 6
la lástima   *pity*, 8; **¡Qué lástima! What a shame!*, 10
la lata   *can*, 9; **¡Qué lata!**   *What a pain!*, 5
latinoamericano(a)   *Latin American*, 1
lavar   *to wash*, 5; **lavar los platos**   *to do the dishes*, 5
lavarse   *to wash*, 7
le   *to/for him, her, you*, 2
la leche   *milk*, 6
leer   *to read*, 3; al leer   *upon reading*, 6; antes de leer   *before reading*, 1; leamos   *let's read*, 1; leer en voz alta   *to read aloud*, 6; se leen   *are read*, 5
el legado   *legacy*, 8G
lejano(a)   *distant*, 10
lejos   *far*, 9; **lejos de**   *far from*, 5
la lengua   *language*, 9
los lentes   *glasses*, 5; **usar lentes**   *to wear glasses*, 5
lento(a)   *slow*, 4G
el león   *lion*, 1
les   *to/for you* (pl.), *them*, 2
levantar   *to lift*, 7; **levantar pesas**

to lift weights, 7
levantarse   *to get up*, 7
la leyenda   *legend*, 10
libre   *free*, 6G
la librería   *bookstore*, 8
el libro   *book*, 2; **el libro de amor**   *romance book*, 2; **el libro de aventuras**   *adventure book*, 2
el líder, la líder   *leader*, 2
el limón   *lemon*, 6
limpiar   *to clean*, 5; limpio(a)   *clean*, 5
lindo(a)   *beautiful, pretty*, 6
listo(a)   *ready*, 7; **estar listo(a)**   *to be ready*, 7; **¿Está todo listo? Is everything ready?*, 9
llamado(a)   *called*, 9G
llamar   *to call*, 9; **llamar por teléfono**   *to make a phone call*, 8; **Llamo más tarde.**   *I'll call back later.*, 8; **Te llamo más tarde.**   *I'll call you later.*, 9
la llegada   *arrival*, 10
llegar   *to arrive, to get there*, 4; al llegar   *upon arriving*, 6; ha llegado   *she has come*, 9
llenar   *to fill up*, 3
lleno(a)   *full*, 9
llevar   *to wear*, 8; *to take*, 6; lo llevó   *took it*, 6G; lleva años trabajando   *he has been working for years*, 9
llevarse   *to get along*, 2
llover (ue)   *to rain*, 3; **llueve (mucho)**   *it rains (a lot)*, 3
la lluvia   *rain*, 4G
lo   *him, it*, 6; *you*, 9; lo siento   *I'm sorry*, 8
lo: lo de siempre   *same as usual*, 9; lo que   *what*, 6; lo que pasa   *what is happening*, xxii
loco   *crazy*, 5
lógico(a)   *logical*, 2
el lonche   *lunch (Southwest U.S.)*, 6
los   *the* (pl. masc.), 2
los   *you, them* (pronoun), 6
luchar   *to struggle*, 8; *to fight*, 4G
luego   *then, later*, 4
el lugar   *place*, 1G
los lugares de interés   *places of interest*, 10
la luna   *moon*, 9
lunes   *Monday*, 1; **los lunes**   *on Mondays*, 3
la luz   *light*, 7G

el macho   *male*, 2
la madera   *wood*, 5G

la madre *mother*, 5

madrina *godmother*, 1

el maestro *master*, 7G

magnífico(a) *magnificent*, 4

el maíz *corn*, 6

majestuoso(a) *majestic*, 9G

mal *bad*; **Estoy mal.** *I'm not so good.*, 1; **Te veo mal.** *You don't look well.*, 7

la maleta *suitcase*, 10

malo(a) *bad*, 2

malvado(a) *evil*, 10

la mamá *mom*, 5

el mamífero *mammal*, 4G

la mañana *morning*, 4; **por la mañana** *in the morning*, 4

mañana *tomorrow*, 4; **Hasta mañana.** *See you tomorrow.*, 1

mandar *to send*, 9; **mandar invitaciones** *to send invitations*, 9; **mandar tarjetas** *to send cards*, 9

el mandato *command*, 6

manejar *to manage*, 7

la manera *way*, 9

la mano *hand*, 7

el manojo *bunch*, 8

mantener (ie) *to preserve, to keep*, 6

mantenerse (ie) *to maintain*, 7; **mantenerse (ie) en forma** *to stay in shape*, 7

la manzana *apple*, 6

el mapa *map*, 10

el maquillaje *makeup*, 7

maquillarse *to put on makeup*, 7

marcado(a) *marked*, 7

marcar *to set, to dial*, 1

marcharse *to leave*, 9

el marisco *shellfish*, 5G

marítimo(a) *maritime*, 3G

marrón *brown*, 2; **los ojos marrones** *brown eyes*, 5

el martes *Tuesday*, 1; **los martes** *on Tuesdays*, 3

marzo *March*, 1

más *more*, 2; **Más o menos.** *So-so.*, 1; **más que** *more than*, 8; **más... que** *more . . . than*, 8

la masa *dough*, 3

la máscara *mask*, 2G

la mascarada *masquerade*, 4G

la mascota *pet*, 5

el mate *Argentine and Paraguayan tea*, 7

las matemáticas *mathematics*, 3

la materia *subject*, 4; **las materias obligatorias** *required subjects*, 4; **las materias opcionales** *electives*, 4

matutino(a) *(in the) morning*, 4

mayo *May*, 1

mayor(es) *older*, 5; *greater*, 3G

la mayoría *majority*, 4G

la mazorca *corn on the cob*, 6

me *to/for me*, 2; **Me da igual.** *It's all the same to me.*, 2; **Me**

duele(n)... *My . . . hurt(s)*, 7; **Me gusta(n)...** *I like . .*, 2; **Me gusta(n) más...** *I like . . . more.*, 2; **Me gusta(n)... mucho.** *I like . . . a lot.*, 2; **Me llamo...** *My name is . . .*, 1; **No, no me gusta(n)...** *No, I don't like . . .*, 2; **Me parece bien.** *It seems fine to me.*, 5; **Me parece injusto.** *It's not fair.*, 5

me *me*, 9

mecánico *mechanic*, 5

la medalla *medal*, 5G

mediano(a) *medium*, 4

la medianoche *midnight*, 1

médico(a) *medical*, 7

medio(a) *half*, 4; **y media** *half past*, 1

los medios de transporte *means of transportation*, 10

el mediodía *midday, noon*, 1

medir (i) *to measure*, 5G

mejor(es) *better, best*, 7

el melocotón *peach*, 6

menor(es) *younger*, 5

menos *less*, 8; **menos cuarto** *a quarter to . . .*, 1; **menos que** *less than*, 8; **menos... que** *less . . . than*, 8

el mensaje *message*, 7G

la mente *mind*, 4

el mercado *market*, 6; **el mercado al aire libre** *open-air market*, 8

merendar (ie) *to have a snack*, 5

el merengue *music and dance style*, 9G

la merienda *snack*, 6

la mesa *table*, 5; **poner la mesa** *to set the table*, 6

los meses del año *months of the year*, 1

meter *to put in*, 8

meterse *to set*, 9

metódico(a) *methodical*, 2

el metro *meter*, 1G

el metro *subway*, 10

mezclar *to mix*, 6; mezcla *mixture*, 6

la mezquita *mosque*, 1G

mí *me*, 5; **A mí me gusta +** infinitive *I like to . . .*, 3; **a mí me toca...** *I have to . . .*, 5

mi(s) *my*, 1; **mi mejor amigo(a)** *my best friend*, 1; **mi profesor(-a)** *my teacher*, 1

la miel *honey*, 6

el miembro *member*, 3

mientras *while*, 6

el miércoles *Wednesday*, 1; **los miércoles** *on Wednesdays*, 3

mil *one thousand*, 8; miles *thousands*, 2

la milla cuadrada *square mile*, 3

un millón (de) *one million*, 8; **dos millones (de)** *two million*, 8

mío *mine*, 8

mirar *to look*, 9; **Nada más estoy**

mirando. *I'm just looking.*, 8; **mirar las vitrinas** *to window-shop*, 8

la misa *Mass*, 9

la misión *mission*, 3G

mismo(a) *same*, 6

el misterio *mystery*, 2

misterioso(a) *mysterious*, 2

la mitad *half*, 6G

la mochila *backpack*, 4

la moda *style, fashion*, 8; **a la última moda** *in the latest fashion*, 8; **muy de moda** *very fashionable*, 8; **pasado(a) de moda** *out of style*, 8

modelar *to shape*, 4

moderno(a) *modern*, 7

el módulo *module*, 10

el mogote *knoll*, 9G

el mole *sauce made with chiles and flavored with chocolate*, 6

el molino *windmill*, 1G

el momento *moment*, 6; **Espera un momento.** *Hold on a moment.*, 8

la monarquía parlamentaria *constitutional monarchy*, 1G

la moneda *currency*, 2; *coin*, 8

el mono *monkey*, 4G

la montaña *mountain*, 10; **subir a la montaña** *to go up a mountain*, 10

montañoso(a) *mountainous*, 7G

montar *to ride*, montar a caballo *to ride a horse*, 3G; **montar en bicicleta** *to ride a bike*, 3

un montón *a ton*, 4

el monumento *monument*, 1G

el morado *purple*, 1G

morado(a) *purple*, 8

moreno(a) *dark-haired; dark-skinned*, 2

morir (ue) *to die*, 5; murió *died*, 5

el moro *rice and beans*, 9G

el mosaico *mosaic*, 6G

el mosquito *mosquito*, 2

el mostrador *counter*, 10

mostrar (ue) *to show*, 1G

el movimiento *movement*, 4G

la muchacha *girl*, 1

el muchacho *boy*, 1

mucho *a lot (of)*, 2; *much*, 4; **Mucho gusto.** *Pleased/Nice to meet you.*, 1

muchos(as) *a lot of, many*, 4

mudarse *to move*, 8G

mudéjar *Moslem*, 5G

la muerte *death*, 4G

la mujer *woman*, 8; **para mujeres** *for women*, 8

mundialmente *worldwide*, 6

el mundo *world*, 1G; todo el mundo *everybody*, 9

el mural *mural painting*, 6G

la muralla *wall, rampart*, 1G

el museo *museum*, 10

la **música** *music*, 2; **la música de...** *music of/by . . .*, 2; la música clásica *classical music*, 2G

el **músico** *musician*, 2

muy *very*, 2

nacer *to be born*, 7G; **había nacido** *had been born*, 7G; **nacido(a)** *born*, 8G

nacional *national*, 1

nada *nothing*, 4; *not anything*, 4

Nada más estoy mirando. *I'm just looking.*, 8

nadar *to swim*, 3

nadie *nobody, not anybody*, 5

la **naranja** *orange*, 6

el **naranjo** *orange tree*, 8G

la **nariz** *nose*, 7

la **natación** *swimming*, 7

nativo(a) *native*, 6

la **naturaleza** *nature*, 2

la **navaja** *razor*, 7

navegar *to sail*, 5; *to navigate*, 10; **navegar por Internet** *to surf the Internet*, 3

la **Navidad** *Christmas*, 9

la **necesidad** *necessity*, 7

necesitar *to need*, 4; **¿Necesitas algo?** *Do you need anything?*, 4; **Necesito muchas cosas.** *I need a lot of things.*, 4; **No, no necesito nada.** *No, I don't need anything.*, 4

negarse *to refuse*, 5

negociable *negotiable*, 5

el **negocio** *business*, 9

negro(a) *black*, 5

nervioso(a) *nervous*, 7

nevar (ie) *to snow*, 3

ni *neither, nor*, 7; **Ni idea.** *I have no idea.*, 3

el **nido** *nest*, 1

la **nieta** *granddaughter*, 5

el **nieto** *grandson*, 5

los **nietos** *grandsons, grandchildren*, 5

nieva *it snows*, 3

la **niña** *girl*, 1

ninguno(a) *no, none*, 10G; **ninguna parte** *nowhere*, 3; **no va a ninguna parte** *he/she doesn't go anywhere*, 3

el **niño** *male child*, 8

los **niños** *children*, 8

el **nivel del mar** *sea level*, 9G

no *no*, 3; *not, do not*, 5; **No debes...** *You shouldn't . . .*, 7; **No es gran cosa.** *It's not a big deal.*, 5; **No está.** *He/She is not here.*, 8; **No estoy de acuerdo.** *I disagree.*, 6; **no, gracias** *no thank you*, 8;

nomás *just, only*, 8; **No sé.** *I don't know.*, 4; **No, no me gusta(n)...** *No, I don't like . . .*, 2; **No, no necesito nada.** *No, I do not need anything.*, 4; **No, no voy a ir.** *No, I'm not going to go.*, 4; **No seas...** *Don't be . . .*, 7; **no va a ninguna parte** *he/she doesn't go anywhere*, 3; **No vayas.** *Don't go.*, 7

¿no? *right?*, 4

la **Nochebuena** *Christmas Eve*, 9

la **Nochevieja** *New Year's Eve*, 9

nocturno(a) *(in the) evening*, 4

nombrado(a) *named*, 9G

el **nombre** *name*, 10

el **noreste** *northeast*, 2G

normalmente *normally*, 4

el **noroeste** *northwest*, 7G

el **norte** *north*, 5G

norteamericano(a) *North American*, 8

norteño(a) *northern*, 5G

Noruega *Norway*, 7G

nos *(to/for) us*, 2; **Nos vemos.** *See you.*, 1

nosotros(as) *we*, 1

la **nota** *grade*, 6

la **noticia** *news*, 9

novecientos *nine hundred*, 8

la **novela** *novel*, 3

noventa *ninety*, 2

noviembre *November*, 1

la **nube** *cloud*, 7

nuestro(a) *our*, 5

nuestros(as) *our*, 5

nuevamente *again*, 9

nueve *nine*, 1

nuevo(a) *new*, 2

la **nuez (pl. las nueces)** *nut(s)*, 6

el **número** *number*, 1; *shoe size*, 8

numeroso(a) *numerous*, 2G

nunca *never*, 5; **casi nunca** *almost never*, 3; **nunca más** *never again*, 6

la **nutricionista** *nutritionist*, 7

o *or*, 2

oaxaqueño *from the Mexican state of Oaxaca*, 6

el **objetivo** *objective*, 1

el **objeto** *object*, 1

la **obra** *work*, 7G; la obra de teatro *play*, 6G; la obra maestra *masterpiece*, 6G

observar *to observe*, 1

la **ocasión** *occasion*, 9

occidental *western*, 7G

ochenta *eighty*, 2

ocho *eight*, 1

ochocientos *eight hundred*, 8

el **ocio** *leisure time*, 8

octubre *October*, 1

el **ocupante** *occupant*, 10

ocupar *to occupy*, 7G

ocurrir *to occur*; **¿Se te ocurren?** *Do they occur to you?*, 4

la **oficina** *office*, 5

la **oficina de cambio** *money exchange*, 10

la **oficina de correos** *post office*, 10

ofrecer *to offer*, 6

el **oído** *ear*, 7

oír *to hear*, 2; **oyes** *(you) hear*, 2; **se oye** *is heard*, 2

los **ojos** *eyes*, 5; los ojos borrados *hazel eyes*, 5; los ojos cafés *brown eyes*, 5; **tener los ojos azules** *to have blue eyes*, 5

la **ola** *wave*, 2G

la **olla** *pot*, 4G

olor *smell*, 7

olvidar *to forget*, 9; No te olvides. *Don't forget.*, 8

once *eleven*, 1

la **oportunidad** *opportunity*, 5

la **oración** *sentence*, xxii

el **orden** *order*, 1; el orden cronológico *chronological order*, 8

ordenar *to organize*, 3; está ordenando *is organizing*, 3

organizado(a) *organized*, 2

organizar *to organize*, 10

orgulloso(a) *proud*, 6

oriental *eastern*, 10G

el **origen** *origin*, 6G

originalmente *originally*, 3G

os *(to/for) you* (pl.), 2

el **oso** *bear*, 1

el **otoño** *fall*, 1

otro(a) *other, another*, 8

otros(as) *other, others*, 8

el **paciente** *patient*, 7

el **padre** *father*, 5

los **padres** *parents*, 5; los padres peregrinos *pilgrims*, 8G

pagar *to pay*, 8; **pagar una fortuna** *to pay a fortune*, 8

la **página** *page*, xxii; la página Web *Web page*, 1

el **país** *country*, 6; el país de origen *native country*, 6

el **paisaje** *landscape*, 4G

el **pájaro** *bird*, 9

la **palabra** *word*, xxii; la palabra clave *key word*, 1

el **palacio** *palace*, 1

el pan *bread,* 6; **el pan dulce** *pastries,* 6; **el pan tostado** *toast,* 6
la pantalla *monitor, screen,* 10
los pantalones (vaqueros) *pants (jeans),* 8
los pantalones cortos *shorts,* 8
la pantomima *pantomime,* 9
la pantorrilla *calf,* 7
el papá *dad,* 5
el Papá Noel *Santa Claus,* 9
la papa *potato,* 6; **las papas fritas** *French fries,* 6
el papel *paper,* 4
las papitas *potato chips,* 9
el paquete *package,* 9
el par *pair,* 8
para *for,* 4; *to, in order to,* 7
el paraíso *paradise,* 8G
parecer *to seem,* 5; *to think,* 8; **me parece** *It seems to me,* 9; **Me parece bien.** *It's all right. It seems fine to me.,* 5; **Me parece injusto.** *I don't think that's fair.; It seems unfair to me.,* 5; **no parezco** *I don't seem to be.,* 9; **¿Qué te parece...?** *What do you think of . . .?,* 8
parecido(a) *similar,* 2
la pared *wall,* 10G
la pareja *pair;* **en parejas** *in pairs,* xxii, *couple,* 3
el paréntesis *parenthesis,* 8
el pareo *matching,* 1
el pariente *relative,* 5
el parque *park,* 3; **el parque de diversiones** *amusement park,* 10
el párrafo *paragraph,* xxii
la parrilla *barbecue,* 7
la parrillada *Argentine barbecue,* 7G
la parte *part,* 6
participar *to participate,* 1
particular *particular,* 6
el partido de... *the . . . game,* 4
la pasa *raisin,* 6
el pasado *past,* 8
pasado mañana *day after tomorrow,* 4
pasado(a) *last,* 8; **el año pasado** *last year,* 9
pasado(a) de moda *out of style,* 8
el pasaje *ticket,* 10
el pasajero, la pasajera *passenger,* 10
el pasapalo *finger food (Ven.),* 9
el pasaporte *passport,* 10
pasar *to spend (time, occasion),* 9; **con quien tú te pasas** *who you spend time with,* 2; **la pasamos en casa de...** *we spent it at . . .'s house,* 9; **lo que pasa** *what is happening,* 9; **pasar el rato solo(a)** *to spend time alone,* 3; **pasar la aspiradora** *to vacuum,* 5; **pasar por** *to stop at/by,* 10; *to go through,*

2; **qué pasa** *what's happening,* 6
pasártelo(la) *to get someone (for a telephone call),* 8
el pasatiempo *hobby,* 7; **buscar un pasatiempo** *to look for a hobby,* 7
pasear *to go for a walk,* 3; **pasear en bote de vela** *to go out in a sailboat,* 10; **pasear en lancha** *to go out in a motorboat,* 10
el pasillo *corridor,* 10
la pasta de dientes *toothpaste,* 7
el pastel *cake,* 6
el pastel en hoja *mashed plantain dough filled with meat and wrapped in plantain leaves,* 9
la patata *potato,* 1G; *sweet potato,* 6
el patinaje en hielo *ice skating,* 7
patinar *to skate,* 3
el patio *patio, yard,* 5
la patrona *patron,* 9G
la pava *kettle used to make **mate,*** 7
el pavo *turkey,* 6G
el payaso *clown,* 4G
las pecas *freckles,* 5
el pecho *chest,* 7
pedir (i) *to order,* 6
peinarse *to comb your hair,* 7
el peine *comb,* 7
la película *film, movie,* 2; **(de ciencia ficción, de terror, de misterio)** *(science fiction, horror, mystery),* 2
el peligro de extinción *danger of extinction,* 8G
pelirrojo(a) *red-headed,* 2
el pelo *hair,* 5
la pelota *ball,* 9G
pensar (ie) *to think,* 9; **pensar** + inf. *to plan,* 9; **Pensamos...** *We plan to . . . ,* 9
peor(es) *worse,* 8
pequeño(a) *small,* 5
la pera *pear,* 1
perder (ie) *to lose,* 10; *to miss,* 10; **perder el vuelo** *miss the flight,* 10; **si me pierden** *if you lose me,* 3; perdido(a) *lost,* 10G
perdone *I'm sorry,* 1
el perezoso *sloth,* 4G
perezoso(a) *lazy,* 2
perfecto *perfect,* 8
el periódico *newspaper,* 8G
la perla *pearl,* 2G
permiso *excuse me,* 9
permitir *to allow,* 6
pero *but,* 5
el perro, la perra *dog,* 5
la persona *person,* 5
el personaje *character,* 1G; **el personaje ficticio** *fictional character,* 1G
la personalidad *personality,* 2
las pesas *weights,* 7; **levantar pesas** *to lift weights,* 7
la pesca *fishing,* 10; **ir de pesca** *to go*

fishing, 10; **la pesca comercial** *commercial fishing,* 8G
el pescado *fish,* 6
pescar *to fish,* 10
pésimo(a) *very bad,* 2
el peso *weight,* 7
el pez *fish,* 1
la picadera *finger food (Dom. Rep.),* 9
el picante *spice,* 6
picante *spicy,* 6
el picnic *picnic,* 9; **tener un picnic** *to have a picnic,* 9
el pico *peak,* 1G
el pico de gallo *spicy relish made with tomatoes, hot peppers, and onions,* 3G
el pie *foot,* 7
la piedra *stone,* 5G
la pierna *leg,* 7
la pieza *bedroom,* 5; *piece,* 4
la pileta *swimming pool (Arg.),* 3
la piñata *piñata,* 9
el pingüino *penguin,* 7G
pintado(a) *painted,* 2G
pintar *to paint;* **fue pintado** *was painted,* 1
el pintor *painter,* 2G
pintoresco(a) *picturesque,* 7G
la pintura *painting,* 1; **la pintura al óleo** *oil painting,* 3G
la pirámide *pyramid,* 10; **la pirámide alimenticia** *food pyramid,* 7
la piscina *swimming pool,* 3
el piso *floor,* 5; **de... pisos** *. . .-story,* 5
el piyama *pajamas,* 7
la pizza *pizza,* 2
el placer *pleasure,* 9
planes *plans,* 9; **¿Qué planes tienen para...?** *What plans do you have for . . .?,* 9
plano(a) *flat,* 7G
las plantas *plants,* 5
el plátano *plantain,* 8G
platicar *to chat,* 3
el plato *dish, plate,* 6; **lavar los platos** *to do the dishes,* 5; **el plato hondo** *bowl,* 6; **el plato típico** *traditional dish,* 2
la playa *beach,* 3
la playera *T-shirt,* 8
la plaza de comida *food court in a mall,* 8
la plena *music and dance style,* 2
la población *population,* 1G
poblado(a) *populated,* 4G
pobre *poor,* 8
poco(a) *few, little, not much,* 4; **poco a poco** *little by little,* 4; **un poco** *a little,* 2
pocos(as) *not many,* 4
poder (ue) *to be able to, can,* 6
el poema *poem,* 8
la poesía *poetry,* 8

el poeta, la poeta *poet*, 5G

el pollo *chicken*, 6; el pollo frito *fried chicken*, 2G

el ponche *punch*, 9

poner (-go) *to put*, 4; **no pongas** *don't put*, 10; **pon** *put*, 6; poner en orden *to put in order*, xxii; poner huevos *to lay eggs*, 2; poner la comida *to set out the food*, 9; **poner la mesa** *to set the table*, 6; tener puesto(a) *to have on*, 8

ponerse *to put on*, 7, *to get*, 6; ponerse *to start*, 7; ponerse a bailar *to start dancing*, 3; ponerse en contacto *to get in contact*, 5; ponerse rojo *to flush, to turn red*, 10

por *in, by*, 4; por ejemplo *for example*, 6G; por eso *that's why*, 6; **por el estilo** *of that sort*, 7; **por favor** *please*, 6; por fin *at last*, 8; **por la mañana** *in the morning*, 4; por la noche *at night*, 2; **por la tarde** *in the afternoon*, 4; por lo general *generally*, 8; por lo menos *at least*, 9; por más que *no matter how much*, 7; por medio de *by means of*, 10

¿por qué? *why?*, 2

la porción *portion, serving*, 7

porque *because*, 2

posible *possible*, 4

el postre *dessert*, 6

el pozole *soup made with hominy, meat, and chile*, 6

practicando *practicing*, 7

practicar deportes *to play sports*, 3

el precio *price*, 1; el precio de entrada *entry fee*, 1

precolombino(a) *of the New World era before the arrival of Europeans*, 2G

precoz *precocious*, 4

la preferencia *preference*, 3

preferido(a) *favorite*, 4

preferir (ie) *to prefer*, 6

la pregunta *question*, xxii

preguntar *to ask*, xxii

prehistórico(a) *prehistoric*, 7G

preocuparse *to worry*, 10; **No te preocupes.** *Don't worry.*, 10

preparar *to prepare*, 6

prepararse *to get ready*, 7

los preparativos *preparations*, 9

la preposición *preposition*, 2

la presentación *introduction*, 9

presentar *to present*, 6; *to introduce*, 9; **presentar el examen** *to take a test*, 4; se presentó *was performed*, 10; **Te presento a...** *I'd like you to meet . . .*, 9

presentarse *to present oneself*, 6

el presente *present*, 9

prestar: prestar atención *to pay attention*, 7

el pretérito *preterite*, 8

la primavera *spring*, 1

el primero *first*, 1

primero(a) *first*, 4

el primo, la prima *cousin*, 5; el primo hermano, la prima hermana *first cousin*, 5

los primos *cousins*, 5

la princesa *princess*, 10

principal *main*, 4G; *primary*, 9G

la prisa: tener prisa *to be in a hurry*, 4

el prisionero *prisoner*, 10

probar (ue) *to try, to taste*, 6

producir *to produce*, 1

el producto *product*, 3G; los productos petroleros *petroleum products*, 3G; los productos químicos *chemicals*, 3G

el profesor *teacher (male)*, 1; **mi profesor** *my teacher*, 1

la profesora *teacher (female)*, 1; **mi profesora** *my teacher*, 1

prometer *to promise*, 8

el pronombre *pronoun*, 6; el pronombre de complemento directo *direct object pronoun*, 9; el pronombre reflexivo *reflexive pronoun*, 7

pronto *soon*, 1; **Hasta pronto.** *See you soon.*, 1; tan pronto *as soon*, 9

la propiedad *property*, 5

propio(a) *own*, 4

el propósito *purpose*, 6

el provecho *benefit*; Buen provecho. *Enjoy your meal.*, 6

la provincia *province*, 10

próximo(a) *next*, 4; **la próxima semana** *next week*, 4; **el** *(day of the week)* **próximo** *next (day of the week)*, 4

el proyecto *project*, 1

publicar *to publish*, 1

el pueblo *town, village*, 5; el pueblo natal *hometown*, 3

¿Puedo...? *Can I . . .?*, 6

el puente *bridge*, 8G

la puerta *door*, 5; *gate*, 10

el puerto *port*, 3G

el puesto *stall*, 9G

la pulsera *bracelet*, 8

punto: en punto *on the dot*, 1

el punto de vista *point of view*, 9

puntual *punctual, on time*, 2

el puré de papas *mashed potatoes*, 6

que *that*; que me llame después *tell him/her to call me later*, 8; **Que**

te vaya bien. *Hope things go well for you.*, 9

¡Qué...! *How . . .!*, 6; **¡Qué bien!** *How great!*, 10; **¡Qué fantástico!** *How fantastic!*, 10; **¡Qué gusto verte!** *It's great to see you!*, 9; **¡Qué lástima!** *What a shame!*, 10; **¡Qué lata!** *What a pain!*, 5; **¡Qué mala suerte!** *What bad luck!*, 10

¿qué? *what?*, 1; **¿Qué clases tienes ...?** *What classes do you have . . .?*, 4; **¿Qué día es hoy?** *What day is today?*, 1; **¿Qué están haciendo?** *What are they doing?*, 9; **¿Qué fecha es hoy?** *What's today's date?*, 1; **¿Qué hace...?** *What does . . . do?*, 3; **¿Qué haces para ayudar en casa?** *What do you do to help out at home?*, 5; **¿Qué haces...?** *What do you do . . .?*, 3; **¿Qué haces para relajarte?** *What do you do to relax?*, 7; **¿Qué hay de nuevo?** *What's new?*, 9; **¿Qué hiciste?** *What did you do?*, 8; **¿Qué hora es?** *What time is it?*, 1; **¿Qué planes tienen para...?** *What plans do you have for . . .?*, 9; **¿Qué quieres hacer?** *What do you want to do?*, 3; **¿Qué tal?** *How's it going?*, 1; **¿Qué tal...?** *How is . . .?*, 6; **¿Qué tal estuvo?** *How was it?*, 9; **¿Qué tal si...?** *How about if. . .?*, 6; **¿Qué tal si vamos a...?** *How about if we go to . . .?*, 4; **¿Qué te falta hacer?** *What do you still have to do?*, 7; **¿Qué te gusta hacer?** *What do you like to do?*, 3; **¿Qué te pasa?** *What's wrong with you?*, 7; **¿Qué te toca hacer a ti?** *What do you have to do?*, 5; **¿Qué tiempo hace?** *What's the weather like?*, 3; **¿Qué tiene...?** *What's the matter with . . .?*, 7; **¿Qué tienes que hacer?** *What do you have to do?*, 7; **¿Qué vas a hacer?** *What are you going to do?*, 4

el quechua *indigenous language in Peru*, 10G

quedar *to fit, to look*, 8; *to remain*, 3G; **¿Cómo me queda...?** *How does it fit?*, 8; **quedar bien/mal** *to fit well/poorly*, 8

quedarse *to stay*, 9; **quedarse en...** *to stay in . . .*, 10

los quehaceres *household chores*, 5; **hacer los quehaceres** *to do chores*, 5

querer (ie) *to want to*, 3; *to love*, 9; **quiero conocer...** *I want to see . . .*, 10; **Quiero devolver...** *I want to return...*, 8; queriendo *wanting to*, 8; **Quiero ir...** *I want to go . . .*, 3

querido(a) *dear*, 9

la quesadilla *tortillas with melted*

cheese, 3G

el queso   cheese, 6

¿quién?   who?, 1; **¿De parte de quién?**   Who's calling?, 8; **Quién es...?**   Who's. . .?, 1; ¿de quién? about whom?, 1

¿quiénes?   who? (pl.), 2

la química   chemistry, 4

quince   fifteen, 1

la quinceañera   girl's fifteenth birthday, 9

quinientos   five hundred, 8

el quiosco   stand, 10

Quisiera...   I would like . . ., 6

quitarse   to take off, 7

las raciones   servings, 6

la raíz (pl. las raíces)   root, 1G

rallado(a)   grated, 6

la rana   frog, 2

los rancheros   overalls, 3

rápidamente   quickly, 6

rápido(a)   fast, 8

raro   odd, strange, 3

rato: pasar el rato...   to spend time . . ., 3; el rato libre   free time, 4

reaccionar   to react, 10

el realismo   realism, 1

realizar   to carry out, 10, ha realizado   has carried out, 10G

el recado   message, 8

la recámara   bedroom, 5

recibir   to receive, 9; **recibir regalos**   to receive gifts, 9

reclamar   to reclaim, 6G

el reclamo de equipaje   baggage claim, 10

recoger   to pick up, 10

la recomendación   recommendation, 7

reconocido(a)   well-known, 1G

recordar (ue)   to remember, 6

recorrer   to tour, 10

el recorrido   tour, 4

el recreo   recreation time, 4

la red   network, 10G

redondo(a)   round, 7

reducir   to reduce, 7

referir   to refer, 3; se refiere   refers, 3G

reflejar   to reflect, 1G

el refrán   proverb, saying, 6

el refresco   soft drink, 6

el refrigerador   refrigerator, 6

el refugio de fauna   wildlife refuge, 8G

el regalo   gift, 9; **abrir regalos**   to open gifts, 9; **recibir regalos**   to receive gifts, 9

regatear   to bargain, 8

la región   region, 3

regional   regional, 6

la regla   ruler, 4

regresar   to return, to go back, 4

regular   all right, 1; **Estoy regular.**   I'm all right., 1

regularidad: con regularidad   regularly, 6

reírse   to laugh, 8; ríe   he/she laughs, 9; se ríen   they laugh, 8

relajarse   to relax, 7

religioso(a)   religious, 1

el reloj   clock, watch, 4

remodelado(a)   remodeled, 5

remojar   to soak, 3

remoto(a)   distant, 5

el renacuajo   tadpole, 2

el repaso   review, 1

representar   to represent, 3

representativo(a)   representative, 6

la república   republic, 5G

el res   beast, livestock; la carne de res   beef, 6

la reservación   reservation, 6

requerir (ie)   to require, 7

la resolución de Año Nuevo   New Year's resolution, 9

resolver (ue)   to solve, 7

respectivo(a)   respective, 8

responder   to answer, 9

la respuesta   answer, xxii, 3

el restaurante familiar   family restaurant, 3

el restaurante   restaurant, 6

el retrato   portrait, 1G

la reunión   meeting, 3; reunion, 9

reunir   to bring together, 1G

reunirse   to get together, 9; **reunirse con (toda) la familia**   to get together with the (whole) family, 9

revisar   to check, to revise, to correct, 1

la revista   magazine, 3; **la revista de tiras cómicas**   comic book, 8

el revolucionario   revolutionary, 9G

el rey   king, 1

rico(a)   magnificent, 9

ridículo(a)   ridiculous, 8

riguroso(a)   harsh, 5G

el río   river, 3G

las riquezas   riches, 10

riquísimo(a)   delicious, 6

el ritmo   rhythm, 5G; el ritmo del momento   the latest rhythm, 1

el rito   ritual, 6

el robo: ¡Es un robo!   It's a rip-off!, 8

rodeado(a)   surrounded, 1G

rodear   to surround, 7G

el rodeo   rodeo, 3G

rojo(a)   red, 8

romántico(a)   romantic, 2

el rompecabezas   puzzle, 4

la ropa   clothes, 4

rubio(a)   blond, 2

las ruinas   ruins, 10

la rutina   routine, 2

el sábado   Saturday, 1; **los sábados**   on Saturdays, 3

saber   to know information, 4; **saber de**   to know about, 4; no sabe cómo   doesn't know how, 9; **No sé.**   I don't know., 4; **¿Sabes qué?**   You know what?, 4; Sé.   I know., 9

el sabor   flavor, 8G

sacar   to take out, 5; **sacar el dinero**   to get money, 10; **sacar fotos**   to take photos, 10; **sacar la basura**   to take out the trash, 5; sacar una idea   to get an idea, 4

el saco   jacket, 8

sal   go out, leave, 6

la sal   salt, 6

la sala   living room, 5; **la sala de espera**   waiting room, 10; la sala de juegos   game room, 5

salado(a)   salty, 6

la salida   departure, 10; exit, 10

salir (-go)   to go out, 3; to leave, 4; **No salgas**   Don't leave, 10; que salga   go out, 9; **sal**   go out, leave, 6; salir bien   to work out well, 7; **salir con amigos**   to go out with friends, 3

el salón   room, 1; **el salón de clase**   classroom, 4

la salsa   sauce, gravy, 6; **la salsa picante**   hot sauce, 6

el salto   waterfall, 2G

el salto en el tiempo   time warp, 7

la salud   health, 7

saludable   healthy, 6

saludar   to greet, 1

el saludo   greeting, 9

salvarse   to save oneself, 10

el salvavidas   lifeguard, 1

el sancocho   stew made with meat, root vegetables, and plantains, 9G

las sandalias   sandals, 8

el sándwich de...   . . . sandwich, 6

los sanitarios   restrooms, 10

sano(a)   healthy, 7; **seguir una dieta sana**   to eat a balanced diet, 7

el santo, la santa   saint, 2G

la sartén   frying pan, 6

sé   be, 6

la secadora de pelo   hair dryer, 7

secarse   to dry, 7

la sección rítmica   rhythm section, 8G

seco(a)   dry, 2G

secreto(a)   secret, 1

la sed *thirst,* 4; **tener sed** *to be thirsty,* 4

la seda *silk,* 8; **de seda** *made of silk,* 8

seguir (i) *to follow,* 10; **seguir (i) una dieta sana** *to eat a balanced diet,* 7; **sigue el modelo** *follow the model,* xxii; **siguiéndote** *following you,* 8

según *according to,* 2

el segundo *second,* 4

segundo(a) *second,* 6

seis *six,* 1

seiscientos *six hundred,* 8

la selección *selection,* 6

la selva *jungle,* 10

la semana *week,* 4; **el día de la semana** *day of the week,* 1; **esta semana** *this week,* 4; **la próxima semana** *next week,* 4

la Semana Santa *Holy Week,* 9

el señor *sir, Mr.,* 1; *gentleman,* 8

el Señor *the Lord,* 9

la señora *ma'am; Mrs.,* 1

la señorita *Miss,* 1

la sensación *feeling,* 1

sentarse (ie) *to sit down,* 10

sentir (ie) *to feel,* 9

sentirse (ie) *to feel,* 7

separados *separately,* 8

separar *to separate,* 1G

septiembre *September,* 1

ser *to be,* 1; **¿Cómo eres?** *What are you like?,* 2; **¿Cómo es...?** *What is . . . like?,* 2; **No puede ser.** *It can't be true.,* 9; **no seas** *don't be,* 7; **sé** *be,* 6; **será** *will be,* 10; **Soy...** *I'm . . .,* 2; **Soy de...** *I'm from . . .,* 1

el ser *being,* 8

la serenata *serenade,* 9

la serenidad *serenity,* 1

la serie *series,* 6G

serio(a) *serious,* 2

la serpiente *serpent,* 6

el servicio *restroom,* 10

la servilleta *napkin,* 6

servir (i) *to serve,* 6; **¿En qué le puedo servir?** *How can I help you?,* 8

sesenta *sixty,* 2

el seso *brain,* 4

setecientos *seven hundred,* 8

setenta *seventy,* 2

si *if,* 3; **si no** *otherwise,* 3

sí *yes,* 4

siempre *always,* 5; **casi siempre** *almost always,* 3; **como siempre** *as always,* 9; **Lo de siempre.** *Same as usual.,* 9

la sierra *mountain range,* 10G

siete *seven,* 1

el siglo *century,* 3G

el significado *meaning,* 7

significar *to mean,* 2

siguiente *following,* 5; **lo siguiente** *the following,* 6

la sílaba *syllable,* 2

la silla *chair,* 5; **la silla de ruedas** *wheelchair,* 5

el símbolo *symbol,* 2

simpático(a) *friendly,* 2

simplemente *simply,* 6

sin *without,* 6; **sin embargo** *however,* 6

la sinagoga *synagogue,* 9

sincero(a) *sincere,* 2

sino *but also,* 6

los sirvientes *servants,* 8

el sistema *system,* 10G

el sitio *place,* 3; *site,* 7

la situación *situation,* 5

sobre *over,* 3; *on,* 4; *about,* 2

la sobrina *niece,* 5

el sobrino *nephew,* 5

los sobrinos *nephews, nieces and nephews,* 5

sociable *social,* 2

el sofá *couch,* 5

el sol *sun,* 3; **Hace sol.** *It's sunny.,* 3

solamente *only,* 3G

el soldado *soldier,* 6G

soler (ue) *to usually do,* 5; **suele** *usually,* 5

sólido(a) *solid,* 6

solo(a) *alone,* 3; **pasar el rato solo(a)** *to spend time alone,* 3

sólo *only,* 7

el sombrero *hat,* 8

somos (inf. ser) *we are,* 5; **Somos... personas...** *There are . . . people . . .,* 5

Son las... *It's . . . o'clock.,* 1

el sonido *sound,* 2G

la sopa *soup,* 6; **la sopa (de verduras)** *(vegetable) soup,* 6

sordo(a) *deaf,* 5

sorprendido(a) *surprised,* 8

Soy... (inf. ser) *I'm . . .,* 2; **Soy de...** *I'm from . . .,* 1

su(s) *his, her, its, their, your,* 5

suave *soft,* 7

subir *to rise,* 7

subir a la montaña *to go up a mountain,* 10; **subir de peso** *to gain weight,* 7

el subtítulo *subtitle,* 10

sucio(a) *dirty,* 6

el sudeste *southeast,* 10G

Suele + inf. *He (She) usually + verb,* 10

el sueño *dream,* 1G

la suerte *luck,* 10; **si tengo suerte...** *if I'm lucky . . .,* 10; **tuviste suerte** *you were lucky,* 10

el suéter *sweater,* 8

suficiente *enough,* 7; **dormir lo suficiente** *to get enough sleep,* 7

la sugerencia *suggestion,* 7

sugerir (ie) *to suggest,* 6

Suiza *Switzerland,* 7G

la superficie *surface,* 8

el sur *south,* 2G

sureño(a) *southern,* 7G

el surf a vela *windsurfing,* 9G

la sustancia *substance,* 6

suyo(a) *his,* 4G

Tailandia *Thailand,* 6

taíno(a) *belonging to the Tainos, Native Americans dominant in early Puerto Rico,* 2G

tal *such,* 7; **tal vez** *perhaps,* 4

la talla *(clothing) size,* 8

tallado(a) *carved, cut,* 10G

los tallarines *noodles,* 7

el taller *shop, workshop,* 4

la tamalada *gathering to make tamales,* 3G

los tamales *tamales,* 9

el tamaño *size*

también *also,* 2

la tambora *drum,* 9G

tampoco *neither, not either,* 5

tan *so,* 10G

tan sólo *only,* 9

tan... como *as . . . as,* 8

tanto *so much,* 7; *as much,* 1G; **tanto... como...** *both . . . and . . .,* 3G; **Tanto gusto.** *So nice to meet you.,* 9; **¡Tanto tiempo sin verte!** *Long time, no see.,* 9

la tapa *small servings of food,* 7G

tardar *to take;* **¿Cuánto tardas?** *How long do you take?,* 4

la tarde *afternoon,* 4; **esta tarde** *this afternoon,* 4; **por la tarde** *in the afternoon,* 4

tarde *late,* 4; **más tarde** *later,* 8

la tarea *homework,* 1; **hacer la tarea** *to do homework,* 3

la tarjeta *greeting card,* 8; *card,* 9; **mandar tarjetas** *to send cards,* 9; **la tarjeta de cumpleaños** *birthday card,* 8; la tarjeta de crédito *credit card,* 10; **la tarjeta de embarque** *boarding pass,* 10; la tarjeta postal *postcard,* 10

el tataranieto *great-great-grandson,* 10

el taxi *taxi,* 10

la taza *cup,* 6

te *(to/for) you,* 2; **¿Te duele algo?** *Does something hurt?,* 7; **¿Te gusta(n)...?** *Do you like . . .?,* 2; **¿Te gusta(n) más... o...?** *Do you like . . . or . . . more?,* 2; **Te llamo más tarde.** *I'll call you later.,* 9;

Te presento a... *I'd like you to meet . . .,* 9; **Te veo mal.** *You don't look well.,* 7

el teatro *theater,* 8

el techo de zinc *sheet-metal roof,* 9G

la tecnología *technology,* 4

tejano(a) *Texan,* 3G

el tejido *weaving,* 10G

la tele *TV,* 4

el teléfono *telephone number,* 1; *telephone,* 8; **¿Cuál es el teléfono de...?** *What's . . .'s telephone number?,* 1; **¿Cuál es tu teléfono?** *What's your telephone number?,* 1; **hablar por teléfono** *to talk on the phone,* 3; llamar por teléfono *to make a phone call,* 8; el teléfono público *pay phone,* 10

la televisión *television (TV),* 3; **ver televisión** *to watch TV,* 3

el tema *theme,* 6

temblar *to shake,* 9

tembloroso(a) *trembling,* 9

la temperatura *temperature,* 2G

templado(a) *temperate,* 2G

el templo *temple,* 9

temprano *early,* 4

ten *have,* 6

el tenedor *fork,* 6

tener (-go, ie) *to have,* 4; **¿Cuántos años tiene... ?** *How old is . . .?,* 2; **¿Cuántos años tienes?** *How old are you?,* 2; **Él (Ella) tiene... años.** *He's (She's) . . . years old.,* 2; **no tengas** *don't have,* 10; **ten** *have,* 6; tendrán que separarse *will have to separate,* 3; **tener calor** *to be hot,* 7; **tener catarro** *to have a cold,* 7; **tener frío** *to be cold,* 7; **tener ganas** *to feel like (doing something),* 4; **tener ganas de** + infinitive *to feel like doing something,* 4; **tener hambre** *to be hungry,* 4; **tener los ojos azules** *to have blue eyes,* 5; **tener miedo** *to be afraid,* 7; **tener prisa** *to be in a hurry,* 4; tener puesto *to have on,* 3; **tener que** + infinitive *to have to do something,* 4; **tener razón** *to be right,* 8; **tener sed** *to be thirsty,* 4; **tener sueño** *to be sleepy,* 7; **tener suerte** *to be lucky,* 10; **tener un picnic** *to have a picnic,* 9; **Tengo que irme.** *I've got to go.,* 1; **Tengo... años.** *I am . . . years old.,* 2; **Tiene... años.** *He (She) is . . . years old.,* 2; tuvo *had,* 7G

el tenis *tennis,* 3

el tentempié *snack,* 3G

el tercero *third,* 4

terminar *to finish,* 9

el territorio *territory,* 6G

el terror *horror,* 2

el testimonio *testimony,* 6G

el texto *text,* 6

ti *you (emphatic),* 3; a ti *to you,* 6; **A ti te gusta** + infinitive *You like . . .,* 3; para ti *for you,* 2

la tía *aunt,* 5

el tico *nickname for Costa Rican,* 4G

el tiempo *weather,* 3; *time,* 1G; **a tiempo** *on time,* 4; **cuando hace buen/mal tiempo** *when the weather's good/bad,* 3

la tienda de... *. . . store,* 8

tiene *he/she/it has,* 2; **¿Cuántos años tiene... ?** *How old is . . .?,* 2; **Él (Ella) tiene... años.** *He's (She's) . . . years old.,* 2

tienes *you have,* 4; **¿Cuántos años tienes?** *How old are you?,* 2; **¿Tienes...?** *Do you have . . .?,* 4

la tierra *earth,* 6; *land,* 6G

el tigre *tiger,* 2

la tilde *wavy line above the ñ,* 1

tímido(a) *shy,* 2

la tinta *ink,* 10

el tío *uncle,* 5

los tíos *uncles, uncles and aunts,* 5

típico(a) *typical,* 2G

el tipo *type;* de todo tipo *all kinds,* 8; el título *title,* 5

la toalla *towel,* 7

tocar *to play,* 3; *to touch,* 8; **A mí siempre me toca...** *I always have to . . .,* 5; **A... nunca le toca...** *It's never . . .'s turn; . . . never has to . . .,* 5; Le toca a él. *It's his turn.,* 9; **¿Qué te toca hacer a ti?** *What do you have to do?,* 5; Te toca a ti. *It's your turn.,* 6; **tocar el piano** *to play the piano,* 3; tocar la puerta *to knock on the door,* 3

el tocino *bacon,* 6

todavía *yet,* 10; *still,* 1G; **todavía no** *not yet,* 10

todo(a) *all, every,* 2; *whole,* 9; todo el mundo *everybody,* 9; de todo *everything,* 8; de todo tipo *all kinds,* 8; **todos(as)** *everyone,* 5; **todos los días** *every day,* 3

tomar *to drink,* 6; *to eat,* 8; *to take,* 9; siguen tomándolo *keep drinking it,* 6; **tomar el sol** *to sunbathe,* 10; tomar las cosas con calma *to take things calmly,* 7; tomar una decisión *to make a decision,* 9; **tomar un batido** *to have a milkshake,* 8

el tomate *tomato,* 6

la tonelada *ton,* 10

tonto(a) *silly, foolish,* 2

el tornado *tornado,* 3

la toronja *grapefruit,* 3G

la torre *tower,* 9G

la torta *sandwich (Mexico),* 6

la tortilla *Spanish omelet,* 1G; *pancake-like bread made from corn,* 6

la tortuga *turtle,* 1

el tostón *fried green plantain,* 2G

trabajador(a) *hard-working,* 2

trabajar *to work,* 3

el trabajo *job,* 3; *work,* 4

el trabalenguas *tongue twister,* 1

la tradición *tradition,* 2

tradicional *traditional,* 1G

traer (-igo) *to bring,* 4; me trajo *he/she brought me,* 4; quiero que me traigas *I want you to bring me,* 9

el tráfico *traffic,* 3G

tragar *to swallow,* 2

el traje *suit,* 3; *dress,* 1G

el traje de baño *swimsuit,* 8

tranquilo(a) *quiet,* 5; *calm,* 9

la transpiración *perspiration,* 8

transportar *to transport,* 10; fueron transportadas *were transported,* 10

el transporte *transportation,* 10

el trasto *utensil, piece of junk,* 2

tratar *to try,* 10

travieso(a) *mischievous,* 5

trece *thirteen,* 1

treinta *thirty,* 1

treinta y cinco *thirty-five,* 2

treinta y dos *thirty-two,* 2

treinta y uno *thirty-one,* 1

el tren *train,* 10

tres *three,* 1

trescientos *three hundred,* 8

el trigal *wheat field,* 2

el trigo *wheat,* 2

triste *sad,* 7; **estar triste** *to be sad,* 7

el trozo *piece,* 6

tú *you,* 1

tu(s) *your,* 5

el turismo *tourism,* 8G

el turista *tourist,* 1G

turnarse *to take turns,* xxii

el turno *shift,* 4

tutear *to speak to someone informally,* 10

los tuyos, las tuyas *yours,* 9

último(a) *latest,* 8; la última vez *last time,* 8

el último, la última *last one,* 3

un(a) *a, an,* 4; **un poco** *a little,* 2; **un montón** *a ton,* 4

únicamente *only,* 9

único(a)   *only,* 4G
la unidad   *unity,* 3G
la universidad   *university,* 5
uno   *one,* 1
unos(as)   *some,* 4
urgente   *urgent,* 1
usar   *to use, to wear,* 8; **usar el/la...**
   to wear size . . . , 8; **usar lentes**   *to*
   wear glasses, 5; **usando**   *using,* xxii
el uso   *use,* 6
usted   *you* (formal), 1
ustedes   *you* (pl.), 1
los útiles escolares   *school supplies,* 4
utilizar   *to use,* 7
la uva   *grape,* 1
¡Uy!   *Oh!,* 1

Vale.   *Okay.,* 9
valeroso(a)   *brave,* 4G
valiente   *brave,* 5
la valija   *suitcase,* 10
el valle   *valley,* 3G
vamos   *let's go, we go,* 3
el vaquero   *cowboy,* 3G
vaquero(a)   *referring to cowboys,* 3G
los vaqueros   *jeans,* 8
variado(a)   *varied,* 7
varias   *various,* 6G
la variedad   *variety,* 6
vas   *you are going,* 4; **¿Vas al (a la)...?**
   Are you going to the. . .?, 4; **Vas a ir,**
   ¿verdad?   *You're going to go, aren't*
   you?, 4
el vasco   *language from Basque*
   Provinces, Spain, 1G
la vasija   *pot,* 4
el vaso   *glass,* 6
ve   *go,* 6
veces   *times,* 7; **a veces**   *sometimes,*
   3; hay veces   *there are times,* 4
veinte   *twenty,* 1
veintiún   *twenty-one,* 1
ven   *come,* 6
vencido(a)   *defeated,* 6; no se da por
   vencido   *doesn't give up,* 6
el vendedor   *vendor,* 8
vender   *to sell,* 8; se vende   *for sale,*
   5; se venden   *are sold,* 8; **vender**
   (de todo)   *to sell (everything),* 8
venir   *to come,* 4; ha venido   *has*
   come, 9; **no vengas**   *don't come,*
   10; **ven**   *come,* 6; venga   *will*
   come, 9; **vienes conmigo a...**
   you're coming with me . . . , 4
la ventana   *window,* 5
el ventanal   *large window,* 6G

la ventura   *happiness,* 5
ver   *to watch, to see,* 4; nunca ha
   visto   *never has seen,* 6; **Te veo**
   mal.   *You don't look well.,* 7; **ver**
   televisión   *to watch television,* 3;
   vi   *I saw,* 8
el verano   *summer,* 1
el verbo   *verb,* xxii
la verdad   *truth,* 2
¿verdad?   *right?,* 4
verde   *green,* 5; verde mar   *sea*
   green, 5G
las verduras   *vegetables,* 2
vespertino(a)   *(in the) afternoon,* 4
el vestido   *dress,* 8
vestirse (i)   *to get dressed,* 7
vete   *go,* 7
vez   *time,* 4; cada vez   *each time,* 8;
   hay veces   *there are times,* 4; la
   última vez   *last time,* 8
viajar   *to travel,* 10
el viaje   *trip,* 10
el viajero   *traveler,* 10
la vida   *life,* 3G
el video   *video,* 3; **alquilar videos**   *to*
   rent videos, 3
los videojuegos   *videogames,* 2
los viejitos   *older folks,* 3
viejo(a)   *old,* 5
el viento   *wind,* 3; **Hace viento.**   *It's*
   windy., 3
el viernes   *Friday,* 1; **los viernes**   *on*
   Fridays, 3
el Viernes Santo   *Good Friday,* 1
el violín   *violin,* 1
visitar   *to visit,* 6
la vista   *view,* 5
la vitrina   *shop window,* 8; **mirar las**
   vitrinas   *to window-shop,* 8
vivir   *to live,* 5
vivo(a)   *bright,* 5G
el vocabulario   *vocabulary,* xxii
volar (ue)   *to fly,* 7
el volcán   *volcano,* 4G
el volibol   *volleyball,* 3
volver (ue)   *to go or come back,* 5;
   nunca más volverá   *never will do*
   it again, 9; se vuelve   *it becomes,* 6
vosotros(as)   *you* (plural;
   informal), 1
el vuelo   *flight,* 10
vuestra(s)   *your,* 5
vuestro(s)   *your,* 5

el wáter   *restroom,* 10
el windsurf   *windsurfing,* 7

y   *and,* 1; **y cuarto**   *a quarter past,*
   1; **y media**   *half past,* 1
ya   *already,* 10
Ya te lo (la) paso.   *I'll get him (her).,* 8
la yerba mate   *herb used to make* **mate,** 7
yo   *I,* 1
el yogur   *yogurt,* 7
la yuca   *yucca,* 8G

la zanahoria   *carrot,* 6
la zapatería   *shoe store,* 8
las zapatillas de tenis   *tennis shoes,* 8
los zapatos   *shoes,* 4; **los zapatos de**
   tenis   *tennis shoes,* 8
la zona   *area,* 4; la zona residencial
   residential area, 5
el zoológico   *zoo,* 10
el zumo   *juice (Spain),* 6

dessert *el postre*, 6
dictionary *el diccionario*, 4
diet *la dieta*, 7; **to eat a balanced diet** *seguir una dieta sana*, 7
difficult *difícil*, 4; **It's difficult.** *Es difícil.*, 4
dining room *el comedor*, 5
dinner *la cena*, 6
disc: compact disc *el disco compacto*, 8
dish, *el plato*, 6
disposable *desechable*, 10; **disposable camera** *la cámara desechable*, 10
Do you like . . . ? *¿Te gusta(n)...?*, 2
to do *hacer*, 4; **we are doing** *estamos haciendo*, 9; **to do homework** *hacer la tarea*, 3; **to do chores** *hacer los quehaceres*, 5; **to do yoga** *hacer yoga*, 7; **do** *haz*, 6; **don't do** *no hagas*, 10; **What are they doing?** *¿Qué están haciendo?*, 9; **What did you do?** *¿Qué hiciste?* 8
dog *el perro, la perra*, 5
door *la puerta*, 5
dot: on the dot *en punto*, 1
downtown *el centro*, 10
to draw *dibujar*, 3
dress *el vestido*, 8
dressed: to get dressed, *vestirse (i)*, 7
to drink *beber*, 4; **to drink something** *beber algo*, 4; *tomar*, 6
to dry *secarse*, 7
during *durante*, 10
DVD *el DVD*, 8

ear *el oído*, 7
early *temprano*, 4
earphones *los audífonos*, 8
earrings *los aretes*, 8
easy *fácil*, 4; **It's easy.** *Es fácil.*, 4
to eat a balanced diet *seguir una dieta sana*, 7; **to eat breakfast** *desayunar*, 6; **to eat dinner** *cenar*, 6; **to eat lunch** *almorzar (ue)*, 5
to eat *comer*, 3; *tomar*, 8
egg *el huevo*, 6
eight *ocho*, 1
eight hundred *ochocientos*, 8
eighteen *dieciocho*, 1
eighty *ochenta*, 2
eleven *once*, 1
e-mail address *el correo electrónico*, 1; **What is . . .'s e-mail address?** *¿Cuál es el correo electrónico de...?* 1; **What's your e-mail address?** *¿Cuál es tu correo electrónico?*, 1

English *el inglés*, 4
enough *suficiente*, 7; **to get enough sleep** *dormir lo suficiente*, 7
evening *la tarde*, 1
everybody *todos(as)*, 5
everyone *todos(as)*, 5
everything *todo*, 8
to exercise *hacer ejercicio*, 3
to expect *esperar*, 9
expensive *caro(a)*, 8
eyes *los ojos*, 5; **to have blue eyes** *tener los ojos azules*, 5

face *la cara*, 7
fall *el otoño*, 1
family *la familia*, 3; **There are . . . people in my family.** *En mi familia somos...*, 5
familiar: to be familiar *conocer*, 9
fantastic: How fantastic! *¡Qué fantástico!*, 10
fat (in food) *la grasa*, 7
fat (overweight) *gordo(a)*, 5
father *el padre*, 5; **Father's Day** *el Día del Padre*, 9
favorite *preferido(a)*, 4
flan *el flan*, 6
February *febrero*, 1
to feel *sentirse (ie)*, 7; **to feel like doing something** *tener ganas de + infinitive*, 4
few *pocos(as)*, 4
fifteen *quince*, 1
fifteenth: girl's fifteenth birthday *quinceañera*, 9
fifty *cincuenta*, 2
film *la película*, 2
to find *encontrar (ue)*, 7
fine *bien*, 1; **I'm fine.** *Estoy bien.*, 1
finger *el dedo*, 7
to finish *terminar*, 9
fireworks *los fuegos artificiales*, 9
first *el primero*, 1
first (adj) *primero(a)*, 4
fish *el pescado*, 6
to fish *pescar*, 10
fishing *la pesca*, 10; **to go fishing** *ir de pesca*, 10
to fit *quedar*, 8; **How does it fit?** *¿Cómo me queda?*, 8
five *cinco*, 1
five hundred *quinientos*, 8
flight *el vuelo*, 10
floor *el piso*, 5
folder *la carpeta*, 4
to follow *seguir (i)*, 10
food *la comida*, 2; **Chinese (Italian, Mexican) food** *la comida china*

(*italiana, mexicana*), 2, **food court in a mall** *la plaza de comida*, 8
foolish *tonto(a)*, 2
foot *el pie*, 7
football *el fútbol americano*, 3
for *para*, 4
fork *el tenedor*, 7
fortune *la fortuna*, 8
forty *cuarenta*, 2
four *cuatro*, 1
four hundred *cuatrocientos*, 8
fourteen *catorce*, 1
French *el francés*, 4
French fries *las papas fritas*, 6
Friday *el viernes*, 1; **on Fridays** *los viernes*, 3
friend *el amigo* (male), *la amiga* (female), 1
from *de*, 1
fruit *la fruta*, 2
fun *divertido(a)*, 2; **What fun!** *¡Qué divertido!*, 10

to gain weight *subir de peso*, 7
game: board game *el juego de mesa*, 3; **the . . . game** *el partido de...*, 4
garage *el garaje*, 5
garden *el jardín*, 5
German *el alemán*, 4
to get angry *enojarse*, 7
to get dressed *vestirse (i)*, 7
to get off a plane *desembarcar*, 10
to get someone (for a telephone call), *pasártelo(la)*, 8
to get together *reunirse*, 9
to get up *levantarse*, 7
to get *conseguir (i, i)*, 10
gift *el regalo*, 9
girl *la muchacha*, 1
girl's fifteenth birthday *la quinceañera*, 9
to give *dar*, 7; **don't give** *no des*, 7
glass *el vaso*, 6
glasses *los lentes*, 5; **to wear glasses** *usar lentes*, 5
go *ve*, 6
to go *ir*, 2; **Where did you go?** *¿Adónde fuiste?*, 8; **to go shopping** *ir de compras*, 2; **to go hiking** *ir de excursión*, 10; **don't go** *no vayas*, 7; **I want to go . . .** *Quiero ir...*, 2; **Are you going to the . . . ?** *¿Vas a...?*, 4; **You're going to go, aren't you?** *Vas a ir, ¿verdad?*, 4; **to go back** *regresar*, 4; *volver (ue)*, 5
to go for a walk *pasear*, 3

go out   *sal,* 6

to **go out**   *salir,* 3; **to go out with friends**   *salir con amigos,* 3; **to go out in a sailboat (motorboat)**   *pasear en bote de vela (lancha),* 10

to **go to bed**   *acostarse (ue),* 7

good   *bueno(a),* 2; **Good evening., Good night.**   *Buenas noches.,* 1; **Good afternoon.**   *Buenas tardes.,* 1; **Good morning.**   *Buenos días.,* 1

good-looking   *guapo(a),* 2

Goodbye.   *Adiós.,* 1

graduation   *la graduación,* 9

grandchildren   *los nietos,* 5

granddaughter   *la nieta,* 5

grandfather   *el abuelo,* 5

grandmother   *la abuela,* 5

grandparents   *los abuelos,* 5

grandson   *el nieto,* 5

grandsons   *los nietos,* 5

grass   *el césped,* 5; **to cut the grass**   *cortar el césped,* 5

gravy   *salsa,* 6

gray   *gris,* 8

gray-haired   *canoso(a),* 5

great   *formidable,* 2; *estupendo(a),* 10; *a todo dar,* 9; **it was great**   *fue estupendo,* 10

green   *verde,* 5

greeting card   *la tarjeta,* 8

guest   *el (la) invitado(a),* 9

gym   *el gimnasio,* 3

hair   *el pelo,* 5; **to comb your hair**   *peinarse,* 7; **hair dryer**   *la secadora de pelo,* 7

half   *medio,* 1; **half past**   *y media,* 1

ham   *el jamón,* 6

hamburger   *la hamburguesa,* 2

hand   *la mano,* 7

to **hang**   *colgar (ue),* 9

Hanukkah   *el Hanukah,* 9

happy   *contento(a),* 7; **to be happy**   *estar contento(a),* 7

Happy (Merry) . . .   *¡Feliz...!,* 9

hard   *difícil,* 4

hard-working   *trabajador(a),* 2

hat   *el sombrero,* 8

to **have**   *tener (-go, ie),* 4; **have**   *ten,* 6; **don't have**   *no tengas,* 10; **to have a cold**   *tener catarro,* 7; **to have a milkshake**   *tomar un batido,* 8; **to have a picnic**   *tener un picnic,* 9; **to have blue eyes**   *tener los ojos azules,* 5; **to have to do something**   *tener que + infinitive,* 4; **I have to . . .**   *A mí me toca...,* 4

to **have a party**   *hacer una fiesta,* 9; **to have a snack**   *merendar,* 5; **to**

have lunch   *almorzar,* 5

he   *él,* 1; **He is . . .**   *Él es...,* 1

head   *la cabeza,* 7

health   *la salud,* 7

to **heat**   *calentar (ie),* 6

Hello.   *Aló.,; Bueno.,; Diga.,* 8

help   *la ayuda,* 6; **to help out at home**   *ayudar en casa,* 5

here   *aquí,* 6

hi, hello   *hola,* 1

hike   *la excursión,* 10; **to go on a hike**   *ir de excursión,* 10

his   *su(s),* 5

history   *la historia,* 4

hobby   *el pasatiempo,* 7; **to look for a hobby**   *buscar un pasatiempo,* 7

holiday   *el día festivo,* 9

Holy Week   *la Semana Santa,* 9

homework   *la tarea,* 3

Hope things go well for you.   *Que te vaya bien.,* 9

horrible   *horrible,* 2; **It was horrible!**   *¡Fue horrible!,* 10

horror   *el terror,* 2

hot   *caliente,* 6; **hot sauce**   *la salsa picante,* 6

hot chocolate   *el chocolate,* 6

hotel   *el hotel,* 10; **to stay in a hotel**   *quedarse en un hotel,* 10

hour   *la hora,* 1

house   *casa,* 5; **. . .'s house**   *la casa de...,* 3; **to decorate the house**   *decorar la casa,* 9

household chores   *los quehaceres,* 5

how   *¿cómo?,* 1; **How are you?**   *¿Cómo está(s)?,* 1; **How do you spell . . . ?**   *¿Cómo se escribe...?,* 1; **How does it fit?**   *¿Cómo me queda?,* 8; **How fantastic!**   *¡Qué fantástico!,* 10; **How great!**   *¡Qué bien!,* 10; **How many . . . ?**   *¿cuántos(as)?,* 2; **how much?**   *¿cuánto(a)?,* 4; **How often do you go . . . ?**   *¿Con qué frecuencia vas...?,* 3; **How old are you?**   *¿Cuántos años tienes?,* 2

hunger   *el hambre,* 4; **to be hungry**   *tener hambre,* 4

to **hurt**   *doler (ue),* 7; **My . . . hurt(s)**   *Me duele(n)...* 7; **Does something hurt?**   *¿Te duele algo?,* 7

ID   *carnet de identidad,* 10

I   *yo,* 1

I agree.   *Estoy de acuerdo.,* 6; **I don't agree.**   *No estoy de acuerdo.,* 6

I have no idea.   *Ni idea.,* 3

I want to see . . .   *Quiero conocer...,* 10

I would like . . .   *Quisiera...,* 6

I'd like you to meet . . .   *Te presento a...,* 9

I'll get him (her).   *Ya te lo (la) paso.,* 8

I'm fine.   *Estoy bien.,* 1

I'm sorry.   *Lo siento.,* 8

I'm . . .   *Soy...,* 2; **I'm from . . .**   *Soy de...,* 1

I'm just looking.   *Nada más estoy mirando.,* 8

I'm not so good.   *Estoy mal.,* 1

ice cream   *el helado,* 2

ice cream shop   *la heladería,* 8

Independence Day   *El Día de la Independencia,* 9

in front of   *delante de,* 5

in the (latest) fashion   *a la (última) moda,* 8

in, by   *por,* 4

inexpensive   *barato(a),* 8

intellectual   *intelectual,* 2

intelligent   *inteligente,* 2

interest   *el interés,* 10

interesting   *interesante,* 2

to **interrupt**   *interrumpir,* 4

to **introduce**   *presentar,* 9

invitation   *la invitación,* 9

to **invite**   *invitar,* 9

island   *la isla,* 10

It seems all right/fine to me.   *Me parece bien.,* 5

it snows   *nieva,* 3

It's a rip-off!   *¡Es un robo!,* 8

It's all the same to me.   *Me da igual.,* 2

It's awful.   *Es pésimo.,* 2

It's cold.   *Hace frío.,* 3

It's cool.   *Hace fresco.,* 3

It's delicious.   *Es delicioso.,* 2

It's hot.   *Hace calor.,* 3

It's kind of fun.   *Es algo divertido.,* 2

It's not a big deal.   *No es gran cosa.,* 5

It's okay.   *Está bien.,* 3

It's rather good.   *Es bastante bueno.,* 2

It's sunny.   *Hace sol.,* 3

It's windy.   *Hace viento.,* 3

jacket   *la chaqueta,* 8; *el saco,* 8

January   *enero,* 1

jeans   *los vaqueros,* 8

jewelry store   *la joyería,* 8

job   *el trabajo,* 3

joke   *el chiste,* 9; **to tell jokes**   *contar (ue) chistes,* 9

juice   *el jugo,* 6

July   *julio,* 1

June   *junio,* 1

just: to just have done something   *acabar de,* 7

kitchen   *la cocina*, 5
knife   *el cuchillo*, 6
to know (facts)   *saber*, 4; **I don't know.**   *No sé.*, 4; **to know people** *conocer*, 9

lake   *el lago*, 10
large   *grande*, 6
last   *pasado(a)*, 8; **last night** *anoche*, 8
late   *tarde*, 4; **later**   *más tarde*, 8; **latest**   *último(a)*, 8
lazy   *perezoso(a)*, 2
to leave   *irse*, 10; *dejar*, 10; **leave**   *salir*, 3; *sal*, 6; **to leave a message**   *dejar un recado*, 8; **don't leave**   *no salgas*, 10
leg   *la pierna*, 7
letter   *la carta*, 3
library   *la biblioteca*, 4
to lift   *levantar*, 7; **to lift weights** *levantar pesas*, 7
to like: I(you,…) like   *me(te,…) gusta(n)*, 2; **I would like …,**   *me gustaría*, 10
Likewise.   *Igualmente.*, 1
line: to wait in line   *hacer cola*, 10
to listen   *escuchar*, 3; **to listen to music**   *escuchar música*, 3
little (adv.)   *poco*, 2; **a little**   *un poco*, 2
to live   *vivir*, 5
living room   *la sala*, 5
long   *largo(a)*, 5; **Long time no see.** *¡Tanto tiempo sin verte!*, 9
to look   *mirar*, 8
to look for   *buscar*, 7;
to lose weight   *bajar de peso*, 7
to lose   *perder (ie)*, 10
luck   *la suerte*, 10
luggage   *el equipaje*, 10
lunch   *el almuerzo*, 4; *la comida*, 6; **to have lunch**   *almorzar*, 5

ma'am; Mrs.   *la señora*, 1
magazine   *la revista*, 3
to maintain   *mantenerse (ie)*, 7; **to stay in shape**   *mantenerse en forma*, 7
to make   *hacer*, 4; **make**   *haz*, 6; **to make the bed**   *hacer la cama*, 5
makeup   *el maquillaje*, 7

mall   *el centro comercial*, 3
man   *el hombre*, 6; **for men**   *para hombres*, 8
many   *muchos (as)*, 4
map   *el mapa*, 10
March   *marzo*, 1
Mass   *la misa*, 9
mathematics   *las matemáticas*, 4
May   *mayo*, 1
me   *mí*, 5; *me*, 9
meat   *la carne*, 6
to meet   *encontrarse (ue)*, 10
meeting   *la reunión*, 3
Merry …   *¡Feliz…!*, 9
message   *el recado*, 8
microwave   *el (horno) microondas*, 6
midday   *el mediodía*, 1
midnight   *la medianoche*, 1
milk   *la leche*, 6
milkshake   *el batido*, 8
million   *un millón de*, 8
mischievous   *travieso(a)*, 5
Miss   *la señorita*, 1
to miss   *perder (ie)*, 10
to mix   *mezclar*, 6
mom   *la mamá*, 5
moment   *un momento*, 8
Monday   *lunes*, 1; **on Mondays**   *los lunes*, 3
money   *el dinero*, 8
money exchange   *la oficina de cambio*, 10
monitor, screen   *la pantalla*, 10
months of the year   *los meses del año*, 1
month   *mes*, 1
more   *más*, 2; **more than**   *más que*, 8; **more…than**   *más… que*, 8
morning   *la mañana*, 1
mother   *la madre*, 5; **Mother's Day** *El Día de la Madre*, 9
motorboat   *la lancha*, 10; **to go out in a motorboat**   *pasear en lancha*, 10
mountain   *la montaña*, 10
mouth   *la boca*, 7
movie   *la película*, 2
movie theater   *el cine*, 3
museum   *el museo*, 10
music   *la música*, 2; **music by …** *la música de…*, 2
my   *mi(s)*, 1
mystery   *el misterio*, 2

napkin   *la servilleta*, 6
neck   *el cuello*, 7
to need   *necesitar*, 4
neither, not either   *tampoco*, 5; *ni*, 7
nephew   *el sobrino*, 5

nervous   *nervioso(a)*, 7; **to be nervous**   *estar nervioso(a)*, 7
never   *nunca*, 5; **almost never**   *casi nunca*, 3
New Year's Eve   *la Nochevieja*, 9
next   *próximo(a)*, 4; **next to**   *al lado de*, 5
nice   *simpático(a)*, 2; **Nice to meet you.**   *Encantado(a)*, 1; *Mucho gusto.*, 1
niece   *la sobrina*, 5
nine   *nueve*, 1
nine hundred   *novecientos*, 8
nineteen   *diecinueve*, 1
ninety   *noventa*, 2
no   *no*, 3
nobody, not anybody   *nadie*, 5
noon   *el mediodía*, 1
nor   *ni*, 7
nose   *la nariz*, 7
not yet   *todavía no*, 10
notebook   *el cuaderno*, 4
nothing   *nada*, 4
novel   *la novela*, 2
November   *noviembre*, 1
now   *ahora*, 9
nowhere   *ninguna parte*, 3
number   *el número*, 1

October   *octubre*, 1
Of course!   *¡Claro que sí!*, 4
of the   *del, de la, de las, de los*, 2
of   *de*, 1
office: post office   *oficina de correos*, 10
often   *a menudo*, 5
Oh, no!   *¡Ay, no!*, 6
Okay.   *Vale.*, 9
old   *viejo(a)*, 5
older   *mayor(es)*, 5
on the dot   *en punto*, 1
on time   *a tiempo*, 4
on top of, above   *encima de*, 5
one   *uno*, 1
one hundred   *cien*, 2
one hundred one   *ciento uno*, 8
one million   *millón (de)*, 8
one thousand   *mil*, 8
only   *sólo*, 7; *nomás*, 8
to open   *abrir*, 4; **to open gifts**   *abrir regalos*, 9
or   *o*, 2
orange   *la naranja*, 6; *anaranjado(a)*, 8
to order   *pedir (i)*, 6
to organize   *organizar*, 10
our   *nuestro(a)(s)*, 5
out of style   *pasado(a) de moda*, 8

outgoing *extrovertido(a)*, 2
oven *el horno*, 6
overcoat *el abrigo*, 8

to pack your suitcase *hacer la maleta*, 10
pain: What a pain! *¡Qué lata!*, 5
pair *el par*, 8
pajamas *el piyama*, 7
pants *los pantalones*, 7
paper *el papel*, 4
parents *los padres*, 5
park *el parque*, 3; amusement park *el parque de diversiones*, 10
party: to have a party *hacer una fiesta*, 9; surprise party *la fiesta sorpresa*, 9
pass: boarding pass *la tarjeta de embarque*, 10
passenger *el pasajero, la pasajera*, 10
passport *el pasaporte*, 10
pastry *el pan dulce*, 6
patio *el patio*, 5
to pay *pagar*, 8
peach *el durazno*, 6
pen *el bolígrafo*, 4
pencil *el lápiz (pl. los lápices)*, 4
person *la persona*, 5
photo *la foto*, 9; to show photos *enseñar fotos*, 9; to take photos *sacar fotos*, 10
physical education *la educación física*, 4
to pick up *recoger*, 10
picnic *el picnic*, 9
piñata *la piñata*, 9
pizza *la pizza*, 2
place *el lugar*, 10
plane ticket *el boleto de avión*, 10
plans *planes*, 9
plants *las plantas*, 5
plate *el plato*, 6
to play: to play an instrument *tocar*, 3; to play the piano *tocar el piano*, 3; to play a game or sport *jugar (ue)*, 3; to play sports *practicar deportes*, 3
please *por favor*, 6
Pleased to meet you. *Encantado(a).*, 1; *Mucho gusto.*, 1
pool *la piscina*, 3
porch *el patio*, 5
post office *la oficina de correos*, 10
potato *la papa*, 6; potato chips *las papitas*, 9
practice *el entrenamiento*, 3
to prefer *preferir (ie)*, 6
preparations *los preparativos*, 9
to prepare *preparar*, 6

pretty *bonito(a)*, 2
punch *el ponche*, 9
purple *morado(a)*, 8
purse *la bolsa*, 8
to put *poner*, 4; put *pon*, 6; don't put *no pongas*, 10; to put on makeup *maquillarse*, 7; to put on *ponerse*, 7
pyramid *la pirámide*, 10

quarter past (the hour) *y cuarto*, 1
quarter to (the hour) *menos cuarto*, 1
quiet *callado(a)*, 5

to rain *llover (ue)*, 3; it rains a lot *llueve mucho*, 3
rather *bastante* + adjective, 2
razor *la navaja*, 7
to read *leer*, 3
ready *listo(a)*, 7; to be ready *estar listo(a)*, 7
to receive *recibir*, 9; to receive gifts *recibir regalos*, 9
red *rojo(a)*, 8
red-headed *pelirrojo(a)*, 2
refrigerator *el refrigerador*, 6
rehearsal *el ensayo*, 3
to relax *relajarse*, 7
to rent *alquilar*, 3; to rent videos *alquilar videos*, 3
to rest *descansar*, 3
restaurant *el restaurante*, 6
restroom *el baño*, 5; *el servicio*, 10
to return *regresar*, 4; *volver (ue)*, 5
rice *el arroz*, 6
to ride a bike *montar en bicicleta*, 3
right? *¿no?*, 4; *¿verdad?*, 4; to be right *tener razón*, 8
ring *el anillo*, 8
rip-off: It's a rip-off! *¡Es un robo!*, 8
romance book *el libro de amor*, 2
romantic *romántico(a)*, 2
room *el cuarto*, 5
ruins *las ruinas*, 10
ruler *la regla*, 4
to run *correr*, 3

sad *triste*, 7
sailboat *el bote de vela*, 10; to go out in a sailboat *pasear en bote de vela*, 10
salad *la ensalada*, 6
salesclerk *el dependiente, la dependiente*, 8
salty *salado(a)*, 6
same as usual *lo de siempre*, 9
sandals *las sandalias*, 8
sandwich *el sándwich*, 6
Saturday *el sábado*, 1; on Saturdays *los sábados*, 3
sauce *la salsa*, 6; hot sauce *la salsa picante*, 6
to save money *ahorrar dinero*, 8
school *el colegio*, 3
school supplies *los útiles escolares*, 4
science *las ciencias*, 4; science fiction *la ciencia ficción*, 2; computer science *la computación*, 4
season *la estación*, 1
security checkpoint *el control de seguridad*, 10
to see *ver*, 4; See you tomorrow. *Hasta mañana.*, 1; See you. *Nos vemos.*, 1; See you later. *Hasta luego.*, 1; See you soon. *Hasta pronto.*, 1
to seem *parecer*, 5
to sell *vender*, 8
to send *mandar*, 9
September *septiembre*, 1
serious *serio(a)*, 2
to serve *servir (i)*, 6
to set *poner (-go)*, 6; to set the table *poner la mesa*, 6
seven *siete*, 1
seven hundred *setecientos*, 8
seventeen *diecisiete*, 1
seventy *setenta*, 2
to shave *afeitarse*, 7
shirt *la camisa*, 8
shoe store *la zapatería*, 8
shoes *los zapatos*, 4; tennis shoes *los zapatos de tenis*, 8
shop (class) *el taller*, 4
shop window *la vitrina*, 8; to window-shop *mirar las vitrinas*, 8; to go shopping *ir de compras*, 3
short (height) *bajo(a)*, 2; (length) *corto(a)*, 5
shorts *los pantalones cortos*, 8
should *deber*, 6
shoulder *el hombro*, 7
to show *enseñar*, 4; to show photos *enseñar fotos*, 9
shy *tímido(a)*, 2
sick: to be *estar enfermo(a)*, 7
silk *la seda*, 8
silly *tonto(a)*, 2
to sing *cantar*, 3
sir *el señor*, 1
sister *la hermana*, 5

to **sit down** *sentarse (ie)*, 10
  six *seis*, 1
  six hundred *seiscientos*, 8
  sixteen *dieciséis*, 1
  sixty *sesenta*, 2
  size, *la talla*, 8; **shoe size** *el número*, 8
to **skate** *patinar*, 3
to **ski** *esquiar*, 10; **to water-ski** *esquiar en el agua*, 10
  skirt *la falda*, 8
to **sleep** *dormir (ue)*, 5; **to get enough sleep** *dormir lo suficiente*, 7
  small *pequeño(a)*, 5
to **smoke** *fumar*, 7; **to stop smoking** *dejar de fumar*, 7
to **snack** *merendar (ie)*, 5
to **snow** *nevar (ie)*, 3
  so-so *más o menos*, 1
  so much *tanto*, 7
  soap *el jabón*, 7
  soccer *el fútbol*, 3
  socks *los calcetines*, 8; **a pair of socks** *un par de calcetines*, 8
  sofa *el sofá*, 5
  soft drink *el refresco*, 6
  some *unos(as)*, 4
  someday *algún día*, 10
  something *algo*, 4
  sometimes *a veces*, 3
  son *el hijo*, 5
  soup *la sopa*, 6; **vegetable soup** *la sopa de verduras*, 6
  Spanish *el español*, 1
to **speak** *hablar*, 3
to **spend time alone** *pasar el rato solo(a)*, 3
to **spend** (money) *gastar*, 8; (time) *pasar*, 9
  spicy *picante*, 6
  spinach *las espinacas*, 6
  spoon *la cuchara*, 6
  sports *los deportes*, 2
  spring *la primavera*, 1
  stadium *el estadio*, 4
to **start** *empezar (ie)*, 5; *comenzar (ie)*, 10; **to start a trip** *comenzar un viaje*, 10
to **stay** *quedarse*, 10; **to stay in shape** *mantenerse (ie) en forma*, 7
  stomach *el estómago*, 7
to **stop doing something** *dejar de + infinitive*, 7
  store *la tienda de...*, 8
  story *el piso*, 5; **...story building** *el edificio de . . .pisos*, 5
to **stretch** *estirarse*, 7
  student *el estudiante, la estudiante*, 1
to **study** *estudiar*, 3
  style *la moda*, 8; **in the latest style** *a la última moda*, 8; **out of style** *pasado de moda*, 8
  subject *la materia*, 4

  suburbs *las afueras*, 5
  subway *el metro*, 10
  suitcase *la maleta*, 10
  summer *el verano*, 1
to **sunbathe** *tomar el sol*, 10
  Sunday *el domingo*, 1; **on Sundays** *los domingos*, 3
  supplies: school supplies *los útiles escolares*, 4
to **surf the Internet** *navegar por Internet*, 1
  surprise party *la fiesta sorpresa*, 9
  sweater *el suéter*, 8
  sweet *dulce*, 7
to **swim** *nadar*, 3
  swimsuit *el traje de baño*, 8
  synagogue *la sinagoga*, 9

T

  table *la mesa*, 5
to **take care of** *cuidar*, 5; **to take care of oneself** *cuidarse*, 7; **Take care.** *Cuídate.*, 9
to **take off** *quitarse*, 7
to **take out** *sacar*, 6; **to take out the trash** *sacar la basura*, 5
to **take** *tomar*, 9; **to take photos** *sacar fotos*, 10; **to take a test** *presentar el examen*, 4
to **talk** *hablar*, 3; *charlar*, 10
  tall *alto(a)*, 2
to **taste** *probar (ue)*, 6
  taxi *el taxi*, 10
  teacher *la profesora* **(female)**, *el profesor* **(male)**, 1
  teeth *los dientes*, 7
  telephone number *el teléfono*, 1
  television *la televisión*, 3; **to watch TV** *mirar la televisión*, 3
to **tell jokes** *contar (ue) chistes*, 9
  temple *el templo*, 9
  ten *diez*, 1
  tennis *el tenis*, 3; **tennis shoes** *los zapatos de tenis*, 8
  test *el examen*, 4; **to take a . . . test** *presentar el examen de...*, 4
  Thanksgiving Day *el Día de Acción de Gracias*, 9
  thank you *gracias*, 1
  that *ese(a)*, 8
  the *el, la, los, las*, 2
  their *su(s)*, 5
  them *los, las*, 6
  then *luego*, 4
  there *allí*, 10
  there is, there are *hay*, 4
  these *estos, estas*, 8
  they *ellas, ellos*, 1
  They like to . . . *A ...les gusta...*, 3
  thin *delgado(a)*, 5

  thing *la cosa*, 4
to **think** *pensar (ie)*, 9
  thirst *la sed*, 4
  thirteen *trece*, 1
  thirty *treinta*, 1
  this *ésta, éste*, 1; **this** *este(a)*, 8
  those *esos, esas*, 8
  three *tres*, 1
  three hundred *trescientos*, 8
  throat *la garganta*, 7
  Thursday *el jueves*, 1; **on Thursdays** *los jueves*, 3
  ticket *el boleto*, 10; **plane ticket** *el boleto de avión*, 10
  time *el rato*, 3
  tired *cansado(a)*, 7; **to be tired** *estar cansado*, 7
  to/for me *me*, 2; **you** *te*, 2; **us** *nos*, 2; **him, her, you, them** *le(s)*, 2
  toast *el pan tostado*, 6
  today *hoy*, 1
  tomato *el tomate*, 6
  tomorrow *mañana*, 4
  ton: a ton of *un montón de*, 4
  too much *demasiado(a)*, 7
  toothbrush *el cepillo de dientes*, 7
  toothpaste *la pasta de dientes*, 7
to **tour** *recorrer*, 10
  towel *la toalla*, 7
  toy *el juguete*, 8
  toy store *la juguetería*, 8
  train *el tren*, 10
  trash *la basura*, 5
to **travel** *viajar*, 10
  trip *el viaje*, 10
to **try, taste** *probar (ue)*, 6
  T-shirt *la camiseta*, 8
  Tuesday *el martes*, 1; **on Tuesdays** *los martes*, 3
  tuna *el atún*, 6
  turnover-like pastry *la empanada*, 9
  twelve *doce*, 1
  twenty *veinte*, 1
  two *dos*, 1
  two hundred *doscientos*, 8
  two thousand *dos mil*, 8

  ugly *feo(a)*, 8
  uncle *el tío*, 5
  under, underneath *debajo (de)*, 5
  unfair *injusto*, 5
  unfriendly *antipático(a)*, 2
  until *hasta*, 5
  up to *hasta*, 5
  us *nos*, 2; *nosotros(as)*, 3
  usual: the usual *lo de siempre*, 9

to vacuum *pasar la aspiradora,* 5
vacuum cleaner *aspiradora,* 5
Valentine's Day *el Día de los Enamorados,* 9
vegetables *las verduras,* 2
very *muy + adjective,* 2
very bad *pésimo(a),* 2
video *el video,* 3
video games *los videojuegos,* 2
volleyball *el volibol,* 3

to wait *esperar,* 8
waiting room *la sala de espera,* 10
to wake up *despertarse (ie),* 7
to walk *caminar,* 7; **to go for a walk** *pasear,* 3
wallet *la billetera,* 10
to want *querer (ie),* 3
to wash *lavar,* 5, *lavarse,* 7; **to wash the dishes** *lavar los platos,* 5
watch (clock) *el reloj,* 4
to watch *ver,* 4; **to watch television** *ver televisión,* 3
water *el agua (f.),* 6; **to water ski** *esquiar en el agua,* 10
we *nosotros(as),* 1
to wear *llevar,* 8; **to wear glasses** *usar lentes,* 5
weather *el tiempo,* 3; **The weather is nice (bad).** *Hace buen (mal) tiempo.,* 3
wedding *la boda,* 9
Wednesday *el miércoles,* 1; **on Wednesdays** *los miércoles,* 3
week *la semana,* 4
weekend *el fin de semana,* 3; **weekends** *los fines de semana,* 3
weight *el peso,* 7; **to gain weight** *subir de peso,* 7; **to lose weight** *bajar de peso,* 7
weights *las pesas,* 7; **to lift weights** *levantar pesas,* 7
What? *¿Cómo?, ¿Qué?,* 1; **What a pain!** *¡Qué lata!,* 5; **What a shame!** *¡Qué lástima!,* 10; **What bad luck!** *¡Qué mala suerte!,* 10; **What are you going to do?** *¿Qué vas a hacer?,* 7; **What fun!** *¡Qué divertido!,* 10; **What are you like?** *¿Cómo eres?,* 2; **What day is today?** *¿Qué día es hoy?,* 1; **What did you do?** *¿Qué hiciste?,* 8; **What do you do to help out at home?** *¿Qué haces para ayudar en casa?,* 5; **What do you do to relax?** *¿Qué*

haces para relajarte?, 7; **What do you have to do?** *¿Qué tienes que hacer?,* 7; **What do you like to do?** *¿Qué te gusta hacer?,* 3; **What do you still have to do?** *¿Qué te falta hacer?,* 7; **What do you want to do?** *¿Qué quieres hacer?,* 3; **What does . . . do?** *¿Qué hace...?,* 3; **What is . . . like?** *¿Cómo es...?,* 2; **What plans do you have for . . . ?** *¿Qué planes tienen para...?,* 9; **What time are you going to . . . ?** *¿A qué hora vas a...?,* 4; **What time is it?** *¿Qué hora es?,* 3; **What is . . .'s e-mail address?** *¿Cuál es el correo electrónico de...?,* 1; **What is . . .'s telephone number?** *¿Cuál es el teléfono de...?,* 1; **what?, which?** *¿cuál?,* 4; **What's his (her, your) name?** *¿Cómo se llama?,* 1; **What's new?** *¿Qué hay de nuevo?,* 9; **What's the matter with . . . ?** *¿Qué tiene...?,* 7; **What's the weather like?** *¿Qué tiempo hace?,* 3; **What's today's date?** *¿Qué fecha es hoy?,* 1; **What's wrong with you?** *¿Qué te pasa?,* 7; **What's your name?** *¿Cómo te llamas?,* 1
wheelchair *la silla de ruedas,* 5; **to be in a wheelchair** *estar en una silla de ruedas,* 5
when *cuando,* 3
when? *¿cuándo?,* 2
where? *¿dónde?,* 5; **Where can I . . . ?** *¿Dónde se puede...?,* 10; **Where did you go?** *¿Adónde fuiste?,* 8; **from where** *de dónde,* 1
white *blanco(a),* 8
whole *todo(a),* 9
Who's calling? *¿De parte de quién?,* 8
Who's . . . ? *¿Quién es...?,* 1
why? *¿por que?,* 2
window *la ventana,* 5; **to window-shop** *mirar las vitrinas,* 8
winter *el invierno,* 1
to wish for *desear,* 6
with *con,* 3
with me *conmigo,* 3
with you *contigo,* 3
witty *gracioso(a),* 2
woman *la mujer,* 8
wool *la lana,* 8; **made of wool** *de lana,* 8
work *trabajar,* 3; *el trabajo,* 4
to work out *entrenarse,* 7
workshop *el taller,* 4
to worry *preocuparse,* 10; **Don't worry.** *No te preocupes.,* 10
worse *peor(es),* 8
to write *escribir,* 1; **How do you spell . . . ?** *¿Cómo se escribe...?,* 1; **It's spelled . . .** *Se escribe...,* 1

yard *el patio,* 5
year *el año,* 2; **New Year's Day** *el Año Nuevo,* 9; **last year** *el año pasado,* 9
yellow *amarillo(a),* 8
yes *sí,* 4
yesterday *ayer,* 8
yoga: to do yoga *hacer yoga,* 7
you *usted, ustedes,* (formal), 1; *tú, vosotros(as),* (informal), 1; **You were lucky!** *Ah, ¡tuviste suerte!,* 10
young *joven,* 5
young people *los jóvenes,* 9
younger *menor(es),* 5
your *tu(s), su(s), vuestro(a)(s),* 5

zero *cero,* 1
zoo *el zoológico,* 10

Índice gramatical

Page numbers in boldface type refer to the first presentation of the topic. Other page numbers refer to grammar structures presented in the ¡Exprésate! features, subsequent references to the topic, or reviewed in **Repaso de Gramática**. Page numbers beginning with R refer to the **Síntesis gramatical** in this Reference Section (pages R16–R23).

a: for clarification **62,** 88; with pronouns **88,** 110; after **ir** or **jugar 100;** combined with **el** to form **al 100,** 328, R16; with time **128,** 148; with **empezar: 166;** with infinitives **136,** 148, 166, 290; personal **328,** 338
abrir: 138; all preterite tense forms **352,** R21; see also -ir verbs
acabar de: 240, 262
acostarse: all present tense forms **242**
accent marks: **26,** 34, 72, 254, 300, 330, 338
adjectives: function of **48,** 72; agreement with nouns–masculine and feminine **50,** 72, R17; singular and plural **50,** 72, R17; placement **124;** demonstrative adjectives all forms **278,** 300, R17; possessive adjectives all forms **162,** 186, R17; with sentirse **250;** irregular comparative forms **278,** 300, R17; with quedar **280,** 300
adónde: 100, 290, R18; see also question words
adverbs: adverbs of frequency **96,** R19; adverbs of sequence **122;** adverbs of time **20;** with **quedar 280,** 300
affirmative informal commands: see also informal commands
agreement of nouns and adjectives: **50,** 72, 162, R17; see also adjectives
agreement of nouns and definite articles **60,** 72, R16
agreement of nouns and indefinite articles **124,** R16
agreement of nouns and possessive adjectives **162,** R17
agreement of verbs and reflexive pronouns **238**
al: 100, 328
almorzar: 164, R20; all present tense froms **186**
-ando: 330, 338, R20
antes de: 240, R19; see also prepositions
-ar verbs: regular present tense **98,** 110, 164, R19; regular preterite tense **288,** 292, R21; affirmative commands **214,** 216, 224, **252,** 254, R22; negative command forms **252,** 254, 262; see also verbs
articles: definite **el, la, los, las 60,** 62, 136, 238; indefinite **un, una, unos, unas 124,** 148
asistir: 138

beber: 138
because and why: 62
buscar: commands 364

calendar expressions: dates, days of the week, months **21**
-car, -gar, -zar verbs: See also spelling-change verbs
cien(to) 276; see also numbers
comenzar: all preterite tense forms **354,** 376

comer: 86, 98; all present tense forms **138,** 148, 164; all preterite tense forms **314,** 316, 338
commands (imperatives): **214,** 216, 224, 252, 254, 262, 364, 366, R22; affirmative informal commands **214,** 216, 224, 252, 254, 262, 364, 366, R22; negative informal commands **252,** 254, 262, 364, 366, R22; irregular verbs **214,** 252, 262, 364, 376, R22; spelling-change verbs **-ger, -car, -gar, -zar, -guir 364,** R21; with pronouns **216,** 224, 254, 262, 326, 366
cómo: 52, 72, R18; see also question words
comparative adjectives **mayor, mejor, menor, peor 278,** 300
comparisons: with adjectives using **más... que, menos... que, tan... como 278,** 300, R18; **tanto (a)... como, tantos(as)... como 278,** 300, R18
comprar: all preterite tense forms **288**
con: with pronouns **88,** 110; see also prepositions
conjunctions: **porque 62**
conmigo: 88
conocer: all present tense forms **328;** with personal **a 328,** 338
contigo: 88
contractions: **al 100,** 328, R16; **del 64,** 100, R16
correr: 138
costar: 276, 300
cuál: 19, 23, R18; see also question words
cuándo: 52, 72, R18; see also question words
cuánto: agreement with nouns **124,** 148, R18; see also question words

dates (calendar): **21**
days of the week: **21,** 136
de: used in showing possession or ownership **64,** 72, 162; to indicate a type of thing **64;** to say where someone is from 12, **64;** with **el 64;** with pronouns **88;** used as a preposition **140;** with **salir** and **saber 140; de** + person **162;** see also prepositions
definite articles: **el, la, los, las 60,** 62, 72, 136, 238, R16
del: contraction of **de** + **el 64,** 100, R16
demonstrative adjectives: **278,** 300, R17
después de: 240, 262
direct objects: **212,** 326
direct object pronouns: **212,** 326, 338, 366, 376, R17; with commands **216,** 224, 254, 262, 326, 366; with present participles **330;** with infinitives **212,** 326, 366; see also pronouns
dormir: all present tense forms **164,** 202; 204; present participle 330
double negative: see also negation

e→i stem-changing verbs: **pedir 202,** 224, 242; **servir:** all

R50

Índice gramatical

present tense forms **202, 224,** R20; **vestirse 238,** 242; present participle **330,** R20

e →**ie** stem-changing verbs: **166,** 242, R20; **querer 90,** 110, 166, 202, 242; **nevar 102; tener 126,** 148, 166, 204, 368; **venir 128,** 148, 330; **empezar 166; merendar 166,** 314; **preferir 204; calentar 214; pensar 318; servir,** present participle **330,** R20; see also verbs

el: **60,** 62, 72; 136, 238, R16; with weekdays **136;** see also definite articles

empezar: **166,** 186; **empezar a** + infinitive **166;** commands **364;** see also verbs

en: with pronouns **88,** 110

encontrar: **242;** see also verbs

-er verbs: regular -**er** and -**ir** all present tense forms **138,** R19; affirmative and negative command forms **252,** R22; all preterite tense forms **314,** R21; present participle form **330,** R20; see also verbs

escribir: all present tense forms **138,** 148, 164; all preterite tense forms **314**

esperar: all preterite tense forms **352,** 376

estar: all present tense forms **174,** 186; to ask how someone is and say how you are 8, **52,** 174, 224; to tell where people and things are located **174,** 224; with prepositions **174,** 186; to describe food and drinks **200,** 224; contrasted with **ser 200,** 224, 250, R22; to describe mental or physical states or conditions **250,** 262; negative informal commands **252,** 262; **estar** + present participle **330,** 338, R20

este, esta, estos, estas: **278,** 300, R17; see also demonstrative adjectives

expressions with **tener 126**

frequency: adverbs of **siempre 97; nunca, todos los días 97; casi nunca 96; a veces 96,** R19

future plans: expressions in the present tense **ir a** + infinitive **136,** 148, 318; **pensar** + infinitive **318,** 338

gender of adjectives: **50,** 72, R17

gender of nouns: **50,** 60, 72, R16

gustar: likes and dislikes **62,** 72, 176, 178, 280, R21; telling what one would like (**gustaría**) 368; all present tense forms **62;** with infinitives **86,** 90, 110; with **a** + pronouns **88**

hablar: **98;** all present tense forms 110, **164**

hacer: all present tense forms **140;** with weather **102,** 110, 356, R21; commands **214,** 224, 252, 364; all preterite tense forms **356,** 376

hasta: **164**

hay: **134,** 209, 325

idioms with **tener 126**

-iendo: **330,** 338, R20

imperatives (commands): **214,** 216, 224, 252, 254, 262, 364, 366, R22; affirmative informal commands **214,** 216, 224, 252, 254, 262, 364, 366, R22; negative informal commands **252,** 254, 262, 364, 366, R22; irregular verbs **214,** 252, 262,

364, R22; spelling-change verbs -**ger, -car, -gar, -zar, -guir 364;** with pronouns **216,** 224, 254, 262, 326, 366

indefinite articles: **un, una, unos, unas 124,** 148, R16

indirect object pronouns: **me, te, le, nos, os, les 88,** 178, R17; with **a** for clarification **62**

infinitives: **86,** 90, 98, 110; with **gustar 86,** 90, 110; with **querer 90,** 110; with **tener 126;** with **ir 136,** 290; with **empezar 166;** with **tocar 178;** with **poder** and **preferir 204;** with direct object pronouns **212,** 216, 326, 366; with reflexive pronouns **240,** 262; with **acabar de 240,** 262; with **para, antes de, después de 240,** 262; with **pensar 318,** 338; verbs followed by infinitives **368**

informal commands: **214,** 216, 224, 252, 254, 262, 364, 366, R22; affirmative informal commands **214,** 216, 224, 252, 254, 262, 364, 366, R22; negative informal commands **252,** 254, 326, 364, 366, R22; irregular verbs **214,** 252, 262, 364, R22; spelling-change verbs -**ger, -car, -gar, -zar, -guir 364,** R21; with pronouns **216,** 224, 254, 262, 366

interrogatives (question words), R18; **cuál** 19, 23; **cómo 52; qué 52; quién(es) 52; cuándo 52; por qué 62; adónde 100**

interrumpir: **138**

invitar: all preterite tense forms **316,** 338

-ir verbs: regular present tense **138,** 148, 164, R19; regular preterite tense all forms **314,** 316, 352, R19; see also verbs

ir: all present tense forms **100,** 110, R20; **ir a** + infinitive **136,** 148; all preterite tense forms **290,** 300, 316, 352, R21; commands **214,** 224, 252, 364, R22; with **pensar 318;** present instead of present progressive **330**

irregular verbs: **100,** 140, 148, 174, 214, 224, 252, 300, 316, 356, 364, R19–R21; see also verbs

irregular **yo** forms: **140**

jugar: all present tense forms **100,** 110, 164, 224

la: used as a definite article **60,** 62, 238, R16; used as a pronoun **212,** 216, 224, 326, 330, 366

la, los, las: **60,** 62, 136, 238, R16; see also definite articles

lavarse: all present tense forms **238,** 262

leer: **138;** present participle **330,** R20; see also verbs

le, les: **62,** 88, 178, R17; see also pronouns, indirect object pronouns

levantarse: all preterite tense forms **292**

llamarse: 6

llegar: all preterite tense forms **354,** 376; commands **364;** see also verbs

llover: **102,** 164, 314, 356; see also verbs

lo: **212,** 224, 254, 326, 366, R17; see also pronouns, direct object pronouns

más... que: **278,** 300, R18; see also comparisons

mayor: **278,** 300, R18; see also comparative adjectives

me: **62,** 86, 178, R17; see also pronouns, indirect object pronouns

mejor: **278,** 300, R18; see also comparative adjectives

menor: **278,** 300, R18; see also comparative adjectives

menos... que: **278,** 300, R18; see also comparisons

merendar: **166;** all preterite tense forms **314**

mucho(a), muchos(as): agreement with nouns **124,** 148

nada: 176, 186, R18
nadie: 176, 186, R18
necesitar: to express needs 121, 124
negation: with **no** 24, 48, 52, 62, 176, 254; **nada, nunca, nadie,** and **tampoco** (use of more than one negative word or expression) **176,** 186
negative expressions: **no** 24, 48, 52, 62, 176, 254, R18; **nada, nadie, nunca, tampoco 176,** 186, R18
negative informal commands: see also informal commands or imperatives
nevar: 102, 356
nos: indirect object pronoun **62,** 88, 178, R17; direct object pronoun **326,** R17
nouns: as subjects **12,** 24; replaced with pronouns **12;** masculine and feminine forms **60, 72,** R16; singular and plural forms **60, 72,** R16; with definite articles **60, 72;** used with **tener 126;** as direct objects 212
number, singular and plural: 14, **50,** 60, 62, 72, 124, 162, 276, 278, 280, R16
numbers 0–31 **18;** 32–100 **47;** 100–1,000,000 **276,** 300; R18
nunca: 176, 186, R18; see also negative expressions or negation

o→ue stem-changing verbs: R20; **llover 102,** 164, 314, 356; **almorzar, volver 164,** 186; **dormir 164,** 202, 204, 212, 326, 330; **probar 204,** 224, 300; **poder 204,** 224, 242; **acostarse 238,** 242; **encontrar 242; costar 276,** 300; see also verbs
object pronouns: direct object pronouns **lo, la, los, las 212,** 216, 224, 262, 326, 330, 338, 366, 376, R17; with commands **254;** indirect object pronouns **me, te, le, nos, os, les 62,** 178, R17; see also pronouns
objects of prepositions: **88,** R17; **conmigo, contigo 88;** see also prepositions
organizar: commands, **364**
os: indirect object pronoun 62, **88,** 178, R17; direct object pronoun **326,** R17

para: as "in order to" **240;** see also prepositions
parecer: all present tense forms **178,** 186, 280
past (preterite) tense: regular **-ar** verbs all forms **288,** 292, 314, 316, 352, R21; regular **-er** and **-ir** verbs all forms **314,** 316, 352, R21; **ir 290,** 292, 352, R21; **ver 314,** R21; of spelling-change verbs **-car, -gar, -zar 354;** irregular verbs **290,** 352, 356, R21; see also verbs
pedir: all present tense forms **202,** 224; 242
pensar: all present tense forms **318; pensar** + infinitive **318,** 338; see also stem-changing verbs
peor: 278, R18; see also comparative adjectives
perder: all preterite tense forms **352**
personal **a: 328,** 338
plural nouns: 50, **60,** R16
poco(a), pocos(as): agreement with nouns **124,** 148
poder: all present tense forms **204,** 224, 242; see also verbs and stem-changing verbs
poner: all present tense forms **140;** commands **214, 224,** 252, 364
porque: 62; see also conjunctions

por qué: 62, R18; see also question words
possessive adjectives: **162,** 186, R17
preferir: all present tense forms **204,** 224; see also verbs
prepositions: **a** 62, 88, 100, 128, 166, 290, 328, R19; **al** contractions of **a** + **el 100,** 328, R16; **antes de, después de 240; de** 12, **64,** 88, 122, 140, 162; **con, conmigo, contigo** 88, 110; **al lado de, cerca de, debajo de, delante de, detrás de, encima de, lejos de 174,** 186; **del:** contraction of **de** + **el 64,** 100, R16; **de** with **salir, saber 140; para** as "in order to" **240,** 262; **acabar de 240,** 262; **en 88; estar** with prepositions 186
present participle: **330, 338,** R20
present progressive: **330, 338,** R20
present tense: **98,** R19
preterite (past) tense: regular **-ar** verbs all forms **288,** 292, 300, 314, 316, 338, 352, R21; **ir 290,** 292, 300, 316, 352, R21; irregular verbs **290,** 300, 314, 316, 352, 356, R21; **ver 314,** R21; regular **-er** and **-ir** verbs all forms **314,** 316, 338, 352, R21; of spelling-change verbs **-car, -gar, -zar 354,** 376, R21; **hacer 356,** 376; see also verbs
probar: all present tense forms **204,** 224; all preterite tense forms **300;** see also verbs
pronouns: replacing nouns **12,** 88, 212; direct object pronouns **lo, la, los, las 212,** 216, 254, 326, 330, 338, 366, R17; **me, te, le, nos, os, les** with **gustar 62,** 88; with **tocar** and **parecer 178,** R17; subject pronouns 12, **14,** 34, 48, 88, 98, 128, R17; after prepositions **mí, ti, él, ella, usted(es), nosotros(as) 88,** 110, R17; with affirmative informal commands **216,** 254, 366; reflexive pronouns **238,** 254, 262, 330, R17; with present participles **330**
punctuation marks: **26, 34**

que: as "than", **más...que, menos... que 278,** R18
qué: 52, 62, 72, R18; with preposition **a 128;** see also question words
quedar: present tense forms with pronouns **280,** 300
querer: all present tense forms **90,** 166, 202 242; with infinitives **90,** 110; see also verbs
question formation: **52,** 62, 72, 128, 290
question words (interrogatives): R18; **cuál** 19, 23; **cómo** 52, 72; **cuándo** 52, 72; **de dónde** 11, **qué** 52, 62, 72; with the preposition **a 128; quién(es) 52,** 72; with the prepostion **a 62; por qué** 62; **adónde 100,** 290; **cuánto(a), cuántos(as) 124,** 148
quién: 52, 72, R18; with preposition **a 62;** see also question words

recoger: commands **364;** see also commands
regular verbs: regular **-ar** all present tense forms **98,** R19; all preterite tense forms **288,** R21; regular **-er** and **-ir** all present tense forms **138,** R19; all preterite tense forms **314,** R21; see also verbs
reflexive pronouns **238,** 254, 292, R17; with present participles **330**

saber: all present tense forms **140;** with **de 140**
sacar: all preterite tense forms **354,** 376; see also verbs

salir: all present tense forms **140;** commands **214,** 224, 252, 364; all preterite tense forms **316,** 338; with **de 140;** see also verbs

seguir: commands **364;** see also commands

sentirse: all present tense forms **250,** 262

ser: to say who someone is 6, 10, 12, **24,** 34, 200; to identify people and things **6,** 10, 12, 34, 200, 224; to say where people are from **11,** 12, 24, **34,** 200, 224; for telling day, date, and time **20,** 24, 34, 200, 224; to give phone numbers **24;** all present tense forms **24,** 34, 48; with adjectives **48,** 52, 72; to talk about what something is like **48,** 52, 200; to describe food and drinks **200;** contrasted with **estar** 52, **200,** 224, 250, R22; commands **214,** 224, 252, 364; see also verbs

servir: all present tense forms **202,** 224; present participle **330;** see also verbs

siempre: as an adverb of frequency **96,** R19

spelling change verbs: -car, -gar, -zar verbs **354,** 364; -ger, -guir verbs **364;** informal commands **364**

stem-changing (spelling-change) verbs e→ie stem-changing verbs: **166,** 186, 242, R20; **querer 90,** 166, 242; **nevar 102; tener 126,** 166, 204, 368; **venir 128,** 330, 368; **empezar 166,** 186; **merendar 166,** 186, 314; **preferir 204; calentar 214; pensar 318; servir** present participle **330;** u→ue stem-changing verbs: **jugar 100,** 164; R20; o→ue: **llover 102,** 164; **almorzar, volver, empezar 164,** 186; **dormir 164,** 186, 242, present participle **330; probar 204; poder 204,** 242; **acostarse 238,** 242; **encontrar 242; costar 276,** R20; e→i: **pedir 202,** 242; **vestirse 238,** 242; **servir,** present participle **330;** R20; -ar verbs in the preterite **288,** 314, 316, 352, R21; -er, -ir verbs in the preterite **314,** 316, 352, R21; **leer,** present participle **330,** R20; see also verbs

subjects in sentences: **12,** 24, 34

subject pronouns: 12, **14,** 34, 48, 88, 98, 128, R17; see also pronouns

tag questions: **¿no?, ¿verdad? 138,** 148

tampoco: 176

tan... como: 278, 300, R18; see also comparisons

tanto(a)... como, tantos (as) como: 278, R18; see also comparisons

te: indirect object pronoun 62, 88, 178, R17; direct object pronoun **326,** R17; see also pronouns

tener: present tense all forms **126,** 148, 166, 204; with age **47,** 126; idioms: **tener ganas de** + infinitive **126; tener prisa 126; tener sueño** 250, 262; **tener hambre 126,** 250; **tener sed 126,** 250; **tener que** + infinitive **126,** 368; **tener frío 250,** 262; **tener calor 250,** 262; **tener miedo 250,** 262; R23; commands **214,** 224, 252, 364; see also verbs

tilde (~): 26

time: adverbs of, **de la mañana, de la tarde, de la noche 20;** at what time **128;** telling time **20;** see also adverbs

tocar: all present tense forms **178,** 186

traer: all present tense forms **140**

tú and **usted** contrasted **14,** 34; see also subject pronouns

u→ue stem-changing verbs: **jugar 100,** 110, 164, R20

un(o): 276; see also numbers

una, uno, unos, unas: 124, 148, R16; see also indefinite articles

ustedes and **vosotros** contrasted **14,** 34; see also subject pronouns

venir: all present tense forms **128,** 148, R19; commands 214, 224, 252, 364; present tense instead of present progressive tense 330; see also verbs

ver: all present tense forms **140,** R19; all preterite tense forms **314,** R21; see also verbs

verbs: in sentences **12,** 34; irregular verb **ser** 6,10, 11, 12, 24, 34, 48, 52, 72, 200, 214, 250, 252, 364, R20, R22; regular -ar all present tense forms **98,** 110, R19; irregular verb **ir** all present tense forms **100,** 110, R20; **ir a** + infinitive **136,** 148; all preterite tense forms **290,** 300, 316, 352, R21; present instead of present progressive 330; regular -er and -ir all present tense forms **138,** 148, 164, R19; irregular verb **ver** all present tense forms **140,** R19, all preterite tense forms **314,** R21; e→ie stem-changing verbs: **166,** 242, R20; **querer 90,** 110, 166, 202, 242; **nevar 102; tener 126,** 148, 166, 204, 368; **venir 128,** 330, 364; **empezar 166,** 186; **merendar 166,** 314; **preferir 204,** 224; **calentar 214; pensar 318; servir 202;** all present tense forms **224,** R19; present participle 330, R20; u→ue stem-changing verbs: R20; **jugar 100,** 110, 164, 224; o→ue stem-changing verbs: R20; **llover 102,** 164; **almorzar, volver 164; dormir 164,** 202, 204, 242; present participle **330,** R20; **probar 204,** 224, 300; **poder 204,** 224, 242; **acostarse 238,** 242; **encontrar 242; costar 276,** 300; verbs with irregular **yo** forms 148, R19; **tener 126,** 148, 166; **venir 128,** 148; **hacer 140,** 148; **poner 140,** 148; **salir 140,** 148; **traer 140,** 148; **ver 140,** 148; **saber 140,** 148; **conocer 328,** 338; irregular verb **estar** 8, 52, **174,** 200, 250, 330, 338, R22; e→i stem-changing verbs: R20; **pedir 202,** 224, 242; **servir 202,** 204; **vestirse 238,** 242; commands **214,** 216, 224, 252, 254, 364, 366, 376, R22; command forms of irregular verbs **214,** 224, 252, 262, 364, 376, R22; verbs with reflexive pronouns **afeitarse, bañarse, despertarse, entrenarse, estirarse, lavarse, levantarse, maquillarse, peinarse, ponerse, quitarse, relajarse, secarse 238; acostarse, vestirse 238,** 240, 242; all preterite tense forms of regular verbs **288,** 314, 316, 338, 352, 376, R21; regular -ar verbs all preterite tense forms **288,** 292, 300, 314, 316, 338, 352, 376, R21; preterite tense forms of spelling-change verbs **288,** 354, 376; regular -er and -ir verbs all preterite tense forms **314,** 316, 338, 352, 376, R21; present progressive tense **330,** 338, R20; preterite tense forms of -car, -gar, -zar **354;** command forms of spelling-change verbs -ger, -car, -gar, -zar, -guir **364,** R21; verbs followed by infinitives **166,** 178, 240, 368

vestirse: all present tense forms **242**

weather: with **hacer 102,** 356, R23; see also **hacer**

weekdays: **21,** 136

why and because: **62**

yes/no questions: **52**

Agradecimientos

STAFF CREDITS

Editorial
Priscilla Blanton, Barbara Kristof, Amber P. Nichols, Douglas Ward

Editorial Development Team
Marion Bermondy, Konnie Brown, Lynda Cortez, Janet Welsh Crossley, Zahydée González, Jean Miller, Beatriz Malo Pojman, Paul Provence, Jaishree Venkatesan, J. Elisabeth Wright

Editorial Staff
Sara Anbari, Hubert Bays, Yamilé Dewailly, Virginia Dosher, Milagros Escamilla, Rita Ricardo, Glenna Scott, Géraldine Touzeau-Patrick

Editorial Permissions
Ann B. Farrar, Yuri Muñoz

Book Design
Kay Selke, Marta Kimball, Marc Cooper, Robin Bouvette, José Garza, Sally Bess, Bruce Albrecht, Ed Diaz, Liann Lech

Image Acquisitions
Curtis Riker, Jeannie Taylor, Cindy Verheyden, Stephanie Friedman, Sam Dudgeon, Victoria Smith, Michelle Dike

Media Design
Richard Metzger, Chris Smith

Design New Media
Edwin Blake, Kimberly Cammerata

Production, Manufacturing, and Inventory
Beth Prevelige, Diana Rodriguez, Rose Degollado, Jevara Jackson, Rhonda Fariss, Jennifer Craycraft

New Media
Kenneth Whiteside, Lydia Doty, Jamie Lane, Chris Pittman, Cathy Kuhles, Nina Degollado

eLearning Systems
Beau Clark, Jim Bruno, Annette Saunders

ACKNOWLEDGMENTS

For permission to reprint copyrighted material, grateful acknowledgment is made to the following sources:

Agencia Literaria Carmen Balcells: From "Una antigua casa encantada" from *Mi país inventado* by Isabel Allende. Copyright © 2003 by Isabel Allende.

Children's Book Press, San Francisco, CA: "Baile en El Jardín" from *In My Family/En mi familia* by Carmen Lomas Garza, translated into Spanish by Francisco X. Alarcón. Text copyright © 1996 by Carmen Lomas Garza. "La Tamalada" from *Family Pictures/Cuadros de familia* by Carmen Lomas Garza, translated into Spanish by Rosalma Zubizarreta. Text copyright © 1990 by Carmen Lomas Garza. "La Montaña del Alimento" from *The Legend of Food Mountain/La Montaña del Alimento,* adapted by Harriet Rohmer, translated into Spanish by Alma Flor Ada and Rosalma Zubizarreta. Copyright © 1982 by Children's Book Press.

Ediciones de la Fundación Corripio, Inc.: From "Regalo de Cumpleaños" by Diógenes Valdez from *Cuentos Dominicanos Para Niños,* vol. V. Copyright © 2000 by Ediciones de la Fundación Corripio, Inc.

Editorial Fundación Ross: "Dos buenas piernas tenemos..." and "Siempre quietas,..." from *Adivinanzas para mirar en el espejo* by Carlos Silveyra. Copyright © 1985 by Editorial Fundacion Ross.

Editorial Sudamericana S.A.: "2" and "16" from *Los Rimaqué* by Ruth Kaufman. Copyright © 2002 by Editorial Sudamericana S.A.

Estate of Ángel Flores, c/o The Permissions Company: From "El fracaso matemático de Pepito" from *First Spanish Reader: A Beginner's Dual-Language Book,* edited by Ángel Flores. Copyright © 1988 by Ángel Flores.

Francisco J. Briz Hidalgo, www.elhuevodechocolate.com: "Una moneda de ¡Ay!" by Juan de Timoneda from *El huevo de chocolate* Web site, accessed on September 10, 2003 at http://www.elhuevodechocolate.com. Copyright © by Francisco J. Briz Hidalgo.

Maricel Mayor Marsán: From "Un corazón dividido" from *Un corazón dividido/ A Split Heart* by Maricel Mayor Marsán. Copyright © 1998 by Maricel Mayor Marsán. From "Apuntes de un hogar postmoderno" from *Imprenta de los Rincones* by Maricel Mayor Marsán. Copyright © by Maricel Mayor Marsán.

Museum of New Mexico Press: "Los Cuatro Elementos" from *Cuentos: Tales from the Hispanic Southwest,* selected and adapted in Spanish by José Griego y Maestas. Copyright © 1980 by Museum of New Mexico Press.

Scholastic Inc.: From "Ollantaytambo" from *Ahora,* vol. 3, no. 2, September/October 1996. Copyright © 1996 by Scholastic Inc. From "Gustavo" from *Ahora,* vol. 4, no. 2, November/December 1997. Copyright © 1997 by Scholastic Inc.

PHOTOGRAPHY CREDITS

Abreviations used: c-center, b-bottom, t-top, l-left, r-right, bkgd-background.

AUTHORS: Page iii (Humbach) courtesy Nancy Humbach; (Madrigal Velasco) courtesy Sylvia Madrigal; (Chiquito) courtesy Ana B. Chiquito; (Smith) Courtney Baker, courtesy Stuart Smith; (McMinn) Courtney Baker, courtesy John McMinn.

TABLE OF CONTENTS: Page vi (cr) Don Couch/HRW; (tr) ©Guido Alberto Rossi/Getty Images/The Image Bank; vii (cr) John Langford/HRW; (tr) ©Dennis Degnan/CORBIS; viii (cr) Gary Russ/HRW; (tr) ©Photo Researchers, Inc.; ix (cr) Don Couch/HRW; (tr) ©Buddy Mays/CORBIS; x (cr, tr) Don Couch/HRW; xi (cr) Don Couch/HRW; (tr) ©Robert Frerck/Odyssey/Chicago; xii (cr) Don Couch/HRW; (tr) Michael Everett/D. Donne Bryant Photography; xiii (cr, tr) Sam Dudgeon/HRW; xiv (cr, tr) John Langford/HRW; xv (cr) Don Couch/HRW; (tr) Digital Image copyright ©2006 PhotoDisc. Title Page (br) ©Philip Coblentz, Brand X Pictures.

WHY STUDY SPANISH: Page xvi (Costa Rica) ©Buddy Mays/CORBIS; (Argentina) ©Jeremy Woodhouse, digitalvision; (Dominican Republic) John Langford/HRW; (Mexico) Corbis Images; (Peru, Chile) Don Couch/HRW; (Spain) Corbis Images; xvii (br, cl) Don Couch/HRW;

(bl, t) Álvaro Ortiz/HRW; (tl) John Langford/HRW; xviii (b) Sam Dudgeon/HRW; (cl) ©Royalty-Free/CORBIS; (cr) Edward M. Pio Roda. ® & ©2003 CNN. An AOL Time Warner Co. All Rights Reserved; xix (br) Don Couch/HRW; (t) Álvaro Ortiz/HRW.

IN SPANISH CLASS: Page xx (bl) HRW Photo; (cr) Victoria Smith/HRW. COMMON NAMES: xxi (bkgd) Álvaro Ortiz/HRW. DIRECTIONS: xxii (br) Sam Dudgeon/HRW. TIPS: Page xxiii (b) Álvaro Ortiz/HRW; (cl) ©John Burwell/FoodPix; (tr) ©Brand X Pictures.

CAPÍTULO 1 All photos by Don Couch/HRW except: Page xxiv (bc) ©Steve Vidler/SuperStock; (cl) ©S. Bavister/Robert Harding Picture Library Ltd./Alamy Photos; (cr) ©Nik Wheeler/CORBIS; (t) ©Stockphotos (Latin Stock); 1 (bc) ©Guido Alberto Rossi/Getty Images/The Image Bank; (cr) ©Larry Lee Photography/CORBIS; (tl) ©Robert Frerck/Getty Images; (tr) ©Stephen Saks/Lonely Planet Images; 2 (bl) ©Brand X Pictures; (br) Álvaro Ortiz/HRW; (c) Digital Image copyright ©2006 PhotoDisc; (tc) ©Chip & Rosa María de la Cueva Peterson; (tl) ©Robert Frerck/Odyssey Productions; (tr) ©Isaac Hernandez/Mercury Press International; 3 (bl) ©Christie's Images/CORBIS; (br) ©James A. Sugar/CORBIS; (cl) ©Robert

Frerck/Getty Images/Stone; (cr) The Art Archive/Museo del Prado/Album/Joseph Martin; (tc) Zefa Visual Media - Germany/Index Stock Imagery, Inc.; (tl) ©Chip & Rosa María de la Cueva Peterson; (tr) ©Guido Alberto Rossi-/Getty Images/The Image Bank; 4-5 (all) Álvaro Ortiz/HRW; 6 (bl, l) Álvaro Ortiz/HRW; (icon) HRW Photo; 7-8 (all) Álvaro Ortiz/HRW; 10 (c) Álvaro Ortiz/HRW; 11 (1) Christine Galida/HRW; (2) ©David H. Wells/CORBIS; (3, 4, Carolina) Marty Granger/Edge Video Productions/HRW; (5) Peter Van Steen/HRW; 12 (bl) ©Pixtal; 13 (A, D) Digital Image copyright ©2006 PhotoDisc; (B) ©Digital Vision; (C) Marty Granger/Edge Video Productions/HRW; (tr) Álvaro Ortiz/HRW; 15 (A, F) Victoria Smith/HRW; (B) Peter Van Steen/HRW; (C) ©COMSTOCK, Inc.; (D) ©Digital Vision; (E) ©BananaStock; 17 (br) Victoria Smith/HRW, 18 (all numbers) Victoria Smith/HRW; 22 (a, b, e, h, m, p, q, z) Corbis Images; (c, ch, f, i, k, l, ll, n, o, r, rr, t, u) Digital Image copyright ©2006 PhotoDisc; (g, z, v) Sam Dudgeon/HRW; (j) ©Royalty Free/CORBIS; (w) PhotoDisc/gettyimages; (x, y) Victoria Smith/HRW; 24 (bl) John Langford/HRW; 25 (Ana) ©Alison Wright/CORBIS; (Juan) Mark Antman/HRW; (Lupe, Ricardo) Marty Granger/Edge Video Productions/HRW; 30 (bc) Victoria Smith/HRW; (br) Corbis Images; (cr) Digital Image copyright ©2006 PhotoDisc; 32 (tc) ©A. Parada/Alamy Photos; (tl) ©Jimmy Dorantes/Latin Focus; (tr) Sam Dudgeon/HRW; 36 (A) Peter Van Steen/HRW; (B, C-girl) Dennis Fagan/HRW; (C-boy, D) Victoria Smith/HRW.

CAPÍTULO 2 All photos by John Langford/HRW except: Page 38 (b) ©Wally McNamee/CORBIS; (c) ©Andrea Pistolesi/Getty Images/The Image Bank; (glove) Digital Image copyright ©2006 Artville; (tr) ©Mark Bacon-Latin Focus; 39 (bl) ©Mark Bacon/Alamy Photos; (cr) ©Kevin Schafer/CORBIS; (tl) ©Steve Fitzpatrick/Latin Focus; (tr) ©Steve Bly/Getty Images/The Image Bank; 40 (bl) ©Christie's Images Inc., 1999; (cr) Victoria Smith/HRW; (tc) ©Townsend P. Dickinson/The Image Works; 41 (bl) ©Dennis Degnan/CORBIS; (br) Ricardo Alcaras/HRW; (cl) ©Michael Friang/Alamy Photos; (cr) ©Dave G. Houser/CORBIS; (t) Tony Arruza; (tc) ©Robert Fried/Robert Fried Photography; 45 (graciosa, romántica, tímida) Victoria Smith/HRW; 46 (1, 2, 4) Victoria Smith/HRW; (3) Sam Dudgeon/HRW; (cl) Randal Alhadeff/HRW; 48 (bl) John Langford/HRW; 49 (cl) ©John Kelly/Getty Images/The Image Bank; (cr, l, r) Victoria Smith/HRW; 52 (bl) John Langford/HRW; 55 (br) Victoria Smith/HRW; (tl) Don Couch/HRW; 56 (ajedrez) Digital Image copyright ©2006 PhotoDisc; (CD, comida mexicana, pizza) Victoria Smith/HRW; (comida china) Sam Dudgeon/HRW; (helado, comida italiana) Corbis Images; 57 (animales) Digital Image copyright ©2006 PhotoDisc; (carros, deportes, fiestas, frutas, hamburguesas, verduras, videojuegos) Victoria Smith/HRW; 58 (A, B) Sam Dudgeon/HRW; (C) Victoria Smith/HRW; (cl) ©Reuters NewMedia Inc./CORBIS; (D) Scott Vallance/VIP Photo/HRW; 61 (1-6) Victoria Smith/HRW; (7,8) Digital Image copyright ©2006 PhotoDisc; (frutas) ©Brand X Pictures; 62 (bl) Mari Biasco Photography; 63 (burritos, zebras) Corbis Images; (cake, pizza, sports) Victoria Smith/HRW; (guitar) Digital Image copyright ©2006 PhotoDisc; (marquee) Scott Vallance/VIP Photo/HRW; 64 (1) Corbis Images; (2, 3, 5) Victoria Smith/HRW; (4) ©Lisa Anne Auerbach/CORBIS; (6) Sam Dudgeon/HRW; (animales) Digital Image copyright ©2006 PhotoDisc; 68 (all) Victoria Smith/HRW; 70 (1, graciosa, romántica, tímida) Victoria Smith/HRW; (2) Digital Image copyright ©2006 PhotoDisc; (3) Corbis Images; (4) Sam Dudgeon/HRW; 74 (A, C) Victoria Smith/HRW.

CAPÍTULO 3 All photos by Gary Russ/HRW except: Page 76 (c) ©George H. H. Huey/CORBIS; (tr) Sam Dudgeon/HRW; 77 (bl) ©David Muench/CORBIS; (br) Courtesy of Houston Chamber of Commerce; (tl) Corbis Images; (tr) ©D. Donne Bryant Photography; 78 (bl) ©Carmen Lomas Garza, photo credit: Bob Hsiang; (cl) ©Carmen Lomas Garza, Collection of Paula Maciel-Benecke and Norbert Benecke Aptos, California, photo credit: M. Lee Fatherree; (tl) Courtesy of the San Antonio Public Library; Photographer: Clem Spalding; (tr) ©George H. H. Huey/CORBIS; 79 (c) ©Dave G. Houser/CORBIS; (cl) ©Scott Teven/photohouston; (cr) ©Jimmy Dorantes/Latin Focus; (tc, tl) Victoria Smith/HRW; 82 (all) Dennis Fagan/HRW; (icon) HRW Photo; 83 (cr) ©Getty Images/Stone; (fútbol, tc, tl, tr, volibol) Peter Van Steen/HRW; (juegos) Victoria

Smith/HRW; 84 (1, 3) Victoria Smith/HRW; (2) ©Digital Vision; (5) ©Corbis Images/PictureQuest; (6, 8) Dennis Fagan/HRW; (tr) Peter Van Steen/HRW; 87 (cl) Digital Image copyright ©2006 PhotoDisc; (cr) ©Peter M. Fisher/CORBIS; (l) CORBIS Images; (r) Dennis Fagan/HRW; 88 (l) John Langford/HRW; 89 (1) Sam Dudgeon/HRW; (2, 4) Digital Image copyright ©2006 PhotoDisc; (3, 5, tr) Victoria Smith/HRW; 90 (l) Martha Granger/Edge Video Productions/HRW; 91 (A, B) Corbis Images; (C) Victoria Smith/HRW; (D) Painet Inc.; (E) ©Nik Wheeler/CORBIS; 92 (tl) Scott Vallance/VIP Photographic Associates/HRW; 93 (br) Painet Inc.; (tl) Don Couch/HRW; 94 (bc, bl-boy, br, cl, tc-boy, tl, tr) Dennis Fagan/HRW; (bl-piano) Corbis Images; (tc-glass) Victoria Smith/HRW; 95 (bc, tc) ©Jimmy Dorantes/Latin Focus; (br) ©Kevin Barry; (tl) Peter Van Steen/HRW; (tr) WilliamBoyce/CORBIS; 98 (bl) Bob Daemmrich/The Image Works; 100 (l) Don Couch/HRW; 101 (1) Sam Dudgeon/HRW; (2, 4) Victoria Smith/HRW; (3) Digital Image copyright ©2006 PhotoDisc; (5, t-ball) Digital Image copyright ©2006 PhotoDisc; (t-raquet) Digital Image copyright ©2006 Artville; 102 (bl) AP Photo/The Paris News, Bill Ridder; (cl) Harry Cabluck/AP/Wide World Photos; (cr) Donna McWilliam/AP/Wide World Photos; 103 (tl) Henry Bargas/AP/Wide World Photos; (tr) Corbis Images; 108 (A, F) Digital Image copyright ©2006 PhotoDisc; (B, C, D) Dennis Fagan/HRW; (E) Corbis Images; 112 (A, C) Peter Van Steen/HRW; (D) Digital Image copyright ©2006 Artville.

CHAPTER 4 All photos by Don Couch/HRW except: Page 114 (c) ©Jimmy Dorantes/Latin Focus; (tr) Buddy Mays/CORBIS; 115 (bl, cr) Robin Karpan/D. Donne Bryant; (cl) ©Jimmy Dorantes/Latin Focus; (tr) Buddy Mays/CORBIS; 116 (bl) Víctor Hugo Fernández, Gráficos del Globo, S.A. Costa Rica; (tr) ©Dave G. Houser/CORBIS; 117 (bl, br) ©Kevin Schafer; (c) Robin Karpan/D. Donne Bryant; (cr) Alan Cave/D. Donne Bryant; 120 (all objects) Victoria Smith/HRW; (icon) HRW Photo; 122 (tl, tr) Victoria Smith/HRW; 123 (r) Marty Granger/Edge Video Productions/HRW; 125 (c) Sam Dudgeon/HRW; 127 (bailar) Rubberball Productions®; (descansar) Peter Van Steen/HRW; (pesas) Victoria Smith/HRW; (tarea) ©Stockbyte; (televisión) ©Digital Vision; (trabajar) ©Royalty-Free/CORBIS; 131 (br) Victoria Smith/HRW; 132 (icon) HRW Photo; 135 (A) ©Stockbyte; (B) ©Royalty-Free/CORBIS; (C) ©Comstock; (D, r) Sam Dudgeon/HRW; (tr) ©Danny Lehman/CORBIS; 137 (1) Digital Image copyright ©2006 PhotoDisc; (2, 3, 4, t) Peter Van Steen/HRW; 146 (A) ©Chuck Savage/CORBIS; (B) Corbis Images; (C) Reuters/CORBIS; (D) Victoria Smith/HRW.

CAPÍTULO 5 All photos by Don Couch/HRW except: Page152 (cl) ©Fernando Paste/Latin Focus; (t) ©Daniel Rivadamar/Odyssey/Chicago; 153 (altiplano) ©Graham Neden; Ecoscene/CORBIS; (br) D. Donne Bryant/D. Donne Bryant Photography; (parque) ©Wolfgang Kaehler/CORBIS; (tr) David Ryan/D. Donne Bryant Photography; 154 (bl) David Phillips/Words & Images; (cl) ©Hubert Stadler/CORBIS; (tl) D. Donne Bryant Photography; 155 (cr) Fundación de Santiago by Pedro Lira; (Mistral) ©Bettmann/CORBIS; (Neruda) ©Conde Nast Archive/CORBIS; (tl) Roberto Candia/AP/Wide World Photos; (tr) ©Reuters NewMedia Inc./CORBIS; 158 (cat) John Langford/HRW; 159 (azules) Corbis Images; (café) Digital Image copyright ©2006 PhotoDisc; (canoso) ©Image Source Ltd./Alamy Photos; (castaño) ©Rubberball Productions; (corto) Sam Dudgeon/HRW; (largo) Peter Van Steen/HRW; (negro) ©Stockbyte; (negros) ©RubberBall/Alamy Photos; (verdes) ©CORBIS; 160 (1) ©John Foxx/Alamy Photos; (2) Mark Richards/PhotoEdit; (3) ©Comstock; (4) ©plainpicture/Alamy Photos; 163 (tl) Victoria Smith/HRW; (tr) Peter Van Steen/HRW; 165 (a.) ©Comstock; (d.) Peter Van Steen/HRW; (c.) ©Digital Vision; (tr) Digital Image copyright ©2006 PhotoDisc; 166 (l) John Langford/HRW; 167 (6:30) Sam Dudgeon/HRW; (11:45-8:30) Dennis Fagan/HRW; 174 (l) Chris Sharp/D. Donne Bryant Photography; 176 (bc, bl, br) Victoria Smith/HRW; 177 (r) David Phillips/HRW; 178 (hermana) ©Comstock, Inc.; (hermano) Dennis Fagan/HRW; (mamá y yo) Peter Van Steen/HRW; (papá) Digital Image copyright ©2006 EyeWire; 184 (1) Victoria Smith/HRW; (2) Digital Image copyright ©2006 PhotoDisc; (3) Dennis Fagan/HRW; (4) ©Corel; 188 (all) Dennis Fagan/HRW.

CAPÍTULO 6 All photos by Don Couch/HRW except: Page 190 (c) ©Danny Lehman/CORBIS; (tr) ©Getty Images/The Image Bank; 191

(bc, cr, tl) ©Robert Frerck/Odyssey/Chicago; (tr) Mark Newman/Bruce Coleman, Inc.; 192 (b) ©Royalty-Free/CORBIS; (tr) ©Charles & Josette Lenars/CORBIS; 193 (16 de septiembre) George H. H. Huey; (b) Sam Dudgeon/HRW; (Guelaguetza) Charlene E. Friesen/D. Donne Bryant Photography; (t) ©Danny Lehman/CORBIS; 197 (refresco) Victoria Smith/HRW; 199 (3) Michelle Bridwell/HRW; (4) Victoria Smith/HRW; (5) Sam Dudgeon/HRW; 200 (bl) Victoria Smith/HRW; 201 (4, tr) Michelle Bridwell/HRW; 202,(bl) John Langford/HRW; 203 (all) Victoria Smith/HRW; 204 (bl) John Langford/HRW; 205 (br) Sam Dudgeon/HRW; (tr) ©Robert Frerck/Odyssey/Chicago; 206 (tl) Victoria Smith/HRW; 207 (br) Sam Dudgeon/HRW; (tl) John Langford/HRW; 209 (cl) Corbis Images; 213 (1) Digital Image copyright ©2006 PhotoDisc; (2) Victoria Smith/HRW; (3) ©Royalty-Free/CORBIS; (4) Judd Pilossof/FoodPix; 222 (6) Victoria Smith/HRW; 226 (bl, C) Victoria Smith/HRW; (D) Digital Image copyright ©2006 PhotoDisc.

CAPÍTULO 7 All photos by Don Couch/HRW except: Page 228 (Bariloche) Jean Lee/AP/Wide World Photos; (La Pampa) Peter Lang/D. Donne Bryant Photography; (t) ©Tony West/PICIMPACT/CORBIS; 229 (bl) Luis Martin/D. Donne Bryant Photography; (br) ©Alissa Crandall/CORBIS; (cr) ©Hubert Stadler/CORBIS; (tr) Michael Everett/D. Donne Bryant Photography; 230 (bl) ©Hubert Stadler/CORBIS; (br) Museo Xul Solar; (tc) Peter Lang/D. Donne Bryant Photography; (tl) ©Robert Fried/Robert Fried Photography; 231 (tl) ©Russell Gordon/Odyssey/Chicago; (tr) Victoria Smith/HRW; 236 (1, 3, 4, 5, 6, 7) Sam Dudgeon/HRW; (2, tr) Digital Image copyright ©2006 PhotoDisc; (8) Victoria Smith/HRW; (tl) Jean Lee/AP/Wide World Photos; 239 (1) John Langford/HRW; (2) ©John Foxx/Alamy Photos; (3) Bob Daemmrich/The Image Works; (4) Image Source/elektraVision/PictureQuest; (tr) Stockbyte/PictureQuest; 240 (bl) David Phillips/HRW; 241 (1, 2) Peter Van Steen/HRW; (3) ©Jose Luis Pelaez, Inc./CORBIS; (4, yo) Dennis Fagan/HRW; 242 (bl) John Langford/HRW; 245 (br) D. Weinstein/Custom Medical Stock Photo; 251 (1, 3) Peter Van Steen/HRW; (2) ©Image Source; (4) ©RubberBall Productions; 252 (all) John Langford/HRW; 258 (bl) Peter Van Steen/HRW; 260 (c) Dennis Fagan/HRW; (r) Peter Van Steen/HRW.

CAPÍTULO 8 All photos by Sam Dudgeon/HRW except: Page 266 (tr) ©Owaki - Kulla/CORBIS; 267 (bl) Werner Bertsch/Bruce Coleman, Inc.; (cr) ©Richard Bickel/CORBIS; (tc) Masa Ushioda/Bruce Coleman, Inc.; (tr) Kennedy Space Center/NASA; 268 (bc, cr) ©Mildrey Guillot; (bl) Xavier Cortada; (tl) ©Tony Arruza/CORBIS; 269 (cl) Ife-Ile, Inc.; (cr) ©Latin Focus; (tc) ©Steven Ferry/Words & Images/HRW; (tl) ©Robert Frerck/Odyssey/Chicago; 279 (tr) Victoria Smith/HRW; 280 (l) John Langford/HRW; 283 (br) ©Image 100 Ltd.; (t) Don Couch/HRW; 284 (br, disco) Digital Image copyright ©2006 PhotoDisc; (icon) HRW Photo; (tarjetas) Don Couch/HRW; (tr) Victoria Smith/HRW; 286 (2) Corbis Images; (4) Digital Image copyright ©2006 PhotoDisc; (5) Don Couch/HRW; (7, música) Victoria Smith/HRW; 287 (r) PhotoDisc/gettyimages; 289 (2, 3) Victoria Smith/HRW; (4) Image Source Ltd/Alamy; (5) Digital Image copyright ©2006 EyeWire; (6) Dennis Fagan/HRW; (Tomás) Bob Daemmrich/The Image Works; 290 (l) ©Latin Focus; 291 (1, 2, tr) Victoria Smith/HRW; (4) Digital Image copyright ©2006 PhotoDisc; 298 (2) Michael Newman/PhotoEdit; (3) David Young-Wolff/PhotoEdit; 302 (all) Victoria Smith/HRW.

CAPÍTULO 9 All photos by John Langford/HRW except: Page 304 (c) ©Jeremy Horner/CORBIS; (tr) Martha Cooper/Viesti Collection, Inc.; 305 (bl) David Pou; (br) ©Giraud Philippe/Corbis Sygma; (cr, tl) Suzanne Murphy-Larronde; (tr) Tom Bean; 306 (cl, cr, tc) David Pou; 307 (b, c, cl, t, tr) David Pou; (tl) age fotostock/Suzanne Murphy-Larronde; 310 (bkgd) Victoria Smith/HRW; (bl, cl) Christine Galida/HRW; (br) Bob Daemmrich Photo, Inc.; (cr) Michael Matisse/Photodisc/PictureQuest; (hanukah) Pam Ostrow/Index Stock Imagery/PictureQuest; (tc) Andres Leighton/AP/Wide World Photos; 311 (abrir, recibir, tarjetas) Sam Dudgeon/HRW; (sobres) Victoria Smith/HRW; (tc) Corbis Images; 312 (cl) ©Tom and Dee Ann McCarthy/Index Stock Imagery/PictureQuest; (cr) ©Creatas/PictureQuest; (l, r) Peter Van Steen/HRW; 314 (bl) Don Couch/HRW; 315 (c, l) Peter Van Steen/HRW; (r) Victoria Smith/HRW; 316 (l) Don Couch/HRW; 317 (tl) Victoria Smith/HRW; (tr) Sam Dudgeon/HRW; 318 (l) David Pou; 320 (br) Sam Dudgeon/HRW; 321 (br) ©Richard Cummins/CORBIS; (tl) Gary Russ/HRW; 322 (background table) Corbis Images; (buzón) Marta Kimball/HRW; (galletas, papitas, ponche) Victoria Smith/HRW; (icon) HRW Photo; 324 (l) José Carrillo/PhotoEdit Inc.; 326 (cl) Don Couch/HRW; 328 (cl) Eric Risberg/AP/Wide World Photos; (cr, l) The Kobal Collection; 328 (r) ©Bettmann/CORBIS; (t) ©Hulton-Deutsch Collection/CORBIS; 336 (1) ©Brand X Pictures; (2, 5) Digital Image copyright ©2006 PhotoDisc; (3-clock) ©Comstock; (3-hats, 4, 6) Corbis Images; 340 (A) Christine Galida/HRW; (arroz) ©Corel; (B, C, D, dulces, tostones) Victoria Smith/HRW; (bizcochos) Don Couch/HRW.

CAPÍTULO 10 All photos by Don Couch/HRW except: Page 342 (tr) ©Jack Fields/CORBIS; 343 (bl) Todd Wolf; (br) Erwin and Peggy Bauer/Animals Animals/Earth Scenes; (tr) ©Wolfgang Kaehler/CORBIS; 344 (br) painting by Julio Quispe Virhues; (cl) ©Diego Lezama Orezzoli/CORBIS; (tl) Digital Image copyright ©2006 PhotoDisc; 345 (cr) Ricardo Choy Kifox/AP/Wide World Photos; (tc) ©William Albert Allard/National Geographic Image Collection; (tl) Hector Scagnetti; 349 (billetera) Victoria Smith/HRW; 350 (bl) Robert Frerck/Woodfin Camp & Associates; 352 (bl) John Langford/HRW; 355 (1) Peter Van Steen/HRW; (2) Digital Image copyright ©2006 PhotoDisc; (4) Dean Berry/Index Stock Imagery, Inc.; 359 (br) Victoria Smith/HRW; (tl) Sam Dudgeon/HRW; 360 (acampar) Corbis Images; (bote de vela, pesca) ©Corbis; (canoa) ©Tom Stewart/CORBIS; (esquiar) Ron Chapple/Thinkstock/PictureQuest; (excursión) ©Ken Chernus/Getty Images/Taxi; 361 (barco) ©Travel Ink/Alamy Photos; (metro) Digital Image copyright ©2006 PhotoDisc; 363 (A) ©Rick Doyle/CORBIS; (B, D) ©Index Stock; (C) ©William Sallaz/CORBIS; 364 (bl) John Langford/HRW; 365 (br) Digital Image copyright ©2006 PhotoDisc; 366 (bl) John Langford/HRW; 367 (r) ©Michael & Patricia Fogden/CORBIS; 368 (l) Courtesy of Texas Highways Magazine; 374 (1) Digital Image copyright ©2006 PhotoDisc.

LITERATURA Y VARIEDADES: Page 382 (c, l) Museo del Prado, Madrid; (cr) Don Couch/HRW; 383 (bl, tr) Museo del Prado, Madrid, Spain ©Erich Lessing/Art Resource, NY; (tl) Noortman, Maastricht, Netherlands/Bridgeman Art Library; 384-385 (bkgd) Digital Image copyright ©2006 PhotoDisc; 384 (bl) ©Wolfgang Kaehler/CORBIS; (l) ©Kevin Schafer/CORBIS; 385 (cr) Doug Wechsler; (tr) ©Michael and Patricia Fogden/CORBIS; 386 (br) ©Carmen Lomas Garza, Collection of Paula Maciel-Benecke and Norbert Benecke Aptos, California, photo credit: M. Lee Fatherree; 387 (t) ©1995 Carmen Lomas Garza, photo credit: Adam Reich, Collection of Aaron & Marion Borenstein, Coral Gables, Florida; 388-389 (all) Jorge Alban/HRW; 390-391 (bkgd) ©Jeremy Woodhouse, digitalvision; 390 (cl) Book cover (Spanish edition) from La Casa de los Espíritus by Isabel Allende. Reprinted by permission of HarperCollins Publishers, Inc.; (cr) Book cover (Spanish edition) from Paula by Isabel Allende and trans. by Margaret Sayers Peden. ©1994 by Isabel Allende. Translation ©1995 by HarperCollins Publishers. Reprinted by permission of HarperCollins Publishers Inc.; 391 (tr) Marcia Lieberman Photography; 397 (tl) Courtesy of Maricel Mayor Marsán; 398 (cr) Victoria Smith/HRW; 399 (cr) Victoria Smith/HRW; (tr) ©William James Warren/CORBIS; 400-401 (all) ©Wolfgang Kaehler/CORBIS; 400 (r) ©Bettmann/CORBIS.

VOCABULARIO ADICIONAL: Page R7 (bl) Digital Image copyright ©2006 PhotoDisc; (r) ©BananaStock; (tl) Sam Dudgeon/HRW; R8 (cl) Álvaro Ortiz/HRW; (cr) Don Couch/HRW; (t) Digital Image copyright ©2006 PhotoDisc; R9 (tl) Sam Dudgeon/HRW; (bl) Don Couch/HRW; (tr,cr) Gary Russ/HRW; (br) Álvaro Ortiz/HRW; R10 (bl) Corbis Images; (cl) ©RubberBall/Alamy Photos; (cr) Digital Image copyright ©2006 PhotoDisc; (tl) ©Digital Vision; R11 (bl) Álvaro Ortiz/HRW; (br) ©Dennis Degnan/CORBIS; (tl) ©Buddy Mays/CORBIS.

NOVELA STILL PHOTOS: Spain - Don Couch/HRW; Puerto Rico – John Langford/HRW; Mexico, Costa Rica, Peru, Chile - Don Couch/HRW.

ICONS: (Cultura) Don Couch/HRW. Conexión Icons: (Arte, Geografía, Economía doméstica, Música) PhotoDisc/gettyimages; (Ciencias naturales, Historia) ©Royalty-Free/CORBIS; (Ciencias sociales) Wolfgang Kaehler Photography.